「郷土」としての台湾

郷土教育の展開にみるアイデンティティの変容

林　初梅
Lin Chu-Mei
著

東信堂

目　次／「郷土」としての台湾

第Ⅳ部　九年一貫課程による郷土教育の新しい展開（二〇〇一年以降）……251

装幀：ＣＲＡＦＴ大友洋

「郷土」としての台湾——郷土教育の展開にみるアイデンティティの変容

序章　問題意識・研究の視角

——台湾の郷土教育研究の視点

はじめに

国民国家とはふつう国境によって区切られた一定の領土において、同一の文化・言語を共有する人々から構成され、またそれらの人々の利益に奉仕する代表者によって統治される政治共同体として定義される。だが、歴史上こうした定義に完全にあてはまるような同質的国民は存在しなかったし、また、国民の利益に十全に奉仕しえた国家も存在しなかった。だから、恐らく国民国家の本質とはなによりもそのフィクショナルな性格に見出されるであろう(1)。アンダーソンによれば、「国民とはイメージとして心に描かれた想像の政治共同体《イマジンド・ポリティカル・コミュニティ》——そしてそれは、本来的に限定され、かつ主権的なものとして想像される」(2)という。

そうした国民国家の本質的な虚構性が、近代社会における国家と教育の不可分な関係を浮き上がらせる。国家は秩序維持の観点からいえば、ばらばらな諸個人を一つの国民として統合すべく教育制度を整備することになる。その秩序が知によって支えられる性質のものだからであり、統治は文化と結びつくことによって、人々に国民としての一体性を与え、それゆえ国家の正統性を主張しえるのである。中でも言語能力と歴史認識は国家の一体性にきわめて重要な意義をもつものである。従って、近代国民国家形成において、手段としての言語・歴史教育をいかように扱い、異言語・異文化といかように対峙するかを決める教育政策の果たした役割は大きい。

「国民国家」の特徴について、西川長夫はかつて国民主権と国家主権によって特徴づけられていること、国家統合のための様々な装置をもっていること、そして世界的な国民国家システムの中に位置づけられていることの三点を指摘してきた(3)。しかし、西川をはじめとする「国民国家論」者がとくに問題とするのは、二番目の国家統合の問題である。木畑洋一によれば、国民国家とは、「国境線に区切られた一定の領域から成る、主権を備えた国家で、その中に住む人々(ネイション=国民)が国民的一体性の意識(ナショナル・アイデンティティ=国民的アイデンティティ)を共有している国家のこと」である(4)。

そうした国民国家が虚構の一体性のうえに成り立っているために、国民統合を実現するには、警察や軍隊のような物理的強制装置ばかりか、教育や出版・情報のコントロールといった強力なイデオロギー装置を必要とした(5)。換言すれば、国民国家を作り上げるについては、その核となる国民統合の新しいイデオロギーが必要不可欠であった。あるいはホブズボウムの言葉を借りれば、新しい伝統の創出(the invention of tradition)が必要であった(6)。ナショナル・アイデンティティは政治的統合とともに国民文化の人為的創出によって作り出されるのである。

近代国民国家の形成過程において、言語教育、歴史教育はナショナル・アイデンティティの創出・維持または強化の重要手段として用いられてきた。すべての言語はその話し手からなる言語共同体を前提にしているが、酒井直樹によれば、ナショナリズムの根底には一つの言語を共有する母語話者たちの「共感の共同体」があり、民族語が民族共同体を支え、国語が国民共同体を支えるという(7)。言語は国民を形成し新しい国民的アイデンティティを鍛え上げる道具として最も活用され、そして、それが学校教育の普及によって「国語」という概念をともなって植え付けられてきた。近年、教育学、社会言語学、社会学などの各分野において、「国語」教育が近代の産物であり、極めて政治性を帯びた構築物である点が、共通の理解となってきた。

その一方、近藤孝弘は教科としての歴史は、他に比べて最も実用性の乏しい学習領域の一つだが、個々人に対して「国民」すなわち「われわれ」に関する一種の定義を与えるという政治的に重要な役割を果たしていると説明する。

「近代に始まる今日の国民国家という社会形態は、その構成員に対して一定の国民意識を要求する。もちろん、国民意識には様々な形が考えられる。その国家を支える憲法が表現している最も基本的で普遍的な価値への支持、あるいは国家が約束する経済的な豊かさへの期待、これらは一人ひとりの人間のなかに国家への基本的な支持を呼び起こしうる。しかし、そのような理性の産物以上に、無前提の帰属意識・共同体意識を育《はぐく》むことをもって、現実の多くの国家は維持されているのであり、この過程では、学校教育とりわけ歴史教育が果たす役割が大きい。」(8)

学校教育における歴史教育、言語教育は、そのように「国民」創出の手段として設置されたと見なされる。また、国民国家のあり方を理解するため、言語教育と歴史教育の内容をどのように設定するか、が重要な問題であることは言うまでもない。

第一節　台湾の郷土教育への問いかけ

本書が取り上げて主題とするのは今日の台湾における郷土教育である。郷土教育の実践が、国民国家形成にとってどのような役割を担おうとしているかを解明しようとするのが本書の試みである。では、何故、筆者が郷土教育に着目するのか、その理由は次のようなものである。

台湾の郷土教育は歴史教育と言語教育の両方を含んだ形で、一九九〇年頃から盛んになり、筆者の見るところ、国民を創出しつつある。郷土教育とは一般に郷土に関する理解と愛着を子供に形成させようというものであり(9)、近年、世界各国の社会科教育で重視されているが、その多くは身近な生活・社会・自然を教えようとしている。九〇年代に台湾に導入された郷土教育においてもその方向は同じであった。だが、歴史教育と言語教育の二つの面を持つという意味で、恐らくは他に例をみない郷土教育としての特殊性を持っている。

そのような特殊性は、歴史教育も言語教育も「国民」創出に結びつくという既に述べてきた論理を想起させるものであるが、台湾の郷土教育はまさにその論理に直結したものである。すなわち、いわゆる大中華主義の支配によって台湾人アイデンティティの危機に見舞われているという厳しい現実があるのである。そのために、郷土教育は如何なる教育理念に基づいて遂行されるべきか、という問いに一つの焦点が結ばれ、非常に興味深い展開を見せている。

台湾は古くから多文化・多民族社会であった。南島語系の原住民(10)は台湾に先住しており、多くの民族・種族からなり、多様な言語・文化を持っていたが、さらに一七、八世紀、明清二王朝の時代に中国大陸から移民してきた漢民族が閩南《びんなん》文化と客家《ハッカ》文化を持ち込んだからである。両文化は複雑で、中国南部の文化が変化発展したものであるが、それだけではなく、東南アジアの文化とも関連するものである。

一八九五年から台湾は日本に領有され、文化の様態がさらに複雑化した。日本語が台湾人の「国語」として登場し、事実上の共通語として普及し、さらに同化・皇民化政策が進められたからである。そして、一九四五年の日本敗戦後、台湾が中国大陸から来た国民党政府に接収されたことにより、様態はさらに一層複雑化した。中国語が導入され、中華文化を基にした中国化政策が進められたが、中国語は台湾に根がなく、導入された文化もまた従来からの原住民文化・閩南文化・客家文化とはかなり異なるものだったのである。

台湾社会はそのように、複数文化の基盤の上に立っている。しかし、「一言語・一文化・一民族」の教育政策は長年ずっと台湾の内部で機能していた。戦後も、一九八七年まで「中国の領土である」との立場から中国の歴史を子供達に教え、台湾自身の文化や歴史について語る教材はほんの僅かしかなかった。教育課程において台湾の諸言語や台湾史の内容は厳しく制限され、台湾人意識も抑圧されたのである。

集団的アイデンティティを強化するために、過去を共有しているという意識が用いられることは、文化人類学者ホブズボウムが『創られた伝統』のなかで指摘し[11]、その捉え方は多くの人々に受け入れられている。筆者は、この百年来の台湾はその典型例だと考えている。従来の台湾人のアイデンティティは自然に形成されたものではなく、為政者が歴史認識や言語教育などによって形を与え、さらに操作を続けてきた結果、もたらされた意識だと見ている。

一九九〇年代になって、台湾では民主化が進むとともに、自らの歴史と地理環境を知りたいという強い意識が現れてきた。その現象は、台湾では「本土」意識の高まりと表現された。本書の主題となる郷土教育は、一九八七年に、長期にわたる戒厳令が解除された前後から醸成され始めた。言論自由化の進行が、抑圧されていた台湾意識を解放し、教育を台湾化しようとする潮流を生み出したのである。それが実を結んだのが一九九四年で、正規の教科として小学校に「郷土教学活動」、中学校に「郷土芸術活動」と「認識台湾」の三教科が導入されることが決定され、子供達に台湾の歴史、文化などが教えられることとなった（本書では前二者を「郷土科」と呼び、三者を合わせた場合を「郷土教育教科」と呼ぶことにする[12]）。そして、二〇〇一年九月に小中学校九年一貫の新課程が導入され、国語（中国語）以外に、小学校一年生から必修教科として、閩南語、客家語、原住民諸語などの台湾諸語を教えることとなった。教育界ではそれらの言語を「郷土言語」という概念で括っている。歴史教育と言語教育の両者が「郷土歴史」と「郷土言語」という形で郷土教育の核心部分として台湾全土の学校教育に登場したのである。郷土教育に関する主な動きを列挙したのが表序―

表序－1　郷土教育関連年表

1980年代	本土化運動の興り。
1990年頃	郷土教育教科設置の醸成時期（一部の地方政府による台湾諸語教育と郷土教材編纂の興り）。
1993年	「国民小学課程標準」の改訂とともに、郷土歴史、郷土言語、郷土自然、郷土芸術、郷土地理の五分野を含む「郷土教学活動」の教科設置が決定。
1994年	国民小学「郷土教学活動課程標準」が公布。
1994年	「国民中学課程標準」改訂（「郷土芸術活動課程標準」「認識台湾課程標準」が公布）。
1996学年8月	「国民小学課程標準」改訂版の実施が開始。
1997学年8月	「国民中学課程標準」改訂版の実施とともに、中1の「認識台湾」「郷土芸術活動」授業の試行が開始（『認識台湾』教科書が試用本）。
1998学年8月	小3「郷土教学活動」授業が開始、「郷土言語」「郷土歴史」が授業内容の一部として学校教育に登場。
1998学年8月	「国民中学課程標準」改訂版が正式実施（『認識台湾』教科書が正式本に）。
1998年	九年一貫新課程の実施が決定。
2000年	「国民中小学九年一貫課程暫行綱要」が公布。
2001学年8月	九年一貫新課程の発足により、郷土教育の教科設置が段階的に廃止となったが、台湾諸語（閩南語、客家語、原住民諸語）教育が「本国語文」の領域に入り、必修教科として学校教育に導入。
2003年1月	「国民中小学九年一貫課程綱要」正式版が公布。
2004学年	新課程の移行が完了、全学年実施が開始。

注：「課程標準」は日本の学習指導要領に相当。　〔筆者作成〕

1である。

表序－1に示されているように、本書で扱う郷土教育思潮とは、一九八〇年代以降の台湾で、郷土の歴史、文化や言語に関連して展開した一連の学校教育の動きである。歴史教育と言語教育の二つの面を持つ郷土教育は、「台湾本土」に関する理解を深める一環として、自らのアイデンティティのあり方を確認する動きへと向かい、近い将来には、その上に立つ新たなナショナリティの形成を促すものと見られる。いまもなお「国民形成」の真っ只中にある台湾は、現在台湾本土の価値観の正当化によって国民統合が図られ、その手段として郷土教育政策が実施されているとも理解できるような状況にある。本書の課題はその郷土教育の展開過程から、アイデンティティの形成、さらには国民の統合という側面を読み取ることである。

第二節　研究の視点

本書のもとになった研究の出発点は、今日の台湾の郷土教育が持つ歴史教育と言語教育の特殊性への驚きにある。筆者が郷土教育の「国民」創出の指向性を意識し始めたのは、「郷土科」特設の形による郷土教育が台湾で盛んに提唱された一九九〇年代に遡る。郷土教育の提唱は、従来の中国に偏っていた教育内容から抜けだそうとしたことが背景にあったが、「台湾史を国史へ」という九〇年代の動きは、筆者には、国民国家における「国民」創出の手段としての歴史教育を目のあたりにするような新鮮さがあった。さらに、台湾諸語教育も二〇〇一年以降「郷土言語の必修化」という形で推進されるようになった。九〇年代の筆者には予期できなかったことであるが、郷土教育が言語教育と歴史教育の二本柱の形で推進されているという、「国民」創出の典型的な構成を持つにいたったのである。郷土教育が台湾人アイデンティティを形成するように機能していくその展開は驚きであった。

一九九〇年代の台湾の郷土教育は、中国化教育の内容への対抗の文脈で醸成されてきたところに特徴があったため、国民の創出形成との間により明白な結合が見られた。しかし、二つの疑問が生じた。一つは、このような国民教育の構想は郷土教育という枠内で遂行されることが可能なのか。そして、もう一つは、郷土教育が如何なる論理においてアイデンティティの再構築を促そうとするのか。筆者が郷土教育に興味をもって追跡を始めたのは、アイデンティティ形成における有効性、可能性とその方途を見極めたいと思ったからであった。

一　郷土教育論にみる二重の可能性

郷土教育の有効性などの問題を意識しながら、筆者は郷土教育の本質的な問題を歴史的に問い直してみるようになった。この点で興味深かったのは終戦前日本で展開された郷土教育論であった。というのは、郷土教育が国民を育成するという考えと、郷土教育は国民を国家から乖離させ偏狭な郷土愛に陥れるという考えの二つが対峙していたと考えられるからである。

郷土教育の思潮は教育上の直観主義から来たものであるが、一般的に郷土教育は二つの大きな原理の上に立っていると考えることができる[13]。すなわち、方法的原理としての郷土教育と、目的的原理としての郷土教育であった。その二つの原理は、教育の郷土化と郷土の教育化であると呼ばれたこともあった[14]。前者は、何かを教えるにあたって郷土すなわち身近な生活の場に教材を発見し、それを授業に利用するという教育方法に重点が置かれ、後者は目的的原理に立つ郷土教育で、郷土意識を培養し、郷土文化を創造することを目標とし、ひいては愛郷心愛国心の涵養を目的とするのである。

なお、郷土教育の実施方法は多岐にわたり、各教科ごとの郷土化や郷土科の設置などの多種多様な方法が実践された。場合によって、地理のみならず歴史や理科などにおいても、直観教授的視点からの方法論的郷土教育としての展開が見られた。すなわち、「郷土」という語は使用されていなくても郷土教育としての展開が見られた。

日本の郷土教育は明治初期にペスタロッチの直観教授（実物教授）の影響を受け、地理教育や理科教育の初歩として始められた。その後、歴史教育でも〈郷土史談〉の名のもとに郷土史が通史学習の導入として利用されるようになった。そのような郷土教育は、郷土すなわち身近な生活の場に教材を発見し、それを授業に利用するという方法的原理に重点が置かれたものであった[15]。

郷土への関心を急激に高めたのが昭和初期の郷土教育運動であった。その背景には、世界恐慌などの影響による農村窮乏化の救済という問題意識があった。世界的な経済恐慌の一九三〇年代、日本で盛んに提唱された郷土教育は、恐慌により疲弊した農村を立て直す自力更生の精神を生み育む方途として主張されたものであったが、やがて郷土愛の覚醒だけではなく、祖国愛を涵養することを主たる目的とするようになった(16)。その時期、日本において郷土教育運動が推進されていた理由の一つは、欧州大戦後のドイツの基礎学校における郷土科（Heimatkunde）の設置の影響でもあった(17)。当時、ドイツでは、ドイツ文化意識を統一するために国民教育の重心を郷土科中心の合科教授に置こうとしていたのである(18)。戦前の教育学者・小川正行は次のように説明している。

「近時英、仏、露、の諸国に於ても、郷土教育運動は、漸次隆盛になりつゝあるけれども、就中、独逸は、この教育運動の先進国であつて、既に欧洲大戦前の千九百十二、三年頃から隆盛に向ひ、従来の直観科を変じて、漸次に郷土主義の原理としたのであつたが、更に大戦後に至つて、凡ての基礎学校に郷土科を設け、特にこの教育を重視することになつた。」(19)

昭和期の日本はそうした潮流をうけて、郷土教育運動が盛んに提唱されるようになったと思われる。ところが、郷土教育は戦争の進行とともに、「愛郷精神即愛国精神」とする立場に立つようになり、郷土教育が戦争遂行の支柱として行われるようになった。一九四一年に国民学校令が施行されてからは、郷土教育は第四学年の「郷土ノ観察」を中心に、国民科の地理と国史の準備教育として愛国心の総合的育成の役目を担うようになった。従って、戦時体制下の昭和期に入ると、郷土教育の国民教育的意義は論者によって広く展開されていた。例えば、次のような言説がみられる。

「郷土は決して個々独自の郷土としてあるのでなく、従つて郷土教育は単なる予備的若しくは地方的教育として満足すべきものでない。それは当然国家の一縮図であり、国家教育の一作用としての現地的運営でなければならぬ。」(20)

「殊に日本独特の真に日本的なる国民教育を達成する土台として郷土教育は最も有意義に営為されねばならない教育の一実践形態である。」(21)

郷土教育は、国家主義的な教育目標の効果を掲げ、大正期以来の欧米流教育に対抗して教育の土着化、実際化を図るものとされた。この戦時体制下の郷土教育は、関戸明子の研究によれば、「郷土という直観的材料を観察することによって、〈郷土愛の培養―国土愛護の精神―皇国の使命の自覚〉と次第に児童の認識を拡充させるという国民学校教育の意図をよく体現した方針が取られ」、「愛郷心＝愛国心というイメージが構築された」という(22)ところが、愛郷心愛国心の育成問題に当たって日本で展開されていた議論の中には、例えば次のように郷土教育に対する懸念もあった。

「郷土愛から国家愛、世界愛と考へたのは児童の認識発達の心理的過程かの様に見へるが、郷土愛そのものが、国家愛に成長するのではない。」(23)

郷土教育は一つの郷土から見れば、国土の他の部分は異郷として自己と対立的地位に置かれるという論理であった。言い換えれば、郷土教育によって郷土の現実生活に即することを主眼として行くと、国民への教育ということが無視される可能性もあるというわけであった。論者はこのような懸念に対して、往々にして郷土と祖国との関係に立脚して、郷土教育が国民形成と矛盾するものでないことを主張した。例えば次のような論調が見られる。

「祖国と郷土との関係は、単なる異郷と郷土との関係ではなくて、全体と部分との関係である。」(24)

「郷土体験の拡大とは、上述の如き体験に照応する対象の範囲が、自己を中心として同心円的に広まることである。」(引用者注　「上述の如き体験」は郷土体験の深化のこと)(25)

「郷土教育は、まさに謂ふ具体普遍としての具体的、特殊的教育、同円異中心としての異中心的、特殊的教育である。故に、郷土教育は、単なる郷土的範囲内の文化教育を以て自足さるべきものではない。必らずや他に遠心的方面、即ち国家社会一般に関する方面や人類的、世界的(超国家的)方面も採用せ[られ]ねばならぬ。かくしてのみ郷土教育の意義と真価値とが完全に発揮されることになる。」(26)([ ]内は引用者による)

それらは遠心的原理に対する求心的原理、すなわち相対的意味において、その価値を有するという主張であった。そして、その学習理論に当たって、一般に用いられるのは同心円論の提起であった。

敗戦前の日本では、郷土教育は単なる郷土理解、生活への接近だけではなく、場合(操作の結果)によって国民形成的意義が大いに期待され、国家意識の体得に帰結されるものであった。郷土教育の底流には、郷土からまっすぐに国家へと繋がっていく形があり、国民形成としての教育の側面があると主張されたのである。そのように、愛国思想の根源を郷土愛に求めたという国民教育指向の論理は、当時の人々にとってはきわめて説得力のあるものであった。ただ、その場合、身近な郷土を学ぶ郷土教育がナショナル・アイデンティティへの追求と矛盾するものでないことを如何に論証するか、ということが当時の課題であったといってよいだろう。

郷土教育は単純な国民形成としての教育でない。郷土教育の重要な特徴の一つは、国民を形成するというものだが、もう一つの特徴は国家との相対化へ繋がるおそれもある、ということであった。敗戦前の日本の郷土教育は、そのような二重の可能性の上で成り立っていた。筆者にはそれが興味深かったのである。国家と郷土をめぐる二つの考えが対峙する様子は、今日の台湾の郷土教育がその進む方向を自ら模索している過程に重なるように筆者に感じられたのであった。

二　アイデンティティ形成の視点

先述したように、台湾における郷土教育は「台湾史を国史へ」、「台湾語を国語へ」という動きを含みながら、国家への理解を進め、国民を形成してゆくという側面があり、ナショナル・アイデンティティの創出、維持または強化の装置ともなっている。そのような展開の中で、今後学習内容の台湾化が一層進んでいくことは疑う余地もないが、一方で郷土教育の内容をめぐる様々な議論が浮上した。

台湾の郷土教育は少なくとも、それが制度化されようとした一九九四年前後においては、郷土科カリキュラム編成の過程に、民間次元の運動者だけでなく、初等教員養成を担っている師範学院（日本の教員養成大学に相当）の教師も、教育現場の教師も独自の見解を述べたり、郷土教材を作成したりするなど、多くの人が様々な形で参加する教育の民主化運動の側面を持っていた。当時、まず、郷土教育とは何か、そして郷土とは何か、が大きな争点となっていた。続いて、どのような歴史観、言語観に基づく教育内容を学校に導入すべきか、という問いに焦点化された形で、教育内容をめぐる論争が起きた。歴史観と言語観については、台湾人相互の間で大きなギャップがあり、理念と主張のくい違いが、教育内容を変化させた。「郷土歴史」と「郷土言語」は同時に郷土科の教育内容の一部分として導入されることになったが、「郷土」の定義をめぐる議論には決着がつかず、郷土教育は多様な内容を包含する方向に向かった。

そうした展開過程で、最も大きな論点の一つは、台湾というナショナル・アイデンティティがどのように構築されるのか、という問題であった。多くの研究に指摘されているように、ナショナル・アイデンティティの形成のためには、ナショナルな主体の形成と歴史が必要である(27)。郷土教育の動きもまた新しいアイデンティティのモデルを模索していた。

そこには、台湾人が集合体として持つアイデンティティがそもそもどのような性質のものかという問題があった。集合的アイデンティティは、当然のことだが、社会的また政治的な変化に伴って、揺るがされる。従来のアイデンティティ論には「歴史のすべてを通して、最初から終わりまで展開されていくような、自我の安定した核」という考え方が根底にあったが、文化研究者スチュアート・ホールは、アイデンティティが決してそのような固定したものではないと主張する。すなわち、「差異のある人もしくは集団が相互に出会い、衝突し、融和することによってハイブリッドなものが生まれる。アイデンティティは決して単数ではなく、様々で、しばしば交差していて、対立する言説・実践・位置を横断して多様に構成されるもの」なのである(28)。また、コノリーも「アイデンティティを強固にする何らかの方法を見つけなければならない」という従来の論点を批判し、「そうした固定化・絶対化を如何にして回避すべきか」と問題提起している(29)。近年、アイデンティティは固定したものではなく、相互作用によって時の流れと共に変化するものである、という考えが広く展開されている。

本書が考察の舞台とする台湾には現在閩南文化、客家文化、原住民文化、そして外省人《がいしょうじん》の中華文化を基盤にした四大エスニック集団がある。その集団は現状が多様であるばかりでなく、それぞれ違う歴史的体験があり、まさに複数文化に由来する多元的な性格を持っている。いくつかのアイデンティティが台湾人の間で併存、或いは個人の意識の内部で重層化・複合化していることは十分考えられる。しかも、そういったアイデンティティは、時代とともに変化し、また地域や国際関係の変化に応じて変化することも考えられる。従って、筆者は固定的・普遍的なものとして取り出すのではなく、アイデンティティを常に「変化」しうるもの、「多元的」でありうるものとして、時代状況の中で捉えていく立場をとる。

ただし、台湾の郷土教育には画一的な中国的教育内容からの離脱という大きな特徴があり、同時に失われた自らの文化アイデンティティを追求する性格をもっているということも考えなければならない。失われた自らのエスニック集団の文化を取り戻そうとすると、自らを文化の中心にあるものとする傾向が生まれていることに注意を払いたい。四大エスニック集団を持つ多言語・多文化社会の台湾の場合には、郷土教育において如何にそのバランスを取って調和させるかがきわめて難しい課題となっている。とくに、自らの文化的アイデンティティが高まると同時に、他の集団のものに対しては競争的心理が生まれ、排他的意識を形成することがあるため、ある集団が他の集団に自己の文化的価値の優位性を承認させるヘゲモニーが生み出されることがあり、場合によって、エスニック紛争や対立になることも考えられる。

後の章で詳しく論じるが、今日の台湾の郷土教育は一九九〇年代に様々な議論や対立を克服し、ある意味ではヘゲモニーを競い合って生まれてきたものであり、場合によって妥協の産物だと理解できる部分もある。それゆえ、台湾の郷土教育の教育内容はある面では共同的性格を持ち、ある面では分岐的性格をもっているとさしあたり言うことができる。結論的なことを先取りして言えば、そこに自ずから浮かび出てくる像は分岐した多元的なものであり、なおかつ、それこそが台湾人アイデンティティの行方或いは統合された全体像と見なしうるのではないか。それが本書全体を貫くアイデンティティに対する見方である。

今日の民主化された台湾にとって、四大エスニック集団を含めた新しいアイデンティティの模索は不可避の選択肢である。異なるエスニック集団の間でどのように共通の土台を求めていくのか、それは郷土教育の実施内容にも深く関わることであるので、国民全体の合意を形成する必要がある。複数のエスニック文化を結びつけるもの、あるいはそれらが前提として共有するものが必要なのである。

今日の台湾の郷土の概念、歴史認識、言語観などは、どのような議論のもとで作り上げられてきたか、そして、議論はどの方向に進みつつあるのか。教育現場での郷土教育はその一連の争点に対してどのような解決課題をもって対処しようとしてきたか、そして結果として今日の台湾人アイデンティティを形成するのに、どのような機能を果たしているのか。この郷土教育に関わる歴史認識、言語表記の問題を把握することを通して、台湾人のアイデンティティ模索の様態を描き出すことが本書の狙いである。

三　ヘゲモニーを競う場として

筆者は、台湾の郷土教育の考察に際しては、国家側から一方的に捉えられてきた国民教育のあり方のみならず、民間運動や教育現場の立場から捉える視点も必要であると考えている。言い換えれば、郷土教育の展開を理解するためには、それを長期的な台湾本土化運動の流れのなかに位置づけると同時に、教育政策上の教科設置によって生み出された新しい特徴を考察するという二重の作業が必要である。

冒頭で触れたことに関連するが、一九世紀以来、言語教育と歴史教育はナショナル・アイデンティティの創出・維持又は強化の重要手段として用いられてきた。学校は生活に最低限必要な知識や技能を教えるだけでなく、それを通して規範となる文化も同時に提示してきた。アルチュセールによれば、国家は警察や軍隊などの「抑圧装置」のほかに、教会・学校・家族・マスコミの「イデオロギー装置」から構成されている。そして、イデオロギー装置のなかでも、とりわけ学校が支配的な地位を占めるという(30)。さらに、教科書は近代国家の正統性を作り出す装置としても機能している。日本の歴史教科書が戦後長く政治問題化されてきたことに典型的に示されるように、教科書は常に政治的なイデオロギーの対立の中で重要な位置にある。教科書は国家の正統性のヘゲモニーを競う典型的な場ともなっている。

一九九〇年代、台湾の郷土教育の創出は、郷土愛に密接に関与する台湾意識を確立する契機として台湾の内部で広く認められていたが、それは国家レベルでの教育政策、すなわち国家と権力のあり方が本質的に関わっていることも意味している。郷土教育は台湾人意識の発露として成り立つものであるにもかかわらず、教育政策と連動して展開している活動だと理解することができ、郷土教育を捉えるということは国家と権力のあり方をめぐるヘゲモニーの競い合いを描き出すということでもある。

台湾の郷土教育は「民間次元や地方政府から中央政府へ」という方向で進み、そして一九九四年に国家全体の教育体制の中へ編入された。その動きは、一見する所、上から下へ注入する国民教育のあり方に背馳し、また、国民教育の概念とは様相を異にしているように思われる。しかし、一方で、一九九四年以後は上から下へ注入する国民教育が誕生したようにもみえる。

一九八〇年代までの台湾の教育は端的に言えば、国家が統制しているものであり、教育政策のすべては政権を支持し、維持するという国家意思の具現化であった。九〇年代に入ってからの台湾は民主化の進行とともに、権威的な教育体制から解放され、教育体制はより自由なものとなった。その時期になってからの台湾はグラムシのヘゲモニーの概念がよくあてはまるように思われる。すなわち、国家権力は政治社会に集中しておらず、学校、組合、マスメディアなどを媒体として拡散され、大衆の合意に基づくイデオロギー、文化支配として、つまり国家の「ヘゲモニー」として市民社会に浸透している[31]。言い換えれば、国家は単に支配の道具(＝暴力装置)ではありえず、市民社会の全領域に張り巡らされた「ヘゲモニー」関係の総体に変質している。その理解は、台湾の郷土教育の展開が政治的権力と人民との微妙な関係の上に成立しているという捉え方を支持している。

教育政策が一種の権力装置として機能しているということはしばしば批判されることだが、台湾の郷土教育の例は、権力装置が新しい教育の内実を創造する形で働いたという点で特異であり、注目すべきであるといえよう。すなわち、台湾の場合は、郷土教育政策における中央政府、地方政府、民間運動、教育現場の主体性のあり方を基軸にしてヘゲモニーの競い合いが展開されていることが特徴である。

従って、運動の総体としての郷土教育を、教育現場の担い手たちの個々の実践にも目を向けて総合的に把握してゆく必要がある。また、運動の総体としての郷土教育は国家政策としての郷土教育とくい違っていたが、それが新しいものを生み出していくことになるので、その過程を叙述したいと筆者は考えている。教科設置以前、民間運動において台湾史と台湾語の構想を以て従来の中国化教育を改造しようとしていたことに本書は注目するが、また、正規の教科設置と同時に、改めて台湾本位の視野を持った歴史叙述、独自の言語観を模索する状態に入った展開にも注目する。本書は、ヘゲモニーの力関係の考察によって、ある意味で国民国家と教育の関係を問い直すものにもなるのである。

以上のような三つの視点を持ちつつ、筆者は郷土教育運動が国民統合の創出のために、台湾本土化志向の人々によって巧みに利用されたことに一方で着目しながらも、中央政府の郷土教育教科設置による民間運動の取り込みという実施過程を通じて、台湾社会における言語観や歴史観の編成替えが行われているという側面に注目する。言語教育と歴史教育は国民意識を形作っていくための大切な要因だと一般に考えられてきたが、台湾の郷土教育の場合は、言語と歴史教育を主要な内容として含みながら、教育内容が中央政府による価値観の統制なしに自主的に展開されており、そのため自らのアイデンティティが模索されつつある、という状況が現在も進行中である。本書はそのような状況に注目しており、多様な地域文化とエスニシティが取り込まれる郷土教育が、台湾への求心力をどのように促進強化するのか、そして「国民国家」へ向かう国民統合の可能性にどのように寄与していくのかを明らかにしてゆきたいと考えている。

第三節　郷土教育研究の範囲と本書の内容・構成

本書は、一言で言えば、その郷土教育の進行の具体相を明らかにし、台湾社会におけるアイデンティティのあり方との関連から分析しようとするものである。

台湾では、郷土教育とは、一般に一九九四年から二〇〇一年にかけて小中学校の教育課程に設けられた「郷土教学活動」「郷土芸術活動」の二教科だけだという理解が多いが、本書が扱いたいのはこうした狭義の郷土科教育だけでなく、「郷土化」(台湾化)教育に関わる広義の問題である。とりわけ、議論の中心となった「郷土歴史」と「郷土言語」の二つの軸に沿って論を進めていきたい。言い換えれば、「郷土」という語が積極的に用いられた教育の展開と、それをめぐる言説や教育行政などが分析する材料と範囲とになる。

本書が扱う台湾の郷土教育に関連する先行研究はけっして少なくないが、殆どが教育内容論、教育方法論、教育政策論という観点で進められたもので、分析対象が国定版教科書であったり、特定の学校であったり、県、市単位であったりときわめて限定されていた。いずれも、百年以上に及ぶ流れを見通し、郷土教育の概念を吟味しながら、政府と現場を対比したものではなかった。中には、アイデンティティ形成が政策的事実として提示されているものもあるが、そのプロセスを構造的に把握しながらアイデンティティ形成を論じたものは皆無であった。

本書は前節で述べた枠組みに基づいて、学校教育の一分野と位置づけられた郷土教育の政策がどのような歴史的文脈から生まれ、どのように策定されてきたか、教育現場ではどのように実践されてきたか、ということに重点を置き、中央政府と地方政府と民間団体と学校の四者の関わり方(相互にどのように影響し合っているか)を検討する。その構成は、第Ⅰ部「記憶の中の郷土教育」、第Ⅱ部「今日の郷土教育形成の場」、第Ⅲ部「郷土科時代の展開(一九九四年―二〇〇〇年)」及び第Ⅳ部「九年一貫課程による郷土教育の新しい展開(二〇〇一年以降)」の四部からなる。各部及び各章の概要は以下の通りである。

「第Ⅰ部　記憶の中の郷土教育」では、台湾の過去の郷土教育が、九〇年代の郷土教育にとって如何なる役割を持ったのかを探る。そのために、「郷土」という概念の位置づけを史的に辿り、台湾における郷土教育の系譜を概観することによって今日の郷土教育の論点をより明確にしたいと考えている。

「第一章　日本統治時代台湾の郷土教育の再考」は、まず植民地台湾の郷土教育について論じる。筆者の独自の視点は、当時の郷土教育が一九九〇年代の郷土教育の展開とリンクするという点にある。つまり、第一章で示されるように、理念としての郷土教育は「日本との一体性」の追求のため、同心円理論、郷土史問題、郷土愛イコール国家愛などの理論が用いられていた。ところが、郷土教育の実践過程においては、「郷土の認識」「郷土の近代」など、それらの論議とは異なる特徴が主流となっていた。それらが九〇年代の郷土教育の展開に繋がっているのではないかという理解を提示する。

「第二章　中(華民)国化教育時期における郷土教育の諸相」は一九四五年以降一九九〇年代までの中(華民)国化教育時期における「課程標準」の中で現れた郷土教育条文の変遷に注目し、併せて郷土の出版物が若干見られる一九五〇年前後と一九八二年の二つの時点における郷土教育の様態あるいは教材内容の特徴を分析する。

「第Ⅱ部　今日の郷土教育形成の場」では、一九九四年の郷土教育教科設置に至るまでの動きを取り上げる。まず「第三章　知識人による台湾本土化理論の模索」で知識人による本土化理論の模索活動を通して、「郷土」という概念の誕生の経緯を跡づける。そして、「第四章　郷土教育教科設置への胎動」で郷土教育が登場した九〇年代初期の歴史的背景を辿る。とりわけ、一九八七年の戒厳令解除以降、郷土教育をどう位置づけるかをめぐって展開された台湾人の教育本土化の要求を整理するとともに中央政府で教科設置を決定するに至るまでの意思決定の経緯を探る。焦点は、第一に、今日に至るまで、中央政府の郷土教育政策を方向づけることになった郷土教育の教科設置がどのように決定されたか、第二に、それに対して、民間団体の間に教育本土化の要求を軸としてどのような活動が形成されたかを明らかにすることにある。

第Ⅲ部では、郷土教育教科設置以降の展開と問題点を明らかにする。具体的に言えば、「第五章　郷土教育の教科設置と教材編纂の興り」はまず、郷土教育政策をめぐる議論との関連から、「郷土」という概念の特徴と問題点の所在を整理する。そして、一九九四年以降の郷土教育の行政面での展開と運営の仕組みに焦点をあてて整理するとともに、台湾各地の郷土教材の内容分析及び事実上の国定教科書として登場した『認識台湾』の歴史篇と社会篇の内容分析を通して、台湾主体の歴史観がどのように提起されていたかについても論じる。

続いて、「第六章　郷土言語教育推進の困難性」で、言語観における台湾人アイデンティティ模索の過程とその問題点を考察する。台湾の郷土言語に正書法が確立しておらず、アイデンティティの問題がその解釈に関わりをもたざるをえない状況に焦点をあてる。とくに、議論の大多数が集中しており、また筆者の母語でもある閩南語を例として、郷土言語教育を導入しようとした台湾が抱えている言語規範化の問題を取り上げ、その論争がどのような方向に進んでいくのかを考えてみたい。

第Ⅳ部では、二〇〇一年に「国民中小学九年一貫課程」が始まって以後の展開を取り上げる。まず「第七章　郷土言語教育の必修化と地域の実施例」は、郷土言語教育の実施の具体相を明らかにしながら、今日の台湾人アイデンティティを形成するのにどのような機能を果たしているかについて論じる。これまで台湾の多言語状況を取り上げる論文は少なくなかったが、今日の郷土言語教育の実態に即して分析したものは皆無に近いと思われる。注目したいのは、教育現場が現在進行中の一連の言語論争に対して実際にどのように呼応しているか、また、中央政府の行政運営がどのように機能して学校現場にまで下りているのか、そして、多様であった各地の教育内容が一つの枠の内に収斂して行くのか否か、ということである。

「第八章　九年一貫新課程における社会科歴史教育の登場」は、二〇〇一年新課程が始まって、教科書の作成が中央政府の手を離れ、民間出版社、地方政府や各学校等に委ねられたことで、どのような新たな展開を見せているかを取り上げる。新たな局面へ転換しつつある教科書や教材は今後如何に展開していくのか、つまり、九〇年代の郷土教材に示されている台湾主体の歴史観はどのように変容していくのか、という現在進行中の展開を含めて郷土教材や歴史教科書の問題を追跡し、考察していきたい。

最後に、「終章　台湾郷土教育思潮の特徴とその意味すること」では、本書の検討を通して明らかにし得たことを振り返った上で、本書が取り上げてきた郷土教育思潮の特徴とその意味することについて論じる。

これまで、台湾の郷土教育を教育学の目線で考えることは多かったが、アイデンティティの形成をめぐる言説に即して研究されたことは殆どないと思われる。本書が試みようとしているのはそれである。すなわち、台湾社会の郷土観、歴史観、言語観の変容の最新動向を、郷土教育の実証的分析によって捉えていくのである。

なお、本書で用いる用語の中でも特に説明を要するものがいくつかあるので、ここで暫定的な定義をしておきたい。参考文献との関係もあるので、「台湾語」という時は、原則としてマジョリティの閩南語を指す。閩南語、客家語、原住民諸語の三者を概括していう場合は、「台湾諸言語」又は「台湾本土言語」と呼ぶことにする。「郷土言語」という場合は、同じく閩南語、客家語、原住民諸語の三者を指すが、それは学校教育現場の用法に従うためである。

注

(1)　教育思想史学会(二〇〇〇)『教育思想事典』勁草書房、二九六頁。
(2)　ベネディクト・アンダーソン著/白石さや他訳(一九九七)『想像の共同体』NTT出版、二四頁。
(3)　西川長夫(一九九四)「一八世紀―フランス」歴史学研究会編『国民国家を問う』青木書店、二五―二六頁。
(4)　木畑洋一(一九九四)「世界史の構造と国民国家」歴史学研究会編『国民国家を問う』青木書店、五頁。

(5) ルイ・アルチュセール著／西川長夫など訳(二〇〇五)『再生産について―イデオロギーと国家のイデオロギーの諸装置』平凡社。
(6) E・ホブズボウム、T・レンジャー編／前川啓治他訳(一九九二)『創られた伝統』紀伊国屋書店。
(7) 酒井直樹(一九九六)『死産される日本語・日本人』新曜社、一六六―二一〇頁。
(8) 近藤孝弘(一九九八)『国際歴史教科書対話』中央公論社、二頁。
(9) 例えば、戦後初期の日本は、アメリカの影響によって、社会科教育で郷土が取り上げられ、郷土の生活現実を基礎にした地域教育計画づくりや、郷土の生活・自然を教えることが重視された。この点については佐々木昭(一九九五)『小学校社会科教育の研究と実践』教育開発研究所、一七―六六頁が詳しい。
(10) 台湾の原住民とは漢民族に先立って台湾に住んでいた人々であり、多数の部族から構成されている。現在、殆ど漢民族と同化された「平埔族」(カバラン、バサイ、ケタガラン、タオカス、パポラ、バブザ、パゼッヘ、ホアニヤ、サオ、シラヤの一〇族ほどが確認されている)を別にして、タイヤル、サイシャット、ブヌン、ツォウ、ルカイ、パイワン、プユマ、アミ、ヤミの九族のように下位分類されることが慣例であったが、現在は一四族であった。従来、「番」「蕃」「高砂族」「高山族」「山地同胞」などの様々な名称があったが、一九九四年には「山地同胞」という名称が法的に「原住民」と改称された。日本順益台湾原住民研究会編(一九九八)『台湾原住民研究への招待』風響社に詳しい。
(11) 前掲、E・ホブズボウム、T・レンジャー編／前川啓治他訳(一九九二)。
(12) 「認識台湾」は社会科の領域に編入されているが、教育部(一九九九)『教育改革的理想与実践』五一―六四頁の施政報告によれば、それも郷土教育の一環だと理解される。
(13) ただし、郷土教育に関する戦後の多くの先行研究が依拠する海後宗臣らの論文によれば、一九三〇年代運動が展開された当時の出版物で主張された郷土教育論は、さらに(一)客観的主知的郷土教育論＝客観的実質的な郷土を児童の認識の対象とし、児童への正しい郷土観念の付与を目的とする、(二)客観的主情的郷土教育論＝客観的実質的な郷土を児童の情操の対象とし、児童の郷土意識ないしは郷土愛の覚醒を目的とする、(三)主観的体験的郷土教育論＝郷土を児童の生活体験の場と解釈して主観的心情的に認識し、児童の生活体験を発展拡大することで愛郷心愛国心の涵養を目的とする、の三つに類型化することができるという説もある。海後宗臣・飯田晁三・伏見猛弥(一九三二)「我が国に於ける郷土教育の発達」(東京帝国大学教育学研究室教育思潮研究会編)『教育思潮研究』第六巻第一輯、目黒書店、二二五―二三二頁。伏見猛弥(一九三二)「郷土教育理論」『郷土教育に関する調査』東京帝国大学文学部教育学研究室、四〇―六三頁。
(14) 兵庫県姫路師範学校(一九三二)『郷土研究指導の原理と方法』、二九七―二九九頁。
(15) ペスタロッチの直観教授からの影響については桑原正雄(一九七六)『郷土教育運動小史』たいまつ社、一七―一八頁。ペスタロッチの直観教授については、東岸克好（一九七〇）『ペスタロッチの直観教育思想の研究』建帛社、及びJ・H・ボードマン著／乙訓稔訳（二〇〇四）『フレーベルとペスタロッチ』東信堂に詳しい。
(16) 例えば、伊藤純郎（一九九八）『郷土教育運動の研究』思文閣、九頁や谷口和也（一九九八）『昭和初期社会認識教育の史的展開』風間書房、一―四四頁など。
(17) ドイツの郷土科設置の動きに倣った日本の郷土教育の展開に関しては石山脩平（一九三六）『郷土教育』藤井書店、七六―八一頁に詳しい。小川正行（一九三一）「郷土教育に関する独墺諸国の法規」『郷土の本質と郷土教育』東洋図書、一七五―一九六頁によれば、ドイツ諸連邦の各州の郷土科設置は一九二〇年前後であった。
(18) 藤原善文（一九三一）「郷土教育小言」『帝国教育』第五八三号、帝国教育会、五五―六一頁。
(19) 小川正行（一九三一）『郷土の本質と郷土教育』東洋図書、一七五頁。
(20) 小野源蔵（一九四〇）「郷土教育の再出発」小西重直ほか『生活教育論・郷土教育論』玉川学園出版部、一九四頁。
(21) 原田實（一九四〇）「郷土教育の国民教育的意義」前掲、小西重直ほか『生活教育論・郷土教育論』二二四頁。
(22) 関戸明子（二〇〇三）「戦時中の郷土教育をめぐる制度と実践―群馬県師範学校・女子師範学校の事例を中心に」「郷土」研究会編『郷土―表象と実践』嵯峨野書院、四―二五頁。
(23) 赤井米吉（一九三二）「郷土愛は国家愛になるか」『郷土教育』第二五号、十一月、刀江書院、七五頁。
(24) 石山脩平（一九三六）「郷土教育と国民教育及び国際教育」『郷土教育』藤井書店、一三〇頁。
(25) 前掲、石山脩平（一九三六）一〇二頁。
(26) 渡部政盛（一九三一）「郷土教育批判」『帝国教育』第五八三号、帝国教育会、六四頁。
(27) この点については中谷猛等編（二〇〇三）『ナショナル・アイデンティティの現在』晃洋書房。とくに第1章「ナショナルア・イデンティティとは何か」（中谷猛）と第二章「グローバル時代のナショナル・アイデンティティ」（西川長夫）を参照した。
(28) スチュアート・ホール等編／宇波彰監訳（二〇〇一）「誰がアイデンティティを必要とするのか?」『カルチュラル・アイデンティティの諸問題』大村書店、七―三五頁。
(29) ウィリアム・E・コノリー／杉田敦他訳（一九九八）『アイデンティティ／差異』岩波書店。
(30) この点については多くの研究に指摘されている。例えば、L・アルチュセール著／西川長夫訳（一九七五）『国家とイデオロギー』福村出版、及び田中節雄（一九九六）「国家のイデオロギー装置としての教育」『近代公教育―装置と主体』社会評論社、二〇一―二三三頁。
(31) グラムシのヘゲモニーの概念に関して、以下のものを参考にした。ルチアーノ・グルッピ著／大津真作訳（一九七九）『グラムシのヘゲモニー論』合同出版。糟谷啓介（二〇〇〇）「言語ヘゲモニー」三浦信孝・糟谷啓介編『言語帝国主義とは何か』藤原書店、二七五

―二九一頁。糟谷啓介（一九八七）「言語とヘゲモニー」『一橋論叢』第九八巻第四号、日本評論社、六三―八〇頁。松田博・鈴木富久編（一九九五）『グラムシ思想のポリフォニー』法律文化社。

第Ⅰ部　記憶の中の郷土教育

郷土とは何か。郷土の解釈として極めて常識的に出生地、成育の土地、現在の居住地の例を挙げ、説明できるが、郷土教育は人によって郷土の範囲を異にする。またたとえ同じ人であっても場合によって郷土の範囲を異にする。郷土は人の立場や心身の発達の程度の如何によって変動する訳である。

さらに、多くの辞典の「郷土」の説明には、生まれ育った土地、出生地、故郷、都に対しての地方、などのように様々な解釈が見られる。「都に対しての地方」のような郷土の定義から考えれば、郷土は固定的に限定されずに、状況によって無限に国土へ拡大していくという理解もとりうる。すなわち、郷土の語義はその内容においても、外延においても同様に不定であって、それを定義するのは困難なことである。

台湾の郷土教育も多様な見方を可能にする郷土の語義を反映している。その意味するところは固定的でなく、少なくともごく最近まで時代により、また立場により変動するものであった。そこで第Ⅰ部では、まず、台湾の郷土教育に関する史的展開から、「郷土」という概念の位置づけ、また郷土教育が如何なる役割を担ったのかを考えることにしたい。

台湾での郷土教育の起源は、古く日本統治時代に遡る。台湾における郷土教育の史的展開に関して、その日本統治時代の流れは、しばしば一九九〇年代以降の郷土教育運動に結び付けられ、郷土教育の先駆であるという見方が提起されている。日本統治時代には、生徒の生活環境に即して数々の郷土読本が編纂されており、それらに記述されていた、郷土のもつ歴史的・文化的厚みが、九〇年代に人々をして郷土教育の実践に駆り立てていたからである。ただ、日本統治時代の郷土教育は、国土としての日本への接続も主張され、「郷土」という概念の外延的意義が指向されていた側面もあった。

また、戦後、国民党政権の支配下に入る一九四五年以降、長期戒厳体制のもとでも郷土教育論が提唱されていた。戦後に郷土教育の中断期と位置づけられたその時期においては、「課程標準」（日本の学習指導要領に相当）の改訂ごとに郷土教育についての規定が常になされていたが、九〇年代に入り、「条文化されていただけで、実態は殆どなかった」と批判されている。確かに、戦後、長期にわたって中国化の教育内容が進められ、台湾の地域社会を対象として取り上げて編纂した教材は少なかった。そのことは、国民党政府の基本姿勢と教育体制に原因があったと考えられるが、実は戦後まもなくの一九五〇年代に提唱された郷土教育論には具体的なイメージが描かれていた。その郷土教育論では、郷土は中国であり、そのことを前提として全教科を郷土化することが主張されていた。

郷土教育論が真っ先に遭遇する難関は郷土の意味の多様性である。二つの時代の郷土教育には「日本から中国へ」という郷土観の転換だけではなく、身近な学習領域の郷土を教育内容として採択するか否か、という郷土教育論の相違も見られる。第Ⅰ部で台湾における「郷土」概念の歴史的経験に目を向けるのは、それが今日の郷土教育の前史であるというばかりでなく、「郷土―台湾」がどう扱われてきたか、という点が概念の明瞭化をもたらすと考えられるからである。

九〇年代から興隆した郷土教育については、これまで基本的な定義上の問題は殆ど論じられていない。しかし、「郷土に即して」考えるという場合に、「郷土」の何を、どのように考えるのかということは現在台湾で起こっていることを理解するためには欠くことのできない点である。そこで、第Ⅰ部では二つの時代の郷土教育の内容を比較することにより、それぞれの郷土教育の特質を浮き彫りにしたい。台湾における郷土教育の系譜を概観し、「郷土」の概念、及び「郷土教育」の概念がどのような教育体制のもとにどのように作り上げられていったかを跡づけ、第Ⅱ部以後の議論の基盤とする。

第一章　日本統治時代台湾の郷土教育の再考

——一九九〇年代の郷土教育との接点を探る

台湾の郷土教育は一九九〇年代において突如誕生したものではなく、その系譜は、日本統治時代にまで遡ることができる。一九九三年、郷土科の加設に関して、新聞に「母語失傳一甲子　郷土教育再出發」（母語が途絶えて六〇年　郷土教育再出発）という見出しの特集記事が掲載され、そのことが以下のように述べられている。

「日前教育部更決定將郷土教學列為正式課程，使得在台灣中斷已有數十年之久的郷土教學成為教育改革的盛事。」（ごく最近、教育部は郷土教育を正式のカリキュラムにおくことを決定した。それは台湾ですでに中断して数十年たった郷土教育を教育改革の盛事とするものである。）

この記事を載せたのは『中国時報』(1)であった。記事は、日本統治時代の郷土教育を懐柔策としての郷土教育だったと批判する一方で、その郷土教育を九〇年代の郷土科の前史としても位置づけていたのである。

一九九〇年代以降、日本統治時代の郷土教育は、なぜ今日に繋がるものとして注目されるところとなったのだろうか。そして、その郷土教育の「郷土」の概念はどのようなものであったのだろうか。本章では、それを探りたい。

その点に関する先行研究に、日本統治時代における郷土教育の重要な特色として、愛郷心と愛国心の涵養、そして全教科による日本化のための手段と位置づけられると結論づけたもの[2]がある。その結論には国家主導による郷土台湾の下位的位置づけ、中央行政に対する学校現場の一方的受容体としての位置づけを見て取ることができる。郷土教育は、結局、精神動員、愛国主義、同化主義に帰結するものであったと評価しているのである。その指摘について、筆者は部分的に賛同するが、留意しておきたいのは、郷土教育をめぐる理念と実践過程にはズレがあり、その実践過程こそ当時の台湾の郷土教育の内実を端的に象徴するものであったということである。

確かに、植民地の教育内容を特色づけるものとして、教育全体の日本化による日本国民精神の育成は、重要な点であろう。しかし、結果的にそういう展開になっていったからといって、単に愛国主義教育を実現したものとして当時の郷土教育を一元的に捉えるのでは、当時の郷土教育の実態は把握しえない。

日本統治時代の台湾の郷土教育を論じる際にしばしば論及されるのが、植民地という特殊性である。植民地教育という事実から考えれば、日本統治時代の郷土教育は極めて自然に愛国心に繋がるというわけである。但し、郷土教育によって郷土の現実生活に即することを主眼としていくと、国民への教育ということが無視される、というおそれもあった。当時の台湾総督府の視学官の言葉に「郷土教育に就ては充分なる戒心を以て当らねばならない。内地に於ても郷土教育が其の標的を外れた為に赤化運動の原因を醸成した例がある」[3]というものがある。その言葉に示されているように、当時の社会的状況を背景としながら、台湾総督府が愛国教育を推進する意図で、最初から教育を地方化しようと構想していたとは思いにくい。何故なら、身近な学習領域としての「郷土」は、その強い土着性の故に、愛国心の養成を妨げるものとして連想されやすいからである。むしろ、愛国教育の手段として、意図的に植民地で郷土教育を推進する合理性・有効性も疑われるのである。

実は、当時の郷土教育にとって、その最大の問題は、「日本への国家愛」という思想に、郷土愛そのままでは結節しないということであった。坂口茂が「愛国心育成のための郷土愛は、必要条件ではあるが、充分条件的な論理とはいえない」と指摘したように、郷土愛と愛国思想との間には論理的に断絶があったと思われる(4)。そこには郷土愛と次元の異なった媒介項目、すなわち「日本との一体性」「郷土の外延的意義」という思想の媒介が必要とされていた。

では、日本統治時代、郷土教育の場において愛郷心＝（イコール）愛国心育成、つまり「日本との一体性」の実践的具体策はどのように提示されていたのだろうか。後に論じていくように、当時、郷土教育の愛国心育成に当たって一般に用いられていた政府側の論理には、日本精神の強調や、愛国心の涵養などがあったが、教育関係者には郷土地理の同心円理論、郷土史問題をめぐる諸論考があり、それらが最も具体的で示唆に富んでいる。そしてそれらの論考を読んでいくと、実際に、日本という上位空間への接続は曖昧ながらも生成していたと考えられる。

但し、それらの論者の提示策が直接実行しうるものとは言い難かった。郷土教育現場（郷土調査、郷土室、郷土読本）の実態について、本章で明らかにすることを先取りして述べるならば、日本への接続という視点が強く反映された例はきわめて少なかった。当時の郷土教育においては、児童の生活範囲を中心にした調査が行われ、郷土の実体調査の成果として郷土読本の編纂が行われていた。従って「生活領域の郷土」という視点が強く反映されていたため、郷土と位置づけられる空間的範囲を、「一国」、つまり日本「内地」へと接続させるという構図はあまり明瞭ではなかったのである(5)。郷土教育には理念と実践過程の間にギャップがあったように思われる。

植民地教育に組み込まれた郷土教育には如何なる理念があったのであろうか。そして教育現場でどのように推進されたのだろうか。そのような文脈を中心に本章では、理念としての郷土教育は「日本との一体性」の追求のため、どのような方針がとられていったか、また実践としての郷土教育はどのような特徴が主流となっていたか、に焦点を当てる。

これまで、台湾の植民地教育についての研究では、主に統治者側の決定による教育制度、教育内容が検証の対象となっていた。本章では、学校を中心にして展開されたその実態を探り、日本「内地」追随の道を歩んだ当時の郷土教育の特徴やその位置づけを再検討することで、台湾における「郷土」の概念を浮かび上がらせたい。本章で分析する視点と結果は、本研究が主題としている今日の台湾の郷土教育の姿をより明瞭にすることに繋がるものである。

第一節　郷土教育の背景――日本「内地」での展開

台湾における郷土教育の背景として、まず、本章の展開に必要な範囲で、戦前の植民地宗主国・日本における郷土教育の展開に触れておくことにしたい。郷土教育運動に関する研究としては、伊藤純郎、外池智の著書があるので、以下では、郷土教育を考える補助線となる点を紹介しておきたい[6]。

郷土教育は明治期にまず教授の端緒として直観化という方法論的立場から主張され、昭和期に至ると、郷土観念の育成、愛郷心・愛国心の涵養、そして郷土教育の国民教育的意義といった目的論的立場からも主張されるようになる。日本における広義の郷土教育は、一八八〇年代にペスタロッチ教育思想[7]の影響下で、地理科の準備的直観教授として開始された。文部省は一八八一年（明治一四年）五月四日に「小学校教則綱領」を公布し、小学校の地理科において初めて郷土教授に考慮すべき旨を明示にした。「郷土」という語は使用されていないが、地理の教授は「学校近傍」から始めることとされており、郷土は地理教育の対象として積極的に用いることとされた。

さらにヘルバルト派[8]の統合思想を受け、地理、歴史、理科といった「実科」の準備段階として「郷土科」を設置することが提唱された。「郷土」の語は一八九一年（明治二四年）制定の「小学校教則大綱」に初めて法令上の用語として用いられ、郷土教材による直観教授が地理、歴史、理科において規定された。地理のみならず歴史や理科などにおいても、直観教授的視点からの郷土教育が方法論的郷土教育として展開されたのである(9)。

しかし、その後、一九〇〇年(明治三三年)の「小学校令」の全面改正と小学校令施行規則制定において、そうした地理、歴史、理科に見られた郷土に関する各教授事項は教則から除外され、郷土中心の教授要旨は全く見られなくなった。さらに一九〇三年(明治三六年)からは「小学校令」が部分改正されて、国定教科書制度が成立し、国民統合と近代化の進行とともに小学校の教育内容の全国的な画一化が進められ、身近な学習領域としての「郷土」が否定されることとなった(10)。

一九二〇年前後から児童中心の新教育が主張され、従来とは違った観点から郷土教育が推進されるようになった。児童中心の理念を主張する大正自由教育は、元来郷土教育を目指したものではなかったが、実際には児童の生活の舞台は郷土であり、郷土を中心とした教育こそ最も児童の生活に近接した教育であると考えられた。そうした意味から、児童中心の新教育は郷土教育を標榜したものではないにしても、必然的に郷土教育的色彩を有した。それは郷土を単に地理の基礎、歴史の基礎を与える材料とするのではなく、郷土は児童の自己観察及び自己経験の総体であるとするものであった(11)。

郷土教育運動が広く世に注目されたのは一九三〇年代であった。この世界的な経済恐慌の一九三〇年代、日本「内地」で盛んに提唱された郷土教育は、恐慌により疲弊した農村を立て直す自力更生の精神を生み育む方途としてのものであったが、当時の深刻な教育問題として知識偏重、画一教育があり、その打破を目指した「教育の実際化、地方化」の実現としても郷土教育は注目された(12)。

施策としては、小学校全施行規則中に定められた教則中の教科目内容の要旨の部分に郷土に関する教育を施すよう規定され、一九二七年から三一年(昭和二—六年)までの時期を中心に、「教育の実際化、地方化」という施策が実施された。その後、一九三二年から三九年(昭和七年—一四年)までの時期には「郷土教育資料の陳列と講話」、「郷土教育講習会」が実施されるとともに、山梨県、秋田県、茨城県、香川県で『綜合郷土研究』の編纂も展開された。郷土教育の実施については新教育協会から新興教育研究所までの民間諸団体が主張しただけでなく、文部省においても、師範学校の「教授要目」を改正して「地方研究」「我ガ郷土」を授業内容に導入し、師範学校に「郷土研究施設費」を支出したり、講習会を開いたりする、などして郷土教育を奨励した(13)。

実際に行われたその実践は、子供に社会調査をさせる、郷土愛の訓話をする、郷土読本を読ませるなど多種多様であったが、教職関係者によるものだけでなく、教育界以外の者の指導下に進められた例もあった。郷土観念の付与、郷土意識の培養、郷土愛の涵養を目的として、郷土調査、郷土資料の収集、郷土読本の編纂、郷土室の運営などの活動が盛んに行われた。昭和初期における郷土教育は、それまでの先駆的教育者や一部の師範学校附属小学校等に限って実践されたものではなく、全国的に広く展開されたところに特色があった(14)。

そうした昭和初期の郷土教育は、「全国的」に「一般化」された郷土教育と位置づけられる。しかし、当時、郷土教育運動には二つの流れがあった。一つは愛郷心愛国心の涵養を目的とする主観的心情的郷土教育論を主張する文部省・師範学校系統の実践であり、もう一つは、客観的事実としての郷土を対象に郷土観念の啓発を目的として科学的郷土教育を主張する郷土教育連盟の実践であった(15)。この時期の郷土教育は、郷土を教育の方法として扱うばかりでなく目的としても扱う教育となっていたと考えられる。

一九四一年四月、小学校は国民学校と改められた。国民学校の教則では教科の統合が実施され、従来の修身、国語、歴史、地理の四教科目は皇国精神の錬成を教科統合の理念として「国民科」となった。そして郷土教育に関して重要であったのは四年生に「郷土ノ観察」が置かれたことである。四年生を対象に、郷土愛を涵養し、郷土を観察させるというもので、五・六年生の地理・国史の基盤にし、郷土愛から国土愛に拡張できるように意図されたといえる(16)。郷土教育は特別な実践校や先進的実践により展開されるものではなく、全国の国民学校で広く行われる教育の一つとして初等教育に位置づけられ、全国共通の教師用書としての『郷土ノ観察』(17)に基づく郷土教育が国民学校で展開された。郷土教育は方法論的な面でも目的論的な面でも制度的に重みが増すことになったといえる。

第二節　学校規則に見られる「郷土」の提起

第一節では、日本「内地」の郷土教育を取り上げてきたが、本節では植民地台湾でどのように「郷土」という題材が位置づけられたのかを考察したい。まず学校規則に見られる「郷土」の提起を検討する。日本の場合、明治三〇年代後半から大正期にかけては、地理、歴史、理科の直観初歩教授として郷土科を特設すべきであるとの主張や、郷土の理解を深め、郷土を発展させることを目的とする教育の郷土化の主張が現れた。そのため、当時、あらゆる教科目の中で、その性質上から郷土教育に最も関係の深いのは地理、歴史、理科であると考えられた(18)。その意味で、この三教科目の教授要旨を中心に見ていきたい。

台湾統治が始まると、日本政府は、「内地」人に対しては「内地」の教育制度によるが、台湾人に対しては別途の教育制度を定め、教育を区別していた。内地人が通う小学校の場合は原則的に日本「内地」の規定によるところが殆どであった。一八九七年(明治三〇年)、台湾総督府が定めた「国語学校第四附属学校規程」(府令第二八号)(19)には、次のように教授要旨が掲げられていた。「日本地理」教科に関する第一二条においては「第五学年ニ於テハ学校附近ノ地理ヲ授ケ以テ此科ノ基礎タルヘキ知識ヲ与ヘ漸ク進ミテ本島及本邦ノ地形気候著名ノ都会人民ノ生業等ノ概略ヲ授ケ」と示され、「理科」教科に関する第一四条で、「最初ハ主トシテ学校所在ノ地方ニ於ケル植物動物鉱物及自然ノ現象ニ就キ児童ノ目撃シ得ル事実ヲ授ケ」(傍線筆者、以下同様)と、児童の身近にある直観材料を理科教育の端緒とするよう記されていた。一八九一年(明治二四年)制定の小学校教則大綱と違って、「郷土」という語は用いられなかったが、同時期、日本「内地」の小学校と同様に、直観教授的視点からの郷土教育が規定されていたことは見て取れる。

しかし、台湾人の通う初等教育機関である公学校の場合、一八九八年(明治三一年)の「台湾公学校規則」(府令第七八号)(20)、一九〇四年(明治三七年)の改正「台湾公学校規則」(府令第二四号)(21)の中には、地理、理科、歴史などの教科目は設けられず、郷土教育に関係あるものも示されなかった。一九〇七年(明治四〇年)「公学校規則中改正」(府令第五号)(22)では、「理科」は独立教科として新設され、「理科ヲ授クルニハ成ルヘク実地ノ観察ニ基キ」と示されたが、それも直観教授の意義が提起される程度で、身近な学習領域としての「郷土」は示されなかった(23)。

一九一九年(大正八年)一月四日に「台湾教育令」(勅令第一号)が公布された。それは、台湾人に対する教育制度が整備された画期的な法令だったが、郷土教育の分析視点からいえば、一九二一年(大正一〇年)四月二四日に改正された「台湾公学校規則」(府令第七五号)で、新しく示された「地理」の教科の方が重要な意味を持ったことであろう。第五学年からの地理に関して、第一四条に次のような教授要旨が述べられていたのである。

「地理ハ本邦及本島ト直接ノ関係ヲ有スル地方ノ自然及人文ニ関スル知識ノ一般ヲ得シメ(略)」

「地理ハ本島の地勢、気候、区画、都会、産物、交通等ヨリ始メ漸次本邦ニ及ホシ進ミテハ本島ト直接ノ関係ヲ有スル南支那、南洋其ノ他ノ地方ニ関スル事項ノ大要ヲ授クヘシ」

「地理ヲ授クルニハ成ルヘク実地ノ観察ニ基キ(略)」(24)

ここには郷土という語こそ使用されていなかったが、台湾本島を地理の対象として積極的に用いるよう示され、台湾人にとっての台湾という「郷土」を教えようとする傾向が現れている。同条文は、教育施策において台湾本島を教育内容に取り入れる規定が現れた最初のものであった(なお「理科」については「成ルヘク実地ノ観察ニ基キ」のままであった)。ところが、まもなく新「台湾教育令」の公布によって廃止されることとなった。

一九二二年(大正一一年)二月六日、内台人同等の立場から、新「台湾教育令」(勅令第二〇号)が公布されたが、郷土教育については一旦後退することになった。初等教育については国語を常用する者と常用しない者とによって小学校、公学校の別を残され、それを受けて同年四月一日に「台湾公立小学校規則」(府令第六四号)と「台湾公立公学校規則」(府令第六五号)とが定められた。後者では、理科と地理の教科は従来と同様に置かれていたが、日本歴史の教科目が新設となった。しかし、理科では従来通りの「成ルヘク実地ノ観察ニ基キ」に加えて「児童ノ目撃シ得ル事項」を教授するとして直観教授であることを示したのみで、やはり台湾本島に関する内容を教えるという規定は全く見られず、地理も「実地ノ観察ニ基キ」「地理ハ本邦ノ地勢、気候、区画、都会、産業、交通等ヨリ始メ」としただけであった。また、日本歴史では「日本歴史ハ国体ノ大要ヲ知ラシメ国民精神ノ涵養ニ資スルヲ以テ要旨トス」として、国民精神の涵養又は愛国心の養成を目的とする傾向が現れた(25)。いずれにおいても、「郷土」は提起されず、台湾本島に関する各教授事項も規定から除外され、台湾本島の学習内容は衰退を見せた。そうした変化は内地の小学校の教育内容に近い内容を教える小学校の教育内容に、公学校の教育内容をそろえたためであったと考えられる(26)。

台湾の初等教育の教則において「郷土」が明示されたのは、一九四一年(昭和一六年)年の国民学校令公布以降のことであった。国民学校令の公布にともない、台湾では同年四月一日にその下位規則として「台湾公立国民学校規則」(府令第四七号)(27)が公布された。国民学校令のもとでは、従来の小学校と公学校は名称が統一されて国民学校となったが、同規則も従来の台湾公立小学校規則と台湾公立公学校規則を統合したもので、小学校と公学校の規則が同一の法令で取り扱われるようになった。同規則は台湾人向けの初等教育の教則に「郷土」という語が現われた最初のものであった。同規則の第一一条では国民学校の教科は国民科、理数科、体錬科、芸能科及び実業科とされたが、国民科は更に修身、国語、国史及び地理の四科目に分けられた。第一五条国民科国史について「郷土ニ関係深キ史実ハ国史トノ関聯ニ付留意シテ取扱フベシ」とあり、第一六条で国民科地理に関しては「初等科ニ於テハ郷土ノ観察ヨリ始メ我ガ国土及東亜ヲ中心トスル地理ノ大要ヲ授ケ我ガ国土ヲ正シク認識セシムベシ」「郷土ノ観察ハ国史、理数科等ト相俟チテ統一アル指導ヲ為スベシ」と定められた。郷土教材の編纂に関しても第四八条で、「児童ニ使用セシムベキ郷土ニ関スル図書ハ州庁ニ於テ編纂シ台湾総督ノ認可ヲ受ケタルモノタルベシ」(州も庁も行政区域)と定められ、日本「内地」に対応する形で、郷土教材の新しい提起があった。

中等教育の場合、全く郷土教育の傾向がみられなかったが、師範学校の場合は、一八九九年(明治三二年)に公布された「台湾総督府師範学校規則」(府令第三一号)で地理と歴史と理科の教授要旨をそれぞれ、「地理ハ本島地理本国地理ノ大要及外国地理ノ大要ヲ授ケ」、「歴史ハ本島歴史及本国歴史ノ大要ヲ授ク」、「理科ヲ授クルニハ成ルヘク平生目撃スル所ノ近易ノ実物現象等ニ就キ正確ナル知識ヲ得セシメ以テ日常ノ生活及生業上ノ実用ニ適セシメンコトヲ要ス」としていた(28)。台湾の地理と歴史の教授要旨が規定されたのであるが、「郷土」という語は使用されていなかった。

一九一九年(大正八年)、台湾教育令が公布された。それに対応して、師範教育に関しては、「台湾総督府師範学校規則」(府令第二三号)が公布された。理科の場合は、「成ルヘク実際生活ニ適切ナル事項ヲ授ケ」と示されていたが、地理と歴史の場合は、本島地理と本島歴史が教授要旨の中から外されることとなった(29)。次いで、一九二二年(大正一一年)に新「台湾教育令」(勅令第二〇号)が新たに公布され、「台湾総督府師範学校規則」(府令第八八号)も改正公布されたが、やはり本島地理と本島歴史は教えることにはなっていなかった(30)。

師範教育の地理において「地方研究ヲ課シテ地方ノ風土ニ関スル沿革及情勢ヲ理解セシメ且教授法ヲ授クベシ」とした「地方研究」の規定が初めて掲げられたのは、一九三三年(昭和八年)三月二五日に改正公布された「台湾総督府師範学校規則」(府令第四八号)(31)であった。日本「内地」の一九三一年(昭和六年)よりやや遅れた時期であった(32)。日本「内地」の師範学校における「地方研究」の導入は昭和期の郷土教育運動と深く関連していることで注目されているが、台湾の場合、その両者の関連性は未だに解明されていない。

総じて見れば、教育制度が整備された一九一九年(大正八年)以降の歩みに見えるように、一九四一年(昭和一六年)まで台湾の郷土教育は法令上では、日本「内地」と同様に、教則中の教授要旨に郷土に関する教育を施すよう規定した程度であった。そして昭和一六年四月以降、国民学校の第四学年にのみ「郷土ノ観察」という授業内容が設けられ、そこで初めて「郷土」という言葉が明確に示された。

第三節　一九三〇年代「教育の実際化・郷土化」

第一節で触れたことに関連するが、日本「内地」の場合は郷土への関心を急激に高めたのが昭和初期の郷土教育運動であった。郷土教育運動は、一九三〇年(昭和五年)の文部省から師範学校への郷土研究施設費の交付、そして郷土教育連盟結成と雑誌『郷土』の創刊によって全国的な盛り上がりを見せた。この期に展開された様々な教育運動のうち、行政、アカデミズム、教育実践と多角的に支持され、全国的に展開されたものは郷土教育のみであった。ただし、昭和初期の日本の場合、施策の具体的展開に関して必ずしも国が主導した通りに展開されたわけではなく、特に郷土教育の場合は、県レベルの方が、むしろ国の取り組みよりも進んでいたり積極的であったりした場合もあった(33)。

植民地台湾の郷土教育はそのような動きを反映したものであったと考えられる。従って、台湾の郷土教育は、台湾総督府を中心とした教則による施策ではなく、むしろ日本「内地」の郷土教育運動が軌道に乗るに従って、台湾でも展開されるようになったものと見られる。

台湾の場合、この郷土教育運動に相当するのが、昭和初期以降、地方政府を主体として行われていた「教育の実際化・郷土化」という動きであった(34)。その狙いは、日本「内地」の郷土教育運動の動きを背景に、知識偏重の画一的な教育に対する反動として教育の地方化を図ることにあった(35)。

当時の「教育の実際化・郷土化」の動きについてはまだ十分に解明されていない。その理由としては、台湾郷土教育研究の歴史の浅さ、政治的な要因、言葉の問題、資料の散逸などが考えられる。しかし筆者の確認したところでは、少なくとも台北州、新竹州、台中州、台南州(36)の四地域では「教育の実際化・郷土化」を導入していた。台中州の場合は、一九三三年（昭和八年）八月の『台湾教育』の台中州教育特輯に次のように記録されている。

「昭和六年、本州は敢然『教育の実際化』の研究題目を摑持して、州下学校教育の更正に着手した。之れは曩の『教室より教室』の連続であり、第一期的改新に対する第二期的発展である。」(37)

この記事から、本格的に「教育の実際化」が提唱されたのは一九三一年（昭和六年）であったが、一九二九年（昭和四年）にまず「教室から教室へ」で郷土教育がスタートしたことが分かる。さらに一九三一年から一九三六年（昭和一一年）までに「教育更新五箇年計画」が導入され、教育の実際化を図るために、州下においてはどこの学校も殆ど総動員の形であった(38)。

それ以降、「教育の実際化」を中心に郷土を学問的対象として観察する方法が提唱され、郷土にまつわる言説が『台中州教育』という月刊教育誌で数多く生み出された。教育の現場では郷土読本の作成、郷土の調査などを通して、主に小公学校の教師によって自分たちの生活圏についての記述が積極的になされるようになった。実地の調査が重視され、郷土観念の付与、郷土意識の培養、郷土愛の涵養を目的として、郷土調査、郷土資料収集、郷土読本の編纂、郷土室の経営などの活動が盛んに行われたことが頻繁に報告されている。「郷土に帰れ」「郷土の研究」「郷土教育」等の言葉は、当時教育界における流行語であった。しかし、その郷土教育の理解、及び郷土観の展開に関しては、場面によって多少の相異があったと思われる。以下に理念と実践に分けてみていくことにしたい。

一　理念としての郷土教育

1　郷土教育＝国民教育

郷土教育において教授する教育内容をどのように構成するかは、その実際の姿を作り上げる重要な問題点であるが、当時、台湾のなかで展開されていた議論の中で、郷土と祖国との関係を次のように捉え、郷土教育が国民教育と矛盾すべきでないことを主張したものがあった。

「之目的原理の上に立つ郷土教育で、純正な郷土意識を培養し、郷土文化を創造し、ひいては国家意識の啓培を目標とした郷土教育である。」(39)

「郷土教育は教育をして真に価値あらしめる為に、児童の具体的生活に立脚するといふ事を意味するものであり、換言すれば郷土教育の使命は国民教育の真の徹底にあるのである。」(40)

すなわち、「郷土教育＝国民教育」（郷土教育イコール国民教育）という教育目標であった。台中州の場合において、一九三三年（昭和八年）二月号と三月号の『台中州教育』に収められた「教育実際化へ寄せる言葉」のなかからも同様の主張がうかがわれる。そこに示されたのは、郷土に立脚して、あるべき姿の国民教育の方法を展開しようとする政府側の目線であった。以下では、その中から郷土教育をめぐる言説を掲げる。

「郷土にタッチした教育—これが教育実際化に於ける一つの大きな狙所である。(略)今、州下何れの学校に於ても、この調査が真剣に而も職員児童の総動員によつて行はれてゐることは心強い限りである。併しながら、生活体として内面的実質的な生きた郷土の実相＝それが果たして摑み得たか否か。其の調査が余りに外面的皮相的に流れてゐるの嫌がないでもない。

更に考ふべきことは、郷土の実相を摑むといふことは、郷土のすべてを肯定することではないといふことである。そして郷土生活に触れさせるにしても、無条件であつてはならぬといふことである。勿論調査し、或は調査させて、出発点とすることは、教育の郷土化生活化の大切な部面ではあるが、一面理想の生活から離れてはならないのである。そこに国民教育としての生活指導があることを強調したい。」(41)（銭目長治郎州視学）

「郷土的資料の精選＝殊に台湾に於ては主として自然的経済的資料を主とし之を精選すること

国家の規定する教授材料を郷土的に生かし且つ郷土的教育資料を巧に之に織り込むこと」(42)（大岩栄吾）

「郷土を理解し郷土を愛し郷土の改善発達に努力する実際的公民の養成を主眼とすべきこと(中略)

郷土観念の範囲を国家にまで拡充すべきこと」(43)（岡崎義雄）

すなわち、郷土教育は、単なる郷土理解だけではなく、生活の日本化、愛国心の涵養が大いに期待され、国家意識の体得に至るものとされていたのである。さらに、郷土教育運動が始まって五年間を経過した一九三五年、そして翌三六年(昭和一〇年、一一年)の『台中州教育』には次のような言説が記録されている。

「環境調査・郷土調査は至極適当であるが、郷土を如何に生かすかを考へて材料の選択取捨に注意し、郷土の拡充＝郷土愛＝国家愛へと進まねばならぬ。」（大浦総督府視学官）(44)

「抑々本島の公学校教育は、其の目的が善良なる国民役立つ郷土民の育成にある以上、その中核を日本精神の体得に求めなければならぬことは申す迄もないことであります。（中略）公学校の教育実際化に於て、この民族的特質を有する児童の生活を指導して日本化せんとする方法原理の具体的研究と其の顕現に努めて来た所以は此に存するのであります。」（州知事訓示要領）（「此」は風俗習慣、伝統の違いに発する大きな困難の存在のこと）(45)

「郷土に立脚し児童生活に即した教育も、極端に走ると狭義に解され易く、国家の一員としての存在価値が忘られ勝ちとなる。」（藤田台中市尹）(46)

以上の言説を踏まえて言えば、教育の実際化が進行するにつれて、郷土は日本の一部であり、縮図であり、愛郷心＝愛国心というイメージが構築されているといえよう。政府側の姿勢は、直観教育を強調しながらも、郷土教育の理念とは国民教育を完成する手段であるという意図を持っていたことが分かる。すなわち国民教育は郷土教育によってその豊潤性・具体性を獲得するという論理であった。当時、郷土教育を用いて異郷、異文化の意識を統合することができるといったような視点は、日本「内地」の郷土教育提唱者の間に存在していた(47)。「郷土教育＝国民教育」という主張は、そうした論理の展開の反映ではなかったか、と考えられる。

ただし、「郷土教育＝国民教育」という概念は極めて抽象的である。何故なら、日本の中に自らの「郷土」を位置づけて理解させる具体的な方法が取られていなかったからである。とくに植民地台湾において、郷土台湾から日本全土へと広がる国土認識の学習理論の実現には解決しなければならない課題があった。すなわち、実際の教授において郷土愛の育成から如何に日本精神を強調する国民教育へと発展させるか、また、「郷土」と「国土」との関係がどのような成り立ちを持つものと理解させるか、という点は避けることのできない課題であった。以下で、郷土地理と郷土歴史をめぐる当時の諸論考から、当時の理解を確認することにしたい。

2　同心円理論

初等教育のなかで郷土の要素が最初に加味された教科は地理であった。「教育の実際化」の実施にあたって、地理の立場から眺める郷土の範囲がどのように提起されていたかを見ていきたい。

まず、豊原公学校教員・張崑山の主張を例として掲げる。

「児童の家庭より学校まで延長せられた生活領域は郷土の中核として、児童の生長発展と共に漸次拡大して豊原街及其の郊外を包括し、進んで豊原郡・台中盆地一円・並に近辺に及ぶ＝全一態を吾が郷土とする。」(48)

張の主張に示された郷土の定義は、当時の台湾社会における郷土読本の編纂実態をよく表す好例といえる。郷土は少なくとも児童の直観し得る範囲でなくてはならないという観点であり、郷土の定義は地方の実情とほぼ同じ大きさのものであった。故に、教育の郷土化とは読んで字の如く郷土と見なせる範囲を教材とする教育であり、郷土教育を方法的原理の上から眺めた教育であった。

しかし、郷土は、必要に応じてその範囲が拡大するものであり、国土としての日本へと接続するという同心円構造も提起された。台北第二師範学校の三浦唯宣による郷土の定義をあげてみよう(49)。

「まづ郷土に着眼せしめて学習範囲を同心円的に拡大する上に於て意義がある。要するに地理の教授は郷土に始まり、常に郷土を中心として之を世界に拡大し最後に再び郷土に還つて地理科教授の結論とすべきである。」

同心円的構造の提起は「郷土」の空間スケールを可変的にするものであった。三浦の論では、「日本」という、より上位のスケールに接続される回路も同時に構築されていたばかりでなく、さらに世界へと広がっていく。同様の解釈は、そのほかの論考にも垣間見ることができる。当時、郷土地理においては愛国心の起点となる愛郷心の涵養が領土を扱う目的で、児童の認識の範囲を自分の生活地域から国土に引き延ばすという外延的意義の主張が一般的であった。郷土体験の拡大とは、体験に照応する対象の範囲が自己を中心として同心円的に広まることであった。眼前の郷土の上に、郷土を一部として含む日本があるという国土認識への広がりを持たせる学習論理を目指したといえよう。

3　国史の一環としての郷土史の取扱い

一方、郷土歴史の側面では、郷土史と国史（日本史を指す。本章では以下同様。）の関係が論じられていた。当時、郷土史についての論考は稀であったが、公学校の国史教育の視点から郷土史を論じた一九三四年（昭和九年）の北畠現映(50)の論考がある。北畠は領台以前の歴史は基本的には国史の範囲に入らないと考えていた。台湾本島の郷土史的教材については次のように述べた。

「しかしそれは常に本島の歴史を物語る史料としてではなくして、あくまでも国史の主流を保持し、国史教育の一部分の教材として慎重に取扱はれなければならないのである」（三〇頁）。

すなわち、郷土歴史を採択することは、その内容が国史の一環でなければ、無意味だという立場を示している。そのほか当時の論考では、例えば宮島虎雄によって一九三六年（昭和一一年）の『台中州教育』で次のような見解が示されていた。

「郷土資料を如何に表はすか。（略）国史科では或時代に於ける郷土の状況を明かにし、又ある事件と郷土との関係を明かにすることである。一体に台湾史は日本歴史と合流してゐる点だけを採り入れ、台湾史でなくとも国史に関係ある郷土行事との聯絡を示したい。」(51)

郷土史はあくまでも国史との接点のある部分のみを取り上げるとしている。国史と関連する郷土史の強調は、国土の一環としての郷土台湾の認識に資するとし、原則的に、本国・日本への接続だという学習理論が求められていたことが分かる。

しかし、おもに内地人児童の通う小学校では国史との接点のあり方は異なっていた。昭和八年に台南州花園尋常小学校が発行した『小学校における国史教授の実際的研究』(52)にその点を見ることができる。同書では、「国史教授上我等の特に力強く主張する点は、日本主義の体認発揚と云ふ事である」ことを強調した上、次のように郷土に立脚した国史教授を主張していた。

「国史教材は皆過去に属するものにして、之を児童の直観に訴へて教授し得るものが極めて少いが故に史実の理解も少く、彼等の生活と没交渉な場合が多い。郷土に立脚したる取扱をなすことによりて、直観せしめ得る遺跡遺物を示してなすとも出来、逸話、伝説等も具体化の材料となし、教材類似の郷土史料をも利用して史実の理解を助ける。」（一九八頁）

言い換えれば、郷土の史実を取り扱うことによって、国史科の生活化が可能であり、生きた知識を身に付けるという主張である。郷土認識の必要性が求められていたが、郷土史の強調は国史と接点をもつものとしての郷土認識のためであった。また、教材選択の基準は次のように提示されたのである。

「1、郷土史の内容的価値が直接国史と関係せるもの。（その人物の行動事蹟が国家中心の国史に何等かの貢献関係ありしもの）

2、郷土を一の生活体と見て、その個性が生きて行くためにその地方の歴史的発展のために関係ありしもの。」

そのような国史と連結する一環としての郷土認識の視点をもとに、郷土史要目の詳細の中で具体的に次のような教材内容が考えられていた。すなわち郷土の歴史的人物として、鄭成功、劉銘傳、沈葆楨のほか、徳川家康、有馬晴信、濱田彌兵衛、歴代総督ほかなどの日本人が数人あげられていた。郷土の歴史的遺跡、遺物としてあげられたのは、豊臣秀吉の高山国招諭文書、ゼーランジャ城、孔子廟、安平灯台、后天宮、両広会館、台南神社ほか計一八件であった。そして自然環境が郷土の人と文化に及ぼした影響として次のような内容も提起されていた。

「イ．日本人の海外発展と本島の白《ママ》然との関係（属領不定時代に於ける）。
ロ．西洋人本島をして東洋貿易の根拠地たらしめんとす。
ハ．鄭成功の拠台と台湾の経営。
ニ．清国の本島領有。

ホ．領台後の植民事業（文化施設と郷土の自然）。」（二〇二頁）

以上に示されているように、領台以前の古蹟、歴史は日本歴史と明確な接点がなくても必ずしも否定されず、日本人の比率が高いとはいえ、非日本的要素も数多く列挙されていたことは、当時の郷土史の言説としては異例の存在であった。しかし、その歴史教育の異質部分に関しては次のような捉え方もできよう。すなわち、内地人児童を教育対象の本体とする小学校の場合において、台湾という「郷土」の認識を強調するという点を重要視したのである。花園尋常小学校の論述では、勿論、国史教授による日本主義の発揚が前提であり、その上で、日本統治以前の歴史的事項は除外されず、むしろ郷土の歴史的観察が強調されていた。

台湾人児童を念頭に置いた歴史教材についての主張と、内地人児童を念頭に置いた歴史教材についての主張の違いには、当時、郷土史の扱い如何で、台湾人に対して抗日意識を抱かせるという警戒心があったことは確かであろう。ところが、花園尋常小学校のような提案がなされ、領台前の郷土史が否定されなかったのは、当時の在台内地人児童に深刻な状況が認められ、郷土教育の方法的意義の方が重視されたことが一因であろう。同書ではそのことを次のように述べている。

「本島に於ける小学校児童の家庭であるが、一般に生活に緊張を欠き、其の土地への固着性が薄い。（略）。かゝる関係上児童は現在自己の住む土地を郷土として親しみ愛する念に薄い。而して愛国心は愛郷心より出発するものである以上教育上児童の愛郷心を強める事は重要な事でなければならない。本島小学校に於ては此の点に充分考慮を払はなければならない。」（五頁）

同書から、在台内地人児童の郷土認識の必要性が深刻な問題であると認識され、郷土歴史教育による内地人の郷土愛形成が図られたことを読み取ることができる。郷土史の主張は、むしろ在台内地人に対するそうした教育効果が期待されていたと思われる。

従って、当時の郷土教育には二つの側面があったと捉えることができる。すなわち、台湾人児童の郷土意識を育成して日本全体への愛国心へと結びつける側面、及び内地人児童に対して台湾を自分の郷土とする意識を育成して愛国心へと結びつける側面であった。それは日本「内地」の郷土教育にない台湾固有の問題であった。そのような二つの側面を抱えながら、郷土と国家、愛郷心と愛国心を児童の心の中で結びつけるため、郷土史が国史に結びついた教授内容に位置を与えられ、日本「内地」との一体性を曖昧ながらも生成する役割を担っていたと考えられるのである。

二　実践としての郷土教育

次に、実践としての郷土教育がどのような特徴を持っていたかに目を向けたい。政府側の態度や論者の主張は必ずしも郷土教育実際の動向を反映したものとはいえない。ここまで述べてきた郷土教育における郷土観は、あくまでも理念としてのものであった。

当時、郷土教育の担い手の多くは、各地方に在住する内地人、台湾人の教師であった。郷土教育は形式的には視学官の傘下にあったものの、活動自体はある程度学校ごとの自主性を保っていた(53)。また、教育実際化の動きは、郷土科を独立した一教科として設置するものではなく、修身科、国史科、理科などの各教科をも含む「全教科の郷土化」として意図されていた。具体的な実施方法は、次のように「郷土調査の実施」「郷土室の設置」「郷土読本の編纂」の三方面から、子どもたちに郷土を観察させるというものであった(54)。

1　郷土調査の実施

まず郷土調査に関しては、実際、生活範囲の郷土に立脚した郷土調査が行われた事実がある。二林公学校の「我が校の郷土調査」、鹿谷公学校の「本校の『郷土かるた』」[55]、豊原公学校の「我が校の郷土調査」[56]では、教育の実際化を図るために児童の生活している郷土を調査し、児童生活に即する教育を行っていたことが明確に説明されている。また、その郷土調査要項には、さらに細分化して歴史、古蹟、街の変遷、風俗習慣、自然科学、歴史伝説宗教的材料、経済的産業の材料、教育的行政的材料などが取り上げられていた。各学校における郷土調査の内容は様々であったが、それぞれ郷土の実際の生活に即して指導を与える傾向が濃厚であった。豊原公学校の場合は、郷土調査の要項と成果の活用の方途について、さらに次のように説明している。

「大体文部省社会教育官千葉敬止氏のを骨子とし、吾が郷土の実際を眺めて学年匆々作製し、調査に着手したものであります。」

「教師の机上に一部づゝ「豊原郷土誌」を備へて各教科への利用を図りつゝあります。」

「教材は総べて之より生れるもので、即ち各科実際化郷土化教材の母胎であり、郷土地理の教材も此処から生れたものである。」

以上の説明から、豊原公学校の郷土調査要項は、文部省社会教育官が構想したものを用いたこと、そして、郷土調査の結果は『豊原郷土誌』という冊子にまとめられ、各教科で活用されていたことの二点を読み取ることができる。小学校の場合においても、生活地域に即した「郷土」が明確に提起されていた。論者の一人は「台湾の特殊事情とその教育」という一文で、当時の在台内地人生徒が直面していた郷土の問題について、次のように訴えている。

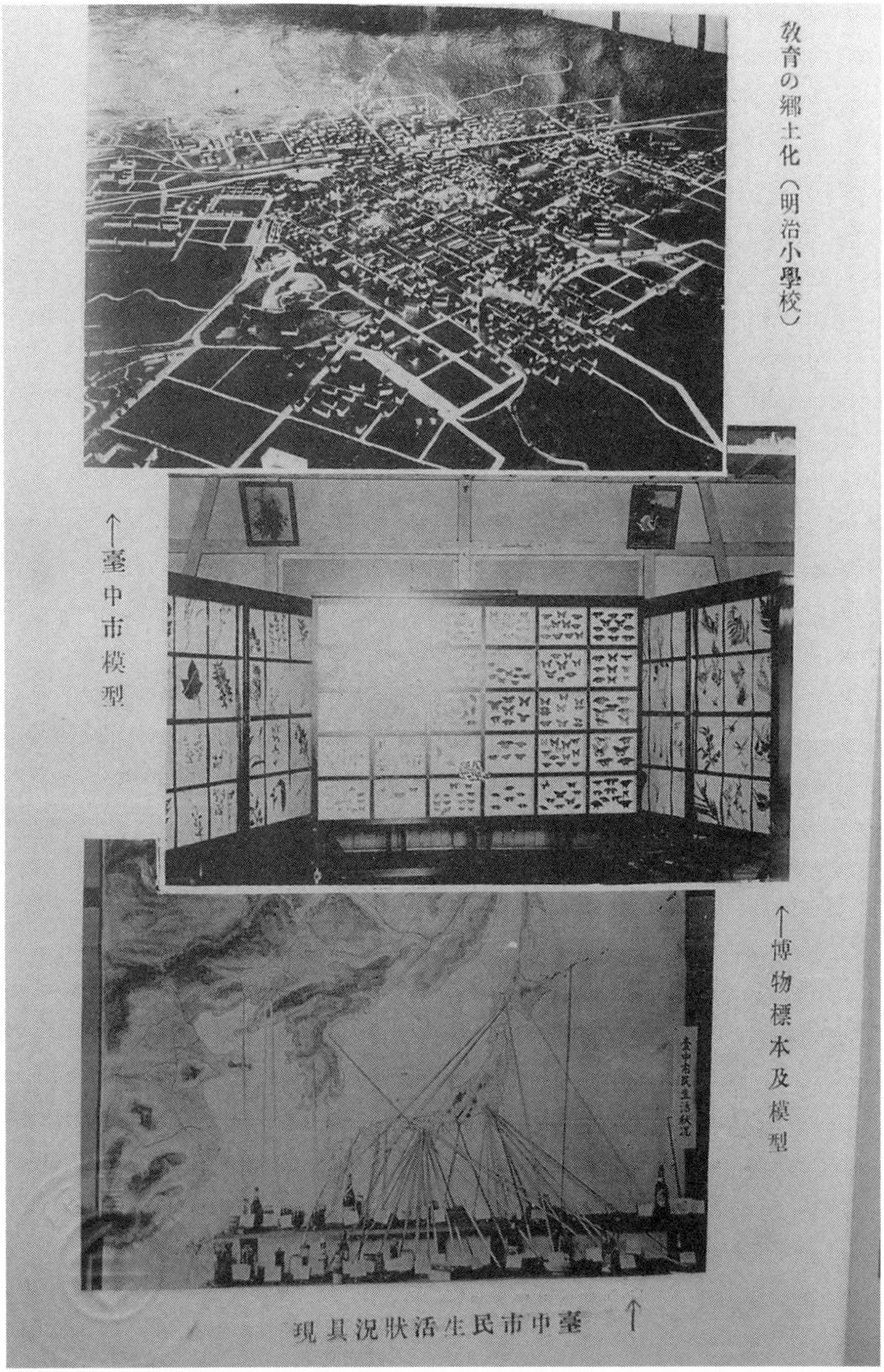

図１－１　明治小学校の郷土室の展示の様子

出典：『台中州教育年鑑』(1933 年)より

「本島は大略上述の様々な特殊事情に支配されてゐる。かうした事情、かうした環境が、教育上に種々の影響を及ばして小学校教育をして色々な難点に直面させてゐる。

（略）萍《うきくさ》の如く転々として定めなき生活を繰返してゐる（引用者注　転校回数が多いこと）結果は、愛校心・愛郷心を薄弱ならしめる。」

「1内地に於ける小学校と全く同程度の教育を施さねばならない。

2本島を墳墓の地として定着するやうな国民へと教育せねばならない。

3本島の将来を担つて立ち得る国民への教育でなければならない。」（ルビは引用者による）(57)

台湾という内地と異なる特殊な環境に育つ内地人児童も、また台湾の将来を担うという使命が付与されていることが指摘され、そして、その使命に繋がる郷土認識の必要性が強調されている。そこには、先述した花園尋常小学校の論述との共通性も見て取ることができる。

実際、小学校の周辺を中心として郷土調査が行われていた例もあった。筆者が見出した例としては台北第一師範学校附属小学校の五年生の児童を対象にした郷土学習生活の記録「水道の研究記録」「塵芥不潔物の行方調査」があげられる(58)。二例にすぎないが、内地人児童が生活範囲、学校周辺を郷土学習の対象として調査して、自らの郷土生活の向上発展を図ったもので、内地人児童に台湾を自分の生活の基盤とさせようという展開があったものと理解できる。

2　郷土室の設置

では、郷土室の設置はどうだったのだろうか。現在のところ、当時発行されたいくつかの文献から推測するほか、

図１－２　『郷土のしらべ』表紙（国立台中図書館所蔵）

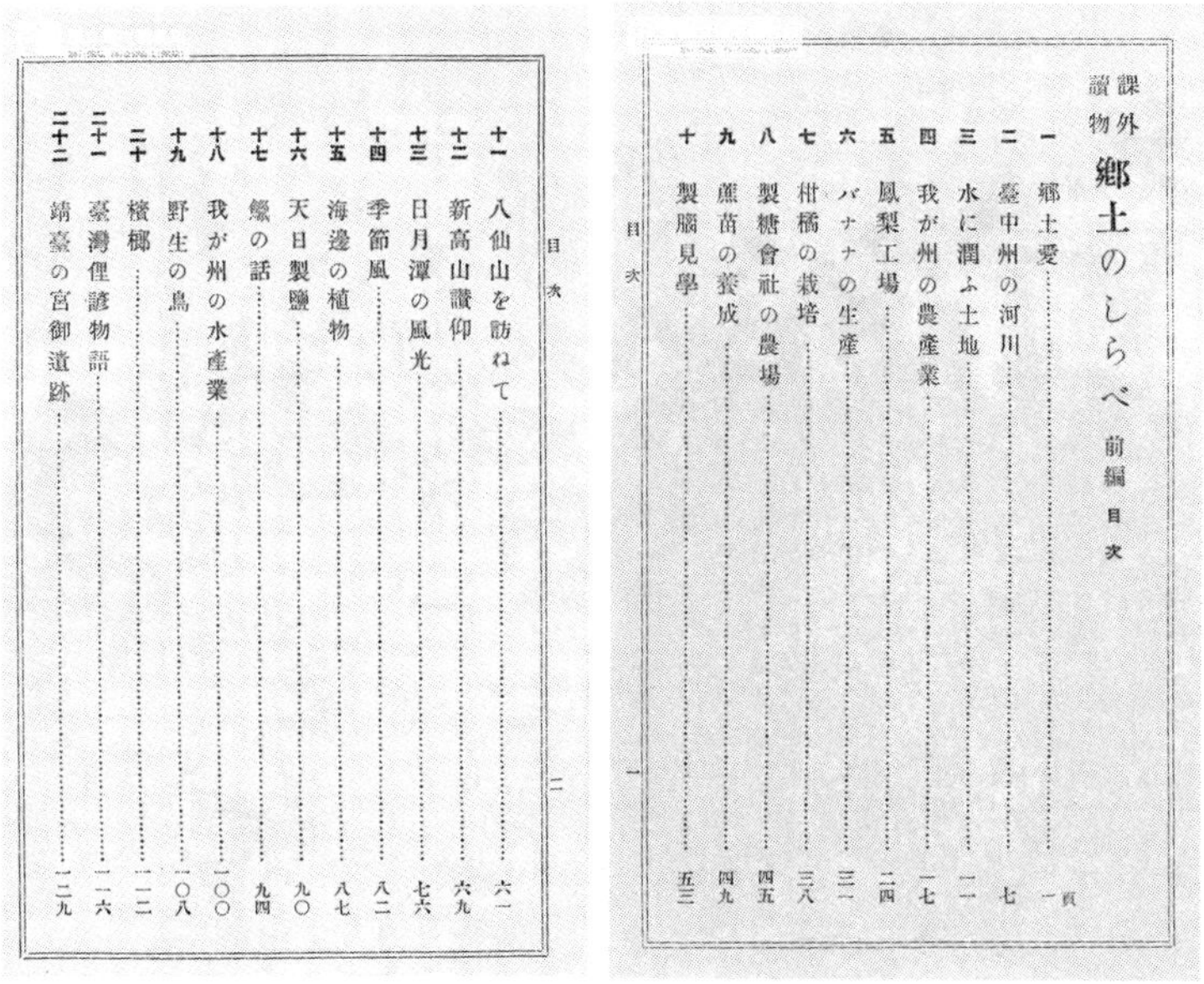

図１－３　『郷土のしらべ』目次

この時期の状況を知る手立てはない。

郷土室の展示の様子は、昭和八年の『台中州教育年鑑』(59)冒頭の頁から窺うことができる。そこには、明治小学校の「教育の郷土化」による「台中市の模型」、「博物標本及模型」、「台中市民生活状況具現」と題する三枚の写真が掲げられている。図1―1である。ここでいうところの郷土とは、日本「内地」にある「故郷」ではなく、生活地域の台中であった。同様なメッセージは、同小学校の教員だった遠山和気雄の次のような回想からもうかがわれる。

「郷土室の設営で、霧社方面に昆虫、とくに蝶類をとりに若手教師三人が出張を命ぜられ、数多くの資料を入手するとともに、高砂族の学校教育についても、貴重な話を聞くことができて参考になった。」(60)

直観教授による学習理論の実践は、当時の教員によって具体的に展開されていたことは間違いない。なお、昭和一〇年度の研究会では、綜合的教授細目が完成され、台中市村上公学校において開催された研究会会場で「教育の実際化」への手段として職員児童共作の標本、機械模型などが陳列されていたことも確認できる(61)。中川孫次郎の「教具からのぞく教育実際化」(62)という論考によれば、「教育の実際化」の最後の年となった昭和一一年に、教育実際化研究会で陳列された教具の審査があり、論考には受賞作品などが紹介されている。そのなかには、豊原小学校の富士山模型、西屯公学校の日本地方別地図など、日本との接点が工夫される展示も若干見られるが、殆どが現地取材の製作教具で、教育の郷土化が実践レベルでかなり展開されていたことを知ることができる。

3　郷土読本の編纂

郷土読本の内容の概要について、筆者が内容を確認できた範囲で整理したものが表1―1である。主に小公学校の

表１－１　郷土読本の内容概要

	郷土範囲	一部の目次にみる題材選択の傾向（郷土調査、領台後治績）	領台前郷土史の取扱	国史と関連する郷土史、又は日本との接点等の提起	国家愛の提示箇所
『豊原郷土誌』（豊原公学校）	豊原郡	歴史、自然、産業、衛生、交通、経済、教育など11章及び地方病など18短編	吾が郷土の歴史（pp. 1～5）	なし	なし
『北斗 郷土調査』（北斗公学校）	北斗街	歴史､自然､土地､戸口労力､産業､金融､交通､教育､衛生など14章	北斗街の歴史（pp. 1～12）	北白川宮能久親王遺跡地（pp. 27～28）	なし
『郷土読本第一輯』（梧棲公学校）	梧棲	植物､海産､梧棲港､勤勉力行､愛郷心､中秋､林嘉興など12短編	なし	なし	なし
『郷土の概観』（大甲公学校）	大甲郡	歴史と自然､土地､戸口と労力､産業､交通､教育､金融など12章	郷土の沿革（pp. 1～5）	教育、統治功労者の提起（pp. 263～267）	序文及びpp. 203～204
『羅東郷土資料』（羅東公学校）	羅東街	地誌､住民､行政､神社及宗教､教育、交通及通信、水利及治水、産業、金融など12章	羅東開発（pp. 3～7）本島人古来の宗教（pp. 55～65）	なし	なし
『郷土読本 我が基隆』（基隆市教育会）	基隆市	基隆の昔と今、旭が岡、台湾八景、お寺、郵便局、消防組、教育､市場､水産業など60編	なし	北白川宮殿下の御遺跡､基隆郷土館､千人塚､澳底､基隆神社など（pp. 31～52）	序文のみ
『郷土のしらべ』（台中州教育会）	台中州	郷土愛、台中州の河川、水に潤ふ土地、我が州の農産業、鳳梨工場、バナナの生産、野生の鳥など22編	なし	靖台の宮御遺跡（pp. 129 ～151）	郷土愛（pp. 1～6）
『台南市読本』（台湾教育研究会）	台南市	市役所、四季、法院、町名、警察署、刑務所、鄭成功、水道、学校、牧場、開元寺、台南神社、郵便局、電信と電話、市場、病院など59編	台南市の昔から今へ（pp. 10～14）台湾（pp. 20 ～ 23）台南府城、ゼーランジャ城、赤嵌城、億載金城など（pp. 168～208）	昔の安平（pp. 37～40）八幡船（pp. 17～19）北白川宮殿下と台南御入城、台南御遺跡所、台南神社（pp. 49～70）安平御遺跡（pp. 145～146）濱田彌兵衛（pp. 151～155）	はしがきのほか、数カ所あり
『郷土読本 わが里』（士林公学校）	士林街	士林街、公会堂と図書館、私の貯金、わが校、校歌、市場、製氷会社など39編	なし	後渡台記念日（pp. 27～31）国語の日（pp. 44～45）台湾神社、御真影奉戴、士林から内地の伯母へ（pp. 87～99）	序文のほか、少ないが数カ所あり
『庄民読本』（大林公学校）	大林庄	郷土、産業、庄治、組合、会社、官衙、小学校教育及幼稚園、公学校教育など13章	なし	北白川宮能久親王御遺跡地（pp. 3～4）	序文のほか、第三章 庄治「大林庄是」（pp. 20～21）
『郷土史』（高雄第二尋常高等小学校）	高雄、台湾	台湾通史、高雄州地方史	無所属時代、蘭領時代､鄭氏時代、清領時代など（pp. 1～16､pp. 31～38）	帝国台湾領有史、帝国領有後の台湾（pp. 22～27、pp. 54～60）	数カ所あり

教員によって自分たちの生活圏についての記述が積極的になされている。編纂主体は様々だが、例えば、台中州の郷土読本『郷土のしらべ』は州庁（州も庁も行政区域）主導の次のような形態で編纂された。まず、昭和七年度研究奨励事業として教育研究物「郷土読本材料」の募集が行われた。その入選作品「我が州下の農産業」「野生の鳥」「ばなな」「檳榔」「柑橘の栽培」などが、『台中州教育』の誌上に連続掲載されている[63]。その後、それらの短編作品の一部が図1―2及び図1―3のように台中州の郷土読本『郷土のしらべ』に収録された。

表1―1に取り上げた以外にもさまざまな郷土読本がある。今日から見ると、当時の郷土教育のなかで郷土読本の存在は最も大きな実績として位置づけられるものとなっている。とくに一九九〇年代に入って郷土教育が行われる際、図書館や学校倉庫の一角に眠っていた郷土読本が相次いで発見され、その記載された内容の価値が次第に浮かび上がってきて、今日では台湾における郷土研究の不可欠の資料となっている[64][65]。

さて、郷土読本において「郷土」という題材がどのように位置づけられたか、そして先述した「日本との一体性」の問題が郷土読本の内容にどのように反映されているかを検討してみたい。ここでは①郷土範囲の設定、②目次にみる題材選択の傾向、③領台以前郷土史の扱い、④国史と関連する郷土史の提起、⑤国家愛の提示、の五点を検討する。ただし、高雄市高雄第二尋常小学校の『郷土史』はほかの教材と異なって、全編歴史という構成なので、③領台以前郷土史の扱い、及び④国史と関連する郷土史の二点を検討する。

まず①の郷土の範囲に注目したい。表1―1に示された郷土読本のいずれも市街庄郡を範囲とし、現地の実地調査に基づいて生活地域の実情に即して編纂された冊子である。郷土の範囲が生活地域に限定されていることは明らかであり、郷土を一つの生活領域として表象するものであった。

次に、②の題材選択の傾向については、それぞれ、生活領域の郷土に即した題材の多様性が見られるが、「郷土調査」と「領台後の治績」を取り上げることはどの教材においても一致している。領台後の治績として衛生、産業、教育、電信局、金融などが書かれていることが特徴的である。それらから、日本統治時代による近代化の推進が強調され、日本への関心が生じることによって日本との一体性が構築され、そして郷土の外延的意義につながるという流れが見て取れる。例えば、『台南市読本』の中で「伸びる台南」という章はそのような印象を与えている。

「歴史の都として、城門や、廟、赤嵌楼等は台南の持つ一つの大切なものであるだらうが、過去の遺物ばかりが台南の誇であるわけでもない。」

「しかし、こゝ五、六年前までは南の方、大南門の南側でも僅かに赤い煉瓦の住宅の一群と二高女が郊外に近く存在してゐたのだつたが、現在では全く立派な住宅区と変わつてしまつて、台南球場附近へまでも、新しい住宅が出来、更に新しい家がその辺一帯に建築されやうとしてゐる。一体台南市は南方どこまで伸びるのか分らない程である。」

「市の玄関口台南駅は昭和十一年に完成して、躍進台南の面目を新にし、大正町通より大正公園に向ふ左側台南州産業館の東部底地等にも新築家屋が並び、台南病院南側の道路は市区改正によつてこれも亦面目を新にしてゐる。」

「南東に飛行場、糖業試験場、東に農事試験場、煉瓦会社の建物が郊外に人目をひき、北に製麻会社、西に遠く安平の製塩会社、カストル会社があり、製材所、製氷会社其の他幾多の工場がある。」

「更に市の区域を拡張し、既に定めた計画の一部にも変更を加へて人口十五万の大台南を出現するべく現在計画をたて、毎年国庫と州の補助を受けて実現に近づいてゐるのである。」

しかし、記述の仕方は様々で、あまり郷土の外延的意義に繋がることを連想させない例も沢山ある。例えば、『豊原郷土誌』『羅東郷土資料』『郷土読本第一輯』『北斗　郷土調査』の四冊は現地の郷土色ばかりが強く感じ取れる。羅東公学校編『羅東郷土資料』を一例とすると、同書に示された内容は、羅東開発の起源、地誌、住民、行政、宗教、教育、交通、通信、水利、産業、金融、衛生を含む幅広いもので、統計資料に多くの頁をあてるなど、「羅東街」という郷土の実状を具体的に記述したものである。郷土読本は、いずれも調査対象として、郷土の立地研究、人口、環境、経済形態、生活様態、生活程度などをあげ、それらをもとに郷土読本の編纂が行われたわけである。日本統治時代による近代化の強調というより、むしろ現実にある郷土の教材化という印象を与えており、郷土色濃厚の内容である。

③の領台以前郷土史の教材化は、表1－1では『豊原郷土誌』『郷土の概観』『羅東郷土資料』『台南市読本』『郷土史』の五冊があげられる（しかし、後にも触れるが、『台南市読本』と『郷土史』の一部は④の国史と関連する郷土史の提起も見られる）。また、『豊原郷土誌』『郷土の概観』『羅東郷土資料』『郷土史』のいずれも平埔族の開拓を起点として始まり、自らの郷土の歴史、沿革などを大幅に取り上げている。そのことから、郷土読本編纂を通して生活領域を深く把握しようとした意気込みが伝わってくる。領台前の郷土史を郷土読本の内容とするのはある意味ではきわめて当然のことであった。しかしそのような内容が全く提起されない例もあった。

④の国史と関連する郷土史の提起は、先述したように「日本内地との接点」の確立にとって最も有効な題材であった。国史と関連する郷土史を教材として活用した『台南市読本』はまさに典型例であった。例えば、『台南市読本』中の「昔の安平」は、いかにも日本との接点を強調するという印象を与えている。その内容は、一見して日本と関係のない郷土史であるが、文末に登場人物の老人が語る次のような記述がある。

「然し、私達の子供の頃から見ると全で《ママ》夢にも想像出来なかつた、台南、安平の進歩ですよ。今の文明の世の中に生れて来た子供達は幸福ですね。何の心配もなく学校に通つて勉強が出来るのだから、全く天皇様のお蔭だ。」（四〇頁）（引用者注「全で」の訓は「てんで」か）

そして、北白川宮殿下と台南御入城、台南御遺跡所などを一九頁にわたって詳述しており、そのことは、日本との接点の形成を促そうと意図したものであったと推察される。

『郷土史』の場合、全編の骨子は「台湾通史」と「高雄州地方史」から構成され、国史と関連しない部分や客観的な記述の多いことが特徴である。しかし、初代総督樺山の治績（二六―二七頁）、そして「この台湾に在住する我々は台湾を益々発展させると共に非常時の日本を救ふ忠良な臣民となり天皇陛下の御聖恩に報ひ奉る念を忘れてはならない」（二九頁）などの記述から見ると、郷土史の学習は在台内地人児童の郷土への使命感の養成の役割も担っており、前述した国史の一環としての郷土認識に繋がっていると見て取れる(66)。

そのほかの教材でも、国史と関連する郷土史を取り上げたものも若干見られるが、割り当てられた頁数は僅かであった。例えば、『北斗　郷土調査』では第一章第四節「古跡」で、故北白川宮能久親王の泊まった場所、すなわち秀才許従龍の書斎であった梅亭を取り上げて国史と関連させて叙述しているが、僅か一頁である。『郷土の概観』では、日本人である教育功労者、統治功労者の紹介により、郷土に関係づけられる空間的範囲をある程度、日本「内地」に引き延ばしているが、わずか四頁のみであった。

⑤の国家愛の提示については、郷土読本の記述から台湾において「国家愛」の涵養が極めて必要なものだと認識されていたことを知ることができる。抽象的な概念であるが、一部の教材編纂者はそのような精神を強調していた。国家愛は、『台南市読本』『郷土の概観』の冒頭では次のように述べられている。

「台湾文化完全な発芽と、永久の成育は四十年前からのことである。暗黒の数百年から光明の永久に台湾を展開せしめたものを考へねばならぬ。

それは、総て、皇恩に他ならない。それは、皇国日本の精神と力に他ならない。

これが台湾の正しいといふ立場からの愛郷心であらう。」（『台南市読本』の「はしがき」）


「この私達の台南市を愛する心を更に強くするためには台南市をよく知らねばなりません。

台南市を愛することは日本の国を愛することになりませう。

私は台南市を愛してもらふため、国を愛していたゞきたいために、この本を書きました。」（『台南市読本』の「小公学校の皆さんへ」）


「郷土教育は畢竟国民教育の徹底を期するための教育であつて公学校教育の目的をよりよく達成するための教育なのである。そしてその直接的手段として職員と上級児童の総動員によつて先づ郷土の生きたる姿を調査しそれのもつ内容を明にしたのが本書である。」（『郷土の概観』「はしがき」）

ほかにも国家愛の提示をしている教材は少なくないが、表1—1に示されたように殆ど序文のみのごく限定的なものに止まっていたといえる。例えば、『郷土のしらべ』、『郷土読本　我が基隆』には国家愛を反映するような叙述も見られるが、いずれも序文で述べられた程度で終わってしまっていた。そして国家愛が全く言及されない郷土教材の例もいくつかあった。

ここまで見てきたように、一九三〇年代においては、法規（学校規則）による郷土教育の提起はきわめて少なかったが、学校現場では郷土室の設置、郷土調査の実施、郷土読本の編纂がかなりの程度行われていた。郷土調査は児童の生活範囲を中心に実施され、郷土読本の編纂は郷土の実態調査の成果であった。それらの郷土教育で取り組まれた「郷土」とは児童の生活範囲を中心とする場所であった。それゆえ、教育現場のなかでの「郷土」とは、「故郷」ではなく、生活地域と「イコール」で結ばれる関係にあったといえよう。ただし、それと同時に、郷土教育の目標として国民育成へ導かれるものが掲げられたことにも留意しておきたい。すなわち、「④国史と関連する郷土史の提起」「⑤国家愛の提示」によって、国土としての日本への接続の回路もすでに設けられていたのである。

第四節　一九四一年「郷土ノ観察」の導入

一九四一年（昭和一六年）、郷土教育が新たな形で学校教育に組み込まれた。先述したように、小公学校（国民学校となる）教則において「郷土」の語が示されたのは、同年公布の「台湾公立国民学校規則」（以下、学校規則）であった。

同規則の第一一条では、国民学校の教科は国民科、理数科、体錬科、芸能科及び実業科とされ、国民科には更に修身、国語、国史及び地理の四科目に分けられた。第一五条中の国民科国史について「郷土ニ関係深キ史実ハ国史トノ関聯ニ付留意シテ取扱フベシ」とあり、教則の中に「郷土」という語が初めて現れた。第一六条で、国民科地理に関しては「初等科ニ於テハ郷土ノ観察ヨリ始メ我ガ国土及東亜ヲ中心トスル地理ノ大要ヲ授ケ我ガ国土ヲ正シク認識セシムベシ」「郷土ノ観察ハ国史、理数科等ト相俟チテ統一アル指導ヲ為スベシ」と定められ、日本「内地」と同時に、郷土教育に新しい提起をもたらした。この「郷土ノ観察」とは、地理・国史に分科する前の初等科第四学年に置かれた新しい授業内容である。それ以降、「郷土ノ観察」における「郷土」をめぐって再び郷土に関する様々な言説が現れることとなった。

初等科四年に課せられたこの『郷土ノ観察』は、国史学習の端緒として、また地理学習の入門として、その本来の役割が期待されていたと思われる。しかし具体的にはどのような主張が現れていたのだろうか。この点に関しては関戸明子(67)の研究が最も示唆的である。関戸は、一九四一年（昭和一六年）以降の日本各地の国民学校の「郷土ノ観察」における郷土をめぐる言説を取り上げて分析し、郷土をめぐる言説には「内地」と「外地」との違いが明確に現れているという。同論文によれば、内地の学校では「郷土という直観的材料を観察することによって、〈郷土愛の培養―国土愛護の精神―皇国の使命の自覚〉と次第に児童の認識を拡充させるという国民学校教育の意図をよく体現した方針が取られて」いた。しかし、台北第二師範学校附属国民学校の事例を取り上げ、日本統治以前の歴史的事項は扱われず、郷土愛もあまり強調されていなかったと指摘している。そして、台湾と朝鮮の場合は「偏狭な郷土愛は民族主義運動に結びつくとの危惧がいだかれていた」ためだという解釈を打ち出している。

筆者が聞き取りを行った範囲では戦時体制下、台湾の教育現場では郷土教育のための客観条件が十分に整っているとは言い難かった。当時の授業については、当時生徒だった何人かの方から次のような証言を得た(68)。すなわち、「戦時中混乱の状態であったので、『郷土ノ観察』という授業があったか、なかったかに関して全く記憶がない」というものである。

実際のところ、戦争に迫られた当時、教育現場では殆ど実践が行われなかった可能性がある。しかし、誌面上の論説は当時の台湾で到達していた水準を示すものである。以下、『台湾教育』等に収められた師範学校附属国民学校の現場教師の論考から「郷土ノ観察」をめぐる五篇の言説を示し、その実態の解明に接近したい。

一　台北第二師範学校附属国民学校（前身―公学校）

まず、関戸論文に示された台北第二師範学校附属国民学校の例を取り上げる(69)。同校は台湾人児童を主体とする学校であった。

郷土とは、学校を中心として児童が容易に観察し得る地域だと主張された。特に学校児童の通学区域等を考慮に入れ、児童の多く居住している地域（児玉町、錦町、古亭町、川端町、大安町方面）の取扱いを重視した。そして、「……等々児童の生活そのものをとつて来て、更に深く観察させ考察させる所に「郷土の観察」の真のねらひ所があるのではあるまいか。かうして児童をはぐくみ育ててくれた郷土環境への理解が進むにつれて、感謝の念を養はれ、郷土に対する愛護の念を生じてくるのである」（五三頁）というように、児童の日常生活との連関や郷土愛の養成などが強く考えられていた。

それはあくまでも直接観察することを主体としたものであった。郷土愛の培養が皇国の使命の自覚につながる日本「内地」の郷土教育より、むしろ居住地域のみの直観教授が行われたのかもしれない。但し、同校は、領台以前の歴史的事項は教材に入れない題材選択の基礎方針をとっていた。その理由としては、次のことがあげられている。

「台湾の特殊性から考へても、領台以前の歴史的事項に深入りして説くことの不可は述べるまでもないことで、風俗習慣を改め、島国民としての真の生活をなさうとしてゐる今日、郷土に古くからあるといふ理由で、廟を教材としてとつたり、清朝時代の行政方面に触れたりすることは避けなければならないと思ふ。スペイン・オランダ時代の遺蹟にしても、それを取扱ふことによつて、何の利益にもならないものが多いので、かうしたものは当然教材から省かれる性質のものと思考される。

（略）歴史的なものを総て除外するといふ意味ではなく、領台以来急速な進歩をなして、現在台湾の文化を招来するに至

つた、靖台の宮様をはじめ、多くの志士の遺蹟の取扱は相当以上に重視しなければならないものであると思ふ。」（六〇―六一頁）

しかし、領台以後のものは、島民の錬成という立場から、台湾神社、建功神社、芝山巌神社の各祭神、樺山大将など歴代総督の遺蹟、陸軍墓地の取扱いなどを教材に織り込んで指導するとされた（六〇頁）。領台前の郷土史は否定し、国史と関連する領台後の郷土史を強調する必要性があるという主張が読み取れる。

二　台北第二師範学校附属国民学校の「君が代少年」

同じ、台北第二師範附属国民学校の米増勲は、領台以前の歴史を除外しなければならないと主張しただけではなく、「君が代少年」という論考で郷土教育における国史的教材として「君が代少年」を選ぶことをも提案した(70)。「君が代少年」は、一九三五年（昭和一〇年）の台中大地震に際して、台湾人の少年が被災し、亡くなるときに「君が代」を歌ったという実話である。その提案は、そうした国家愛の意図を如実に反映したものであった。

また当時の国定教科書『国語読本』巻八「台南」の内容に対する次の批判には、領台以前の歴史の除外の考えが強く打ち出されていた。

「後者に於て明治二十八年五月三十一日以前を「昔」の台湾と観じてあつて、その史観は既述するところによつて間違ひであるからである。殊に、「昔はこゝが首府だつた」とか、「オランダ人が治めてゐた」とか、「昔の繁栄はどこにも見出すことができなかつた」等と、単なる精神的国籍不明者の感懐は国民科の教育上誠に不可解千万といはねばならぬ。台湾教育は未だ国生みの悩みの過程にあるのである。初等教育担当者は歴史の実証主義的立場から蝉脱して、毅然たる主体性をもち、強

力に、皇民としての基礎的錬成をなさねばならないのである。」(三一頁)(傍点は原文のママ)

三　台北第一師範学校附属第二国民学校(前身―公学校)の「「郷土の観察」教授細目の作製について」(71)

台北第一師範学校附属第二国民学校による「「郷土の観察」教授細目の作製について」は次の二点を「郷土ノ観察」の目的として掲げている。

「1．吾が国土国勢を知るための順序として先づ郷土を正しく認識させるのである。(郷土の正しい認識は郷土愛護の精神……郷土を生々発展させることにより国家に報じようとする真心……の涵養となる)
2．初等科五年以後の地理教育の入門として基礎的知識を養ふにある。」

郷土観察の方法はあくまでも直接観察を主体とするとして次のように述べる。

「教材の選択にあたつては台湾の特殊性より地理的事項が主となるは当然であるが、又所によつては国史に関聯して歴史的事項も採り入れ得ると思ふ。」

児童の郷土となる地域は地理学習上重要なものとして採択されたが、国史に関連する歴史的事項の必要性も強調された。また、郷土の範囲について、次のように述べる。

「児童が学校を中心として容易に観察し得る地域……児童の生活と切実なる交渉を有し、而も一日で往復観察し得る行程内の地域と考へた。」

四　台北第一師範学校附属第二国民学校（前身―公学校）の「郷土の観察考」(72)

台北第一師範学校附属第二国民学校の西尾直治の論考「郷土の観察考」から、かなり具体的な直観教授が読み取れる。その実際は児童に「高所から郷土を展望させて、郷土に親しむ情と郷土の観察に対する興味とを起させると共に、方位の判定や距離の目測について初歩を指導する」ということである。「偏狭なる郷土愛、排他的な郷土愛に陥らざるよう指導することが大切である」ことも主張されたが、展望教材においては「全体的に纏つた一つの景観（景域）として把握させ郷土に親しむ情を醸成することが主眼」となっていた。なお、同論考では歴史についての言及はなかった。

五　台北第一師範学校附属第一国民学校（前身―小学校）の「郷土の観察に就て」(73)

内地人児童が主体である台北第一師範学校附属第一国民学校の野邊敬蔵は、台湾が「内地」と同じ日本の一地方の郷土であり、日本のための郷土教育の必要性を主張した。野邊の述べる「郷土」とは南進基地としての台湾における郷土である。そのような台湾をどう見るべきかということを議論の対象とした。

「私は台湾に於ける郷土教育は可能なりと云つたが可能どころではない。是が非でもやらなければならないのだ。何故ならば真に台湾の住民が、台湾を我が国土として、我郷土として愛護する様にならねば、南進の基地として、将又大東亜共栄圏の心臓部として、日本民族の将来永遠の発展の為に拠て立つべき地盤としての役目を果すことは出来ないからである。」

野邊の主張には、ほかの論考には見られない、東亜共栄圏確立のための南進基地の拠点としての台湾の重要性が提起されている。さらに次のように語っている。

「従来台湾の人は、何をやるにしてもあまりに自らを卑下し過ぎてゐはしなかつたらうか、(個人的でなく台湾全体として内地に対して)。内地に比べたら、何事も一段程度が低いことが当然である様に自ら認めてゐなかつたらうか。これは新附の領土である関係上、内地人の数が少いし、あらゆる文化が内地に遅れてゐたと云ふ事実の為であつて、今までのところは止むを得ないところもあつた。然し之からはどうしてもさう云ふ観念をなくする様に、又それだけの実力を養ふ様に心掛ねばならぬと私は思ふ。」

これは、「内地」に匹敵する郷土或いは「新附の領土」を創ろうとした立場で、当時の台湾で生活している人々の気持ちを牽引するものであった。ここでの「台湾の人」とは内地人も台湾人も含まれるものと思われるが、主に内地人を指すと筆者は考えている。さらにそれに続けてこうも述べている。

「台湾の良さを十分認めさせ、又欠点も同時に知らせ、之に親しみ之を愛せずには居れない気持にしてやることが台湾愛護の精神涵養の意味である。私達殊に初等教育に従ふものは、正しい郷土教育によつて児童に正しくこの台湾を認識せしめ、正しい台湾愛護の精神を養つてやる様に努めねばならぬ。」

これは台湾を自分の郷土とする意識を子ども達に持たせようとした論点である。台湾愛護の精神が何よりも大切で、その精神の涵養こそが郷土愛を高めることなのだと教師達に呼びかけているように感じ取れる。台湾で生活経験を持った当時の在台内地人児童のアイデンティティ形成に深く関わる問題である。ただ、野邊の論点は、内地人児童を念頭においたものであるとはいえ、台湾人児童への広がりももったものであった。野邊は次のようにも述べている。

「本島の初等教育が従来二本立であつたものが、大局から見れば一本立となり、その内容に本島の特殊性を取り入れてあると見るべきである。かう云ふ様に見て来れば台湾と云ふ郷土も、大局から見れば、内地の郷土と同じである。只その取扱ひの実際が多少異つて来るに過ぎぬと云ふことになるわけである。」

すなわち、小学校と公学校が国民学校に一本化されたことを機に（一部に教育内容の違いは残ったが）、内地人児童と台湾人児童に共有される郷土観への発展性をみているといえる。野邊が提案した地理主体の「郷土ノ観察」には、内台児童に共有される郷土観が現れている。同文の末尾に掲げられた「国民科地理郷土の間接教材配当表」には、私の家、私たちの学校、市場、製茶工場、三線道路、台北駅や、台北近郊の大屯山、淡水河、基隆《キールン》などの観察教材があげられている。野邊の立場は「生活地域」と「郷土」を同一視するものであり、郷土が内地人児童、台湾人児童に区別される性格のものではなかったことをよく示している。

以上の五つの論考は、雑然としていて帰趨するところを読み取ることができないが、それぞれ郷土観の違いに応じて各校作成の教授細目もさまざまなものがあったという展開を知ることができる。郷土教育の実現方法や手段として統一されたものはなく、教員や学校による判断の余地が大きかったからであろう。

しかしながら、以上の論旨から当時の三つの論点を読み取ることができる。一つは台湾を愛する心を如何に育むかという点である。次に児童の郷土となる生活地域は地理学習上重要なものだとされた点において共通していることである。第三に、当時の現場教師は、郷土教育の実践にあたって郷土の歴史的事項を採択するか否かという問題に直面していたということである。

総じて見れば、関戸論文が指摘した日本「内地」との違い、つまり台湾において郷土愛があまり強調されていなかったという点は、以上の論考からは読み取れなかった。むしろ、郷土愛の強調が際立っていたという印象を受ける。そして、それと同時に、「内地」と台湾との共通点も見出すことができる。すなわち、台湾においても郷土という直観的材料を観察することが愛郷心愛国心の涵養に結びつくものとされていたと思われる。ただ、そうではあっても、台湾の場合は、身近な郷土を学習領域とする郷土教育が祖国、国民教育と矛盾するものではないことを如何に論証するかが深刻な問題であった。

「郷土ノ観察」をめぐって、論者の多くは、植民地台湾における「日本との一体性」の構築を国史に関連する郷土史の提起に求めていたが、一方で多くの教員が領台以前の歴史を関連づけることには困難を感じていた。すなわち、領台以前の郷土史を積極的或いは消極的に除外していたと同時に、郷土教育のあり方としてそこに矛盾を感じ、国史に関連する郷土史の内容が求められる状況にあったのである。

第五節　一九九〇年代における郷土読本の再評価

一九四〇年代の恐らく殆ど実態のなかった「郷土ノ観察」に比べ、一九三〇年代の「教育の実際化」は郷土教育のピーク時であったといえる。その理念は、郷土の自然や生活、文化を教材とすることによって教授・学習を直観化するとともに、郷土愛ひいては祖国愛を育てるというものであったが、その内実は台湾内部の地域に即して教育を郷土化しようとするものであった。従って、「教育の実際化」という動きは、従来言われてきたような、愛国心愛郷心の涵養を目的とする主観的心情的郷土教育論だけではなく、むしろ画一教育の打破、教育の地方化・実際化の要求を背景に、郷土研究の成果を受けて、郷土を正しく認識理解し、郷土の再編を志向した郷土教育運動であったと位置づけられる。

では、当時の郷土教育を、今日の台湾人はどのように受け止めているのか。本節では、戦後台湾社会における郷土読本の扱い方とそれに対する評価を確認することにしたい。

まず、郷土読本の一部が一九六〇年代に復刻本刊行されたという重要な事実を見落としてはなるまい。一九六六年から一九七〇年の数年の間に、『中国方志叢書』が成文書局によって出版された。収録の範囲は中国の各地方に及んでいるが、その内訳は、塞北地方（四二冊）、東北地方（四三冊）、台湾地区（三四一冊）、華中地方（九五六冊）、華北地方（五六四冊）、華南地方（二八四冊）、及び西部地方（三八冊）であった。三百冊以上の台湾関係の書籍が含まれていることに注目したい(74)。その殆どは日本統治時代の出版物であった。筆者の調査によれば、郷土読本の復刻本も多数見られる。例えば、『嘉義郷土概況』（原本の書名は『郷土概況』、玉川公学校編）、『台南市読本』（原本の書名も同様、台南教育会編）、『士林概況』（原本の書名は『郷土読本　わが郷土』、士林公学校・士林街役場編）、『大甲郷土の概観』（原本の書名は『郷土の概観』、大甲公学校編）、『大屯郡北屯郷土誌』（原本の書名は『郷土誌』、北屯公学校編）などがある。反日の歴史観が学校教育に導入されていた当時、なぜ日本語の書籍を大量に復刻したのか、その説明は復刻本の中に見当たらない。しかし、一九九〇年代の郷土教育にとっての意義という点からいえば、日本統治時代の郷土読本の一部がそのような形で保存されてきたことは重要であろう。この時期の復刻事業は一九九〇年代に起こる復刻事業よりも二〇年以上早い。ただ、当時のそうした活動は、単なる中国の一地方の史料保存としての意味合いのほうが強かったとも考えられ、評価は今後に譲らねばならない。

次に注目したいのは一九九〇年代以降の復刻・翻訳事業である。先述したように、九〇年代に入り学校や図書館の一隅に眠っていた郷土読本が相次いで現れてきた。発見当時、その多くは破損状態で閲覧しにくかったこともあり、郷土研究、郷土理解の一環として植民地時期の郷土読本の復刻、翻訳事業が一部の地域で行われるようになった。本

図１－４　郷土読本復刻本の表紙

図１－５　郷土読本訳本の表紙

章で扱った北斗公学校の『北斗　郷土調査』、羅東公学校の『羅東郷土資料』、梧棲公学校の『郷土読本第一輯』もそのような例であり、いずれも充実した内容で高い評価が得られている。例えば、次のように評価されている。

『羅東郷土資料』は発見されたとき、酷い破損状態で内容を読むことが困難であったが、一九九四年に歴史研究者の整理、校正による復刻本（図1―4）が刊行され、さらに一九九九年に中国語訳（図1―5）[75]も出版された。復刻本の整理と校正に携わっていた歴史研究者・黃富三はこの書に対して次のようにコメントしている。

「この資料の内容は自然と人文の視点（景観）を含んでいる。現時点、羅東にとって最も詳しい郷土資料であり、極めて価値の高いもので、当地の文献の宝といえる。（中略）六〇年前、異民族の日本人が既に「教育の郷土化」を推進していた。今日、我々はこれ以上立ち遅れてはいけない。」[76]

郷土読本に対して単なるプラス評価だけではなく、日本人に負けてはいけないというような刺激も受けていたようである。

一方、翻訳者の林清池は序文で次のように述べた。

「六〇数年前、羅東公学校が作成した『羅東郷土資料』は郷土史料の保存に大きな役割を果たしている。それによって後世の子孫に豊かな生活乃至文化的記録を提供することができる。現在、教育者にとって最高の郷土教材であることに間違いない。（中略）日本政府の牽制の下で、羅東公学校は勇気をもって教材編纂を完成した。郷土教育の先駆であることを高く評価する。」[77]

日本政府の意に反して郷土教材が作成されたという点は誤解だが、その内容を高く評価していることが印象的である。さらに、翻訳版の監修者の李英茂も序文で次のように述べ、当時の郷土読本は九〇年代台湾人の郷土認識にも大きな役割を果たすとしている。

「この翻訳書は広く学術界と一般民衆の参考と利用に供されると同時に、本土教育が次第に重視されてきた今日、宜蘭の子ども達に本土文化を認識させ、愛郷心を形成させることにも役立つ。」[78]

『北斗　郷土調査』は元北斗公学校の教員・劉金木の蔵書である。一九九四年に郷土史『北斗鎮志』(一九九七年出版)が編纂される際、劉金木氏は個人所蔵の『北斗　郷土調査』を編纂者の参考に提供した。その時初めてこの史料の存在と重要性が浮かび上がり、その後、彰化県の文化局によって復刻・翻訳事業も行われた[79]。その書に対する評価は彰化県文化局長の序文から知ることができる。

「政府の郷土文化認識の推進に際して、この貴重な文献は最高の郷土教材として使用できる。充実した内容の郷土教育を通して人々に文化的アイデンティティを起こさせることが望まれているのである。」[80]

注目すべきは、充実した内容の評価のみならず、今日の台湾人アイデンティティ形成のため当時の郷土読本を使用するという観点である。

日本統治時代の郷土調査や郷土読本の作品はその殆どが台湾色の濃いものであった。郷土の外延的意義を視野にいれて考えようとすれば、一部の郷土読本は日本への接続という意図があると見て取れるが、そのような視点が強く反映された郷土読本は実際のところ極めて少ない。戦後の台湾では、しばらくの間、教育課程において生活領域の郷土学習と郷土調査が強く制限され、郷土に関する知識が乏しかった。中華民国化教育時期の郷土教育は、次章で取り上げるとおり、日本統治時代の郷土観と外延的意義という点で共通性を持ちながら、その実施状況において郷土学習が少ない点で対照的であった。日本統治時代の郷土教育に対する今日の高い評価は、二つの時期を対照して比較したところに原因があると考えられる。

なお、「日本による近代化形成」が多くの郷土読本によって主題化されていたことが、一九九〇年代の郷土科時代の郷土教材へと繋がってゆくことにも留意しておきたい。第五章で述べるように、九〇年代の郷土科時代においては、台湾歴史の再編の中で、「日本時代による近代化の形成」への関心が集まることになる。つまり、日本統治時代についての評価がプラスのほうに傾く一つの論拠となるのである。

九〇年代の段階は郷土に関する著作物が少なく、また郷土教材の執筆者達の殆どは台湾史を学んだことのない世代であった。そのため、教材作成に際して、専門家から知識を得、或いは自ら史料、文献を蒐集し、場合によって、年輩者のオーラルヒストリー採集やフィールドワーク調査もなされていた。筆者の調査によれば、その編纂過程は多様な形態をとって進められていたが、日本統治時代の郷土読本を参考にしたケースもあった。戦前の郷土読本の内容が、そのままの形で九〇年代郷土教材に踏襲されていったとは考えにくいが、郷土教材の担い手となった現場教師は戦前の郷土読本を参考にしながらも、自主的に歴史的事実を発掘し、独自の歴史認識を模索したと考えられる。

第六節　考　察

本章では、『台湾教育』『台中州教育』、各郷土読本などを手掛かりに、日本統治時代台湾における郷土教育の輪郭を描き出すことを試みた。

戦前、日本「内地」の郷土教育は、郷土を教育の方法として扱うか、或いは教育の目的として扱うかで分けて考えられており、方法的原理の郷土教育と目的的原理の郷土教育に大別できる。序章第二節で述べたように、前者は「教育の郷土化」を目指すもので、なにかを教えるに当たって身近な生活の場に教材を発見するという、郷土を直観教材として扱う郷土教育であり、それに対して後者は「郷土の教育化」を目指すもので、郷土意識を培養し、郷土文化を創造することを目標とし、ひいては愛郷心愛国心を涵養しようとする郷土教育である。郷土教育は「郷土への教育」と位置づけられるとともに「国家への教育」と位置づけられることもあった。すなわち、郷土教育とは郷土のための教育であるとともに、国家へ直接結びつけるための教育であるとして、郷土教育論が展開されていた。

日本統治時代台湾の郷土教育の内実はどのような位置づけであったのか。その点に対して、一九三〇年代の「教育の実際化・郷土化」と一九四〇年代の「郷土ノ観察」によって段階的に展開されていた動向を見ると、当時、台湾での郷土教育の展開は日本「内地」の郷土教育の歩みによるところが大きかった。そして、身近な郷土を直観的材料として観察することによって愛郷心愛国心を涵養するという郷土観も、日本「内地」の展開の延長線上にあったと特徴づけられる。ただし、植民地という特殊性により、日本「内地」における運動の発展とはやや異なる歩みを見せた。

日本統治時代台湾にとって、郷土教育は「両刃の剣」のようなもので、一つの郷土から見れば国土の他の部分は「異郷」として自己と対立的地位に置かれる。当時の郷土教育は、「日本との一体性」の追求という問題に直面していた。その問題に関して、本章では、一、理念としての郷土教育、二、実践としての郷土教育の二方面から分析した。

そうした分析を通して明らかになったのは、当時の地理教育、歴史教育では、それぞれ、地理上の同心円的展開、国史と関連する郷土史をその導入に位置づける教育論が一般化していたことである。郷土の理解は愛国心の起点となる「愛郷心」を涵養する知であり、日本「内地」との接点へと発展する経路であった。さらに「日本との一体性」の追求には二つの側面があった。すなわち、台湾人児童の郷土意識を育成して日本全体への愛国心へと結びつけること、及び内地人児童に対して台湾を自分の郷土とする意識を育成して愛国心へと結びつけることであった。それは日本「内地」の郷土教育にない台湾固有の問題であった。そのような二つの側面を抱えながら、日本「内地」との一体性は、曖昧ながらも生成されつつあったと考えられるのである。

従って、当時の郷土の位置づけを考えるならば、一つ大きな特徴は、国土としての日本への接続という外延的意義が指向されていたという点にあったと思われる。すなわち、眼前の台湾にある「郷土」の上に、直ちに日本国土という大きな郷土の空間が創出された。日本「内地」は、多くの台湾人や在台内地人児童にとって殆ど接触交渉を持たないところであったため、国土認識を郷土台湾から日本全土へと広げる学習論理が強調された。国家主義的教育に吸収されていく過程で、「郷土」という概念の外延的意義が主張されたのである。

しかし、一方、郷土教育の実践における設置された郷土室、実施された郷土調査や編纂された郷土読本は、その殆どが台湾色の濃いものであった。また、領台以前の台湾固有の郷土史も郷土読本によっては提起されていた。先述したように、郷土の外延的意義を視野に入れて考えようとすれば、一部の郷土読本には日本への接続が明瞭化されていたと見て取れるが、そのような視点が強く反映された郷土読本は実際のところ極めて少なかった。当時の郷土教育は、単純に愛国心教育との繋がりを持つものであったわけではなく、その実践は台湾固有の郷土史を除外せず、郷土の実際生活に即して子ども達に郷土を観察させようとした「郷土の認識」の傾向が濃厚であった。

磯田一雄の指摘によれば、日本の植民地統治政策において、中国からの台湾人の切り離しを意図したため、台湾の国史教科書に台湾固有の歴史の記述が欠けていた(80)。しかし、本章で明らかにしたように、すべてではないが、ある程度の数の郷土読本には領台以前の歴史、沿革などが取り上げられていた。磯田の指摘と合わせてみれば、学校教育の中で固有の台湾史が語られるのは郷土教育という場のみであったと推察される。「郷土の認識」という点でいえば、当時の郷土教育では、児童の郷土となる地域は学習上重要なものとして採択されると同時に、台湾固有の歴史的事項もある程度提示されていた。そのような様態を持ちながら、植民地台湾の郷土教育なるものが構築されていたのである。

こうして、植民地台湾における郷土教育は、客観的実在としての郷土、つまり児童の生活地域を指す郷土観が提起される一方で、漸次拡大する郷土の外延的意義も多数提起されていた。郷土教育は、「郷土」と「国土」の二重の可能性の上に位置し、様々な郷土観が展開されていたのである。郷土教育を通して台湾の人々に祖国のアイデンティティを持たせようとしたことは、一見して一九五〇年代に提起されていた郷土教育論と同様に見えるが、生活郷土の空洞化が特徴であった五〇年代頃の郷土教育論と比較・対照すると、日本統治時代の郷土教育は、人々の住む土地の現実に根ざしたものであった。

一九九〇年代に入って、日本統治時代の郷土教育が再び議論を引き起こし、人々の記憶を喚起した理由としては、生活環境の地域に即して編纂された郷土読本の存在が大きいであろう。とりわけ、郷土読本に現れた「郷土の近代」と「郷土の認識」の二点の特徴は重要であろう。「郷土の近代」という点は、当時「日本との一体性」の構築のために有効な手段として用いられたが、九〇年代に入って進行する歴史認識の再編の過程で、中国と異なる台湾独自の歩みを示す要素として人々に広く受け入れられるところとなった。その具体的な展開は第五章で考察することにする。「郷土の認識」という点は、九〇年代の台湾人アイデンティティの形成の潜在的な可能性が孕まれていたという意味で、注意すべきであろう。台湾本位の視点ではなかったが、郷土教育によって郷土の具体性を理解させようとした姿勢は、逆説的に台湾の色彩を抹消せず、今日の台湾人に郷土の従来の姿を再認識させることに結びついたのである。当時の郷土教育はむしろ、現在の台湾人アイデンティティ形成につながる一要素になったと考えられる。

台湾における郷土教育の流行は日本統治時代の出来事であり、郷土読本などの大量の編纂もその時代の産物である。

そのような意味で、今日と郷土が持つ外延的意義の部分に違いはあるにしても、今日の郷土教材に現れている郷土認識の形成へとつながるものをもっており、今日の台湾の郷土教育を理解するための概念を明瞭化する諸問題を提示している。

注

(1)「母語失傳一甲子　郷土教育再出發」『中国時報』一九九三年九月二九日、四頁。
(2) 詹茜如（一九九三）「日拠時期台湾的郷土教育運動」国立台湾師範大学歴史研究所修士論文。呉文星（一九九七）「日治時期台湾郷土教育之議論」郷土史教育学術研討会、一九九七年四月二五日〜二六日、国立中央図書館台湾分館にて開催。
(3) 井上総督府視学官の言葉である。花塘生（一九三五）「小学校の実際化研究会見参記」『台中州教育』第三巻第三号、台中州教育会、一一―一二頁。
(4) 坂口茂（一九九九）「愛国思想教育の具体的展開（郷土愛教育、教師論）」『近代日本の愛国思想教育　上巻』星雲社、四九五頁。
(5)『羅東郷土資料』（一九九四）復刻本の序文は当時の郷土教育を「教育の郷土化」とプラス評価をしている。『梧棲古文書史料専輯』（二〇〇〇）も戦前からの郷土教育の存在とその積極的取り組みを意義付けたものである。この点については董倫岳（文責）（二〇〇〇）『梧棲古文書史料専輯』台中県梧棲鎮公所、八四頁。
(6) 戦前日本「内地」で展開された郷土教育については、伊藤純郎（二〇〇八）『増補　郷土教育運動の研究』思文閣。外池智（二〇〇四）『昭和初期における郷土教育の施策と実践に関する研究』NSK出版などの研究がある。
(7) ペスタロッチ（一七四六―一八二七）は、学習者による抽象的な観念を提示する前に、実際の対象物、実物を用いることを主張した。すなわち、子どもに物事を言いなりに受容させる代わりに、子どもの「考える」力と「感じる」力を引き出すことが必要であるということであった。ペスタロッチの教育思想については、東岸克好（一九七〇）『ペスタロッチの直観教育思想の研究』建帛社、及びJ・H・ボードマン著／乙訓稔訳（二〇〇四）『フレーベルとペスタロッチ―その生涯と教育思想の比較』東信堂に詳しい。
(8) ヨハン・フリードリヒ・ヘルバルト（一七七六―一八四一）はドイツの哲学者、心理学者、教育者。教育の目的を倫理学に、方法を心理学に求め、教育学を体系化したヘルバルトの学説は、世界に影響を与え、ヘルバルト学派を形成した。高久清吉（一九八四）『ヘルバルトとその時代』玉川大学出版部に詳しい。
(9) 前掲、外池智（二〇〇四）三四頁。

(10) 桑原正雄(一九七六)『郷土教育運動小史』たいまつ社、一六頁。桑原は、「「地理(理科)ヲ授クルニハ成ルベク実地ノ観察ニ基キ……」と直観教授の意義は残しても、身近な学習領域としての〝郷土〟は、その強い土着性の故に、中央集権化をさまたげるものとして、否定されたのではないでしょうか」と指摘している。

(11) 前掲、外池智(二〇〇四)三六—三七頁。

(12) 小田内通敏(一九三二)『郷土教育運動』刀江書院、二—三頁。「最近我が国に提唱されてゐる郷土教育は、一面世界的思潮のそれではあるが、其の重因は明治以後の我が国の現行教育制度が、急変なる我が社会情勢に適合しない結果、それが種々なる缺陥となつて現はれて来てゐるから、これを救ふ為の一つの文化運動である。」とあるように、当時、教育の重要問題としては、第一に明治初年以来欧米の教育制度や教育組織を模倣してきた結果、それから生ずる弊害に対して国民自らが反省してきたことであった。第二に従来の画一教育、知識偏重の教育に対する反動として教育の地方化を図ることであった。

(13) 前掲、外池智(二〇〇四)一四—一五頁、二三—二六頁。とくに、文部省は一九二七年の全国の師範学校附属小学校を中心に実施した「郷土教授に関スル件」照会を皮切りに、一九三〇年には「郷土研究施設費」の交付、一九三一年には中学校、師範学校などの地理科において「地方研究」の導入など、郷土教育に関わる施策を次々実施した。

(14) 一九三〇年代の郷土教育に関しては、前掲、伊藤純郎(二〇〇八)九—一〇頁に詳しい。

(15) 但し、前掲、伊藤純郎(二〇〇八)九—一〇頁、二二四頁では、この従来提唱されてきた「連盟系」郷土教育と「文部省系」郷土教育といった分析枠を根本から見直す必要がある、と言及し、愛国心愛郷心の涵養を主張したのは文部省ではなく、むしろ、連盟であったという。

(16) 文部省(一九四二)『郷土の観察』教師用、東京書籍(翻刻印刷)。

(17) 関戸明子(二〇〇三)「戦時中の郷土教育をめぐる制度と実践—群馬県師範学校・女子師範学校の事例を中心に—」「郷土」研究会編『郷土—表象と実践—』嵯峨野書院、四—二五頁。

(18) 日本内地の郷土教育の歩みをみると、当時の郷土教育は、狭義的に地理、歴史、理科の三科目を通して実践されていたように思える。その点について例えば、石山脩平(一九三六)は『郷土教育』藤井書店、七七頁で「明治二四年に制定せる教則大綱は、地理・国史・理科の各科に於て郷土より出発すべきことを定めた」と述べている。

(19) 「国語学校第四附属学校規程」台湾教育会(一九三九)『台湾教育沿革誌』、四一四頁。なお、本規程は国語学校規則の下位規程として定められたため、「規則」ではなく、「規程」という名称が使われたと見られる。

(20) 前掲、台湾教育会(一九三九)、二二九—二三八頁。

(21) 前掲、台湾教育会(一九三九)、二五九—二七〇頁。

(22) 前掲、台湾教育会（一九三九）、二七九―二八〇頁。
(23) 明治四五年（一九一二）「公学校規則改正」の第二二条にも直観教授的視点が示されている。前掲、台湾教育会（一九三九）、二九七頁。
(24) 前掲、台湾教育会（一九三九）、三三六頁。
(25) 教則の詳細に関しては、前掲、台湾教育会（一九三九）、三六一―三七二頁に詳しい。
(26) 教育史編纂会（一九六四）『明治以降教育制度発達史』第一一巻、（初版一九三九）教育資料調査会、四一七―六一五頁及び第一二巻、一―四〇四頁。
(27) 「台湾公立国民学校規則」については石川謙など（一九五六）『近代日本教育制度史料』第九巻、大日本雄弁会講談社、八九―一一〇頁。
(28) 前掲、台湾教育会（一九三九）、六一三―六一四頁。
(29) 前掲、台湾教育会（一九三九）、六三三―六三四頁。
(30) 前掲、台湾教育会（一九三九）、六四六―六四七頁。
(31) 「台湾総督府師範学校規則」の第一一条に掲載されている。前掲書、石川謙など（一九五六）『近代日本教育制度史料』第九巻、大日本雄弁会講談社、一六一頁。
(32) 日本「内地」の場合、大正一四年、文部省訓令第七号「師範学校教授要目改正」「地理教授要旨」には「学校所在府県及之ト密接の関係アル地方ノ地理ハ特ニ詳細ニ教授スヘシ」とみられたが、「地方研究」を師範学校の地理科へ導入したのは昭和六年であった。師範学校の地方研究と郷土教育に関しては前掲、伊藤純郎（二〇〇八）に詳しい。
(33) 前掲、外池智（二〇〇四）、八頁。
(34) 総督府から予算が出されていることも考えられるが、今のところ、それを示す資料は欠如している。
(35) 竹下豊次（一九三三）「装飾的偏智の教育を排し、日本精神の上に」『台中州教育』（昭和八年創刊号）、台中州教育会、三頁。
(36) 台南州については、台湾教育会（一九三三ａ）『台湾教育』第三七五号（台南州教育特輯号、昭和八年一〇月号）、四六―一〇四頁。新竹州については台湾教育会（一九三三ｂ）『台湾教育』第三七七号（新竹州教育特輯号、昭和八年一二月号）、四八―五二頁。
(37) 台湾教育会（一九三三ｃ）『台湾教育』第三七三号（昭和八年八月号）、九〇頁。
(38) 前掲、台湾教育会（一九三三ｃ）のほか、台中州教育課（一九三五）『台中州教育展望』、五七―五八頁。
(39) 新庄輝夫（一九三四）「本島教育と郷土教育」『台湾教育』第三八一号（昭和九年四月号）、台湾教育会、三五頁。
(40) 山本呑海（一九三四）「郷土教育再吟味」『台湾教育』第三七八号（昭和九年新年号）、台湾教育会、一二〇頁。
(41) 銭目長治郎（一九三三）「教育実際化の歩みの上に」『台中州教育』（昭和八年三月号）、台中州教育会、一二頁。
(42) 台中州教育会（一九三三）『台中州教育』（昭和八年二月号）、一三―一四頁。

(43) 台中州教育会(一九三三)『台中州教育』(昭和八年二月号)、一四頁。
(44) 花塘生(一九三五ａ)「公学校の実際化研究会聴きが記」『台中州教育』第三巻第三号、台中州教育会、一七頁。
(45) 花塘生(一九三五ｂ)「州教育研究会を鳥瞰す」『台中州教育』第三巻第三号、六頁。
(46) 藤田台中市尹(談)(一九三六)「戒しむべき事」『台中州教育』第四巻第三号、台中州教育会、一〇頁。
(47) この点については、林初梅(二〇〇八)「『郷土』と『国土』における二重性―植民地台湾の郷土教育における郷土観の展開―」(「『郷土』与『国土』的双重課題―植民地台湾郷土教育之郷土観探討」)(二〇〇八年三月二三日に台湾史青年学者国際研討会(政治大学台湾史研究所・東京大学大学院総合文化研究科・一橋大学大学院言語社会研究科主催)で配布した発表論文で詳述した。
(48) 張崑山(一九三三)「郷土的取扱いの地理学習」『台湾教育』第三七三号(昭和八年八月号)、台湾教育会、一〇五頁。
(49) 三浦唯宣(一九三二)「地理教育上の諸問題と本島初等教育上の地理科に就いて㈠」『台湾教育』第三六四号(昭和七年一一月号)、台湾教育会、三七―四五頁。
(50) 北畠現映(一九三四)「初等国史教育の本質とその使命に就いて(四)―特に公学校の国史教育に就いて―」『台湾教育』第三八六号(昭和九年九月号)、台湾教育会、二六―三二頁。
(51) 「実際化を語る㈠」(一九三六)『台中州教育』第四巻第三号、台中州教育会、三九頁。
(52) 台南州花園尋常小学校(一九三三)『小学校における国史教授の実際的研究』五頁、一九五―二〇八頁。
(53) 「実際化を語る㈠」(一九三六)『台中州教育』第四巻第三号、台中州教育会、三九頁によれば、宮島虎雄の言として「教育実際化に基づく教授細目は、教育の本質使命に立脚すると同時に各校独自の立場に於ての編纂でなければならぬ。各校独自の立場とは、郷土との関係、校外指導、校地の利用、教弁物の利用、訓練要目との関係などを織り込み、更に教材の聯絡綜合関係をも明らかにすることである。」
(54) 花塘生(一九三六)「教育実際化五箇年の前後」『台中州教育』第四巻第三号、台中州教育会、二―一一頁には、調査員代表の報告が掲載されている。「全教科の郷土化」という方針がうかがわれるのは、財津吉隆「眼に映じた小学校各科教授細目」、新保祐八「各公学校の細目を見る」である。
(55) 矢口卯兵(一九三三)「我が校の郷土調査」、並木直人(一九三三)「本校の『郷土かるた』」『台中州教育』(昭和八年創刊号)、台中州教育会、三二―三六頁。
(56) 張崑山(一九三三)「我が校の郷土調査」『台中州教育』(昭和八年四月号)、台中州教育会、四九―五二頁。
(57) 加田仙太(一九三五)「台湾の特殊事情とその教育」『台中州教育』第三巻第五号、台中州教育会、四七―四九頁。
(58) 深見武男(一九三四)「郷土学習　水道の研究記録」『台湾教育』第三七九号(昭和九年二月号)、台湾教育会、一三―二一頁。深見武男(一九三四)「郷土学習「塵芥・不潔物の行方調査」―その実際」『台湾教育』第三八五号(昭和九年八月号)、台湾教育会、四二―四三頁。

(59) 台中州教育会(一九三二)『台中州教育年鑑』。

(60) 遠山和気雄(一九八一)「訪台に思う〝報恩感謝〟」『台湾への架け橋』蓬莱会関西支部、六六頁。

(61) 台中州教育課(一九三五)『台中州教育展望』、六一頁。

(62) 中川孫次郎(一九三六)「教具からのぞく実際化」『台中州教育』第四巻第三号、台中州教育会、二四―二六頁。

(63) 郷土読物資料として、例えば、次のような作品が掲載されていた。桐山憲郎(一九三三)「我が州下の農産業」『台中州教育』(昭和八年六月号)、台中州教育会、四八―四九頁。「野生の鳥」(著者不明)、「ばなな」(著者不明)『台中州教育』(昭和八年一〇月号)、四五―四八頁。「檳榔」(著者不明)、「柑橘の栽培」(著者不明)『台中州教育』(昭和八年一一月号)、台中州教育会、四七―四九頁。

(64) 本章で扱った郷土読本は以下のとおりである。豊原公学校(一九三一)『豊原郷土誌』全三五九頁。北斗公学校(一九三一)『北斗郷土調査』全二〇八頁。梧棲公学校(一九三二)『郷土読本第一輯』全三二頁。大甲公学校(一九三二)『郷土の概観』全三一九頁。羅東公学校(一九三四)『羅東郷土資料』全一八一頁。基隆市教育会(一九三七)『郷土読本　我が基隆』全一九〇頁。台中州教育会(一九三七)『郷土のしらべ』全一五一頁。台湾教育研究会(一九三九)『台南市読本』全二〇八頁。士林公学校(一九三五)『郷土読本　わが里』。大林公学校(一九三三)『庄民読本』全一〇一頁。高雄市高雄第二尋常高等小学校(一九三四)『郷土史』全九三頁。

(65) 郷土読本は表1―1のほか、以下のようなものが確認されている。漳和公学校(一九三五)『都市に近接せる農村の郷土教育』、北埔公学校(一九三五)『郷土誌』、玉川公学校(一九三三)『郷土概況』、北屯公学校(一九三二)『郷土誌』など。

(66) 台湾人児童及び在台内地人児童に対する郷土史の扱い方の相違については、筆者の博士論文(二〇〇七年二月提出、九月学位取得)で既に論じたが、高雄第二尋常高等小学校の『郷土史』を取り上げて分析したものは、前掲、林初梅(二〇〇八)である。

(67) 前掲、関戸明子(二〇〇三)。

(68) 当時豊原国民学校児童だった張淑毓氏、張淑娥氏、清水国民学校児童だった白尾幸子氏、幸国民学校児童だった鈴木れいこ氏、台北第一師範学校附属国民学校児童だった草薙裕氏(昭和二一年(一九四六)三月修了の学年)の述懐による。

(69) 台北第二師範学校附属国民学校に関しては、広島高等師範学校附属国民学校国史・地理研究部編纂(一九四二)「題材選択の基礎方針」「郷土観察指導細目」『全国における「郷土の観察」の実際』目黒書店、五一―六二頁、一九七―二〇〇頁。

(70) 米増勲(一九四二)「君が代少年」『台湾教育』第四八〇号(昭和一七年七月号)、台湾教育会、二五―三二頁。

(71) 台北第一師範学校附属第二国民学校(一九四一)「「郷土の観察」教授細目の作製について」『台湾教育』第四六六号(昭和一六年五月号)、台湾教育会、三〇―三八頁。

(72) 西尾直治(一九四二)「郷土の観察考」『台湾教育』第四八〇号(昭和一七年七月号)、台湾教育会、一一―一五頁。

(73)　野邊敬蔵（一九四二）「「郷土の観察」に就て」『台湾教育』第四八一号（昭和一七年八月号）、台湾教育会、四三―五五頁。
(74)　この内訳の詳細は国立台中図書館所蔵によるものである。
(75)　『羅東郷土資料』の復刻本は一九九四年に林本源中華文化教育基金会によって出版された。林清池訳・李英茂監修（一九九九）『羅東郷土資料』の中国語訳は宜蘭県立文化中心によって出版された。
(76)　前掲、『羅東郷土資料』復刻本（一九九四）、序文。
(77)　前掲、林清池訳／李英茂監修（一九九九）、序文。
(78)　前掲、林清池訳／李英茂監修（一九九九）、序文。
(79)　張素玢編／陳弼毅訳（二〇〇三）『北斗郷土調査』の復刻本、訳本は彰化県文化局によって刊行。
(80)　前掲、張素玢編／陳弼毅訳（二〇〇三）、序文。
(81)　磯田一雄（一九九九）「台湾に歴史はあるか」『皇国の姿を追って』皓星社、二五三―二六七頁。

第二章　中（華民）国化教育時期における郷土教育の諸相

――「郷土中国」への転換（一九四五―一九九〇）

一九四五年、台湾は中華民国の一省とされたが、日本統治時代、すでに実施されていた郷土教育が当時の中華民国の「課程標準」（日本の学習指導要領に相当）の言及に従って、やはり実施されることになる(1)。「課程標準」の変遷にみられる「郷土」への言及及び数冊の郷土教材から、郷土教育が一九五〇年前後と一九八〇年代の時点で、ある程度実施されていたこと、また、本格的な郷土教材の作成が行われたことがはっきり分かる。

しかし、それにもかかわらず、一九九〇年代に入ると、そういった戦後の郷土教育の規定内容は全く実施されず、あくまでも条文にすぎなかった、と先行研究(2)によって繰り返し批判されるようになった。従来の研究では、一九四五年から九〇年代までの四十数年間の郷土教育については、その性格に注意が払われることは殆どなかった。その時期は、中国化教育として曖昧に言及されるに過ぎず、郷土教育の中断期として位置づけられたのである。

では、「中断期」として位置づけられたその時期の郷土教育は、どのように理解すべきだろうか。中国化教育は従来、国民党政府の基本姿勢と教育体制に原因があると指摘されてきたが、実は五〇年代に提唱された郷土教育論に中国化教育の具体的なイメージが描かれていたのである。そのイメージには、「郷土」という空間に「中国」という、より上位のスケールに接続される回路が同時に構築されていた。それは、「郷土」という概念を学ばせることによって、「我々中国人」が創出されるというものである。すなわち、その時期の郷土教育は「国家への教育」のためと位置づけられるものであったと考えられる。

従来の研究には、郷土教育史という視角から戦後台湾の郷土教育を分析したものが欠如しているため、郷土教育が如何に戦後の教育体制に組み込まれたか、そして郷土教育が如何に教育の中国化と関係していたか、ということは未だ明らかにされていない。それらを解明することが本章の課題であるが、前章の続きとして、従来見落とされていた郷土教育の内実と郷土の定義の問題を本章でもみてゆきたい。また、そのことが九〇年代の郷土科にとって如何なる意義をもったかについても考えてみたい。

第一節　「課程標準」に見られる「郷土」の提起

本論に入る前に、ここでまず「課程標準」における郷土教育への言及を確認しておこう。『中華民国教育年鑑』(3)によれば、中華民国における近代学校教育の最初の「課程標準」は、一九〇二年（清の光緒二八年）に制定された「学堂章程」であった。以来、数次の改訂を経たが、本章では台湾と関わりのある「課程標準」のみに限定して考察したい。一九四九年国民党政府が台湾へ移った後しばらくの間は一九四八年に中国大陸で改訂した「課程標準」が適用されたが、一九五二年に至って、台湾での必要に応えて小中学校の「課程標準」が制定された。ここでは本研究の内容に密接に関わる小学校の郷土教育に関して、一九四八年から一九九〇年代まで施行されていた小学校「課程標準」の修訂や発布を表2―1、表2―2に整理する。なお中学校の「課程標準」に関しては表2―3にまとめる。

表2―1に見られるように、九〇年代まで郷土科は設置されなかったが、郷土教育を実施することは「常識」（学習

内容は社会と自然の初歩知識）、「自然」、「社会」の各教科の「課程標準」によって提示されていた。では、その中で郷土教育はどのような文脈に置かれたのだろうか。一九四八年以降の小中学校「課程標準」における郷土の扱いの変遷は表2―2及び表2―3の通りである。一九四八年の小学校「課程標準」は「郷土」という文言をもつ最初のものではなかった⑷が、初めて台湾で実施された「課程標準」として注目される。

表2―1、表2―2及び表2―3の内容から、いくつかの特徴が浮かんでくるが、特に社会・自然・常識の三教科について戦後期の郷土教育の特徴を次の三つにまとめておきたい。

第一に、小学校「課程標準」には、戦後以来、郷土教育に関する条文が一貫して存在しているという事実である。九〇年代までは正式な教科設置はなされていなかったが、常識、社会、自然教育などで郷土教育の条文が掲げられていたのである。それと同時に、「認識台湾」という用語が「課程標準」（一九六八年）に掲げられたことにも留意しておきたい。郷土に関する「課程標準」の言及については、ただの条文にすぎなかったと指摘されているが、ここでは、郷土教育と「認識台湾」が既存の条文に含まれていたものであったということが、九〇年代の郷土科設置の際に都合よく機能したという可能性を指摘しておきたい。それらの状況を考えると、九〇年代の郷土科の誕生は、制度上で眠っていた「課程標準」の条文を具現化したものだと見なすことができる。

第二に、「身近な地域→郷土（台湾）→中国→世界」という同心円的な構図が打ち出されたことである。そのことから、台湾という郷土空間が中国に包含されているという理解が認められる。郷土の定義は時に村・鎮、時に県・省という地理空間があてられているが、いずれであっても必要に応じて拡大されていくことが特徴である。身近な郷土だけではなく、郷・鎮・区、省、国といったように、それらを含んだ地域像の理解がなされる。なお、台湾についての学習はおおよそ第四学年以下に設定されており、授業の時間数に占める比重もさほど大きくないことが分かる。

第三に、郷土空間の授業時間が小学校から中学校へ学年があがるにつれて減少していたことである。中学校の「課

表2－1　小学校「課程標準」の変遷

(a)

	初級小学の教科設置（低・中学年）	高級小学の教科設置（高学年）	「郷土」教育についての言及
1948年「小学課程標準」第　二次改訂	公民訓練、唱遊、国語、算術、常識、工作	公民訓練、音楽、体育、国語、算術、社会、自然、美術、労作	低・中学年常識課程標準、高学年社会課程標準、高学年自然課程標準
1952年「国民学校課程標準」国語、社会科改訂	公民訓練、唱遊、音楽、体育、国語、算術、常識、工作、美術、労作	公民訓練、音楽、体育、国語、算術、社会、自然、美術、労作	低・中学年常識課程標準、高学年社会課程標準、高学年自然課程標準
1962年「国民学校課程標準」改訂	公民与道徳、唱遊、音楽、体育、工作、美術、労作、国語、算術、常識、社会、自然、団体活動	公民与道徳、音楽、体育、美術、労作、国語、算術、公民、歴史、地理、自然、団体活動	低学年常識課程標準、中学年社会課程標準、高学年歴史・地理課程標準、中・高学年自然課程標準

(b)

	小学校の低学年	小学校の中・高学年	「郷土」教育についての言及
1968年「国民小学暫行課程標準」制定	生活与倫理、健康教育、国語、数学、唱遊、常識	生活与倫理、健康教育、国語、数学、社会、自然、音楽、体育、美術、労作、団体活動	低学年常識暫行課程標準、中・高学年社会暫行課程標準、中高学年自然暫行課程標準
1975年「国民小学課程標準」制定	生活与倫理、健康教育、国語、数学、社会、自然科学、唱遊、美労、団体活動、輔導活動	生活与倫理、健康教育、国語、数学、社会、自然科学、音楽、体育、美労、団体活動、輔導活動	社会課程標準、自然科学課程標準

注：教育部（一九四八）改訂「小学課程標準」、教育部（一九五二）改訂「国民学校課程標準」、教育部（一九六二）改訂「国民学校課程標準」、教育部（一九六八）制定「国民小学暫行課程標準」、教育部（一九七五）制定「国民小学課程標準」に基づいて作成。

程標準」において「郷土地理」という用語が現れたのは一九四八年修訂の「初級中学地理課程標準」であった。同「課程標準」には「郷土地理に関しては、郷土より教える」と掲げられている。しかし、その身近な地域については説明されてない。その後、一九六八年に「課程標準」が改正された際、郷土地理の条文が削除された。以来「郷土」という用語は中学校地理の「課程標準」に示されなくなった。そのため、ここで「課程標準」における台湾の取扱いをも検討することにした。表2－3に示されてい

表2－2　小学校「課程標準」における「郷土」の扱い

小学校「課程標準」	各教科の時間配分と学習の範囲	附録「教学要点」や実施方法にみる郷土の要目
1948 年 低・中学年常識課程標準	第 1 学年（毎週 150 分間）：本校 第 2 学年（毎週 150 分間）：本郷（鎮、区）の地域 第 3 学年（毎週 150 分間）： 1. 本県 2. 本省 3. 我が国の首都 4. 我が国の重要都市―上海 第 4 学年（毎週 150 分間）： 1. 我が国の版図 2. 我が国の行政区 3. 我が国の重要都市―北平、天津、武漢、広州、重慶など	教学要点一（二）授業の目標は児童の知識領域の拡張順序に従い、児童の生活する郷土の問題を起点とし、本県・市、本省、本国へ漸次的に拡大していくべきである。 教学要点一（五）郷土教材：一二年生用の教材は各地方（例えば県・市の教育行政機構が要目と参考資料を編集し、各学校　の使用に供すべきであり、三四年生用の教材は各省・市教育行政機構）が編纂し運用すべきである。 教学要点二（四）：郷土の問題を中心とする。郷土の問題から出発また比較・研究したことを郷土の設計・改善に帰結させる。
高学年社会課程標準	高学年（毎週 150 分間）：中華民国、世界	教学要点二（四）直観教授によって児童に観察、活動、記録、制作などを経験させる。
高学年自然課程標準	〔とくに指定なし〕毎週 120 分間	教学要点一（一）(1)郷土教材より出発する。
1952 年 低・中学年常識課程標準	1948 年の規定と同様。	1948 年の規定と同様。
高学年社会課程標準	高学年（毎週 150 分間） 主に本国（中国）、世界	教学要点二（三）郷土教材の学習に留意する。余所の地理教育は本地域から出発し、児童に本地域との距離、交通、文化の比較を理解させることである。
高学年自然課程標準	〔とくに指定なし〕毎週 120 分間	1948 年の規定と同様。
1962 年 低学年常識課程標準	毎週 150 分間 学校、家庭、郷土（原則として村里郷鎮とするが、必要に応じてその範囲を拡大していく）	教学実施要点二（一）家庭、学校、郷土などを学習するには以下の重点が置かれる。〔以下省略〕
中学年社会課程標準	第 3 学年（毎週 60 分間）：明確に定められていない 第 4 学年（毎週 60 分間）：中華民族復興基地としての台湾	教学実施要点壱の三（二）各学年の授業は児童の知識領域の拡張段階に従い、児童の生活する郷土の問題から出発し、漸次拡大するように進めていく。 教学実施要点壱の六　三四年生の地方性教材は、一般的な内容を教科書に採り入れるべきである。特殊性については各地方教育行政機関が郷土教材の要目を編集し、各学校の使用に供すべきである。
中・高学年自然課程標準	〔とくに指定なし〕 中学年（毎週 90 分間、） 高学年（毎週 120 分間）	教学実施要点二の四　教育内容は教科書の制限を受けず、それぞれ地域の季節と環境に合わせて、郷土教材をできるだけ利用すること。
高学年歴史・地理課程標準	第 5 学年（毎週 120 分間）：中国 第 6 学年（毎週 120 分間）：中国、世界	教学実施要点一の六　地方性教材の要目については、各地方行政機関が郷土教材を編纂し、各学校の使用に供すべきである。 二の三　郷土教材の学習に留意し、郷土の問題を中心とし、郷土生活の改善を目指す。
1968 年 低学年常識暫行課程標準	毎週 120 分間 学校、家庭、郷土（原則として村里郷鎮とするが、必要に応じてその範囲を拡大していく）	実施方法二の 1　児童に家庭、学校、郷土などの題材を学習させる。それによって身近な環境の活動や物事を観察、認識、実践及び参加することができるようにする。また、以下のことに重点を置く。〔以下省略〕
中・高学年社会暫行課程標準	第 3 学年（毎週 60 分間）：社区 第 4 学年（毎週 60 分間）：郷土地理、省に相当する地理空間、現時点は台湾 第 5 学年（毎週 90 分間）：全国 第 6 学年（毎週 90 分間）：時代、世界	実施方法（二）低学年の常識科において家庭、学校、村鎮の内容を学習し、さらに第三学年は「社区認識」を中心とする。第四学年は郷土地理を中心とし、この場合の郷土の範囲は省のような地理空間に相当する（例えば、目下の情勢では「認識台湾」を中心とする）。第五学年は「認識全国」を中心とし、第六学年は「時代認識」「世界理解」を中心とする。 実施方法（七）：児童の生活所在地の教材については、一般的な内容は教科書に採り入れるべきである。特殊性のある内容は各地方教育行政機関が郷土教材の要目を収集し、各学校の使用に供すべきである。
中・高学年自然暫行課程標準	〔とくに指定なし〕 中学年（毎週 90 分間） 高学年（毎週 120 分間）	郷土についての提起が見られないが、児童に生活経験から観察、収集などを通して、問題解決をするように述べている箇所がある（一八八頁）。
1975 年 社会課程標準（低、中、高学年を含む）	第 1 学年：学校、家庭、近所を知る 第 2 学年：郷鎮区を知る 第 3 学年：社区を知る（県市を範囲とする） 第 4 学年：自由中国（台澎金馬） 第 5 学年：中国 第 6 学年：現代中国、世界 低学年（毎週 80 分間） 中高学年（毎週 120 分間）	実施方法一（七）児童・生徒達の社会科への興味を高めるため、各地の教育行政機関が児童の生活居住地の郷土教材を編纂し、これを教授に使用すべきである。
自然科学課程標準（低、中、高学年を含む）	〔とくに指定なし〕 低学年（毎週 120 分間） 中高学年（毎週 160 分間）	実施方法一（一）7　とくに郷土材料を重視し、民族の特性と現代生活の実用性を明らかにする。

注 1：教育部（1948）改訂「小学課程標準」129–159 頁、教育部（1952）改訂「国民学校課程標準」123–155 頁、教育部（1962）改訂「国民学校課程標準」245–312 頁、教育部（1968）制定「国民小学暫行課程標準」141–192 頁、教育部（1975）制定「国民小学課程標準」153–201 頁に基づいて作成。

表２－３　中学校「課程標準」における「郷土」や台湾の扱い

中学校「課程標準」	学習範囲の設定と時間配分	課程標準にみる郷土や台湾の取扱い
1948年 修訂初級中学歴史課程標準	毎週2時間 外国史と本国史の時間配分は設けられていない。	なし
修訂初級中学地理課程標準	中1(毎週1時間)、中2と中3(毎週2時間) 5分の3の時間：本国地理(郷土地理と省区地方誌) 5分の2の時間：外国地理	郷土地理に関しては、「郷土より教える。各学校は早めに各省または各市の地理を詳しく教授すべきだ」と説明されている。台湾については中国南部の一地方として取り上げられている。
1952年 初級中学歴史課程標準	中1、中2(毎週2時間)：本国史 中3(毎週2時間)：外国史	なし
初級中学地理課程標準	1948年「修訂初級中学地理課程標準」と同様	郷土地理に関しては、「郷土より教える。各学校は早めに本省または本市の地理を詳しく教授すべきであり、教材は各省の教育庁または各市の教育局が編纂を担当する」と説明されている。台湾については、1948年「修訂初級中学地理課程標準」と同様。
1962年 初級中学歴史課程標準	中1から中2(毎週2時間)の第1学期まで：本国史 中2の第2学期から中3(毎週1時間)まで：外国史	郷土や台湾に関する学習内容は、台湾の抗日、台湾移転以後の建設の二項目のみが取り扱われている。
初級中学地理課程標準	中1、中2(毎週2時間)：本国地理 本国地理はさらに(1)郷土地理、(2)中華民族生活の基となる自然環境(版図、地形、海岸と島嶼、気候)(3)行政地域地理(中国の各省)三項目がある。 中3(毎週2時間)：外国地理	教材大綱には「郷土地理教材は、郷土地理を理解する方法に重点を置くのが原則である。」と掲げられているが、具体的に全く説明されてない。台湾省は中国南部地方の行政地域として取り上げられている。
1968年 国民中学歴史暫行課程標準	1962年「初級中学歴史課程標準」と同様。	1962年「初級中学歴史課程標準」と同様。
国民中学地理暫行課程標準	中1、中2(毎週2時間)の第1学期：本国地理本国地理はさらに(1)中華民族生存の基となる自然環境(版図、地形、海岸と島嶼、気候)(2)行政地域地理(中国の各省)二項目がある。 中2の第2学期から中3(毎週1時間)まで：外国地理	台湾省と台北市の二つは中国南部の行政地域として取り扱われている。
1972年 国民中学歴史課程標準	1962年「初級中学歴史課程標準」と同様。	1962年「初級中学歴史課程標準」と同様。
国民中学地理課程標準	中1、中2(毎週2時間)の第2学期前半まで：本国地理 本国地理はさらに(1)中華民族生存の基となる自然環境(版図、地形、島嶼と海岸、気候)(2)行政地域地理(中国の各省)の二項目がある。 中2の第2学期後半から中3(毎週1時間)まで：外国地理	1968年「国民中学地理暫行課程標準」と同様。
1983年 国民中学歴史課程標準	1962年「初級中学歴史過程標準」と同様。	郷土や台湾に関する学習内容は、台湾の抗日と復興基地の建設の二項目のみが取り扱われている。
国民中学地理課程標準	中1から中2(毎週2時間)の第2学期の三分の二までは本国地理。 本国地理はさらに(1)本国地理総論(2)地域地理の二項目がある 中2の第2学期の三分の二からは外国地理	台湾省、台北市及び高雄市は中国の南部地方の地域として取り扱われている。

注1：自然科学課程標準のすべてを検討した結果、郷土や台湾に関しては取り扱われていないため、表に加えなかった。

注2：教育部(1948)「修訂中学課程標準」37-44頁、教育部(1952)「修訂中学公民、国文、歴史、地理科課程標準」20-28頁、教育部(1962)改定「中学課程標準」73－86頁、教育部(1968)「国民中学暫行課程標準」89-98頁、教育部(1972)「国民中学課程標準」99-111頁、及び教育部(1983)「国民中学課程標準」91-111頁に基づいて作成。

るように、地理教育の場合は、台湾省、台北市、高雄市の三地域が学習内容となったが、それらは中国の一地域分と同等の扱いで、僅かに各省や各直轄市のそれぞれと均等の分量であった。歴史教育の場合は、「台湾の抗日」と「台湾移転後の建設」の二項目のみが取り上げられていたにすぎない。なお、中学校における自然の教科では郷土台湾の内容が殆ど指定されていないことも特徴であった。これらの学習内容によると、中学校教育は、台湾社会の面とはいつも離れており、接触点があっても密着していないことが分かる。

「課程標準」における郷土教育の扱いは以上のとおりである。ただし、それらを受けて、条文どおりに郷土教育が実施されていたか否かは、また別の問題であった。先述したように、郷土教育に関する実践がある程度展開されたのは一九五〇年前後と一九八〇年頃の時点である。以下、第二節と第三節において、この一連の動きに並行した郷土教育の実態分析を行いたい。

第二節　戦後初期、郷土教育の導入とその背景

一　中国の郷土教育体制の延長—生活環境の学習理論の提起

戦後台湾では、早い時期から郷土教育への関心が高まり、郷土教育を実施しようと取り組んでいた。そうした現象の背後には、先述したように、一九四八年の「課程標準」における郷土教育の導入があったものと考えられる。当時、郷土教育を論じたものに、一九四八年に中国上海で出版された『小学時事教学与郷土教学』(「与」は「と」の意、以下同様)『小学郷土教学』などがある。中国で出版されたことからも分かるように、台湾における郷土教育の潮流は台湾の現実から発したわけではなく、中国の郷土教育体制の延長線上にあったのである。当時の郷土観はそれらの著作から窺え

る。

『小学時事教学与郷土教学』（一九四八）[5]では、郷土とは故郷ではなく、小学校所在地の県・市であると示されていた。そして、郷土教育の主たる方法としては、⑴実地体験の重視、⑵児童本位の観点、⑶各教科の郷土化、⑷自然環境の利用、⑸郷土経験の拡充、などがあげられている。その立場では、郷土を地域からそれを含むより広い地方へと拡張しながら捉えていくだけではなく、実地観察を重視するとともに、郷土の範囲を県・市という「生活領域」とする傾向が見られる。

『小学郷土教学』（一九四八）[6]も郷土教育論の専門書であった。直観教授に基づく各教科の郷土化と愛郷心愛国心の涵養の二つの必要性を強調し、総ての生活環境を学習の対象とすべきだということが記されている。

両書の論点は、生活地域を郷土とする立場から郷土教育の必要性を強調することにあった。つまり、郷土に立脚し、直観的教授を実践しようとするのが当時の有力な考えであったのである。しかし国民党政府が一九四九年、台湾に移ったため、そのような郷土教育の動きは中国で実現されなかった。結局、そうした傾向の郷土教育は、以降、台湾で進められるようになったのである。

台湾では、「課程標準」の規定だけではなく、それに準拠して具体的に次のような動きが現れた。当時編纂されたいくつかの郷土教材からも、その内実が一九五〇年代の時点である程度の規模のものであったこと、及びその基盤に郷土教育への積極的な取り組みがあったことが分かる。

一九五五年に台湾省教育庁の発行した『台南県郷土教材』[7]は生活や現代社会を理解する基礎として郷土学習を教授上に位置づけ、そして児童に眼前の郷土を正しく認識理解させることを目的とした実践的な内容をもった教材であった。

また、一九五五年に台湾省立師範学院（現・国立台湾師範大学）中等教育輔導委員会によって『台湾紙業』『台湾颱風』『台湾糖業』『台湾塩業』[8]など、郷土教材の冊子が多数編纂された。それらは、地理、歴史、理科などの学習展開の端緒としての郷土教材であり、その意味で直観教授的郷土教育として展開されたものといえる。なお、序文の示すところでは、郷土教材の内容は生活地域の理解を深め、郷土を発展させることを目的とした一九四八年「課程標準」の規定に準拠したものである。

以上のように、当時の郷土教育は、「課程標準」の条文としての建前のみならず、少なくとも「郷土台湾」に即してより多くの郷土教材を編纂するという「内実」をも追求していこうという姿勢を示していた。終戦直後、台湾で一時的に郷土教育教材作成が活況を呈したのは、そうした郷土教育の潮流と極めて関係が深いと考えられる。しかし、今日、その点は殆ど評価されていない。それは戦後世代の台湾人の記憶に残されてないため、或いは実施されなかったためだと推測されるが、解明には今後の研究が待たれるところである。

二　『台湾郷土教育論』（一九五〇）にみる「郷土中国」の強調

ただ、このような教育内容の郷土化の傾向も、時局の展開につれて異質な方向を持つようになった。一九五〇年代に入って、郷土愛の対象は郷土と一体である祖国にまで広められ、最も根源的な祖国愛とならなければならないと論じられるようになったのである。すなわち、台湾での郷土教育は単に中国における教育の延長線上に位置するのではなく、むしろ、台湾社会の政治的・文化的状況に直面して変質させられたといえる。

郷土学習の強調が「生活領域の郷土」から「祖国―中国」へと変化するという方向は一九五〇年代に入って見え始めた。そうした変化は、中央政府が台湾に移り、中国意識の薄い台湾で郷土教育を実施することが国家の維持に障害となると、中央政府に認識されたためだと推察される。「祖国―中国」と「郷土」とはイコールで結ばれるような関係に変改され、そのようなイメージが長い間台湾の社会を支配し続けることになった。

では、五〇年代には国民党政権下の郷土教育は具体的にどのような「郷土観」に基づいて考えられていたのだろうか。史料の限界もあるが、その答えは一九五〇年に発行された姜琦の『台湾郷土教育論』(9)の中で提示された概念を検討することによって得られるだろう。現時点までの文献調査の結果では、同書が戦後台湾における最初の郷土教育論の専門書であったと思われる。当時の台湾における郷土観の輪郭の一部を描き出すために、やや長くなるが、引用する。

同書の序文はまず次のように日本統治時代に行われていた郷土教育を批判した。

「日本政府が台湾を五〇年も統治してきた最も大きな理由は教育の成果である。それは当時、すべての教科書内容が皆郷土教育の精神を十分発揮し、すべての国民学校を「台湾郷土化」させていたからである。しかし、そういった「台湾郷土化」は日本の中の台湾という意味で、極めて偏狭的である。(中略)広義の郷土教育とは人類世界化である。」(10)

そして、次のように主張する。

「郷土教育の第一義は「祖国愛」の涵養である。一般の国民には出生地のような小さな郷土があるが、精神上は祖国のような広大な郷土に帰属しなければならない。」(四頁)

右にいう「祖国のような広大な郷土」とは何か。その意味は同書の論の展開から知ることができる。同書は、終戦直後に行政長官公署教育処が編纂した小学校用教科書『台湾省国民学校暫用国語課本』の内容について、次のように批判する。

「「私は台湾人、あなたも台湾人、私たちは皆台湾人です。」「私たちの先祖は福建人、広東人、……。福建人も広東人も台湾人もみな中国人です。」「福建、広東、台湾は皆中国の地方であり、福建人、広東人、台湾人は皆中国人です。」などの記述は、狭義的な郷土教育であり、一つの中華民族の意識を持たせることに妨げとなる。」（二頁）

これを改編して発行された新しい教科書の第一冊第一課の内容については次のように高く評価している。

「「私は中国人、あなたも中国人、彼も中国人、私たちは皆中国人で、中国を愛すべきです」といった表現は台湾人に「日本国民ではない」意識を喚起させる役割をもつだけではなく、祖国愛の涵養にもなる。」（三頁）

さらに、台湾人に対して如何に中国人・中華民族の意識を持たせるかについては次のように述べている。

「各種の史料を利用し、千年前から台湾にはすでに中国人の足跡があり、彼らの開拓・経営によって今の中国の版図に属する台湾の基盤が築かれたと主張すればよい。」（四頁）

そして、「郷土科」を単なる一教科ではなく、小学校のカリキュラム全体の中心に据えようとする「全教科の郷土化」の構想を提唱する。郷土科の設置に関しては、台湾省を中国全土における例外としないという次のような反対意見が出されている。

「各教科の中に台湾の各地方の郷土教材を付け加えることに賛成するが、独立教科としての郷土教育には反対する。その

理由は台湾一省にだけ郷土科を設置するのは台湾の特殊性の強調につながるからである。」（一〇頁）

また、低学年の生徒に直観教授法で教えることを評価しているが、高学年の教授方法のあり方については直観教授法の欠点を次のように述べる。

「郷土の地理、歴史、自然科学を材料とした直観化学習は郷土教育の基本であるが、児童に断片的な知識を与えやすく、一つの中心となる社会に共通する情操を培うことができない欠点がある。」（三〇頁）

さらに、「郷土」とは何か、「中国的な郷土教育」とは何かについて次のように述べている。

「郷土的情操養成主義は郷土教育論にとって必要な概念である。人々には故郷、国家、世界の三種の郷土があり、郷土教育は小さな郷里から段々世界に拡大していく重層的な構造を持つ。広義の郷土教育は人類世界化である。」（二四〜二八頁）（三二頁）

「こういった中国的な郷土教育の特質は孫文の三民主義とも共通し、すなわち、郷土教育は三民主義教育に等しい。」（三三頁）（四三頁）

「台湾で行う郷土教育は前述の郷土的情操養成主義を用いて台湾人に（中国）固有の民族意識を持たせ、中華民国への祖国愛を発揮させるべきである。」（三四頁）

さきに現れた「祖国のような広大な領土」とは、郷土には故郷、国家、世界の三種類があるという考えを基盤にしたものであった。同書では、以上のように「郷土愛から祖国愛」に導く論理が展開されたが、愛郷心を愛国心へ直結させるという主張にとどめるのではなく、人類愛に普遍化されるものとして位置づけられていた。

郷土教育の方法に関して、同書は一九四一年に教育部が公布した「各省市蒐集或編集地方教材辦法」の材料蒐集の基準を取り上げている。


一．郷土の特質を代表するもの、二．社会と重大な関係を持つもの、三．抗日戦争、建国と関連するもの、四．生活と密接な関係を持つもの、五．教養・衛生の中で最も重要なもの。（三七〜三八頁）

そして、その五項目に基づいて、台湾の自然環境、社会経済、郷土政治、文化、自営組織及び防衛工程を教材内容とする「台湾省地方教材大綱及要目草案」を提案している(11)。本章ではその内容がどれくらい実現されたかについては論じないが、注目したいのは、抗日戦争という歴史観の強調が、そのようにして郷土教育の内容にも浸透していたということである。抗日戦争というテーマは教科書には一九五〇年代以降に頻出するようになったが、それは、或いはこのような郷土観が浸透したことの結果であったかもしれない。

同書の主張は一見して分かるとおり、台湾本土地域の学習を支持するものではなかった。台湾はあくまでも中国の一部であり、広大な郷土としての中国への祖国愛の養成こそ郷土教育の本質であると主張されていたのである。そして、実際、同書の主張に沿って戦後の台湾の教育を解釈すれば、郷土科が独立教科として設置されなかったことこそが、全教科を郷土化（中国化）したという事実を生み出したとも理解できよう。

その後、一九五五年に王宏志の『怎様実施郷土教育』（どのように郷土教育を実施するか）が出版された。同書は愛国心の視点も示しているが、全体的に児童の生活経験を重視する直観学習を目指した立場であった。例えば次のように述べる。

> 「郷土教材には、郷土の常用の文字がある。例えば、台湾省の場合、『圳《しゅう》』『甲』『崁《かん》』『坑』『坪』『寮』などの漢字が地名や用水路の名称や田地の面積としてよく使われる。それらを出来るだけ収集し、郷土教材の中に入れて地方環境の実情に合わせる。」(12)

これは明らかに郷土台湾の現実に根ざした郷土観の現れである。

しかし、実際のところ、一九五〇年代以降、一九八〇年代まで台湾という地域を対象として取り上げて編纂した教材は稀であった(13)。僅かな郷土教材があったとしても「抗日」や「反清復明」という概念に接続されていた。一九七八年に編纂された『台南県郷土教材』(14)はまさにその例である。同書には郷土教材の編纂意図が掲げられていないが、反清復明と抗日という材料から構成される同教材は物語として工夫を凝らした趣を強く感じさせる。その中で反清復明の代表的人物として陳永華、沈光文、及び林鳳の三人が取り上げられ、抗日・反日の代表的人物として林崑岡、陳子鏞、蘇振芳、余清芳、黄朝琴、林芹香及び黄清淵の七人が取り上げられた。「反清復明＝反攻大陸の復興基地」「抗日・反日＝中国的歴史観」という議論の進め方は、一九九〇年代の台湾の論壇にも頻繁に見られるものであったが、同教材は、そのような文脈に重点が置かれ、戦後初期の郷土教材と対照的な内容として見て取れる。

一方、国語、地理及び歴史の教科書内容にも同様な傾向があった。詳しくは第三章で述べることにするが、漢民族至上主義、中国史中心の歴史教育、抗日戦争の反日教育などの記述の占める部分が多く、逆に台湾についての記述は非常に少ない。中学校の歴史教科書を例にすれば、中国史の記述が五〇％を占め、台湾史は僅かに四％にすぎない。

小学校社会科の場合、台湾についての学習内容が現れるのは小学校第四学年一学期の段階であった。一九八一年から一九九〇年まで使われていた小学校の『社会』（国立編訳館編、一九八一年初版）教科書を例にすれば、台湾についての記述は少ないとはいえないが、地域社会が取り扱われず、台湾全体の地理と歴史が『社会』（上巻）一冊の中に収められていた。また、反日的な内容が多く、「日本の占領から台湾を救った蒋介石と、オランダと戦って台湾を救った鄭成功が民族の英雄だ」という記述が印象的である。同教材は一九九一年に若干改編され、民族英雄の蒋介石と鄭成功の記述が消えたが、反日的な表現は変わらず、一九九七年まで小学校で使用されていた。

実際、その結果として次のような状態が生み出された。一九九〇年代に入って台北市議員の賁馨儀は議会で二六二名の校長に二つの質問をした。長江が中国のどこの省を流れているかを聞いたところ、全員正解だったが、台湾北部の淡水河はいくつの源から合流してできたかを聞いたところ、答えられた校長は一人もいなかったという(15)。歴史を振り返りながら、戦後五〇年来の教育状況を回顧すれば、各教科の「中国的」な教育内容はこれまで述べてきた「郷土中国」という概念から直接に展開されていったように見受けられる。そのような郷土観に沿った考え方は、一九四五年から四〇数年の間、台湾の学校教育の性格を強く規定してきたように思われる。

第三節　一九八〇年代、台北市における郷土教育の推進

こうして、中国化教育において、中国史や中国地理の教育を通し、中国意識或いは中国語イデオロギーを浸透させることはつねに学校教育のエネルギー源として機能し、支配的であった。しかし、かつて否定された身近な学習領域としての「郷土」が、一九八〇年代に入って蘇ってきた。

一九八二年、台北市では郷土文化教材編纂や郷土室設置が台北市政府によって組織的に推進され始めた。しかし、郷土教育はなぜこの時期に推進されるようになったのか。先行研究では、一九九〇年代の郷土教育の教科設置へと繋

がるものであり、教育の郷土化志向の先駆であったということが定説となっている[16]。同時に、中央政府の動向よりも早く地域社会で「郷土」に対する関心が高まり、その結果、台北市政府が自発的に郷土教材の編纂を活発化したことも指摘されている。

鄭英敏[17]の指摘によれば、一九八二年五月二六日「文化資産保存法」が総統令により公布され、それに基づいて台北市の郷土教育実施要点が制定されたという。その説明からは、当時の「文化資産保存法」の制定を背景に台北市の郷土教育が始まったと理解される。しかし、「文化資産保存法」[18]には地方政府の郷土教育の推進を促す内容は全く掲げられていない。同法は、第一条に「本法以保存文化資産、充實國民精神生活、發揚中華文化為宗旨。」（本法は文化資産を保存することによって、国民の精神生活を充実させ、中華文化を発揚することを目的とする。）と定められ、そのほか、地方政府が古蹟や文物などを保存すべきであるとする規定が第五条、第四五条、第四六条にある。

当時は「中華文化を発展させよう」とすることが前提であったので、郷土文化教材編纂、郷土室設置などの一連の動きは、ほかならぬ、愛国（中華民国）心の涵養が目的であり、市政府には「愛郷心」を涵養する積極的な姿勢が存在しなかったのではないかと思われる。そのため、実際、その郷土文化教材に示された「郷土」とは何か、という問題に注目しなければならない。そこで、まず法令公布の軌跡を辿り、次に郷土文化教材の編纂内容にも注目し、さらに、そこから窺える台北市の郷土教育の主張と活動を分析したい。

台北市教育局では、一九八二年一二月一五日、北市教二字第〇六五〇八四号「台北市国民中学及高級中学加強郷土教材教学実施要点」[19]を通達し、「郷土教材教学」を推進するため、郷土教材資料室を設置することを定めた。

その第一条は郷土教材資料室の設置を規定し、第三条は「公民と道徳、社会、国文などの教師や民間人からなる郷土教材研究組を置き、郷土史料の蒐集や編纂などを行うこと」を規定している。そして、第四条には「郷土教材と関係ある教学活動を高めるため、歴史、地理、国文、公民及び道徳などの科目のなかで郷土文物教材を指導すべきである」と明記している。翌一九八三年には重点学校が指定された。小学校は金華、士林、龍山、木柵、光復、銘傳、逸仙、及び剣潭の国民小学八校、中学校は萬華、忠孝、士林、萬芳、及び成淵の国民中学五校で[20]、指定された各学校が「郷土教学研究小組」を設置し、郷土教材を編纂することに尽力した。この時期には、郷土文化教材の編纂と郷土教材資料室の設置に力が注がれていたことが分かる。

なお、さきにあげた実施要点は中学校と普通高校を対象にしたもので、小学校を対象にしたものではない。小学校の郷土教育との関連する規定として考えられるのは、台北市教育局が市内各学校や各社会教育機構へ通達した「推行中華文化教育実施要点」（一九八二年一二月二九日公布、北市教四字第六七〇八七〇号）である[21]。「伝統の郷土文化を守る」「郷土文化教学中心（センター）を設置し、郷土教学を実施する」という規定が設けられているからである。同実施要点は「台北市長・楊金欉の指示により、台北市を中華伝統に富む現代化した大都会に建設しようとする構想を以て定められた」ものである。

そういった台北市の郷土文化教材編纂の動きは、当時の政治状況下では殆ど社会一般の話題にならなかったが、実は何冊もの教材を残している[22]。一九八三年刊行の萬華国民中学編集の『艋舺地区郷土教材研究専輯』[23]はこの時代の成果の一つである。序文に「反攻大陸」を掲げた同書には、綿密な調査に基づいて、中国から伝わってきた艋舺あたりの氏名の源流、寺、古蹟の沿革などの詳細を述べている。同書は、その調査結果を用いて、歴史文化が移民のルートを通じて大陸から伝わってきたことを説明し、台湾と中国大陸が不可分であることを主張している。

また、一九八七年に『我愛台北—文物史蹟彙編』[24]が発行された。その序文には、前述の金華国民中学などの重点学校が台北市教育局に招集され、同教材を共同編纂したことが書かれており、同書が明らかに八二、三年の郷土教育の動きの延長上にあり、その時代の成果の一つであることを知ることができる。

同書は次のように歴史を語っている。台北の開拓史について、同書第一部「遠古之部」では芝山岩文化、圓山文化の発見を通して台北市の新石器時代を詳述しているが、その末尾で大陸沿海にある同時代の出土品と類似性が高いため、台湾と大陸との文化の同質性は疑う余地もないと述べる。さらに、オランダ人の北部占領については「すべての政策は台湾人を搾取するためであり、台湾北部には全く貢献がなかった」と批判し、明の鄭成功がオランダ人を駆逐した後、台湾は正式に祖国復帰できたと述べる。そして、清朝に関しては台湾北部の前近代の形成に重要な役割を果たしたとその役割を評価している。しかし、最も大きな特徴は日本時代に関することであった。マイナス評価の記述もなくプラスの評価もなく、日本時代は無視されたのである。地名沿革の一部に「日拠時代」（日本占領時代）という語がいくつか見られるが、台北市の近代形成は日本時代と全く無関係のように見える。例えば現在の「北一女」（台北市立第一女子高級中学）の写真が取り上げられているが、その建物は日本時代の台北州立台北第一高等女学校を継承したものであったにもかかわらず、そのことには触れず、昔の孔子廟の所在地であったと紹介されている。

両書の内容は、以上のようにいずれも「中国の一部としての台湾」といった文脈で語られ、当時の中国化教育政策を非常によく反映している。題材として取り上げた地域は台北市であって「学習内容の台湾化」が見られるわけだが、中国ナショナリズムから離脱する方向性はまだ見えなかったといってよいだろう。

では、当時の台北市の郷土教育の主張と活動は、どのようなもので、今日からみてどのような意義があったといえるだろうか。郷土教育の創出過程という観点から注目しておきたいのは、一過性の郷土文化教材編纂の現象に終わらず、一九九〇年代の郷土教育の教科設置へつながったことである。すなわち、この八〇年代の教材編纂の意識が九〇年代以降の郷土教育に直接・間接にどのような影響を与えることになったかという点である。

一九九〇年代へのつながりで、最も重要だと思われる点として、筆者は、一九八〇年代の台北市の郷土教育の行政措置が、九〇年代の郷土教育の展開に積極的な意義を持ったことをあげておきたい。例えば、郷土教材資料室の設置と教材編纂の進め方は一九九〇年代から今日に至る郷土教育の運営方法と共通した部分が多い。また、作成された郷土教材は最近の郷土教材編纂の参考ともなりうる水準のもので、九〇年代以降に引き継がれている。すなわち、八〇年代の台北市の行政措置は九〇年代以降の郷土教育の前身であったと位置づけてよいように思われる。そうした事実を受け、従来の研究では、八〇年代の台北市の郷土文化教材作成という動きそのものが、当然の帰結として九〇年代以降の郷土教育に結びついたとされていた[25]。とりわけ郷土文化教材の編纂事業が組織的に行われていた事実が、台湾における郷土教育の系譜を考える上できわめて示唆的であり、重要な意味を持つ一例とされてきた。

実際には、それらの郷土教材に示された「郷土」の位置づけから述べるならば、八〇年代の台北市の郷土教育は九〇年代以降の視点ときわめて対照的であった。従来の研究では、その視点が欠落している。当時の郷土教材は「台湾の源流は中国にあり」とする文脈を持ち、台湾主体の歴史観はまだ現れていないと理解できる。教育の台湾本土化志向という視点から、一九八二年に発足した郷土教育を考えれば、単に九〇年代の郷土教育の先駆であるという従来の捉え方は、やはり検討されなくてはならないと思われる。但し、本土化の意図によって八〇年代の郷土教育が推進されていたとすれば、例え中国ナショナリズム政策が強く反映していたとしても、一九八二年が台湾の教育システムに教育の台湾本土化が組み込まれていった時期を象徴する年となるであろう。

なお、一九八〇年代の台北市市長についても言及しておきたい。当時、前出の「台北市国民中学及高級中学加強郷土教材教学実施要点」が通達された時は、楊金欉の市長在任中（一九八二年四月～一九八五年五月）であった。後に総統になる李登輝が台北市長（一九七八年六月～一九八一年一二月）を辞任し、台湾省省主席に就任したのは一九八一年の一二月である。両者の在任の間に、邵恩新も数ヶ月ほど台北市長を務めていた（一九八一年一二月～一九八二年四月）。

周知の通り、一九九〇年代、郷土教育教科設置の動きが本格的になったのは、李登輝の総統就任後まもなくであった。そのことから、八〇年代に台北市で郷土教育を推進するきっかけができたのは李登輝の台北市長時代であった可能性があることには留意しなければならない。ただ、得られる資料が不十分であるため、この郷土文化教材編纂の動きは、李登輝の構想によって始められたか否か、未だ本書では明らかにしていない。解明は今後に委ねたい。

第四節　考　察

郷土教育は一九九〇年までは、正式に教科として設置されておらず、「常識」「社会」「自然」などの各教科に含められていた。本章は、一九四五年以降一九九〇年までの中(華民)国化教育時期における「課程標準」の中に現れた郷土教育条文の変化を辿ってきた。そして、比較的広汎な郷土関係の出版物が見られる一九五〇年前後と一九八〇年代の二つの時点における郷土教育の様態及び教材内容の特徴も分析した。

戦後まもなくの台湾では、一九四八年改訂の「課程標準」の規定に応じて郷土教材編纂の動きが現れていた。その郷土教育の潮流は台湾の現実に根ざしたものであったが、中国で展開されてきた郷土教育思潮の延長線上にあるものであった。終戦直後、台湾で郷土教材編纂の動きが一時的に現れていたのは、この郷土教育の潮流と極めて関係が深いと考えられる。

それに続いて、一九五〇年代後半以降に台湾で展開された郷土教育はそれらとは異質のものであった。「課程標準」における郷土の言及が変化したわけではないが、実際の郷土の意味は大きく変化することになった。『台湾郷土教育論』の主張に沿って解釈すれば、郷土科が独立教科として設置されなかったことは、実は全教科を郷土化(中国化)することだったというように理解できる。台湾人にとって、台湾という地は郷土の存在そのものと密接に結びつくものではなくなったのである。また、台湾という郷土空間はあくまでも中国の一部であり、広大な郷土としての中国への祖国愛の養成こそ、その郷土教育の狙いであることが主張されていた。

郷土教育を実施する上で最も重要なことは何と言っても郷土そのものであり、従って郷土をどのように設定するかという郷土観（郷土の概念）はきわめて重要である。大多数の児童の場合を想像すれば、就学以前には家庭及びその周囲の小地域、つまり常に遊び見聞する近隣が郷土であり、小学校入学後は家庭と学校とを二個の中心として、その周囲及び中間に次第に郷土が広げられ、小学校卒業頃までには、自己の郷・鎮、県・市を中心として、自然的、文化的にそれと密接に関連する範囲が郷土となる。台湾人にとって殆ど接触を持たない中国全体が郷土体験に入ることは、通常の場合、大多数の人々においてはありえない。その時期の台湾では、学年進級につれて内容が同心円的に拡大していても、生活地域への認識・理解が欠如しており、日本統治時期の生活地域に根ざした直観教授の郷土教育論と比較対照すると、同心円的拡大の実質的な空洞化が進んでいた。

「台湾は中国の一部」という郷土観は、一九四五年以降台湾にもたらされ、さらに「中国こそ我が故郷」という観念に転化し、長い間にわたって台湾を支配していた。それによって「我々中国人」が創出された。郷土教育が国土から乖離して偏狭なる愛郷心に堕することをおそれる人々がいて、往々にして祖国こそ郷土であると主張したのである。つまり、祖国への愛と郷土愛とが二律背反のようなものだと理解する立場である。それが空洞化した同心円構造を支えた教育の論理であった。

「我々中国人」という観念は、一九八二年以降に台北市政府が推進した郷土教材の編纂においても繰り返し取り上げられてきた。但し、当時その郷土教材の記述は、中華民国側の立場にありながらも、小中学校の教員によって自らの生活圏について積極的になされた。それ故、郷土文化教材の編纂事業が組織的に行われ始めた事実は、今日から見ると台湾における郷土教育の系譜を考える上で特筆すべきことであった。

最後に、一九四五年以降の郷土教育の進展が一九九〇年代の郷土教育にとって持つことになった意義についても触れておこう。郷土に関する従来の「課程標準」の条項が重要なのは、次章で述べる九〇年代の郷土教育教科設置を促した一要因だったと捉えられるからである。「課程標準」による郷土教育条項の存在価値を全面的に評価するものではないが、「課程標準」を改正して郷土教育、認識台湾、同心円的構造の学習理論などを導入する必要がなかったことが、郷土教育教科設置を容易にしたことは確かである。九〇年代の郷土科時代の到来は、決して突然変異的な出来事ではなく、むしろ、法令の枠組みの中でずっと眠っていたものを覚醒して具現化することに方針転換したという結果だとも考えられる。

中（華民）国化教育時期の台湾における郷土教育の系譜、そして郷土教育における郷土の実態は、郷土観のもつ曖昧さをかなりよく示すとともに、今日の郷土の概念がそれらの経験を含んで成立しているということを物語っている。

注

（1）張建成（一九九七）「政治与教育之間：論台湾地区的郷土教育」郷土史教育学術研討会、一九九七年四月二五日～二六日、国立中央図書館台湾分館にて開催。

（2）例えば、林瑞栄は従来戦後の郷土教育を「有名少実」という。この点については林瑞栄（二〇〇〇）「国小郷土教材的評鑑与設計」『課程与教学』季刊、三巻三期、中華民国課程與教学学会、七七頁に詳しい。また、廖健銓も同じ指摘をしている。詳しくは廖健銓（一九九六）「談郷土教育」『郷土教育』台北市政府教育局編印、一六頁。

（3）教育部（一九八四）『中華民国教育年鑑（上）』第五次、正中書局出版、一〇七―一一〇頁。

（4）教育部（一九四八）「小学課程標準」六頁によれば、民国初年、浙江省などの師範附属小学校において郷土科設置の動きがあった。当時、郷土歴史、地理、自然が教えられた。これが中華民国における最初の郷土教育であった。

（5）聶仲元（一九四八）『小学時事教学与郷土教学』上海：中華書局。

（6）呉志堯（一九四八）『小学郷土教学』上海：商務印書館、三三頁。

（7）荘雪霏・陳集編著（一九五五）『台南県郷土教材』初中職（中学校レベル）の地理用書、台湾省教育庁。

（8）朱裕民『台湾紙業』、薛鍾彝『台湾颱風』、劉淦芝など『台湾糖業』、何維凝『台湾塩業』、馬鉄『台湾水産』、呉景東など『台湾地震』などの郷土教材が一九五五年に台湾省立師範学院中等教育輔導委員会の主導で正中書局によって出版された。

（9）姜琦（一九五〇）『台湾郷土教育論』台湾省政府教育庁。
（10）「人類世界化」という語は適切な訳語が見つからないため、原本のままであるが、孫文の主張した「世界大同」という概念と同様に理解できると思われる。
（11）前掲、姜琦（一九五〇）、四五—四九頁を参照。
（12）王宏志（一九五五）『怎様実施郷土教育』復興書局、二〇頁。
（13）先述した一九五五年頃の郷土教材は、一九四八年の「課程標準」に基づいて作成されたのである。
（14）台南県政府（一九七八）『台南郷土教材』を参照。
（15）賁馨儀（一九九三）「敞開心懐愛台北」台北市教師研習中心『郷土教材教法』、八頁。
（16）例えば以下の論文がある。鄭英敏（一九九三）「台北市郷土教学活動的回顧与展望」台北市教師研習中心『郷土教材教法』。洪伯温（一九九六）「郷土教材与教学」『台湾郷土教材及教学実務』龍文出版社。周瑞雲（一九九七）「郷土教育之実施与検討—台北市為例」楊思偉編『新教育実践—開放教育、郷土教育、田園教学之分析』師大書苑。
（17）前掲、鄭英敏（一九九三）一三七—一五一頁。
（18）一九八二年五月二六日公布「文化資産保存法」を参照。「文化資産保存法」の一部は前掲、台北市教師研習中心（一九九三）『郷土教材教法』二三三—二三八頁にも収められている。
（19）北市教二字第〇六五〇八四号「台北市国民中学及高級中学加強郷土教材教学実施要点」、台北市政府教育局（一九九五）『中等学校教育法令彙編』一六一—一六二頁。
（20）廖健銓（一九九六）「談郷土教育」『郷土教育』台北市政府教育局、一四—二二頁。
（21）台北市政府教育局（一九九六）『国民小学教育法令彙編』三—〇一九—〇二四頁。
（22）前掲、洪伯温（一九九六）、一一—一五頁。この論文によれば、当時出版された郷土教材は、萬華国民中学編（一九八三）『艋舺地区郷土教材研究専輯』、忠孝国民中学編（一九八三）『郷土教材専輯』、成淵国民中学編（一九八四）『郷土教材研究専輯』などがある。
（23）萬華国民中学編（一九八三）『艋舺地区郷土教材研究専輯』。
（24）滕春興ほか（一九八七）『我愛台北—文物史蹟彙編』中華文化復興運動推行委員会台北市分会・台北市政府教育局。
（25）前掲、台北市教師研習中心（一九九三）『郷土教材教法』四頁、一四〇頁、一七四頁。

第Ⅱ部　今日の郷土教育形成の場

一九九〇年代に、郷土教育を教科として規定している小中学校の課程標準（日本の学習指導要領に相当）が登場するが、第Ⅱ部では、それ以前の一九七〇年代から一九九〇年代初期にかけての台湾の社会背景について概観し、さらに郷土教育の発生原因とその教科設置へと向かう経緯を考察したい。

第Ⅰ部で述べたように、郷土教育は台湾ではすでに日本統治時代に実施された経験があり、戦後、国民党政権の支配下に入った一九四五年以降も提起されていた。しかし、「郷土」の空間には、日本や中国という、より上位のスケールに接続される回路もまた構築されていた。台湾という「郷土」はあくまでも国に対しての一地方であり、「国土」の周縁に位置づけられていた。若林正丈に倣って言えば、「周縁性」であり、それが台湾という存在を強く特徴づけていた(1)。

それに対して、九〇年代に入って盛んになった郷土教育は、台湾を周縁ではなく、中心としてとらえ、主体性を持つものとして位置づけるものであった。その転換は台湾教育史上重要な位置を占めると思われる。

一九九〇年代の郷土教育は、一九九四年の「課程標準」の改訂によって教科設置の形で教育課程の中に導入されていった。しかし、郷土教育は突然生まれてきたのではなく、また従来言われてきたことと違って民進党系県知事の推進によってのみ生まれたのでもなかった。先行研究は、郷土教育の起源が民進党系県知事の地方政府の母語教育に発するものだと主張しているが、一九九〇年代前後の社会状況・母語運動に遡ると、国民党側にも本土文化教育への希求があったことがわかる。そうした点に留意するならば、郷土教育の創出過程を把握するには、郷土教育が当初どのような過程を経て確立されていったかを辿ると同時に、地方政府の母語運動だけではなく、台湾全体における社会的文化変容の過程にも触れる必要があろう。筆者は、郷土教育が如何に教育体制に組み込まれたかということを探るだけではなく、教科設置以前の段階で、その背景となる一九七〇年年代初期から一九九〇年代初期までの台湾社会の動向を概観する必要があると考えている。

従来の研究には、郷土教育の要因を当時野党だった民進党県知事が民主県市聯盟を結成し、中央研究院で「本土言語教育問題学術研討会」を開催したという側面から捉える論点しか見られなかった。しかし、そのような把握は、郷土教育の創出を政治的なものとして矮小化してしまうおそれがあり、今日の郷土教育誕生の歴史的な背景として民間に広くあった本土化教育への希求が軽視されるという点で問題である。筆者の判断では、郷土教育が行われる第一の契機として、七〇年代からの急激な社会変動があげられるが、第二の契機は、一九八〇年代の本土化運動から派生した一九九〇年前後の政党間対抗であった。もっと具体的に郷土教育の形成過程をめぐる要因を整理してみると、次の二つの動きがあった。ひとつは一九七〇年代以降の、民間運動者と研究者を含んだ知識人による本土化理論模索の活動であり、もう一つは一九九〇年前後の、中央政府に対して地方政府が自発的に母語教育を行う対立構図の確立である。しかし、それらの政治的な契機は、文学、言語及び歴史研究の着実な活動を背景にして生まれたものであった。第Ⅱ部では政治的な契機の背後にあったそうした着実な活動の蓄積とその展開を取り上げる。

（1） 若林正丈（二〇〇五）「台湾の近現代と二つの『国語』」村田雄二郎、C・ラマール編『漢字圏の近代』東京大学出版会、一七―三三頁。

第三章　知識人による台湾本土化理論の模索（一九七〇年代—一九九〇年代初期）

——「郷土」という概念の再構築

一九八七年までの長期戒厳体制のもとでは、「反攻大陸」という中国大陸回帰が建前としてあり、国民党の支える中華民国こそが正統中国であり、北京の共産党は簒奪者にすぎないということが従来の中央政府の基本姿勢であった。その「中国」というフィクションを貫徹しようとするために、中国語教育は勿論、また、子供達に中国史中心の歴史観を教え込み、中国人・中華民族の意識を持たせようとした。教育課程において台湾諸語や台湾史の内容は強く抑制され、台湾人意識も抑圧されていた。

一九九〇年代の郷土教育の創出は、学校教育を従来の「中華優位」の内容から台湾本位の内容に組み替えようとしたことだったといえよう。第二章で述べてきたように、戦後、台湾の学校教育では、教えるのは中国五千年の歴史であり、中国の文学、中国の地理であり、台湾の歴史、文学、地理などはほぼ無視されてきた。ところが、九〇年代になって、中華優位の教育内容の中に、台湾に立脚する郷土教育が生み出されたのである。

一九九〇年代から始まった郷土教育の基盤となるものについては、第一章で述べたように、植民地台湾における郷土読本が遺産としてあげられる一方、戦後初期から、台湾各地の文献委員会が続けてきた地方誌編纂の軌跡にも留意しなければならない[1]。つまり、松永正義と黄英哲がいうように、台湾省編訳館の系統を継いだ台湾省文献委員会をはじめ各地の文献委員会には、多くの台湾の知識人が参加して台湾の歴史や民俗の研究を行い、七〇年代への貴重な橋渡し役となったということである。

それらの資料は九〇年代以降の郷土研究にも引き継がれるが、一方で別の問題点が浮上していた。それは、歴史認識や言語認識の問題である。その時期における文献委員会の活動の展開には資料の収集保存としての有効性は認められるが、歴史認識や言語認識という点では九〇年代の台湾人が一般に持っているものとの間に大きな隔たりがあった。つまり、それらには主体性を持つ台湾意識が見られるわけではないのである。

そのことを、松永は一九八五年に別の論文で指摘している。「この時期のこうした活動は、いずれも現在的な活動というよりは、歴史の根を絶やさないための意味あいのほうが強かったものと考えられる。この時期を「保存の時期」と呼ぶゆえんである。それが現在的活動の踏まえるべき伝統として正当に位置づけられ、研究されるためには、七〇年代を待たなければならなかった」[2]と述べているのである。

であるならば、台湾の知識人による一連の本土化理論の生成は一九七〇年代からであったと考えられる。歴史認識と言語観をめぐる議論は多くの論者の間で展開されたが、代表的なものとしては、土着化論争、郷土文学論争、台湾近代化論争、台湾語文学論争、文字規範化論争などが挙げられる。それらの論争の中には台湾の主体性を示した論点が現れていた。すなわち、中国人アイデンティティへの対抗として主張されたと同時に、台湾本位の視野を持った歴史叙述、独自の言語観を模索するという動向も現れていた。それは、いわば台湾という大きさの郷土による独自性探しであった。その経験と蓄積は後の郷土教育教科設置後、教科書にも様々な形で反映されることになるものであった。言い換えれば、七〇年代から台湾の知識人によって展開された台湾本土化理論は、九〇年代に入って広く共有されるようになり、かつ言語教育・歴史教育の内容を方向付けることにもなったと考えられる[3]。その意味において、一九七〇年代から九〇年代初期にかけての台湾の知識人による本土化理論の追求は、郷土教育史研究において欠かせない基盤なのである。

一九七〇年代~九〇年代初期、台湾で行われていた歴史認識論争や文学論争の一部はすでに先行研究によって紹介されている。本章はそれらから多くの示唆を受けながら、独自の把握として郷土概念の形成と言語意識の関連を解明し、七〇年代を郷土概念の萌芽期、八〇年代を台湾主体意識の形成期かつ郷土教育の醸成期、そして、九〇年代を学校教育における郷土教育の形成期と捉える。七〇年代からすでに台湾の知識人によってなされた本土化理論は、郷土教育に現れる歴史観と言語認識との転換に大きな方向性を与えるものであった。言い換えれば、九〇年代になって、地方政府或いは中央政府が郷土教育に対して注意を払うようになったのは、七〇年代の「郷土」概念の萌芽、そして八〇年代の民間人による母語運動の展開を踏まえたものであった。七〇年代から台湾社会への関心という郷土意識が次第に明確な形で現れ、後に郷土教育の教科設置という動きに結びついたものと考えられるのである。

郷土教育の背景に関する先行研究の蓄積は十分とは言い難い。本章は台湾における本土化運動の全体的様相を網羅的に明らかにする性格のものではないが、幾つかの論争の紹介・整理を通じて知識人による本土化理論形成の一端を示し、郷土概念の形成における七〇年代と八〇年代の状況の位置づけを捉え直そうとするものである。

以下、本章で述べるが、一九七〇年代から九〇年代初期にかけて、中国本位と台湾本位という文化における二つの相異なる立場の対立と論争の結果としてもたらされた逆転は、台湾社会の状況の変化を端的に物語っている。それらを一瞥することによって今日の郷土教育で捉えられている「郷土」という概念がいつ頃から現れ、どのように明確化され、どのように一九九〇年代の郷土教育の形成へとつながっていったかを明らかにする。筆者は、知識人による本土化理論の追求こそが台湾ナショナリズムの基盤をなしたと理解している。

そのような問題意識を持ちつつ、本章は以下のように構成する。第一節と第二節ではまず、一九七〇年代から八〇年代にかけて、タブーに挑戦した知識人の言論及び台湾の社会状況について概観する。続いて、第三節と第四節では、八〇年代末期から九〇年代初期までの母語運動者の議論に重点を置いて検討する。それらの運動者の主張を解明することによって、母語運動を内包する郷土教育の生成の歴史的文脈を捉えることが本章の目的である。なお、序章でも述べたが、以下、「台湾語」という時は、原則としてマジョリティの閩南語を指す。閩南語、客家語、原住民諸語の三者を概括していう場合は「台湾諸言語」と呼ぶことにする。

第一節　一九七〇年代、「郷土」という概念の登場

台湾本土化の展開過程を見ると、一九七〇年代以降の海外における文化活動の動向と決して無縁ではない。若林正丈[4]の指摘によれば、史明の『台湾人四百年史』、王育徳の『台湾―苦悶するその歴史』、彭明敏『A Taste of Freedom』、陳隆志『Formosa, China, and the United Nations』など、海外台湾独立派インテリによる台湾史や国際的地位解釈の書籍が台湾で地下出版され、インテリや学生の間に流通するようになったのはその頃からであった。

ただ、しばしば見落とされるが、海外での台湾語復興の主張もかなり早い時期から始まっていた。日本でなされた主張で注目されるのは、王育徳の台湾語研究と活動である。台湾語の研究で東京大学の博士号を得た王育徳は、一九六〇年代から日本で『台湾青年』誌に「台湾語講座」を設け、四年間（六〇年から六三年まで）にわたって連載した[5]。一方、米国における台湾語運動で注目されるのは、一九七五年に台湾語月刊紙『台語通訊』が創刊されたことであろう[6]。その後、『台湾語文月報』『台湾論報』など何度か誌名変更を経て、一九九一年、台湾にも発行所を設け、『台文通訊』となった[7]。同誌の台湾語表記の使用は現在まで続いており、最も歴史の長い台湾語月刊紙（新聞形態のもの、李江却台語文教基金会によって発行）と位置づけられる。

台湾本土において台湾文化の主体性を主張しようとするプロセスが始動した契機は、国連脱退事件が台湾社会に与えたインパクトそのものであった。一九七〇年代の台湾社会の大きな変貌の意味については、若林の著書(8)に詳しい。その決定的な出来事は一九七一年一〇月に起こった国連脱退事件であったが、七一年七月にニクソン声明(訪問中国発表)が出され、一〇月に国連総会において代表権交替が決議され、翌七二年二月にニクソン訪中、九月に田中訪中、及び日中国交回復(一九七二)、七九年に米中国交樹立と次々に起こった外交的大事件も、台湾の未来への大きな危機感を呼び起こし、局面は全く新しい展開を迎えた。台湾は、そうした一連の外交危機によって中国を代表する正統性を失うと同時に孤立した。「台湾の生存」が知識人にとって第一義的課題として強く認識されるようになったのである。

歴史研究者・王晴佳(9)は、この時期を「中国としての正統性を喪失」した年代としている。一連の外交危機によって、中国代表の正統性を喪失したことで、知識人には、改めて中国本位思想との葛藤(相剋)が生じ、その中から当時主流であった中国本位理論への抵抗が現れた。その展開で重要なのは、当時台湾の知識人は如何なる方向性を見出そうとしていたか、ということである。七〇年代の新しい展開は、そうした国際情勢と密接に関わりつつ現実に眼をむけ、そこから台湾の主体を創造していこうとするものであった。その時期の注目すべきものとして土着化理論の提起と郷土文学の台頭を挙げることができる。

一 陳其南の土着化理論

一九五〇年代以降の台湾における歴史研究が、基本的に中国史研究であったことは多くの研究者の共通認識となっている。歴史研究者・李筱峰(10)の指摘によれば、戦後二〇年間(一九四五~一九六五)台湾では台湾史を研究テーマとする修士論文は一つも発表されず、一九六六年になって漸く発表された。

一九七〇年代以降、台湾史研究の論文が続々と提出されるようになり、七〇年代から八〇年代までが台湾史研究の萌芽期と言われているが、その時期の歴史研究について、歴史研究者・林玉茹らは次のようにまとめている。

「一九七〇年代末期から、研究機関における台湾史研究が生まれ始め、研究成果が次第に多くなった。(略)もっとも重要なのは、過去の方志文献学的な研究の伝統から離脱し、台湾研究の新しい課題を提起したのである。本時期では、土地の開墾史、清代商業史、清代軍事史及び武装反日史において、ともに素晴らしい成果を得た。それに、優れた土着化と内地化などの観点の論争が噴出した。」(11)

一九七五年に人類学者・陳其南が提起した「土着化理論」はそうした動きを先導するものとなり、台湾社会に大きな影響をもたらした。一般に清代の台湾は移民開墾社会だと位置づけられている。殊に清代台湾の移民開墾社会としての特質の変化と社会発展モデルなどが早くから注目され、「土着化」対「内地化」の論争がおこった(12)。

土着化論者の代表的存在である陳其南は、一九七五年に完成した修士論文「清代台湾漢人社会的建立及其結構」で、社会構造、エスニック集団関係、エスニック・アイデンティティの三点から、一定の時間が経つにつれて台湾が土着化(台湾化)社会に変化したと論証した。すなわち、台湾の移民社会で共同意識が生まれ、大陸の本籍意識を自己認識の指標としなくなったと主張したのである。具体的にいえば、本籍地による「分類械闘」の衝突の変化と、台湾における新しい祠堂と宗族組織の形成によって、一つの地縁的な社会が形成されたとしたのである。陳其南による土着化理論の提起は、台湾史が地方史から台湾の主体性を軸とした歴史へと転換してゆくことを象徴するものであった。

それに対して、同じ時期に歴史学者の李国祈は「内地化」(中国化)論を提起した。戦後最初に内地化を提起したのは、郭廷以であったが、その概念を理論化させたのは李国祁であった(13)。李の内地化論には三つの主張が含まれていた。まず、清の雍正時期以降の台湾統治について、清末台湾の政治的近代化が具体的な成果であるとした。次に、李は政治的支配、社会組織及び文化的蓄積などによって清代台湾は次第に移民開墾社会から大陸内地と同様な文治社会に変化したと強調した。第三に、李は、清末において中国沿海地区の西洋化運動とは違い、台湾のような辺境社会では内地化によって求心力が生まれたという認識を示した。第三点をより具体的に言えば、清仏戦争後、清朝政府は、劉銘傳、丁日昌、沈葆楨の提案をもとに積極的な台湾開発を求め、その結果、台湾は移民社会から次第に中国内地社会に並ぶ社会構造となり、内地化が完成されたという視点が示された。

陳其南の土着化理論は、今日の台湾社会の歴史認識に対して一定の方向性を与えたものといえるが、李の「内地化」論は「台湾は中華民族文化の延長」という一九七〇年代当時の台湾史研究者の共通認識を反映していた。にもかかわらず、論争はいまだ決着せず、現在に至るまでなお多くの研究は両者の論争から影響を受けている。

二　郷土文学の台頭

一九七〇年代初期における知識人の覚醒と社会への関心の増大は、文学の領域にも現れた。殊にそれが著しかったのは郷土文学であった。七〇年代の郷土文学(14)とは、それまで殆ど注目されることのなかった戦前世代の呉濁流、鍾理和、鍾肇政らの作品、そして六〇年代後半から農村風景を描いてきた黄春明、王禎和ら若い世代の作品を総称する言葉である。

戦後、台湾が中華民国の一部になったことは、本省籍の文学者たちにとって、日本語から中国語への言語転換を意味するものであり、創作上どれほどの困難を伴ったかは想像に難くない。言語転換、中央政府の遷台及び外省人の大量移入という特殊な環境のなかで、台湾の文学は主として外省人の手に牛耳られることとなった。戦後三〇年を経てようやく七〇年代に入ってから、社会・経済的変化に加え、国際環境が流動化する中にあって、台湾の若い作家たちの間に現実の社会や人々の生活を直視する文学作品が生まれてきたのである。

黄春明[15]もそうした戦後世代の作家の一人として位置づけられる。当時の作品について、彼自身は「言わずもがなであるが、私は自分の社会に関心を寄せており、自分の土地を作品の舞台に選び、自分の同胞の中に登場人物を求め、この土地に暮らす人々の生活や直面する問題を題材にすえ、自分の文字、自分の言語によって小説を書いてきた」[16]という。そのことに、自分たちの生まれ育った土地及びそこに生活する社会大衆への関心という認識が現れている。七〇年代の郷土文学への関心は、当時の台湾社会に表出した「郷土回帰」と深く関わっていると一般に理解されている。

しかし、一九七七年には、この郷土文学ブームの意義を検討する論議が起こってきた。本省籍作家のそうした文学作品が、郷土文学論戦（一九七七～一九七八）において論戦の直接の対象とされたのである。論戦は郷土文学観や文学理念をめぐるものであった。

郷土文学に対する批判が余光中、王文興らを中心に行われた。その批判は二つあった。一つは郷土文学の地域的偏狭さに対するものであり、もう一つは社会主義文学を目指すものである。それらに郷土文学擁護派の王拓、陳映真が応える過程で、彼等が目指す文学は単なる本省人文学や郷愁文学ではなく、台湾の民衆の現実を描く現実主義文学であることが明らかにされていった。さらに王拓は、この郷土文学の特質はその地方色にあるのではなく、現在の台湾社会に根ざし、社会の現実と人々の喜怒哀楽、奮闘、挫折や願望を反映するところにあると語り、そのために郷土文学ではなく、現実主義文学と呼ぶべきであると主張した[17]。ここには台湾という土地（及び人民）への思いが、特に社会大衆を取り上げたいという側面を含んでいたことが現れている。

だが、注目に値するのはそれだけではない。この時期の「郷土文学」という言葉には、大衆の生活を描くこと及び大衆の言語すなわち「台湾語」（閩南語）を用いるということが含まれていたのである。陳正醍は「七〇年代においては「郷土文学」という名称が方言文学や本省籍作家文学を連想させる要素を持っていたことは否定できない」[18]と指摘する。一九七〇年代になって使われた「郷土文学」という言葉には、農民を始めとする大衆に密着した文学という本来的な意味があるだけではなかった。文壇の主流を占めていた大陸から渡台した作家の回想的ないしは内向的な文学との対比において、台湾という郷土に根ざし、地域社会を描く文学としての意味が込められていたと思われる。そこに台湾語が用いられる必然性があった。例を挙げればきりがないが、郷土文学の名作としてよく知られている作品―王禎和の「嫁粧一牛車」（嫁入り道具一牛車）(19)からいくつかの文を引いてみよう。（　）内は傍線部分の日本語訳で、傍線及び日本語訳は引用者によるものである。

「是這臭耳郎（難聴）咧！不怕他。他要能聴見、也許就不会有這種事！」（七三頁）
「報給（知らせてやる）你一個好消息」（七九頁）
「頭家（ご主人）、来一個当帰鴨」（九六頁）

傍線部分が台湾語（閩南語）であり、当時の郷土文学を特徴づける点であった。文章そのものを台湾語で発想して書こうとするものではなかったが、会話や語彙のなかに台湾語を取り入れたのである。台湾語の語彙は僅かな部分に限られていたが、にもかかわらず、台湾語でなければ郷土体験を表現できないという文学観が生み出されたという点で重要である(20)。

以上に述べてきた展開の背景には、この時期の知識人の動向として、社会大衆とりわけ下層の民衆の生活に対する関心の高まりがあった。一九七〇年代初期の国際情勢の変動で台湾が中国を代表する存在ではないと、国際社会で位置づけられたことが、台湾の知識人の政治・社会への関心を急速に高める契機となったのである。郷土文学の台頭はそうした「土地と人民」志向が知識人の間に普遍的に高まる中で起こった。「郷土」発見の作業の中で、日本統治下以来、台湾人作家の作品を言語や表現作法の点で劣るものとして軽視してきた従来の傾向が反省された。ただ、当時、台湾語に関する書記言語のあり方は全く議論の対象ではなかった。

ところで、郷土文学の動きは一九八〇年以降に活発になる台湾語運動の潮流（八〇年代後半には台湾語で小説を書こうとする動きが現れてきた）とリンクしていくように思われる。すなわち、八〇年代になって現れる台湾語文学論争、台湾語文字化論争などは、郷土への関心の高まりのみならず、郷土文学の流行を契機として生まれたもので、その動きの中で、書記言語としての台湾語の問題が顕在化したのである。それ故、「郷土文学」を中心とするこの七〇年代の文学活動は、それ自体としても、またその後の母語運動との関連においても、重要な意味を持っていると考えられる。

第二節　一九八〇年代、台湾主体の意識化

以上のような動きを受け、一九八〇年代に入ると、台湾文学と台湾史研究は新しい展開を見せることになった。戦後台湾諸言語と台湾史は政治的に抑圧されてきたが、一九七〇年代末の民主化運動（美麗島事件など）の進展とともに、新しい本土化（台湾化）運動の動きが起こって、台湾の社会が大きく変わり始めたのである。「中国結」と「台湾結」をめぐる論争(21)は、当時の代表的なものであった。「中国結」とは中国意識、「台湾結」とは台湾意識のことであり、中国との結びつきが論争の焦点となっていた。同様の新しい本土化の動きは台湾文学と台湾史研究の場でも起こった。本節では台湾文学と台湾史研究の動きを取り上げて紹介していきたい。

一　台湾文学の主張

郷土文学をめぐる論戦はその後もしばらく続くが、郷土文学擁護派の間では、一九八〇年代に入ってから、台湾文学の定義や発展の方向、及び中国文学との関係などについての論議が、継続的に起こった。いわゆる「第三世界文学

論」対「台湾文学土着化論」の対立である。同じ郷土文学擁護派であっても、郷土文学論戦の際には論じ尽くされなかった「台湾」と「中国」との関係の問題が、一九八一年夏の「台湾文学の方向」をめぐる論戦で再び取り上げられたのであった。

当時の文学論争については、陳正醍(22)の研究に詳しい。ここでは陳の議論を下敷きにして新しく生まれた台湾文学の理論を確認しておくことにしたい。陳の研究によれば、この台湾文学をめぐる見解の相違は、一九七七年から一九七八年にかけての郷土文学論争の際にすでに潜在していた。すなわち、葉石濤が「台湾郷土文学史序説」において台湾「郷土文学」の基礎としての「台湾意識」を論じ、それに対して陳映真が「「郷土文学」の盲点」を書いて、「台湾意識」の背後にある「中国意識」を強調していたのである。それは「郷土文学」に込められる「民族」意識とその理念についての論争であったが、問題の所在が示されたに止まり、それ以上に議論は深められなかった。七〇年代の葉石濤、李喬らの目指す郷土文学とは、本来、暮らしと土地から生まれた、台湾独自の主体性のある文学ということができるが(23)、しかし、葉石濤の著作からもある程度うかがわれるように、当時、本省籍作家は殆ど郷土文学論争に参加しなかった(24)。

第三世界文学と台湾文学、中国文学との関連が本格的に論じられたのは、一九八四年一月の陳映真の「中国文学と第三世界文学との比較」においてであった。その主張は、中国文学が第三世界文学であることを前提としたもので、「第三世界文学論」者が「台湾文学土着化論」者と実際に争っていた問題は、台湾文学をどの程度、そしてどのような形で、中国文学と関連づけて把握するか、ということであった。彼らの考えでは、台湾は国民所得や貧富の差などにおいては他の第三世界の国家とは大いに異なるが、資本、技術、市場、文化において先進国の支配を受けている点では全く同じ地位にあり、台湾文学が置かれてきた状況と、その歴史的発展の過程も、第三世界文学と共通点を持っていた。彼らは、第三世界への注意と関心を促すことによって、台湾の国際政治・経済上の位置に対する検討の必要性を訴えようとしたのである。

「第三世界文学論」者の考え方に対して、「台湾文学土着化論」者には一つの共通した考え方があった。それは、文学者が何よりもまず、自己が生活の中で直接的に関わりあう土地、及びその土地の人民を重視することから出発すべきだという点である。それ故、葉石濤、李喬らの「台湾文学土着化論」者の姿勢は、台湾文学に示される中国文学全体との共通性を重視する陳映真の態度と比べた場合、相対的に台湾文学の特殊性に重点を置く形となっていた。

「台湾文学土着化論」と「第三世界文学論」とは、その主張の次元が異なっており、それぞれの問題提起からだけでは、両者が絶対的に対立するようには見えない。しかし、その二つの主張の裏には、台湾文学の「中国意識」と「台湾意識」とに対する見解の相違が隠されていた。当時、「郷土」の位置づけについては、郷土文学擁護派の間には共通した認識が欠如していたが、その論争には台湾の主体性が明瞭となる契機が含まれていた。「郷土」という言葉のなかに郷土と「民族（ネーション）」の両義性が含まれており、次第に台湾人作家の間には「郷土文学」（台湾の現実に根をおろし、台湾の庶民の生活を描くことを重視する）の創作から、さらに進んで「台湾文学」の創出の理念を語るものが出始めたのである。そのことは台湾人意識に直結する理念として捉えられる。

二　台湾史研究の増加と台湾近代化論争

一九七〇年代以後、台湾史研究の論文が続々と発表されるようになった。一九八〇年代は中期まで、なお清代史が研究の重点であったが、日本統治時代の台湾史研究もすでに多くなっていた。一方、台湾本土化意識の台頭につれて、過去の大中国本位主義、漢民族開発史的な研究方法も批判にさらされることになった。台湾史研究は、次第に政治的制限が取り払われていく過程で新しい道に分け入ったのである。その変化は彭明輝の研究による統計資料の表3―1から知ることができる(25)。

一九八〇年代以降、明らかに台湾史研究は増えている。テーマとしては、台湾主体の意識化という課題が追求さ

表３－１ 台湾における戦後歴史研究の論文数

時 期	1945-1960	1961-1970	1971-1980	1981-1990	1991-2000	1945-2000
中国史研究	19 (100%)	88 (93.6%)	279 (80.6%)	413 (76.6%)	667 (66%)	1466 (73.3%)
台湾史研究	0	3 (3.2%)	24 (6.9%)	59 (10.9%)	234 (23.2%)	320 (15.9%)
外国史研究	0	3 (3.2%)	43 (12.4%)	67 (12.4%)	109 (10.8%)	222 (11.1%)

注：表の数字は、論文数（比例）を示すものである。
出典：彭明輝（2001）『台湾史学的中国纏結』 p. 200

れるとともに、植民地支配の遺産をどう取り扱うか、という問題の解決も同時に模索されていた。前者の代表的なものは、鄭欽仁の「台湾史研究与歴史意識的検討」である。一九八三年に、鄭は『台湾文芸』に同論考を発表し、「台湾は正統中国の地位を喪失したゆえ台湾史研究は重要となった。（略）中国史研究の分野で中国大陸と対抗できる唯一のものは台湾史研究である。」[26]と述べたのである。従来の中国意識を反省したこの論考は台湾主体の歴史観が現れた先駆だと今日一般に理解されている[27]。

後者の、台湾の知識人は日本植民地支配の遺産をどのように取り扱うか、という問題については、張隆志[28]と Wei-penn Chang[29] の研究を下敷きにして次の議論を代表的な例として辿ってみよう。すなわち、楊碧川の「奠基論」対戴国煇の「台木論」の対立である。楊は後藤新平による近代化基盤の形成の立場を述べ、戴は「移花接木」、すなわち巧妙な手段ですり替えたにすぎないという立場であった。両者に示された主要な対立点は台湾の近代化をめぐる問題であった。

論争は劉銘傳と後藤新平の台湾統治の「業績」をめぐって行われた。一九八三年に「党外人士」（国民党に所属しない人士）の楊碧川は『生根』という雑誌で「後藤新平：台湾現代化的奠基者」（台湾近代化の基礎をつくった者）という論考を発表した[30]。論考で、楊は従来の中国本位の歴史観とは異なる立場に立って、台湾民政長官・後藤新平の治績を肯定的に評価し、日本植民地支配によって台湾社会の近代化基盤が形成されたという認識を示した。その主張は、抗日歴史観に対して否定的な見方を採り、当時の新しい歴史認識を示したものであったが、それだけではなく九〇年代以降の歴史観につながるものとして注目される。

それに対して異議が出された。日本で活躍していた歴史研究者・戴国煇は、後藤新平ではなく、劉銘傳が治めた六年間こそが台湾近代化の創始期であると主張したのである。特に、基隆—台北間の鉄道敷設、電信施設の推進、郵政制度の設立などの近代化事業を取り上げて、台湾の近代化はすでに清朝時代の劉銘傳によって形成されたと主張した。両者の見解は、清末時期と日本統治時代のどちらが台湾の近代化の創始であったかという点で二極化しており、そこから「台湾近代化論争」が生じた。その論争は表面的には論者の近代化に対する理解の違いから生じたものであるが、「中国」対「台湾」というイデオロギーの対立から生み出された論争でもあった。

楊碧川の「親日」的な言論は国民党体制下の反日史観に挑戦する代表的な一例であった。それまで、国民党はメディア、政府刊行物、教育体系を通して、台湾人に反日感情を植え付けようとしてきた。台湾で出版された歴史教科書や学術書における日本の台湾植民地統治に関する記述の大半も、日本帝国主義の中国や台湾における侵略圧政への批判を中心にしていた。しかし、八〇年代に入り、民主化運動の展開に伴い、日本の台湾統治五〇年を再認識する言論も次第にタブーを破るようにして公表され、それが後藤新平への評価に結びついたのである。日本についてのプラス評価の側面を提起するということは、八〇年代台湾の知識人による本土化理論の模索の一環であったと理解できる。

台湾主体の立場は、そのように、抗日戦争に根ざしている中国の反日感情との相違、すなわち日本統治による近代化などを提起することが特徴である。日本植民地時代の歴史体験は、中国と異なる台湾社会の独自性・特殊性を主張する論拠とされるようになったのであった。

一九八〇年代の台湾文学の主張も台湾史研究の新しい展開も、中国意識と台湾意識の相違が隠れた争点であった。

第三節　郷土文学から、台湾語文学そして台湾語文字規範への追求過程

一九八七年の戒厳令解除以後、台湾における台湾研究は飛躍的に進んだ。また台湾意識の高揚の中で、それまで隠蔽されてきた多くの資料が次々と公開された。そうした趨勢の中で、台湾史研究が次第に重要視されるようになった。とくに過去の政治的禁忌であった二二八事件に関わる書籍、資料が数多く刊行され、台湾史研究は量的な変化のみならず、政治的制限を脱して新しい道のりへと向かっていった。歴史認識をめぐっては、一九九七年に中学校教科書『認識台湾』が出版された際に大きな論争が起こるが、一九八〇年代後半には、台湾史については管見の限り、大きな論争は見られなかった(31)。しかし、そうした台湾意識の高まっている社会状況の中で、母語文化の復興を目指す主張・運動がさまざまな形で行われた。本節ではその当時の動向を探りながら、考察していきたい。

一　母語文化の復興を目指す主張

郷土文学論争以降、母語文化の復興を目指す主張については、表3―2に掲げたような新たな展開が見られた(32)。まず、注目すべきは、一九八三年に台湾ニューシネマの誕生を告げた『児子的大玩偶』（日本公開名　坊やの人形）の登場であろう。黄春明の郷土文学をもとに作られたこの映画作品は台湾語映画であり、それ以来、台湾語映画が一般庶民の人気を得て急速に増えてゆく傾向が現れた。その後、『看海的日子』（日本公開名　海を見つめる日）（一九八三）、『小畢的故事』（日本公開名　少年）（一九八三）などの台湾語映画が次々に現れ、郷土文学や台湾本土の題材を映画化する試みが一つの時代を画した(33)。従来、会話にのみ台湾語が交じっていた郷土文学は、映画化されればセリフに用いられる台湾語が主要言語となった形で現実の郷土を描くことになったため、大きな反響を呼び起こした。台湾語映画の社会的受容は台湾人の母語文化への希求という意識の反映でもあっただろう。

表3－2　1980年代の母語文化復興運動

1983	台湾ニューシネマ時代の開始。
1985. 7. 1	「原住民権利促進会」が成立。
1987. 7. 19	林継雄らが台南で「台湾語文学会」を設立。
1987 8. 1	鉄道での閩南語放送開始。
1987. 8. 20	台湾省教育庁が「学校で方言使用の生徒に処罰を課さないよう」通達。
1987. 10	『客家風雲』創刊。
1988. 8. 25	原住民の「還我土地」(我に土地を返せ)運動。
1988. 12. 28	「客家権利促進会」の主催により、一三七〇〇人に上った「還我母語」デモが行われる。(「我に母語を返せ」デモ)
1988年	成功大学「成大台語社」(大学の台湾語サークル)が設立
1990年	成功大学で戦後初めての台湾語大学講義が行われた。

黄宣範(1995)『語言、社会与族群意識』に基づいて作成

そうした郷土意識の高揚の中で、一九八〇年代に入り、台湾語が交じる新しい郷土文学が次第に増えてきた。一九八二年〜一九八八年の一二八編の短編小説を対象として分析した姚栄松（一九八九）[34]の研究が示唆するように、七〇年代以降、次第に増えてきた郷土文学作品は作家の省籍によらず、一致して「郷土」を描こうとする傾向が顕著であった。台湾語の語彙が大量に中国語の文章に組み込まれるようになったのも、台湾という郷土を描こうとした必然的な結果であった。一方、作家林良[35]も一九九〇年に八〇年代を振り返り、柳丁（ネーブル）、牽手（妻）、攏総（全部）、芭楽（グァバ）などの単語の使用例を引用し、八〇年代にはこうした台湾語の語彙が中国語の文章に組み込まれた郷土文学の文体がほぼ定着化したと総括した。八〇年代に入り、文学においては「郷土」を全面的に受容しようとする動きが主流となったといってよいだろう。また、言語の側面からみれば郷土文学の文体は「台湾語化した中国語文」といってもよいであろう。そうした文体は次第に台湾の一般社会に広がり、今日台湾の新聞を読むと、台湾語の語彙が中国語の文章に交じり込んでいるのが目に入り、郷土文学文体の定着化の確かさが感じられる。

一九八〇年代後期についてより重要なのは、台湾諸言語に関する行政的な制限も解禁されたことと、その結果、台湾社会において、台湾諸言語使用が一層の広がりを見せたことである。例えば、鉄道での閩南語放

送が始まり、学校内での方言使用も禁止されなくなった。また母語の推進も組織的に行われるようになった。閩南語の場合は、林継雄を中心とした数人が台南で台湾語文学会（一九九一年に台北で成立したものと異なる組織）を結成した。ほかに、一九九〇年、林継雄が国立成功大学で戦後初めて台湾語（閩南語）を大学の講義で教える（台湾語を教育言語として台湾語教育に取り組む）ことが連日のように新聞で報道され、社会の注目を浴びた(36)。閩南語だけではなく、原住民や客家の文化復興運動も起こった。それぞれ、「還我土地」（我に土地を返せ）「還我母語」（我に母語を返せ）をスローガンとするデモ行進など、母語・文化の保存・維持を求める運動が始まった。客家人の「還我母語」デモの場合、その目標は「毎日、ニュースと気象予報を客家語で放送」「一二％以内の方言テレビ番組の制限をなくす」「母語と国語のバイリンガル教育」の三つを政府に実現させることにあった(37)。また、それらが実現できない場合、選挙民を動員して対抗しようとする姿勢も見せていた。以上はいずれも母語の推進を目的とする動きであった。

「台湾意識」が高まりを見せる社会状況のなかで、言語問題についての議論も同時に進行していたが、それは『台湾語言問題論集』(38)（一九八三）の出版に端を発した。同書は台湾文芸雑誌社によって出版されたもので、テレビの言語制限を批判し、台湾語を公用語にすることを主張していた。それ以降、一部の新聞や雑誌では、国民党の一言語政策を強く批判し、また台湾諸言語を学校教育に導入すべきだと訴える主張も繰り返されるようになった。その議論のピークは一九八〇年代半ば頃であったと思われる。主張の多くは『台湾文芸』や『自立晩報』などに掲載されたが、それらは八〇年代の台湾社会の言語意識を反映するものとして注目に値する。筆者の調べたところによれば、同書出版のあとに、次のような議論を挙げることができる。

洪惟仁（一九八四）「論台湾話的保存価値」(39)（台湾語の保存価値を論ずる）

林波海（一九八四）「国語与台語」(40)（国語と台湾語）

洪惟仁（一九八四）「「台湾話」和「台北国語」」[41]（「台湾語」と「台北国語」）
鄭良偉（一九八四）「談台語裏的訓用字」[42]（台湾語の中の訓用字を語る）
陳育群（一九八七・六・二〇）「台湾需要一座専播台語的電視台」『自立晩報』（台湾は台湾語放送専用のテレビ局が必要）
社説（一九八七・六・二五）「建議設立方言研究機構」『自立晩報』（方言研究機構の設立を建議）
洪惟仁（一九八七・八・二四）「鉄路局応実施多語服務」『自立晩報』（鉄道局は多言化サービスを実施すべし）
鄭良偉（一九八七・九・二二）「双語教育与単語教育之間」『自立晩報』（バイリンガル教育と一言語教育の間）
鄭良偉（一九八八）「双語教育及台語文字化（上）」[43]（バイリンガル教育と台湾語文字化）
鄭良偉（一九八八）「双語教育及台語文字化（下）」[44]
陳瑞玉（一九八八）「対双語教育的管見」[45]（鄭良偉への反論）（バイリンガル教育に対する管見）
陳瑞玉（一九八八）「不得不再談双語文教育及台語文字化」[46]（バイリンガル語文教育と台湾語文字化を再論せざるをえない）
張裕宏（一九八八）「文字規範—搶救台湾本土語言文化的首要工作」[47]（文字規範—台湾本土言語を救う最重要な仕事）
林錦賢（一九八八）「為斯土斯民个語言佮文化講一句話—兼論陳瑞玉个両篇文章」[48]（この土地の人々に言語と文化のために一言—陳瑞玉の二篇の文章についても）
王氷（一九八八）「台湾話的語言社会学研究—黄宣範教授演講記録」[49]（台湾語の言語社会学的研究）
陳金次（一九八八・六・一二）「消失中的台湾語言」『自立晩報』（『台湾文芸』『客家風雲』にも転載）（消失中の台湾言語）
王碧秋（一九八八・六・二七）「我深深感到慚愧」『自立晩報』（慚愧に堪えない）

母語の復興を目指す主張の中で、注目すべきはバイリンガル教育（原語は双語教育）と台湾語文字化への動きが現れたという点であろう。議論の中では、台湾語はどのような文字で表記されるべきか、という書記言語のあり方の問題も視野に入れられていたが、文字化の賛否には二つの異なる理念の対立が内包されていた。その一つは、台湾語を保存すべき「方言」としながらも、「国語」と同様に位置づけて発展させようとはせず、台湾語文字化の是非については否定的な見方を示した見解である。例えば林波海は「方言の存続は重視すべきであるが、国語を共通語とする必要性がある」と述べ、共通語としての「国語」の必要を強調した。また陳瑞玉は「方言を支持するが、文字の導入は混乱を生ずる」として、台湾語の文字化に反対した。

それに対しては、一部の論者は以下のような認識や反論を示している。すなわち、「台湾語の価値」や「戦後国民党の言語政策による母語喪失の問題の深刻化」を強調するだけではなく、「書記言語の必要性」や「国語と母語のバイリンガル教育の必要性」などの論点も提示した。大局的には国民党の言語政策を批判し、台湾語の存続・文字化を重視し、国語と母語のバイリンガル教育の必要性をも大きく主張したのである。

一九八〇年代後半に入ると、台湾の諸言語は「方言」という位置づけではなく、「母語」という位置づけであるという認識がほぼ主流となった。その基盤となっていたものに、本章で述べてきたように国内外で展開されてきた台湾語研究と郷土文学の活動があり、また、本節で述べてきたように国語（中国語）の優越性に挑戦する一連の議論や母語運動があった。いずれも、「方言」と位置づけられた台湾諸言語の地位を大きく向上させるのに重要なものであった。そして、それらの主張は、八〇年代後半に民主化を伴う台湾語ナショナリズムによる大衆動員へと次第に大きく展開していった。とりわけ、台湾語文学会、原住民権利促進委員会、客家権利促進委員会など、注目すべき民間母語運動組織が生まれたことがこの時代の社会的な言語状況を特徴づけている。それらの母語運動の組織は、第六章で詳述するように、一九九〇年以後も引き続き郷土言語教育に関して重要な役割を果たすことになる。八〇年代の台湾諸言語の運動者・研究者を中心とした社会状況の変動は、九〇年代以降の郷土教育の形成の基盤をなすものであったと考えられる。

二　台湾語文学への希求

母語運動を伴った郷土文学の読者が拡張する中で、郷土文学文体の定着化だけではなく、台湾語文学と台湾語文字規範化への希求が現れた。台湾語文学とは台湾語を用いて書かれた文学を指す。

郷土文学の作品には、大量の台湾語の単語や言い回しが現れたが、基本的には中国語が中心であった。言語学者の鄭良偉はこれらの郷土文学の文体を「台語化的中文」（台湾語化した中国語文）と呼んだ。それに対して、台湾語文学の場合は、台湾語を積極的に使用することによって、台湾社会に浸透してきた中国語に抵抗してゆこうとする姿勢をとった。使用言語は台湾語に徹する傾向が顕著であり、部分的ではなく、完全な台湾語口語文による創作活動が行われた。

台湾語文学の定義について、作家宋澤萊は、一九三〇年代の台湾話文の先駆者黄石輝による郷土文学創作の主張から台湾語文学の定義を採り、そこに台湾自身の自主的な文学の形成を見た[50]。黄石輝のいう「郷土文学」とは、七〇年代の郷土文学とは異なり、「台湾語によって台湾の事物を描写する文学」のことであった。つまり、台湾語文学を中国語文学とは全く別のものとして構想していたということである。一九八〇年代の台湾語推進者の台湾語文学の希求はこうした文学観から出発したと考えられる。但し、ここにいう「台湾語」とは台湾住民の多数派である閩南系の言語のことで、客家語、原住民諸語は含まれていなかった。一般の台湾社会では、国語の中国語を除けば閩南語は台湾を代表する最も優勢な言語であり、そのため台湾語という場合は閩南語を指すことが殆どである。

では、台湾語文学はどのように展開されてきたのだろうか。林宗源の台湾語による詩の創作が台湾語文学の起点だと一般に言われているが、王灝の研究によれば、「一個孩子咧哭」（一人の子が泣いている）（創作は一九六〇年、発表は一九六五年）が林宗源の最初の作品であった。すなわち一九六〇年代には台湾語文学の萌芽がすでに現れていたのである。そのことは、台湾本土でも海外とほぼ同じ時期に台湾語への取り組みが始められたことを示しているといえる。

そして、七〇年代になると向陽などの文学者も加わるようになったが、向陽の最初の作品は一九七六年に書かれた「家譜」シリーズの中の台湾語詩であった(51)。しかし台湾語詩の創作は当初、方言詩に位置づけられており、殆ど話題にならなかった。林宗源らの台湾語詩作が世に広く知られるようになったのは一九八〇年代に入ってからのことであった(52)。林宗源の『補破網』(一九八四)と向陽の『土地之歌』(一九八五)は戦後最初の台湾語詩集として今日台湾文学史上重要な位置を占めている。

一九八〇年代は、台湾語文学の試みが台湾語による詩に止まらず、台湾語による散文や小説の創作にも向かった。松永正義はその動きを次のように指摘している。「八〇年代後半には台湾語で文学を作ろうとする動きが現れてきた。台湾人の思想、感情は、台湾語でなければ表現できないという、その限りでは至極もっともな主張から始まったこの動きは、やがて台湾語によらない文学は、真の台湾文学とはいえない、といった主張さえ生み出してゆくことになる。」(53)言文一致の台湾語文学の出現の過程は、台湾語が自らの思想を表現する重要な手段であるということを多くの人々に強く意識させたものと思われる。

宋澤萊の短編小説「抗暴个打猫市」(抵抗する台南市)(一九八七、『台湾新文化』第九期)、林央敏の散文「西北雨直直落」(夕立ちがずっと降り続ける)(一九八七、『台湾新文化』第一二期)などもそうした台湾語文学の動きの一つであった。とくに、注目されたのは宋の「抗暴个打猫市」(55)である。三万字程の短編小説であり、戦後最初の台湾語小説として台湾語推進者の間で高く評価されることになった。この作品がもたらした影響は、宋自身に言わせれば、「これによって台湾社会において現代小説は台湾語で書けないという流言がなくなるだろう」というものであった。冒頭の一文を引いてみよう。〔　〕は原文のままである。

「這是伊第二次破大病，自從伊拍〔打〕好飛往北美洲的飛行機票，準備欲《veh》〔卜〕飛到加州，離開打猫的時陣，伊就破大病囉〔了〕，無法度解救的這個病，突然而来，伊只好拖命転来李氏商業大楼的旧房間……」[55]

台湾語の散文、小説などの登場により、台湾語の語彙が徹底的に文学作品に組み込まれるようになったが、そのことから文字はできるだけ忠実に音声に対応するべきである、という思想が生まれた。だが、小説では書面言語の問題が詩よりも困難であった。同作品は、発表された直後の一九八九年に言語学者姚栄松から「この小説は特に介詞の部分では中国語の語彙が多く、完全な台湾話文とはいえない」(56)と指摘されている。

三　台湾語文字規範化への試み

多くの台湾語文学作品が執筆され始めると、書記言語のあり方の問題が大きくなり、その標準化の必要性も次第に明確な形で現れてきた。一九八〇年代後半になると、台湾語の主張はさらに新たな段階に入ったが、それは台湾語文字規範化への試みが始められたからであった。

林継雄もそうした台湾語運動者の一人として位置づけられる。彼は、ローマ字表記の「新文書法」を提唱し、先述のように、一九九〇年に国立成功大学で、言語教育と教育言語の両方を目指した台湾語の講義を行い、新聞メディアに報道されて世の耳目をひいた。

当時、台湾語書記言語を確立しようとした者には、林継雄だけでなく鄭良偉、洪惟仁、許極燉の三人もあげられる。「四大金剛」と呼ばれていたこの四人の中で、特に文字体系を問題にした論考では、鄭良偉の「大衆性の漢羅文志向」と洪惟仁の「古典伝統への漢字志向」が注目される。漢羅文とは漢字とローマ字を混用した文のことである。当時、文字観を表明した人物はこの二人に限るものではなかった(57)が、両者は今日、対立する二つのグループの中心人物となっており、その主張は相異なる二つの立場の先駆けと位置づけられる。台湾語の書記言語形成の諸相については、今日の郷土言語教育との関わりで第六章で詳しく論じるが、ここでもごく簡単に触れておく。

両者は、いずれも台湾語の発展のためには、現在の話し言葉こそ台湾語の本体であると認識し、文字規範化が必要であると考えていたが、以下の点で違っていた。鄭の文字観はなるべく現代中国語と共通する漢字を借用するというもので、鄭は、その上に立った教会ローマ字の表音文字の導入を主張し、実践を続けてきた。一方、洪は、主に本字（古典から語のルーツとなる漢字を調べ考えること）と借音字を使用して、漢字のみによる書記言語を確立しようとする実践を続けてきた。言い換えれば、簡易化により大衆化を目指す漢羅文（漢字、ローマ字併用）志向の文字観と古典伝統への回帰傾向を持つ漢字志向の強い文字観の対峙が明瞭になったのである。

実際のところ、同じ台湾語の単語も両氏の書いた文章では異なった姿となって現れている。先述したように、小説では口語的な書面表記が詩よりも困難であるため、文章の体系的な表記法は詩ほどの進展は見られなかった。すなわち、白話文の体系的な表記法は確立されにくい側面があると考えられる。この時期、両者は論説などの文章を多く発表し、詩集の編集などにも努めていたが、八〇年代末期に文芸欄で執筆した「本土笑話」と「台語笑典」の内容は生活言語の文字像を具体的に表している。ここでは厳密な比較はしないが、一例ずつ引用してみよう。

有一个儂出外，看儂却著錢，不止歡喜。伊想講：「却著錢敢誠實即歡喜？」著叫佃某擲（tanˋ）錢予伊却看抹（bai˜），佃某誠實擲予伊却。擲幾若擺，伊攏却𣍐歡喜。氣著，將錢擲去堀仔底。即想講：「今、毋著一箍銀咯？」趕緊落去堀仔底摸，摸歸哺，即予伊摸著，伊大聲講：「却幾若擺錢，職擺却著，即真正歡喜。（洪惟仁「却著錢」より）(58)

有一個極散赤的人，有一日，tú4｛遇｝着一個好額人，彼個好額人就 kā3 伊講：『我 beh 予｛給｝你一千箍｛元｝，你予我拍死好無？』這個散赤人，想有 hiah 久仔才講：『你予我一半，五百箍，ah kā3 我拍到半死就好。按呢會使得𣍐？』（鄭良偉「拍到半死就好」より）(59)

両者の相違点として、まず、ローマ字を使用しているか否かがあげられる。そのほか、漢字使用の相違として「个と個」「儂と人」「職と這」「即と才」などが見られる。

一九八九年に台湾語文字規範論争を契機として、鄭良偉の「効率性・大衆性の漢羅文志向」と洪惟仁の「本字考証の漢字志向」とは、それぞれの利点を主張しながら対立を深めていくことになる。当時の両者の文字規範に関する見解の違いは、台湾語詩集を編集する際にも現れ、鄭が編集した『林宗源台語詩集』（一九八八）の「漢羅合用文説明」と、洪が編集した『稚鶏若啼』（一九九一）の「序文」とに具体的な違いを見ることができる。

言語規範をめぐるコンフリクトが、台湾語推進者の間で発生し、展開された。問題として焦点化されたのは、双方の「望ましい台湾語」（言語そのものの正書法）の対立の図式であった。両者は、現在の話し言葉こそ台湾語の本体であると認識する点で共通し、両者の研究の方法、研究の重点は互いに全く異なっているわけでもないが、その後の展開でもなお、共通の基盤を求めがたい状況にあった。しかし、いずれにしても書記言語の必要性が認められ、文字使用の規範が注目される段階に入ったことは確かであった。

一九八〇年代後半は、台湾語文学から連なる様々な文字規範化の活動が行われ始めた時期であったということができよう。そこには「言文一致」の要求の萌芽さえも見られた。台湾語書記言語の構築は独立した一言語としての位置づけを確立するための基盤となるものである。そうした意味で、一九八〇年代後半は独立した一言語を志向する今日の言語状況へつながる姿が初めて現れた時でもあった。

第四節　台湾語文学論争にみるエスニック文化の多様性の顕在化

以上、見てきたように、一九八〇年代に入ってから郷土文学、台湾文学及び台湾語文学の創作が大幅に進み、台湾語文字化の研究も同時に行われるようになってきた。それは一面では郷土文学から台湾文学、台湾語文学へというように、文学の概念の変化或いは深化として捉えることもできる。

だが、それは、必ずしも台湾社会が台湾意識を肯定的に受け入れる契機となるものではなかった。台湾語の地位が向上するといった現象は起こったが、「閩南語＝台湾語」という社会現象に対しては、閩南ショービニズムといった批判も生じた。確かに台湾語文学と台湾語文字規範の強調は中国との異質性に繋がるものであろう。しかし、その台湾語とは実際には人口的多数者の使用する閩南語であり、非閩南系の人からは、閩南語を以て安易に台湾語を代表させる言説に対して批判が生じたのである。一九八七年に創刊された『客家風雲』は、そうした台湾語定義の再検討を迫るものであった(60)。

一般的に当時の母語運動においては台湾語が閩南語と同義の意味を帯びてしまう、いわゆる閩南ナショナリズムに訴えていたという状況にあった。つまり、そうした台湾語運動の展開は、中国人アイデンティティ対台湾人アイデンティティという対立と考えることができるが、また台湾内部の諸言語間のイデオロギーの対立を内包するものでもあったのである。そのことは、廖咸浩の論考「需要更多養分的革命—「台語文学」運動的盲点与囿限」(61)が一九八九年六月に発表された際に論争が起こったことから明らかであろう。

廖咸浩は同論考において、今日の台湾語運動は、従来の「普通話北方中心」「中原中心の一元化」を中心とした中国文化へゲモニーへの抵抗として評価すべきだと論じたが、合わせて台湾文学の定義、使用言語などの批判も行った。

廖咸浩の論考は、第一に宋冬陽（台湾文学研究者陳芳明の筆名）の台湾意識に基づく台湾文学の定義、第二に林宗源の「台湾語で書かれたものこそ台湾文学である」という文学観、そして第三に鄭良偉が提起した台湾語文体と国語（中国語）文体との異質性の問題などに対する批判であった(62)。三人の論点に対して、廖は、台湾語文学の考え方は閩南語の枠だけにとらわれた偏狭な地域主義、分離主義に陥る危険があると批判した。そして、台湾文学は使用言語にこだわらずに広く台湾社会の中に自らを位置づけ、共通する闘いの中で形成されてゆかなければならないと主張したのである。すなわち、廖からみた八〇年代の台湾語運動は閩南語のみの運動であり、しかも排他的な政治性を帯びていたということであった。

廖は、さらに台湾語文学の文体を郷土文学文体と非常に近いものだとする次のような見解を打ち出している。「閩南語文字化を追求すると同時に、文言文、普通話、他の漢語方言から語彙を吸収しなければならない。そうすることによって、漢語方言間に同質性があるため、台湾語文学はごく少数の語彙を除いて、最近、流行ってきた郷土文学の文体と基本的に変わらないものとなる」(63)。ここでいう普通話とは、中華人民共和国の中国語を指すと思われる。

この郷土文学文体の主張は、客家系と原住民系の人々のためでもあるが、中国語しか分からない外省人達を視野に入れたものでもあったと考えられる。しかし、この文章は「台湾語文学」者の攻撃を招くこととなった。廖の論考への反論については、洪惟仁(64)、林央敏(65)、鄭良偉(66)、宋澤萊(67)などの論考が挙げられる。表3―3のように整理されるが、総じて純粋な台湾語でなければ、言文一致の台湾文学が実現できないというものであった。そして、台湾語とは広く閩南系台湾語、客家系台湾語、原住民系台湾語を概括するものである、という見解も示された。

表3―3に基づいて考えれば、この時の台湾語文学論争に現れていた議論は、一つの見方として「台湾語純化主義」対「郷土文学文体」のように整理できるであろう。しかし、閩南系台湾語提唱者の持つ多元的な考え方が顕在化したことに、この論争の意義もあったと思われる。台湾語文学を提唱する四人は、表3―3のように台湾語文学とは閩南語だけではないという認識で共通していた。台湾の知識人による本土化理論の展開には、八〇年代後半の段階では、閩南文化のみならず、客家文化、原住民文化を含んだ多文化として捉えようとする姿が現れていた。当時の議論には「多元文化」という構図があったと理解できる。つまり中国との異質性を主張する一方、台湾内部の多元性も表出されており、それらは九〇年代の郷土教育の展開の基本的な姿、すなわち多言語社会を前提とした本土化へと繋がってい

表３－３　台湾語文学をめぐる主要論点

台湾語文学についての諸論考	廖咸浩論考に対する反論と主張
洪惟仁「令人感動的純化主義―評廖文「台語文学」運動的盲点与囿限」	①自分が台湾語純化主義の代表者であるが、台湾語とは閩南語だけではないと強調。 ②中国語は台湾人の文化、思想を表すことができないため、郷土文学が誕生した。しかし、郷土文学文体にも限界があるから、台湾語文学の必要性が出てきた。
林央敏「不可扭曲台語文学運動、駁正廖咸浩先生」	①台湾語文学の実践によって言文一致は可能となる。 ②台湾語を通して台湾の主体性を追求すると主張。 ③廖咸浩の論点が中国へ偏っていると批判。 ④純粋な台湾語を追求しようといっても、日本語、中国語から語彙を吸収することに反対しない。ただ、台湾語本来の姿を求める必要があると主張。 ⑤中国語と台湾語は同質性があるが、異質性の部分が多い。
鄭良偉「更廣闊的文学空間」	①台湾文学の定義：言語の制限はない。台湾を題材にした作品の総称。台湾語文学の定義：題材の制限はないが、言語使用の制限はある。 ②台湾語はすでに他の言語から語彙を借用していると強調。 ③郷土文学の影響によって「中国語の台湾語化」が形成されることを予想するが、中途半端な言語は望ましくない。台湾語の書記言語を確立してゆく必要性があると主張。客家語と原住民語文学も同時に推進していけば、中国語の台湾語化（閩南語化）を妨げる効果がある。言語にはある程度の純粋性を保つ必要があると主張。
宋澤萊「何必悲観？―評廖文的台語文学観」	①台湾で生まれたすべての文学作品は「台湾文学」と主張する廖咸浩の論点に賛成。なお、外省人の文学作品も「台湾文学」の範疇に入れようと主張。 ②台湾語文学の将来性を肯定的に評価する。 ③台湾文学とは台湾という郷土に立脚すれば、使用言語に拘る必要がないと主張した点は廖咸浩の見方と同様。

〔筆者作成〕

くのである。

第五節　「郷土言語」という概念の確立

中国語も台湾の一部分として意識され始めるのはもう少し後であった。一九九一年頃、客家系作家の李喬と彭瑞金(68)が『自立晩報』に寄稿した文章から、当時のその意識の高まりを知ることができる。

両者は、台湾語文学と台湾文学との差異を解読しようと試みていたが、逆に台湾人としての共通性には中国語も含まれると指摘した。李喬は、強制的言語政策の結果として生じた中国語普及の状況は、既に台湾社会に存在するやむを得ない事実であり、台湾文学の範囲をより多面的で開かれた言語使用の領域に拡大すべきだと主張している。彭瑞金は「台湾文学＝閩南語文学」という認識の一般化、そして台湾文学の単一言語化（閩南語文学又は客家語文学）の傾向に対する反対意見を表明している。両者の主張は次の二点で共通していた。一つは政治的手段で台湾の言語問題を解決することに反対し、四大エスニック集団の言語すべてが台湾的なるものであり、台湾社会は既に中国語を受容していると考えたことである。もう一つは、台湾諸言語のいずれもが語彙の貧困さという問題に直面しており、母語使用に固執すると台湾文学の創作が困難となり、停滞するのではないか、という意見である。すなわち、二人の言説は、台湾社会において中国語が普及している状況は否定できない事実であるという認識を前提にしていたのである。この頃から、言語の多元性と相互尊重の理念が中国語をも包み込むような形で次第に広く社会に浸透していったものと考えられる。

ほぼ同じ時期の一九九〇年頃、台湾の諸言語（閩南語、客家語、原住民諸語）を「本土言語」という概念で括り、台湾諸語教育を推進しようという洪惟仁の提言があった。言語研究者の洪惟仁の言う「本土言語」とは台湾の中の各地域に密着した言語を指しており、次のように述べている(69)。

「母語が北京語になった本省人子弟の例は少なくない。（略）一部の外省人にとって母語は中国大陸の方言である。母語教育という表現を使うと、却って台湾語教育の妨害になる。」

「本土言語は居住地域のマジョリティの言語を指す。（略）従って、客家地域では多数者使用の客家語を、山地では多数者使用の原住民語を指すのである。（略）外来移民者は一定の人数に達せば、自らの母語教育を実施してもよいが、居住地域の本土言語教育を受けなければならない。本土言語教育は母語教育と異なり、土地アイデンティティを育成するためのものであり、地元の人々だけではなく、外来の移民者にも学習させる必要がある。」

「台湾語」という語を回避したのは、「台湾語」の排他性を十分に意識したからと考えられる。それに対して、「母語」という表現を使用しないのは、提言に示されているように、共通の母語が存在しないことに対する懸念があるからであった。つまり、台湾人にも中国語を母語とする人たちが増加していたということ、及び母語は必ずしも土地のアイデンティティと結びつくものではないということがあるからであった。また、次章で述べるように、この「本土言語」という概念は一九九〇年に民進党系県知事が民主県市聯盟によって開催した「第一次本土語言教育問題学術研討会」（「研討会」は日本のシンポジウムに相当、「語言」は日本語の言語に相当）に直ちに結びついていく。一九九〇年代初期、この概念は広く地方政府に受け入れられていくのである。

中国語の位置づけと「本土言語」という概念の提唱は、台湾社会とその言語問題を考える上で示唆に富んでいる。李喬と彭瑞金の例からも分かるように、台湾語復興運動が高まりつつあった一九九〇年代初期の時点では、台湾社会は客家語、原住民語、外省人の母語への配慮だけではなく、共通語としての中国語への配慮も持つようになった。それゆえ、台湾知識人による本土化理論の模索は、「本土言語」という概念を生成したのである。その運動は、「台湾語」「台湾的なるもの」から出発したものであったが、「台湾語」という表現を用いると、必ず閩南語文化への傾斜だと理解され、また、外省人、客家人、原住民などのエスニック集団文化を排斥する印象もあった。しかし、「母語」という語もうまく対応できなかったのである。そこで、生み出されたのが「本土言語」という概念であった。

ところが、中央政府は最終的に「郷土言語」という表現を学校教育に取り込んだ。「本土言語」が「郷土言語」にかわるのには、さらに一つの飛躍があったと考えられる。その理由はこれまで十分に公開されているわけではないので、「母語」「本土」の両者が使われなかった理由について、それぞれ筆者の力の及ぶ範囲で触れておきたい。前者については当時、「郷土」というのは土臭い、「母語文化」を使用すべきだ、という非難の声が巻き起こったが、それに対して、「母語」でなく、「郷土」という語を使った理由を、一九九三年頃、教育部長・郭為藩（部長は日本人の大臣に相当。着任期間一九九三年二月～一九九六年六月）は以下のように説明している。

「『母語』という表現を使わない理由は、台湾には沢山の大陸同胞がおり、彼らの母語は国語である。例えば、江蘇話、河南話。（中略）苗栗地区を例として説明すれば、そこに住んでいる外省籍の人も客家の歌謡、民俗、芸術などを学習する必要がある。」(70)

教育部長の説明から分かることは、台湾という枠内の、しかも各地域の言語に限定するために「郷土」という語を使ったということであった。さらにその言葉の背後を読めば、外省籍台湾人の母語に配慮し、彼らにも台湾の言語を学ばせるべきだという姿勢が読み取れる。それゆえ、「郷土」という概念は、言語の範囲を中華民国の実効支配地域に限定し、かつその中の各地域それぞれに密着した言語とするという意味を持ち、閩南系、客家系、原住民系などの旧来の言語を学校教育の範疇に入れるものであり、そして言語の多元性と相互尊重の理念をもつものであったと考えられる[71]。それは多くの台湾人の間に求められた共通点または最大公約数であり、ある意味では各エスニック集団の言語を平衡関係に位置づけようとした施策でもあった。その意味ではこの「郷土」という用語が広く受け入れられたのは、一九九〇年代初期に台湾人が台湾としての共通性とエスニック集団の多元性を十分に意識し始めた所産であると思われる。

次に、教育部長の説明が洪惟仁の提言と実質的に同じであったにもかかわらず、「本土」という語が使われなかった理由を考えてみたい。その点については、有力な資料が見付からないが、一つの可能性としては、そうした「台湾」対「中国」という政治性を十分に意識したからではないか、と推測される。「郷土」という概念は一見して「本土」と近似している。いずれも台湾人としての一体感を前提に提起された概念である。しかし、その二つの用語の性質には違う側面があると考えられる。「本土」と言えば、必ず「台湾本土」を連想することで、「中国本土」と対抗する意味合いが現れるからである。そこで、政治的争いを避けようとして「本土」の代わりに「郷土」という表現を用いたことは十分に考えられる。もう一つの可能性は、「本土」よりも「郷土」の方が、各地域に密着したという意味合いがよくでるという判断があったのではないかということである。また、一九九〇年当時の国民小学校「課程標準」には、すでに「郷土」という語が入っていたことは第二章で示した通りで、それとの整合性がはかられたことも考えられる。「本土」ではなく「郷土」へと飛躍した理由については、以上のようなことが考えられるが、その解明はなお今後の研究に待たねばならない。

第六節　考　察

本章では、一九七〇年代から一九九〇年代初期にかけて台湾の知識人による本土化理論の展開過程を概観してきた。

これまでの検討を踏まえ、次のようにまとめたい。

一九七〇年代の台湾社会は様々な側面を持っていたが、台湾の土地と人民と歴史に根ざし、その現実を描こうとする動きが現れ、やがて様々な人々が台湾という現実社会の郷土へ関心を払うようになった。歴史研究では「土着化理論」が陳其南によって提起された一方、郷土文学という動きが物語るように、台湾という郷土が意識化されるようになった。その際、郷土を題材にするのみならず、文学言語を台湾語にしようとする試みも始まったといえよう。

だが当然のことながら、一九七〇年代までの台湾文学、台湾研究には地域性、地方色以上の主体性はなかったものと考えられる。陳映真、王拓らの目指す「郷土」とは台湾に立脚しつつ「中国」を志向しようとする重層的構造のものであった。陳其南の土着化理論ももともと中国人でありながら、台湾に渡って土着化した漢民族の一支流であるという考え方を持っていた。七〇年代に現れた彼らの意識は本土化過程で生まれたアイデンティティであったが、台湾人アイデンティティとして確立されたものではなかった。その理由は、台湾人意識が中華民族意識に包み込まれており、必ずしも台湾の主体性を志向していなかったからである。しかし、以上の議論より、七〇年代頃の知識人による文化理論の生成は、台湾アイデンティティへの橋渡しを可能にする視点であったことが浮かび上がる。台湾という「郷土」の主体性を主張する、或いは形成しようとする基盤もそれに付随する。

一九八〇年代に入り、台湾文学を目指す主張が大いに展開された一方、従来の中国本位の歴史観への対抗も同時に進行した。台湾文学という理念は台湾人意識に直結する理解として捉えられ、日本による近代化という提起は、当時の新しい歴史認識を示しただけではなく、中国との異質性に繋がるものとして注目された。いずれも台湾主体の意識化との関連において重要な意味をもつものであったと考えられる。

台湾の主体性を主張し、中国との異質性を強調する八〇年代前半の動きに対して、八〇年代の後半には台湾語文学の追求によって台湾語文字規範化の推進が促された。ただし、台湾語推進者の主張する書記言語の形態は多様かつ複雑な様相を呈し、以来言語の標準化は困難な課題に直面している。

　それらの台湾語運動の展開は台湾という郷土に対する意識を一層深化させていったと捉えられるが、閩南文化へと傾斜する台湾語純化主義の展開と見なすこともできる。それ故、言語の標準化の問題だけではなく、四大エスニック集団（原住民、閩南人、客家人、及び外省人の各エスニック集団を指す）による文化の差異性を如何に克服するかという問題も同時に現れた。

　それらを克服すべく登場したのが、「本土」と「郷土」という概念であった。ただ、学校教育では最終的に「郷土」教育という表現が用いられるようになった。「台湾語とは閩南語である」という認識が問題視されつつある一方で、「郷土」はエスニック集団或いは地域の境界線を越えることはあっても台湾を越えて拡大されてはならない概念であった。「郷土言語」という表現は、「方言」としての言語から、より広義の「台湾語」へという思考の転換であった。「郷土」という概念の登場は、台湾諸言語にとっての新たな時代と言語教育活性化の潜在的可能性を示唆するものであった。

　こうした方向は「郷土教育による差異性の克服」だと考えられる。九〇年代の「郷土教育」という理念は、画一的な中国的教育内容からの離脱だけではなく、八〇年代から始まった台湾内部の差異性を包摂する動きの中で醸成されていた。本書で注目する郷土教育の進行によって、戦後長く続いた中国化教育と関連して形成された中国人アイデンティティから、台湾主体の言語観、歴史観と深く関連する台湾主体のアイデンティティへと徐々に移行しているのが現在の台湾である。逆に言えば、今日の郷土教育は七〇年代から八〇年代にかけての知識人による本土化理論の追求の延長線上にあり、台湾人アイデンティティの形成と連動しているものとしても捉えられる。

注

（1）　文献委員会については次の文献を参照した。松永正義（一九八四）「台湾文学の歴史と個性」洪醒夫ほか著／松永正義ほか訳『彩鳳

の夢』研文出版、一七六―二一七頁。黄英哲（一九九九）『台湾文化再構築 1945-1947 の光と影―魯迅思想受容の行方』創土社。

（2）松永正義（一九八五）「台湾新文学運動史研究の新しい段階―林瑞明『頼和与台湾新文学運動』」『国立成功大学歴史学系歴史学報』一二号。この論文は後に林瑞明（一九九三）『台湾文学与時代精神』允晨、四四一―四五八頁に収められている。同様な指摘は、鄭欽仁（一九八三）「台湾史研究与歴史意識之検討」『台湾文芸』九月号、七―一七頁にも見られる。鄭は、文献委員会の史料整理や地方誌編纂などの貢献を肯定的に取り上げる一方、「解釈的歴史」（歴史叙述）の水準に達していないと指摘した。

（3）例えば、『国民中小学九年一貫課程暫行綱要』（二〇〇一）から『国民中小学九年一貫課程綱要』（二〇〇三）へと移行する際、教育部は暫行綱要の「郷土文学」を「台湾文学」に変更した。

（4）若林正丈（二〇〇一）『台湾　変容し躊躇するアイデンティティ』筑摩書房、一七四頁。

（5）「台湾語講座」は現在、王育徳（二〇〇〇）『台湾話講座』前衛に収められ、容易に読むことができる。

（6）米国での動きについては、蘇正玄（二〇〇五）「台文通訊 e 歴史～海外台文運動 e 一個例（一九九九年九月以後 e 部分）」張炎憲ほか編『自覚与認同―一九五〇～一九九〇年海外台湾人運動専輯』財団法人呉三連台湾史料基金会／台湾史料中心、六一三―六一九頁に詳しい。

（7）『台文通訊』一九九一年創刊、台文罔報雑誌社。同社によれば、ここ数年、台湾本土での発行数は毎月二千部位、海外での発行数は一千部位。

（8）前掲、若林正丈（二〇〇一）、一一七―一二〇頁。

（9）王晴佳（二〇〇二）『台湾史学五〇年（一九五〇―二〇〇〇）』麦田出版、xvi 頁。

（10）李筱峰「近三十年来台湾地区大学歴史研究所中有関台湾史研究成果之分析」『台湾風物』第三四巻第二期、一九八四年六月、八五頁によれば、王珂（一九六六）「中法戦争在台湾」という論文が最初であった。

（11）林玉茹ら（二〇〇四）『台湾史研究入門』汲古書院、二九一―二九二頁。

（12）李国祈の内地化論と陳其南の土着化論については、李国祈（一九七五）「清季台湾的政治近代史―開山与建省（一八七五―一八九四）」『中華文化復興月刊』八―一二頁及び陳其南（一九七五）「清代台湾漢人社会的建立及其結構」、国立台湾大学人類学研究所修士論文に詳しい。両者の対立点について次の文献を参照した。陳其南（一九八七）「第六章　論清代漢人社会的転型」『台湾的伝統中国社会』允晨、一五三―一八二頁。前掲書、王晴佳（二〇〇二）九七―一〇七頁。陳孔立（一九九〇）『清代台湾移民社会研究』廈門大学出版、三一―五九頁。

（13）前掲、王晴佳（二〇〇二）九七―一〇七頁。

（14）戦後の郷土文学ブームに関しては主に次の論文を参照した。陳正醍（一九八一）「台湾における郷土文学論戦（一九七七～一九七八年）」『台湾近現代史研究』第三号、台湾近現代史研究会、二三―六六頁。

（15）「看海的日子（海を見つめる日）（一九六七）、「蘋果的滋味」（りんごの味）（一九七二）、「莎喲娜啦・再見」（さよなら・再見）（一九七三）などは黄春明の代表作である。これらの作品は後に日本語に訳され、黄春明著／田中宏・福田桂二訳（一九七九）『さよなら・再見』文遊社に収められている。
（16）前掲、『さよなら・再見』日本語版の序文。
（17）この点については王拓（一九八四）「『現実主義』文学であって『郷土文学』ではない」洪醒夫ほか著／松永正義ほか訳『彩鳳の夢』研文出版、一四九―一七三頁に詳しい。
（18）前掲、陳正醍（一九八一）。
（19）王禎和（一九六七）「嫁粧一牛車」は『文学季刊』第三期に掲載されているが、現在は王禎和（一九九三）『嫁粧一牛車』初版、洪範書店、七一―九七頁に収められている。
（20）今日、台湾語とは、閩南語、客家語、原住民諸語を概括していう理念が新たに提起されているが、当時ではマジョリティを占める閩南語を指す言葉としか考えられなかった。
（21）「中国結」「台湾結」をめぐる論争は、「党外」の若い世代の見解を代表する雑誌の一つである『前進』に、陳映真による「台湾・台湾人論」批判の文章が掲載されたことから始まったが、これについては、陳正醍（一九八四）「台湾における「中国意識」と「台湾意識」―最近の文学・思想界での論争を中心に―」『中国研究月報』九月号（総四三九号）社団法人中国研究所、三五―四八頁に詳しい。
（22）前掲、陳正醍（一九八四）。
（23）葉石濤（一九七九）『台湾郷土作家論集』遠景、四頁。
（24）葉石濤（一九九七）『台湾文学入門』春暉出版、四七頁。
（25）彭明輝（二〇〇一）『台湾史学的中国纏結』麦田出版、二〇〇頁。
（26）前掲、鄭欽仁（一九八三）。
（27）前掲、王晴佳（二〇〇二）、一八五頁。
（28）張隆志（一九九八）「劉銘傳、後藤新平与台湾近代化論争：関於十九世紀台湾歴史転型期研究的再思考」『中華民国史専題論文集第四回討論会』国史館、二〇三一―二〇五九頁に詳しい。
（29）Wei-penn Chang 著／小木弘文訳（一九九五）「台湾の近代化と日本」西川長夫編『幕末・明治期の国民国家形成と文化変容』新曜社、六〇五―六三〇頁。
（30）前掲、王晴佳（二〇〇二）一七三頁によれば、当時、高伊哥という筆名で発表されたこの文章は後に楊碧川（一九九六）『後藤新平―台湾現代化的奠基者』一橋に収められた。

(31)　前掲、林玉茹ら(二〇〇四)、王晴佳(二〇〇二)を参照した。
(32)　黄宣範(一九九五)「台湾的語言衝突」『語言、社会与族群意識』文鶴、五〇—八五頁。
(33)　李道明(二〇〇一)「驀然回首—台湾電影一百年」『歴史月刊』一五八期、四一—五一頁。
(34)　姚栄松(一九八九)「当代台湾小説中的方言詞彙—兼談閩南語的書面語」一九八九年全美華文教師学会。同文は『台語文摘』一九九〇年一月号、台語文摘雑誌社、一—一三頁に収められている。
(35)　林良(一九九〇)「閩南語在当代文学作品中的出現方式及対北方方言的若干影響」『台語文摘』六月号、台語文摘雑誌社、二七—三二頁。
(36)　台語文摘雑誌社(一九九〇)『台語文摘』三月号、四四—六二頁。
(37)　羅肇錦(一九八九)「客家之怒—本刊対今年選挙的三大訴求」。初出は不明であるが、『台語文摘』一一月号、台語文摘雑誌社、一七一—一七二頁に収められている。
(38)　林進輝編(一九八三)『台湾語言問題論集』台湾文芸雑誌社。
(39)　洪惟仁(一九八四)「論台湾話的保存価値」『夏潮論壇』三月号、八四—八七頁。
(40)　林波海(一九八四)「国語与台語」『前進世界』第二期、三四—三五頁。
(41)　洪惟仁(一九八四)「『台湾話』和『台北国語』」『夏潮論壇』五月号、八二—八四頁(ペンネームは洪鯤)。
(42)　鄭良偉(一九八四)「談台語裏的訓用字」『台湾風物』第三四巻第四期、五三—七二頁。
(43)　鄭良偉(一九八八)「双語教育及台語文字化(上)」『台湾文芸』第一一〇期、五七—六六頁。
(44)　鄭良偉(一九八八)「双語教育及台語文字化(下)」『台湾文芸』第一一一期、一六—二六頁。
(45)　陳瑞玉(一九八八)「対双語教育的管見」『台湾文芸』第一一一期、四一—四三頁。
(46)　陳瑞玉(一九八八)「不得不再談双語文教育及台語文字化」『台湾文芸』第一一二期、六七—六九頁。
(47)　張裕宏(一九八八)「文字規範—搶救台湾本土語言文化的首要工作」『台湾文芸』第一一三期、五八—六〇頁。
(48)　林錦賢(一九八八)「為斯土斯民个語言戠文化講一句話—兼論陳瑞玉个両篇文章」『台湾文芸』第一一三期、六一—八二頁。
(49)　王氷(一九八八)「台湾話的語言社会学研究—黄宣範教授演講記録—」『台湾文芸』第一一四期、九四—一〇一頁。
(50)　宋澤莱(一九九八)「論台語小説中驚人的前衛性与民族性」『台語小説精選巻』前衛、一二頁。宋澤莱は、黄石輝の『伍人報』で発表した「怎様不提倡郷土文学」を紹介し、その黄石輝が主張した台湾語文学の定義を引用した。
(51)　向陽の詩については王灝(一九八五)「不只是郷音—試論向陽的方言詩」が詳しい。同文は現に李瑞騰編(一九八九)『中華現代文学大系・評論巻二』九歌に収録されている。
(52)　林央敏(一九九六)『台語文学運動史論』前衛、八七頁。

(53) 松永正義(二〇〇六)『台湾文学のおもしろさ』研文出版、二一頁。
(54) 宋澤萊(一九八七)「抗暴个打猫市」『台湾新文化』第九期。現在、宋澤萊(一九九八)『台語小説精選巻』前衛に収められている。
(55) 筆者の推測によれば、(　)を付けた場合は、漢字表現が曖昧という意味である。
(56) 前掲、姚栄松(一九八九)二三頁。
(57) 新文書法については林継雄(一九九〇)『台語現代文』大夏出版、林継雄(一九九〇)『台語教学法』大夏出版に詳しい。当時、漢羅文(漢字、ローマ字併用)を主張した許極燉も活躍している。許極燉の文字化方向は『台湾話流浪記』(一九八八)に詳しい。同書は二〇〇一年に金安出版社によって再発行された。
(58) 初出は『自立晩報』一九八九年一二月一日、一四頁であるが、『台語文摘』一九八九年一二月号、一〇五頁にも収められている。
(59) 初出は『台湾公論報』一九八九年六月二六日の第六頁であるが、『台語文摘』一九八九年八月創刊号、九八頁にも収められている。
(60) 客家人の母語意識については、洪惟仁(一九八八)「尊重客家人的母語情懐」に詳しい。同文は『台湾語言危機』前衛、一九九二年、二三三―二四三頁に収められている。
(61) 廖咸浩「需要更多養分的革命―『台語文学』運動的盲点与囿限」『自立晩報』一九八九年六月一六日。
(62) 論争の経緯を整理するにあたって、洪惟仁(一九九二)「一篇台語文学評論的盲点与囿限―評廖文〈台湾文学〉的商権」『台語文学与台語文字』前衛、四五―五四頁を参考にした。
(63) 前掲、廖咸浩(一九八九)。
(64) 洪惟仁「令人感動的純化主義―評廖文「台語文学」運動的盲点与囿限」『自立晩報』一九八九年七月六日。同文は前掲書、洪惟仁(一九九二)四五―五四頁に収められている。
(65) 林央敏「不可扭曲台語文学運動、駁正廖咸浩先生」『民衆日報』(一九八九年七月一日)。同文は『台湾文芸』(一九八九年、一一八期、一一六―一二二頁)にも掲載されている。
(66) 鄭良偉「更廣闊的文学空間」『自立晩報』一九八九年七月一四～一六日。
(67) 宋澤萊「何必悲観？―評廖文的台語文学観」『新文化』第六期、一九八九年七月号。『台語文摘』一九八九年八月創刊号、台語文摘雑誌社、四八―四九頁にも収められている。
(68) この点については李喬「寛広的語言大道」『自立晩報』(一九九一年九月二九日)、彭瑞金「請勿点燃語言炸弾」『自立晩報』(一九九一年一〇月七日)、彭瑞金「語・文・文学」『自立晩報』(一九九一年一〇月二七日)を参照した。
(69) 洪惟仁(一九九〇)「本土語言教育面面観」『台語文摘』七月号、台語文摘雑誌社、一五七―一六〇頁、及び洪惟仁(一九九二)『台湾語言危機』前衛、一一四頁に詳しい。

(70)　一九九三年一一月に行われた立法院第二回第二会期第五次会議では、民進党系立法委員林光華は「郷土」という語の不適切さを指摘し、そして「母語文化教育」というべきだと主張した。林光華からみた「郷土」という語は「土」臭いという意味の軽蔑用語である。『立法院公報』第八二巻第六三期（一九九三年一一月三日会議記録）二三八—二三九頁。

(71)　郷土言語とは何かについて、「国民小学郷土教学活動課程標準」（一九九四）には規定されていないが、一九九五年教育部の通達には閩南語、客家語、原住民諸語の教材を編纂するという条文が掲載されている。

第四章　郷土教育教科設置への胎動（一九八九年―一九九四年）

――地方政府から中央政府へ

第三章では、一九七〇年代郷土文学の流行以来、知識人による本土化理論の構築過程において、「台湾語」「台湾的なるもの」といった郷土に関する概念が台湾社会で台頭してきたことを述べた。しかしながら、九〇年代に至るまで、台湾史や台湾の言語を教える教育場面は殆どなかった。学校教育の内容は、依然一九七五年公布（小学校）、一九八五年公布（中学校）、一九八九年公布（高等学校）の「課程標準」（日本の学習指導要領に相当）によるもので、中国を主体としたものであった。

それに対して、一九九〇年代に入って盛んになった郷土教育は、中国を主体とした教育内容への対抗の文脈で形成されてきたものといえる。郷土文化や伝統を復興しようとする教育政策が本格的に議論され始めたのも九〇年代に入ってからであった。九〇年代半ばには、中央政府も上から制度的に郷土教育を創出・確立しようとする施策を始めた。知識人の本土化理論の展開に比べ、中央政府側は本土化教育の問題に着手するのが遅かったといえる。しかし、中央政府の採用した政策は郷土教育を急速に発展させることになった。本章では、その中央政府の教育政策がどのような経緯で形成されたのかを解明し、あわせて九〇年代のその展開が八〇年代に高揚した台湾ナショナリズムを不可分の基盤としたものであったことを示したい。

「国語」と「方言」は、台湾の中央政府の言語政策において、戦後長きに渡って対立する二つの極であった。一九八〇年代に入って、運動団体による母語意識の再興、バイリンガル教育の主張がなされた結果、「国語」普及の教育から、地方政府がリードする「本土言語」教育運動への転換が起こった。九〇年代に至って、その運動は、中央政府レベルの法令による郷土教育の教科設置を促し、台湾本土の諸言語（閩南語、客家語、原住民語を概括していう）は劣った言語という位置づけから、小学校の教育課程に「郷土言語」としての正規の位置づけを持つ言語へと変化することになった。その展開を辿った先行研究はいくつかあるが、それらは、郷土教育の起源が民進党系の地方政府の母語教育に発するものだと主張し、民進党系の県・市長が台湾の郷土教育の教科設置に貢献した側面を強調してきた(1)。しかし、国民党も「中華民国の台湾化」を容認する面があったと考えられる。実は、国民党系の市長をもった台北市の台湾語（閩南語）教育が最も先行しており、また、視点を立法院の教育委員会の会議記録に移して眺めれば、民進党側のみならず、国民党側にも本土化の希求があったことを知ることができる。本章では、先行研究の主張にとらわれず、郷土教育教科が小中学校の課程標準に加えられるまでの経緯を国民党系の事例にも触れて幅広く論じていきたい。

本章が取り上げるのは、一九八九年から一九九四年に至る六年程の期間に起こったことである。一九八九年から一九九四年までとする理由は、一つには一九八九年以降政局の変化が大きかったこと、一つには後述する一九九四年の課程標準の公布によって郷土教育が独立した教科となったことにある。後者の独立した教科とは小学校の「郷土教学活動」及び中学校の「認識台湾」と「郷土芸術活動」の三教科である。本章では、後に中央政府の郷土教育政策を方向づけることになる郷土教育教科設置が、どのような背景のもとに決定されたか、に注目する。すなわち、台湾語復興運動の方向が定まった八〇年代末期から現れた地方政府側の動きを辿り、あわせて同時期の立法院における教育本土化要求の議論を確認し、それらの動向と郷土教育形成の展開との関連を探る。最後に、郷土教育が醸成期から形成期へ移行した九〇年代前半には、どのようなヘゲモニーの争いが現れていたか、をも考察していく。

第一節　学校教育における中華優位の教育体制

本節では郷土教育が小中学校教育の教科として設置される以前の学校の教育内容を戦後の台湾人の中華アイデンティティの形成の側面から概観する。それは、郷土教育がなぜヘゲモニーの争いを伴うものであったか、その文脈を物語るものである。

戦後の台湾は国民党政府の政策によってさまざまな領域で「中国化」が進められ、その過程において、学校教育の現場が「国家のイデオロギー装置」として強力に機能した。教育の具体的組織化に関する計画案や措置は、一貫して思想的な支配が意図され、教育体制は非常に権威主義的であった。中華アイデンティティの形成は国民党政府が中華民国の正統性を主張するために、「中国」というフィクションを徹底しようとして進行させたものであったと一般に理解されている(2)。

こうした国民党政府政権下の政治制度の大枠は、孫文の政治思想に基づく制度であった。国民党が支える「中華民国」こそが「正統中国」であり、北京の共産党政権は簒奪者にすぎない、とする理解が国民党の基本姿勢であった。しかし、その現実上の管轄は台湾本島、澎湖島、蘭嶼などの七七の附属島嶼及び福建省沿岸の金門島(福建省金門県)と馬祖島(福建省連江県)にすぎない。

従来の中華アイデンティティの形成は、そのようなフィクションを基盤としてなされたもので、国民党政府のいわゆる権威主義体制によって実施されたものであった。教育の根本理念も教育政策も中央集権的かつ上意下達的であり、また、教育内容はイデオロギーによってきわめて強く統制されたものであった。教育の行政・財政面、つまり学校の数から学費、教育内容、教師の養成など、果ては私立学校の新設までもが、すべて中央政府の手中で統制、規制された。

中華アイデンティティとともに、国民党政権の正統性の主張も教育現場、教育内容などに如実に反映されていた。戦後一貫して学校教育で行われている「国語」の教育はその端的な例である。「国語」は北京官話を基礎にした中国語であり、戦後移住してきた外省人の一部の母語であるが、公用語としてあらゆるオフィシャルな場面での支配言語となった。「国語」という呼称も一つの中国支配の象徴の意味を持った。一般の人々の生活言語はむしろ、台湾の諸言語（閩南語、客家語、原住民諸語）のいずれかが主となっている例が多いが、政府はそれらを劣った言語として扱ってきた。学校では子供が台湾の言語をしゃべると、罰金を取られたり、体罰を加えられたりすることがあった。そうした状況は若者の間に、台湾の言語を劣ったものであるとするような偏見を浸透させ、民衆の間に台湾の言語を話す自分を卑下するような感覚を生じさせてきた(3)。

また、三民主義のような思想教育も学校教育の教科として、長期にわたって行われていた。高等学校での三民主義のカリキュラムは、孫文の学説を主要内容としているものの、教科書には孫文の原文はほんの少しで、解説ばかりが多く、原典とは距離のあるものとなっていた。授業時間は週に僅か二校時であったが、大学入試の必修科目とされてきたので、生徒達に対してはかなりの拘束力を持っていた(4)。

軍事関係者の学校への常駐もまた思想的拘束として機能しており、今日に至るまでの台湾の教育の大きな特徴である。中央政府の教育部には軍訓処が置かれ、高等学校以上の学校には教官室があり、教官（教官は軍事関係者を指す）は学校での軍訓（軍事訓練）という科目を取り仕切る。この科目は軍事技術の教育ではなく、国民党への忠誠を涵養するための思想教育であった。

教科書制度(5)も強い国家統制下におかれ、中華民国の正統性を作り出す装置として機能してきた。最も規制の厳しい時期は一九六八年から一九八九年までであったと思われ、全くの密室における国家統制下にあったと、今日では強く批判されている[6]。この時期、小中高等学校の教科書のすべては政府直属の国立編訳館によって編集されるいわば「国定版」の一種類しかなかった。一九八九年以降規制はやや緩和されたが、美術、音楽、英語などの科目を除いたほかの教科書はその後も十年前後やはり国立編訳館によって編纂され[7]、教授内容も勿論統制されていた。国語、歴史などの教科書は愛国思想を注入しようとする性格を持っていた。

教科書の内容に関して、石計生[8]の調査結果がある。石計生は一九九〇年に自分の調査結果をその五年前の欧用生の調査結果と比較した。それによれば五年前の小学校社会科は、偉人（孫文、蒋介石と蒋経国）称賛の内容が多く、全教科書の二二・五％を占めていたが、改訂されて内容が変わった新しい教科書も、その偉人称賛の内容の占める比率は変わっていなかった。そのほか、漢民族至上主義、中国史中心の歴史教育、抗日戦争の反日教育などの記述が占める部分が多く、逆に台湾についての記述は非常に少ないといった問題点も指摘していた。

一九九六年九月二九日の『自立晩報』によれば、中学校の歴史教科書では中国史の記述は五〇％を占め、台湾史は僅かに四％を占めているにすぎなかった。高等学校の歴史教科書も中国史の部分は六五％で、台湾史は四・一％を占めているにすぎないと報道されている。国民党政府はこういった中国化教育の方法を通して、台湾の社会をイデオロギー的に支配してきた。

第二節　教育の台湾本土化の要求と実践

一九九〇年頃の状況は、きわめて混沌としていたが、結果的には劇的な変化をみせた。教育の台湾本土化をめぐって、立法院での議論が活発となる一方、一部の地域では、その地域向けの母語教育と郷土文化教材（当時は日本の副読本に相当）が出現し、それが多くの地域に拡大していったのである。

周知の如く、一九八七年に長期にわたる戒厳令が解除された。戒厳令解除に伴い、一九八九年末（一二月二日投票）には複数政党による初の自由選挙が実施された。立法委員の増加定員選挙（国会議員の部分改選）[9]と台湾省管轄の県・市長選挙との同時選挙が行われた。

立法院は立法機関で、日本の国会にあたり（憲法改正のみ国民大会で行われる）、その議員は立法委員と呼ばれる。当時、野党だった民進党は、立法委員選挙では二七・三％の得票率を、台湾省管轄県・市長選挙では六つの首長（全二一）の座を得ていた。その結果、地方自治体については台北県、高雄県を含む七つの県と市（無所属も含む）で非国民党の首長が誕生した。国民党が依然議席の大多数を押さえていたが、民進党に望むべくもない組織力と財力を有していることを考えれば、国民党の事実上の敗北であった[(10)]。

この選挙における民進党の躍進により、台湾における国民党一党支配の体制は打破された。また、台湾意識を打ち出した民進党系の立法委員と県・市長の当選は選挙民の総意を反映する民意の表明でもあった。この結果は、台湾の教育政策にも大きな影響をもたらした。

一　立法院教育委員会での議論

立法院の新しい会期の開始と共に、立法委員は教育本土化の可能性やそのあり方についての公然たる議論を開始した。ここでは、立法委員の間で教育本土化要求を軸としてどのような議論が展開されたか、に焦点を絞って辿っていくことにする。教育に関する議論は立法院に設けられた教育委員会で行われた。その内容は、表４―１のようにまとめられる。

一九八九年から一九九四年にかけての教育本土化の議論は、第七八巻から第八三巻までの『立法院公報』に掲載された教育委員会の会議記録から知ることができるが、その会議記録[(11)]の内容が示すことは、現状の中国的教育内容

表４－１ 立法院教育委員会（1989 ― 1994）における教育本土化の要求

	台湾における教育の問題点及び本土化教育の提起	会議記録と発言者
①教科書内容の問題	・教科書内容と中国大陸の現状認識の不一致を指摘 ・外モンゴルの独立事実を子供達に教えるべきだと主張 ・小学校教科書の政治的色彩を批判 ・中国に偏っていた地理、歴史の教育内容を非難 ・台湾歴史、地理の教育内容が少ない ・中学校国文の教材について蒋介石の作品が多い。台湾人作家の作品と台湾文学が少ない ・歴史、地理における台湾部分の比重は六割以上にすべき	・（八一巻一〇期、◆廖福本） ・（八二巻二四期、◇盧修一） ・（七八巻八一期、◇呉淑珍） ・（七九巻六九期、◇余政憲） ・（八二巻十四期、◇翁金珠、◇陳光復） ・（八一巻一〇期、◇洪奇昌）、（八二巻一四期、◇翁金珠、◇陳光復） ・（八三巻八二期、多数の民進党議員と〇頼英芳により提起）
②台湾語教育の主張	・国語の範囲＝台湾語、福州語、客家語、北京語を提起 ・大学で「方言」の授業を設けることを提案 ・本土化教育において優先に方言教育を導入する必要性 ・政治的な理由でバイリンガル教育を制限することを批判 ・バイリンガル教育、母語教育、本土言語教育の実施 ・母語教材の編集を提案 ・立法院での台湾語発言を主張	・（七九巻八一期、◇葉菊蘭） ・（七八巻八一期、◆蔡中涵） ・（八〇巻二六期、◇陳哲男） ・（八〇巻三三期、◆蔡奮闘） ・（七九巻八一期、◇葉菊蘭）、（八〇巻七三期、◇許国泰、◇邱連輝）、（八一巻一〇期、◇洪奇昌）、八二巻二四期、◆林聡明） ・（八二巻六三期、◇陳婉真）、（八三巻二四期、◆游日正） ・（八二巻十二期、◇廖永来）
③思想教育の廃止	・高校「三民主義」の適切性への質疑 ・「三民主義」は大学入試の科目から排除すべき ・「国父思想」「軍訓教育」の大学授業を必修から選択科目へと提案	・（七九巻八一期、◇葉菊蘭）、（八〇巻九〇期、◆林鈺祥）、（八〇巻九三期、◆陳癸淼）、（八二巻五七期、◇陳光復） ・（八三巻六五期、◇多数の民進党委員と〇頼英芳） ・（八〇巻三三期、◇彭百顕）
④台湾文化と歴史教育	・大学名称の台湾本土化 ・台湾本土化教育の主張 ・二二八事件の教材化を主張、歴史教科書の中国的歴史観を批判 ・中国の一部でない台湾史の位置づけを主張 ・国立中正大学台湾史研究所の設置問題 ・大学課程の台湾史の必修化	・（八〇巻九〇期、◆蔡奮闘）、（八二巻六三期、◇陳婉真） ・（七九巻八一期、◇葉菊蘭、◇彭百顕）、（八〇巻九三期、◆王志雄）、（八一巻一〇期、◇彭百顕）、（八三巻六七期、◇葉耀鵬）、（八二巻二四期、◇趙琇娃、◇陳哲男） ・（七九巻六九期、◇余政憲）、（八一巻一〇期、◇謝長廷）、（八一巻二六期、◆蔡勝邦）、（八二巻二四期、◆林聡明） ・（八三巻八三期、多数民進党議員により提起） ・（八二巻一二期、◇張俊雄） ・（八二巻二四期、◇趙琇娃、◇陳哲男）
⑤教科書編纂制度の問題	・教材の多元化・多様化（統一編纂から開放） ・教科書編纂制度の自由化を主張 ・各自治体による 地方教材の編纂を提案 ・1996 年度から小中学校教材の開放（統一編纂から検定制度へ）と提案、教科書制度の問題についての大幅な議論 ・人文社会教育指導委員会のメンバー構成（台湾出身者の主張） ・台湾本位の視点を導入するため、大中国主義者の保守勢力を「認識台湾」の編纂委員から除外するという提案をするとともに、編纂委員のリストの照会を要求。	・（七九巻八一期、◇彭百顕）、（八一巻一〇期、◇彭百顕◇陳定南） ・（八〇巻二六期、◇葉菊蘭）（八〇巻九三期、◆李勝峰） ・（八三巻二四期、◇蘇嘉全） ・（八三巻六七期、◇陳光復ら四人と〇頼英芳） ・（八二巻一四期、◇陳光復） ・（八三巻六七期、多数の民進党議員により提起）、（八三巻八三期、多数の民進党議員により提起）

注：◆が付いているのは国民党籍立法委員　　〔筆者作成〕
◇が付いているのは民進党籍立法委員
〇が付いているのは無所属立法委員

の改造が必要だということが国民党系、民進党系を問わずに、共通のテーマとなっていたことである。議論の内容はおよそ①教科書内容の問題、②台湾語教育の主張、③思想教育の廃止、④台湾文化と歴史教育、⑤教科書編纂制度の問題のように五項目に分けることができる。

①の教科書内容の問題点としては、中国についての記述が現実の世界に合わないことが指摘されている。例えば、外モンゴルがすでに独立国家となっている事実や、中国の現状を子ども達に教えていないことが大きな問題点としてあげられた。教科書が政治的なイデオロギーの色彩を帯びていることも非難された。また国文教科書に浙江省（蒋介石の出身地）出身者の文章があまりにも多いという批判もなされた。

②の台湾語教育の主張については、「国語」を教えることと併行して、閩南語、客家語、原住民諸語の中から一つを選んで教えることが提起されていた。ただし、台湾語教育の実施には「母語教育」「バイリンガル教育」「方言教育」「本土言語教育」などの呼称が見られ、提唱者によって主張にずれがあった。そうした中で一九九〇年四月に教育委員会八五会期第六次会議で立法委員・葉菊蘭は国語の定義の問題を取り上げ、次のように述べている。

> 「『国語』とは福州語、客家語、台湾語、北京語だ、と私は思います。台湾社会の人口比率を見ると、台湾語が「国語」のはずで、北京語こそが方言です。」

ここでいう台湾語は閩南語を指しており、議論の過程では「国語」とは閩南語、福州語、客家語、北京語のいずれをも指すという見解も出された。言語の教育は教育本土化への一つの提案としてこの時点で既に政策の問題となっていた。

③の思想教育の廃止については、高等学校での「三民主義」のカリキュラムと大学教育における「国父思想」の科目

をめぐる議論が殆どであった。とくに三民主義の教科書に、孫文の原文がほんの少ししかあらわれず、解説ばかりが多く、原典と距離のあるものとなっていることが批判の対象となった。そして、大学入試の科目から外すことが強く主張されていた。その後、三民主義という試験科目は二〇〇〇年の大学入試のときに正式に廃止となった。

④の台湾文化と歴史教育という項目については、台湾史を履修する必要性が提起されているだけではなく、歴史認識は中国的教育内容から離脱し、台湾を主体にするという主張がなされた。一方、一九四七年に国民党統治下で起こった本省人弾圧事件である二二八事件の教材化も要求されていた。

⑤の教科書編纂制度も問題点として提起されていた。議論は、教科書制度の多元化、自由化に重点が置かれていた。最も注目すべきものは、新設する「認識台湾」という科目の教科書の編纂メンバーのリストを立法院に提出し、承認を得なければならないという決議がなされたことである。それは、台湾本位の視点を導入するため、大中国主義者の保守勢力を「認識台湾」の編纂委員から除外し、代わりに台湾意識の強い台湾史専門家をメンバーに入れようとするものであった。会議に関与した立法委員が、教材編纂メンバーの構成を通じて郷土教育の内実を確保しようと意図していたことを示している。

以上の提案に関わった立法委員には、国民党籍も民進党籍もいた。一九八九年から一九九二年末月までにかけての教育本土化の要求は、国民党、民進党を問わず、いずれも「増額立法委員」出身の立法委員からの提案であった。増額立法委員とは、いわゆる「万年委員」（終身の立法委員たち）とは別枠で委員定数増加によって住民の投票で選出された立法委員のことである。民進党系立法委員の発言が多数を占めていて、決定的な影響を持ったと考えられるが、国民党側にも本土化の希求があったことを知ることができる。その後、外省籍の「万年委員」(12)の退職とそれに続く一九九二年一二月の立法院の全面改選を経たので、台湾本土化教育に関する論議の内容は、表4―1に示されているように一層深化した。それらの提案には、民進党立法委員からのものが依然として圧倒的多数を占めていたが、国民党籍、無所属の立法委員からの提案も少なくなかった。総じて見れば、一九八九年以降の立法院はそのような台湾意識を豊かにもつ議員達が推進力となって、教育改革の活動を展開したのである。

以上に述べた教育委員会での議論は、中央政府の教育行政の方向を決定させたという意味で非常に重要なものであった。すなわち、本土派議員は、教育本土化の提案を通して学校教育の改革を実現していったのであった。審議の結果、バイリンガル教育、母語教育、台湾史教育などの問題は中央政府教育部で検討されざるをえなくなった。また、中央政府教育部の教育政策のみならず、郷土教育の内実も方向付けられるようになったと考えられる。

二　一部地方政府の本土言語・文化教育の登場

郷土教育政策の推進を促した要因としては、一部の地方政府の県・市長が独自に本土言語教育と郷土文化教材の編纂を導入し始めたということがあげられる。その地方政府による本土言語・文化教育の推進は次のように展開されていた。

前章で述べた八〇年代台湾本土化運動の流れに伴い、九〇年代に入って、「蕃薯詩社」(一九九一年五月二五日成立)、「台湾語文学会」(一九九一年八月一七日成立)、「学生台湾語文促進会」(一九九二年五月三日成立)などの台湾本土言語を主張する組織が次々に現れた。それらは、八〇年代から現れていた母語復興運動の延長上にあったものといえるが、台湾人の母語主張・本土文化の自覚は、紙上の議論からさらに行動上の要求に転じ始めたものといえる。そのような変貌は一部の地方政府での教育本土化の実施を伴って進行した。

教育本土化実施への転機は、一九九〇年に入って、非国民党系の県・市長が誕生したことによって訪れた。まず、彰化県長・周清玉、新竹県長・范振宗、宜蘭県長・游錫堃及び台北県長・尤清(民進党系)の四首長が率先して本土文化と本土言語の教育を主張し、それがメディアの注目を集めることとなった。

当時、野党系首長は国民党政権の文化政策を批判し、台湾人意識を前面に押し出した改革を試みようと共同歩調を取っていた。特に言語教育の面では台湾の各エスニック集団の言語及び文化の発展を促進するため、初等教育から「双語教育」(バイリンガル教育)を行うことを主張した。そして、具体的には「国語」として学校教育で教えられ、使用されている中国語以外に、地域の母語(新竹県では客家語、その他の三県では閩南語、さらに一部で原住民諸語)教育を自治体レベルで開始したのである。

まず、宜蘭県政府が主催し、九〇年六月二三、二四の両日に中央研究院で開催された第一回「本土語言教育問題学術研討会」は注目に値する。このシンポジウムは台湾母語運動史上に大きな意義を持つことになるもので、また、その後の台湾の郷土言語教育運動を大きく推進する要因ともなった。

宜蘭県長・游錫堃が開催したこのシンポジウムは、台湾の知識人、民間人による本土化運動の動きに呼応するような形で、台湾諸言語の向上を図る目的で開かれたものであった。言語教育実施のためには特に発音記号と文字の整備が必要となり、学習手段としての発音記号と文字の規範が強く望まれていたのである。言語研究者の洪惟仁と郷土文学作家の黄春明は依頼を受けて会議の招集人となった。

当時、会議の名称に対して宜蘭県の対応は極めて慎重で、最終的には洪惟仁の意見に従って「本土語言教育」という言葉が選ばれた(13)。「台湾語教育」といえば一般にマジョリティの閩南語を指すことが多く、第三章で述べたように、閩南ショービニズムといった批判も生じていたことと無関係ではなかった。「本土語言教育」という表現は、外省人、本省人を問わず、台湾人には共通の「母語」が存在していないという強い懸念に対応しうるものであった。

同シンポジウムには、当初、国民党系の県・市長も参加する予定だったが、台湾省教育庁の禁止令によって参加できなくなった(14)。結局、当時野党だった民進党系の県・市長(宜蘭県、屏東県、台北県、新竹県、高雄県、彰化県)と無所属の嘉義市長の計七県・市長が民主県市聯盟を結成して中央研究院で同シンポジウムを開催する形となった(17)。

議論の中心は台湾諸語教育を導入するための発音記号や文字化の問題に絞られたが、言語運動者が自らの提案に固執した結果、いくつもの表記法が林立し、対立することとなり、ついに合意せずに終わった。そのことは文字表記と発音記号の制定・普及における大きな困難を予想させるものであった。

しかし、シンポジウムの意義ははじめて会合をもったということに止まるものではなかった。しばしば見落とされる点だが、シンポジウムを契機に言語運動者の一部は地方政府の依頼を受け、その地域の本土言語教育に協力する立場に就くことになったのである。台湾諸言語の復権をめぐり、民間の運動者が最大の目標にしていたのは実践を推進する舞台であった。シンポジウムに前後して、民間運動者と地方政府の政治勢力は合流し、それぞれの地域で自らの主張する発音記号や文字を以て台湾諸語教育を普及していくことになった(16)。

こうして台湾諸語教育は一部の地域で先行して実施され始めた。それらは台湾の戦後四五年目にして、初めての教育本土化運動であり、後の郷土教育教科の設置へ決定的な影響力を持ったと広く考えられている。なお、その運動は本土言語教育と郷土文化教材の編纂を伴うものであり、多くの教材を生み出すことになった。こうして展開し始めた教育本土化運動は、各地で独自の行政の枠組みをつくり、授業実践を生み、補充教材(副読本)を編纂出版させることになった。

この展開について、『中国時報』は一九九三年に「郷土教学系列報導」(17)という特集記事を連載し、九〇年初め頃の状況を詳しく説明した。第一章の冒頭で引用した郷土教育数十年振り再出発という内容の記事は、この特集記事の一部分である。

次に、同記事や筆者自身の調査に基づき、一九九四年の課程標準公布以前の各地方における郷土教育の動きを一瞥することとしたい。民進党系の県・市長の地域で実施され始めた郷土教育については彰化県、新竹県、宜蘭県及び台北県を取り上げ、国民党系の県・市については台北市を中心に取り上げ、台中市、台南県、台南市及び花蓮県にも言及する[18][19]。

民進党県長の四県はそれぞれ違う側面に目を向けていた。

彰化県では、一九九〇年二月四日に、彰化県県立文化センターで「如何発展本土文学与研究台湾歴史」(如何に本土文学を発展させ台湾歴史を研究するか)という座談会を開催した[20]。参加者は文学者、専門家だけではなく、県内の教員達を含めて二百人以上に上った。議論の焦点は言語教育の側面よりも、本土文化教育、台湾史教育のための教員養成にあった。

新竹県の場合は、「実施双語教育草案」(バイリンガル教育を実施する草案)を考案し、県政府主導で地域の客家文化と客家語を発展させていこうとする姿が現れた[21]。その具体的動きは資料的制約があるため詳びらかにはできないが、客家文化と客家語の向上が目標であった。

宜蘭県では県長の全力支持のもとで、一九九〇年に「本土語言推行委員会及教材編集委員会」を設置し、その委員会によって小中学校の「郷土教材歴史篇の編纂のコンテスト計画」が発表され、郷土教育の実施が決定された[22]。そして、一九九一年三月、各小学校では国語(中国語)科目の一校時を利用して、母語教育を行うよう指示された。だが、一九九二年に出版された母語教材『中小学閩南語教材』[23]は子供には配布されず、教員用資料としてだけ用いられた。母語の文字化が国語(中国語)学習の干渉になるのではないかということを恐れ、とくに会話面へ全力を傾注する姿勢がとられたのである。教材編纂は、言語教育だけではなく歴史、地理などにも力が注がれ、一九九三年には『蘭陽地理』と『蘭陽歴史』が宜蘭県の郷土教材として出版された。この二教材は当時から各地の郷土教育推進者たちからかなり高い評価を受けている。初期にそのような展開を見せた宜蘭県は後の郷土教育教科設置後の郷土教育でもかなりの実績を積んでいくことになる。

台北県では、まず課外授業と選択授業としての方言教育を許可した。その後、烏来国民中小学(小中学校)での原住

表４－２　1994 年郷土教育「課程標準」公布以前の各地方における郷土教育の推進

その（1）民進党系県・市長の実施例

宜蘭県	・1990／2　「本土語言推行委員会及教材編集委員会」が成立 ・1990　中小学校の「郷土教材歴史篇編撰競争辦法」を公布 ・1991／3　各小学校で国語やサークル活動のうちの一校時に母語教育をやるよう指示 ・1991／7　タイヤル語教材の編集会議を招集 ・1992／4、5　中小学校母語教育授業参観を催行 ・1992／7　中小学校閩南語教材（教授用）17 冊を出版 ・1992　『蘭陽地理』を出版 ・1993　『蘭陽歴史』とタイヤル語教材（台北県のを参考にして編集）を出版 ・1993／9　『蘭陽歴史』『蘭陽地理』を中 1 の授業に使用 ・1993　タイヤル語教育と客家語教育（他の県・市の出版物を採用）を開始
台北県	・1990　課外授業、選択授業として方言教育を許可 ・1990　烏来国民小中学でタイヤル語教育を開始 ・1992　タイヤル語教材を出版 ・1992　烏来国民小中学で原住民でない生徒達へ閩南語教育を開始 ・1992／5　郷土文化教材『這裡是我成長的地方』を出版 ・1993　閩南語教材『咱的故郷台北県』と客家語教材を出版 ・1993　全県で小学校サークル活動に閩南語と客家語の授業を導入

〔筆者作成〕

その（2）国民党系県・市長の実施例

台北市	・1990　金華国民小学で、始めての閩南語の授業が行われるが、市政府の態度は消極的。 ・1991 ～ 1993　郷土文化教材「台北郷情系列」5 冊を出版。 ・1992　国語実験国民小学で、閩南語教育を実施。 ・1993　民族国民小学で、閩南語教育を実施
台中市	・1992／1　郷土文化教材研究会を成立。 ・1993　郷土文化教材『我們的台中市（第 1 輯）』を出版。
台南県	・1993／5　郷土文化教材『南瀛風情』を出版。 ・郷土科設置以前からサークル活動の授業として母語教育を含める郷土教育を開始
台中県	なし（管見の限り）
台南市	1994／7　郷土文化教材『台南市我的愛』を出版。

〔筆者作成〕

民のタイヤル語教育(24)、そして県下全域での閩南語と客家語教育の実施へと続く一連の母語運動が盛んとなった(25)。マイノリティの原住民語を先に実施したのは他県に見られない特徴であったが、当時の台北県長・尤清によれば政治的イデオロギー論争を避けるためであった(26)。また、この時期の台北県は郷土文化教材『這裡是我成長的地方』(一九九二)と閩南語教材『咱的故郷台北県』(一九九三)も作成した(27)。台湾語を文字化することに努力し、子供達に話すだけでなく書くことも習得させる方向へ向かった。

一方、国民党系の台北市でも母語教育は進められていた。金華国民小学では一九九〇年に初めての閩南語授業を行った(29)。課外活動として実験的に始まったものとはいえ、それは戦後、学校教育の国語化がゆきわたってから初めてのことであった。但し、『中国時報』(29)の報道によれば、校長が外省人であった金華国民小学の母語教育の推進に対して、市政府は消極的であったという。しかし、金華国民小学の試みに市内の多くの小学校が追随する気配を見せていた。その後、母語教育は台北市でも広がり始め、国語実験国民小学が一九九二年に、民族国民小学が一九九三年に相次いで閩南語教育を学校の授業に導入した(30)。また、台北市の郷土教材である『台北郷情系列』叢書もこの時期に登場した。一九九〇年一〇月、台北市長が子供達に郷土を理解させるため、郷土教材の編纂を指示し、その後、郷土教材が次々と作成されたのである。すなわち、『我家在台北』(一九九一年出版、小三用)、『台北的故事』(一九九二年出版、小四用)、『飛躍的台北』(一九九三年出版、小五用)、『台北我喜歡』(一九九一年出版、中学生用)、及び『説我家郷』(一九九一年出版、高校生用)の五種類である(31)。

各地の郷土教育の状況は同じ民進党県・市長でも地域によって異なり、時間数や実践内容も様々であったが、民進党県長の台北県、宜蘭県及び国民党市長の台北市における母語教育と郷土文化教材編纂(23)は、当時の台湾社会の本土文化志向の意識をよく示している。ただし、野党の県・市長の地域における母語運動が一九九四年改訂の「課程標準」での郷土教育教科設置に結び付いたとされているのに対し、これまでの研究論文では同じ時期の国民党系の地方政府の行った郷土教育も同様に結びつくものであったという理解は、示されていない。

なお、母語教育の先駆でない地域の台中市、台南県、台南市及び花蓮県でも、地域ごとに県・市の全域を学習内容として郷土文化教材を一冊ずつ編纂していた。この時期、いろいろな種類の教材が作られており、戦後、台湾本土に関する教材が初めて重視された時期といえるであろう。ただ、それらの教材の殆どは、郷土補充教材、すなわち今日の日本の副読本に近い位置づけで、「補充」という語が示すように、必ず使用しなければならない教科書ではなかった。しかも、次章で述べるように、一九九八年教育部の「視察・評価」により、「総合化されていない」または「成人向け、教師中心主義」のような否定的評価を得たものも少なくなかった。しかし、それらの補充教材は後の郷土教材の編纂や授業でよく参考にされたり、使用されたりすることになり、台湾全般の郷土教育の発展の重要な一段階であったと位置づけられる。

今日から、宜蘭県、台北県、台北市のほかいくつかの県・市で進められた実践をふりかえると、それらは教育現場の第一線が郷土教育教科の設置を促進したという点で、極めて重要なものであったと言えよう。また同時に、後の郷土教育の展開に大きく影響を与え、台湾主体の方向性を初めて示したものでもあった。

総合的に見れば、郷土補充教材の編纂と母語教育への関心が、この時期の基本的な姿であった。ただ、一九九四年郷土教育「課程標準」公布以前のこの時期は、台湾全体の教育体制に編入されていなかったため地域差が大きかった。郷土教育の先駆地域とそうでない地域の間には起点の差があり、先駆地域の間でも、郷土文化の補充教材の編纂に重点を置いた台北市政府、言語教育の側面に重点を置いた台北県政府、言語教育と郷土文化の補充教材編纂のいずれも重視していた宜蘭県政府の三者はそれぞれ違う側面に目を向けていた。

この時期、野党系地方政府の華々しい母語運動の推進に比べ、与党国民党系の地方政府は表面的にはきわめて抑制されていたように見え、それが先行研究の取り上げるところであった。台湾の郷土教育は、一九九〇年頃、民進党系

（当時は野党）の県・市長がリードしている母語運動によって始まったと理解されることが多い。しかし、国民党側は言語教育の側面には積極的な姿勢が見られなかったにしても、歴史や地理などの補充教材編纂を通してやはり本土化の潮流に乗っていたと捉えられる。

第三節　中央政府の対応―郷土教育教科設置へと転換

第二節で立法院の議論と地方政府の郷土教育の推進を取り上げたが、それに対して、本節では中央政府がどのような姿勢で対応したのかに焦点を当てる。

台湾語をめぐる政治的・社会的環境の変化にもかかわらず、一九九〇年代初期、中央政府は「バイリンガル教育」や「教育本土化」に対して極めて慎重な態度をとった。中央政府教育部（日本の文部省に相当）の姿勢で注目に値するのは、『教育部公報』に記録された教育部長・毛高文（任期は一九八七年七月〜一九九三年二月）の対応である。

「学校内のバイリンガル教育は認めないが、放課後のバイリンガル教育に反対しないことを明示。」（一九九〇年一月二二日）

「改めて国語で授業を行うべきだと主張した。」（同年一月二四日）(33)

すなわち、中央政府教育部は、地方政府の、特に学校教育におけるバイリンガル教育に関する動きに対し、従来貫徹してきた抑止する姿勢を示す一方で、放課後とはいえ国語以外の言語が校内に入ることを許したのである。台湾化に対する希求が既に抑えきれなくなっていたと見ることも可能である。

次に注目したいのは、一九九一年四月二日に教育部が「国民中小学推展伝統芸術教育実施要点」(34)を通達したことである。この伝統芸術の推進は初めての本土化改革として記憶されるべきものである。実施要点の内容には、従来弾圧されていた台湾本土的なもの、例えば歌仔戯、布袋戯のような芝居や閩南語・客家語の民謡などを平劇（京劇）、粤劇（広東の芝居）とほぼ同列に扱い、小中学校において推進することが定められている。また、正式な科目ではなく、強制もしないという条件で、課外時間を利用していろいろな学級活動を行うことも規定されている。そして主催校に教育部が補助金を出すことも規定されている。

第三に注目したいのは、続く一九九二年の段階で、教育部長・毛高文の施政報告に次の言葉があったことである。

「国語を推進しながら、方言研究を実践する。」（一九九二年三月二三日）(35)

教育部は、より一層方言の価値を認め、更にそれを研究していくことを許容する方針をとるようになったのである。以上のような一連の妥協的な対応は、小学校と中学校の課程標準改正による一九九四年の郷土教育教科の導入とは無縁ではなく、今日からみれば教科設置の前段階としても位置づくものであった。その時点では教科外の指導活動としか位置づけられなかったが、従来から一歩踏み出したものとして大きな意義を認めることができる。

第四に注目したいのは一九九三年の大きな変化である。その変化は、本省籍で郷土文化の推進に努めていた文化建設委員会主任委員・郭為藩が教育部長（着任期間：一九九三年二月～一九九六年六月）に抜擢されたことがかなり影響したと見られる。郭為藩のもとで行われたこととして、『教育部公報』(36)は次のことを記録している。

「教育部長郭為藩は全力で母語教育を支持すると発表したが、バイリンガル教育に賛成しないことを改めて強調。」（一九九三年三月一六日）

「エスニック文化を保存するため、国語教育の妨害にならないという条件つきで選択科目として閩南語と客家語などの学習を支持することを教育部長郭為藩が表明。」（同年四月三日）

「教育部は次のように決議した。各地方政府教育局の指示のもとで、小中学校の児童生徒達は「団体活動」などの時間を用いて母語教育の自由習得が可能である。ただ、口語のみに限定し、書くことに触れないということが前提とされた。」（同年四月二八日）

すなわち、一九九三年から教育部は、国語の学習の干渉にならないという条件で、バイリンガル教育でなければ、母語教育を許容するようになった。そして地方政府が自主的に進めてきた母語教育に呼応して、同年六月二八日に教育部は「中小学課程標準修訂委員会」を招集し、委員会の承認を得た上で、「郷土教学活動」「認識台湾」「郷土芸術活動」の三教科を含む郷土教育の実施に方向を転換した(37)。一九九三年の課程標準改訂を準備するために小学校「課程標準修訂委員会」が一九八九年に設置された際、郷土教育は独立した教科とは構想されてなかった。しかし、急遽その方針が変わって独立した教科が設けられることになったが、周淑卿の論文(38)によれば、それは、郷土教育を推進しようという具体性を立法委員に示さねばならない、という判断がなされ、方向転換が行われたからだったという。

しかし、周淑卿の研究に示されたよりも、少し早い時期に方向転換が行われた可能性があると考えられる。同年四月二一日に、教育部の内部会議では「地理補充教材編審委員会」「郷土輔助教材専案研究小組」及び「母語教材（暫定）専案研究小組」を設置して、研究調査を行わせることを決議していたからである[39]。後に出版された『国民中小学郷土輔助教材大綱専案研究報告』[40]『国民中小学台湾郷土語言輔助教材大綱専案研究報告』[41]はその研究成果だと見なすことができる。報告書の冒頭の説明によれば、研究期間は一九九三年八月一日から一九九四年二月二八日までであった。それらのことから、教育部には九三年四月から組織的に郷土教育を推進しようとした動きがあったことを知ることができる。

「郷土教学活動課程標準」の公布は九三年九月の他の一〇教科の「課程標準」の公布に約一年遅れることになった。つまり、郷土教育の教科内容については規定せず、この時点で「郷土教学活動」はあくまでもカリキュラム上の教科科名の提示にすぎなかった[42]。

「課程標準」の制定が遅れたのは、着手した時期が遅かったということが最も大きな理由であろう。教育部は郷土教学活動の課程標準の内容を決定するにあたって調査研究と条文化作業の二段階を踏んでおり、その作業には時間が必要であった。教育部は、郷土教学の補助教材について「台湾省国民学校教師研習会」に、郷土言語補助教材について「人文及社会学科教育指導委員会」に研究を委託し、前者は「国民中小学郷土補助教材専案研究委員」を招集して研究に当たり、後者は「郷土語言補助教材大綱研究専案小組」を設けて研究に当たった。この二つは同年四月に教育部が決定した三つの組織に対応していると思われる。

同年一〇月一三日に教育部長が議会で施政報告を行ったが、その中にも郷土教育の教科設置の動きが現れている。すなわち、次のような説明があった。

「新しい課程標準は既存のカリキュラムに小学校三年生から六年生まで『輔導活動』『郷土教学活動』の二教科を加設する。後者は元から設置されていた『団体活動』の時間を併用することによって、郷土教育と方言教育を実施し、生徒達に郷土文化を認識させることができる」(43)。

当時の作業の進行状況については、研究調査に携わっていた秦葆琦の次のような回想がある。

「台湾省国民学校教師研習会が教育部の依託を受けて完成した『国民中小学郷土輔助教材大綱専案研究報告』にあるとおり、各県・市政府が出版した郷土輔助教材を分析した結果、内容には、主に地理、歴史、自然、芸術、及び母語の五種類があった。母語については、教育部が人文及社会学科教育指導委員会に委託していたので、研究小組は母語以外の四種類について深く検討した。それぞれについて小中学生の学習内容にふさわしいものを選び、郷土教学活動課程標準の制定に当たって、なるべく依拠資料となるようにその一つ一つの内容について学問的分析を行った。

研究調査が終わった後、台湾省国民学校教師研習会はそれに続いて『国民小学郷土教学活動課程標準』の制定に着手したが、その研究成果に基づいて、郷土教育の総目標で学習範囲を歴史、地理、自然、言語、及び芸術の五分野に設定することができたのである。」(44)

つまり、教育部は「郷土教学活動」の課程標準の内容の決定に当たっては、二つの委託機関にそれぞれ各県・市の郷土教育の動きを参考にした調査研究を行わせ、その成果に基づいてさらに委託機関の一方の国民学校教師研習会に「国民小学郷土教学活動課程標準」の条文化作業を行わせたのである(45)。研究小組の設置の時期及び秦葆琦の説明から、教育部は一九九三年四月から郭為藩のもとで組織として郷土教育の教科設置を準備していたことを知ることができる。

こうして教科内容が決定される一九九四年を迎えることになった。前年の展開を受け、一〇月に教育部は小学校「郷土教学活動課程標準」の内容を公布した。「郷土教学活動」は独立した一教科として位置づけられ、内容はさらに「郷土言語」「郷土歴史」「郷土地理」「郷土芸術」「郷土自然」の五分野に分類された(46)。前述の秦葆琦の説明にあったように、五分野の設定は、各地方政府の本土化教育を調査した結果によるものであった。また、同年一〇月、中学校の「課程標準」も公布されたが、それには「認識台湾」「郷土芸術活動」の二教科が含まれていた。「郷土教学活動」「認識台湾」「郷土芸術活動」の三教科が正規の教科として小中学校に導入されることが決まったのである。

学校教育に台湾諸言語と台湾史と台湾文化の学習が位置づけられたのは、少なくとも戦後の台湾では初めてのことであった。一九七〇年代の郷土文学の興隆以来、次第に形成されてきた「台湾語」「台湾的なるもの」といった郷土観は、学校教育にも反映されるようになった。そして、それとともに重要だと思えるのは「台湾語」と「台湾的なるもの」とが郷土教育の二本柱として展開していくことになったことである。本来、地域に即して行われる郷土教育は、実は郷土というだけではなく、言語、歴史、文化の側面を持ち、ナショナル・アイデンティティの創出の重要手段となっていたと考えられる。

第四節　考　察

本章では、郷土教育教科設置までの郷土教育の動きを見てきた。民進党系の地方政府だけでなく国民党系の地方政府の動向にも目を配り、またそうした地方政府の動きばかりでなく、立法院の議論をとおして中央政府の対応をもさぐったが、そうした捉え方は、従来の研究が民進党の活動に焦点を当てていたのとは異なるものである。

本章では、台湾での郷土教育の創出過程が「民間、地方政府から中央政府へ」という方向で進み、そして台湾全土の教育体制の中へ編入されたことを確認した。最初に郷土教育教科設置を促したのは、国民党系、民進党系を問わず、各地方政府が民意を汲んで郷土教育を始めたことであり、次に促したのが、母語教育をめぐる中央政府と野党系地方政府の対峙関係であった。立法委員と地方政府による郷土教育の強い主張は行政過程に影響し、その結果、郷土教育は、まず教科外の指導活動の形で小中学校教育に取り入れられ、やがて独立教科として設置されるに至ったのである。その展開の初期における母語教育の様子はすでに松永正義の研究によって次のように概括的に日本で紹介されている。すなわち、一九八九年の台湾地方首長選挙で当選した野党の民進党系の県知事が集まって、各県で勝手に母語教育をやろうということで、地方レベルでまず台湾語教育が行政に組まれ、それが無視できなくなると、与党の国民党政権の方でもこれを受け入れざるをえなくなった(47)。

ただ、一九九〇年代に入ってからの国民党系地方政府の郷土教材の編纂、国民党系市長であった台北市の母語教育の実施、などの一連の展開は従来の研究者の視野に入っていなかったものである。民進党系地方政府は母語教育ないしバイリンガル教育を強調し、国民党系地方政府は郷土文化教材の編纂が主であった。従来の研究では九〇年頃、民進党系の県・市長がリードしている母語運動が、後の郷土教育教科設置へ決定的な影響力を持ったと考えられているが、郷土教育教科設置は与党の国民党側にも同じ希求があった。すなわち、郷土教育の主張は政党の枠を越えて台湾人に共通した広がりがあったのである。

本章第二節で、一九九〇年に国民党系市長の台北市の金華国民小学で行われた初めての閩南語の授業にふれたが、それはより重要な要素を含んでいた。この閩南語授業は、地方政府と学校との微妙な権限関係の上に成り立ったものであり、国民党支配のもとでも抑えきれない台湾ナショナリズムの胎動を見ることが可能なのである。市政府の態度が消極的であったのは、初期の地方政府の本土化政策全般に占めた言語問題の意味がきわめて大きく、閩南語教育実施が国民党政権へゲモニーから離脱しようとするための一種の手段とも見なしうるものだったからである。民進党系地方政府とはまた異なる行政の枠組みの中で母語教育が進んでいたことを物語っている。

郷土教育はそのようにして下から湧き起こってきたものであり、民主的な体制に移行したことによって急速に発展するに至ったものである。そして、独立教科として設置された時点から台湾全体の郷土教育が生まれることになった。

注

(1) 例えば、林瑞栄(二〇〇〇)「我国郷土教育課程発展之分析」『新世紀教育的理論与実践』麗文、三六九—三八七頁。

(2) 松永正義／丸川哲史(聞き手)(二〇〇一)「台湾から見た中国ナショナリズム」『現代思想』三月号、第二九巻第四号、青土社、一五八—一六六頁。

(3) 戦後の国民党の言語政策については黄宣範(一九九五)「国語運動與日語運動」『語言、社会与族群意識』文鶴、八八—一二七頁に詳しい。

(4) 三民主義という試験科目は二〇〇〇年の大学入試のときに正式的に取消。

(5) 台湾の小中学校教科書制度に関しては、次の文献に詳しい。教育部編(一九八五)『中華民国教育年鑑　第五次』正中書局、二九八—四〇七頁、四五三—四六三頁。司琦(一九七五)『九年国民教育』台湾商務印書館、二三一—二六二頁。藍順徳(二〇〇六)『教科書政策与制度』五南。

(6) 石計生(一九九三)『意識形態與台湾教科書』前衛、一五—一九頁。

(7) 前掲、藍順徳(二〇〇六)二三—三二頁。

(8) 前掲、石計生(一九九三)三八—三九頁。

(9) 若林によれば、一九六六年、蒋介石を総統に四選した国民代表大会では、「自由地区」、すなわち国府の実効支配下にある台湾・澎湖及び金門・馬祖などの地域において、中央民意代表の台湾における欠員と人口増に応じた定員不足を補うという名目で「欠員補充選挙」実施が決定された。欠員補充に過ぎないから、この選挙での当選者も第一期議員、つまり非改選議員ということになる。この点については若林正丈(二〇〇一)『台湾—変容し躊躇するアイデンティティ』筑摩書房、一二四頁に詳しい。

(10) 前掲、若林(二〇〇一)、一二五—一七一頁。

(11) 教育委員会の会議記録については、以下の『立法院公報』を参照した。
『立法院公報』七八巻八一期(一九八九年四月二〇日会議記録)二一—二七頁。
『立法院公報』七九巻六九期(一九九〇年三月二一日会議記録)二一—二五頁。
『立法院公報』七九巻八一期(一九九〇年四月一八日会議記録)二一七—二四一頁。

『立法院公報』八〇巻二六期(一九九〇年一〇月二七日会議記録)二三一―二五三頁。

『立法院公報』八〇巻三三期(一九九〇年一一月七日会議記録)二四七―二六〇頁。

『立法院公報』八〇巻七三期(一九九〇年一二月二二日会議記録)七三―八八頁。

『立法院公報』八〇巻九〇期(一九九一年一一月四日会議記録)三四五―三八九頁。

『立法院公報』八〇巻九三期(一九九一年一一月一三日会議記録)四二二―四五〇頁。

『立法院公報』八一巻一〇期(一九九一年三月二一日会議記録)一一〇―一四六頁。

『立法院公報』八一巻二六期下巻(一九九二年三月二三日会議記録)五〇二―五五七頁。

『立法院公報』八二巻一二期(一九九三年三月三日会議記録)三二七―三四九頁。

『立法院公報』八二巻一四期(一九九三年三月八日会議記録)三三九―三六一頁。

『立法院公報』八二巻二四期下巻(一九九三年四月一二日会議記録)一―六一頁。

『立法院公報』八二巻五七期(一九九三年一〇月一三日会議記録)二一五―二四〇頁。

『立法院公報』八二巻六三期(一九九三年一一月三日会議記録)二一七―二四五頁。

『立法院公報』八三巻二四期(一九九四年三月二八日会議記録)二二七―二七二頁。

『立法院公報』八三巻六五期(一九九四年一〇月五日会議記録)一五一―一九七頁。

『立法院公報』八三巻六七期(一九九四年一〇月一二日会議記録)四〇四―四五一頁。

『立法院公報』八三巻八二期(一九九四年一二月一四日会議記録)五四九―五七五頁。

『立法院公報』八三巻八三期(一九九四年一二月一九日会議記録)四一―九二頁。

(12) 前掲、若林(二〇〇二)、五八頁、一八一頁によれば、一九八九年末の立法委員選挙でさえ、台湾での改選数は、まだ非改選の「万年委員」を上回らなかったのである。そこでは、たとえ野党から改選分で全員当選しても、たてまえは政権の行方を左右しない。万年委員が退職した後、九二年末には、立法委員の全面改選が行われると、新しい立法院の八割以上が本省人となった。そして、この第二期の立法委員の選挙が行われた結果、民進党は、新しい立法院で三分の一近い五一議席を獲得し、台湾政治に舞台を築いたのである。

(13) 洪惟仁(一九九〇)「本土語言教育面面観」『台語文摘』七月号、台語文摘雑誌社、一五七―一六〇頁及び洪惟仁(一九九二)『台湾語言危機』前衛、一一四頁。

(14) 「推行本土語言教育游錫堃有伴」(一九九〇)『台語文摘』五月号、台語文摘雑誌社、八一頁(初出は『首都早報』)。

(15) 劉振倫(一九九四)「台湾母語及郷土教材教学之文化意識分析―以宜蘭県為例―」、東呉大学社会学研究所修士論文。

(16) 筆者が調査したところ、当時、台湾諸語教育の協力者として各地域で活躍していたのは以下の通り。

台北県：言語（閩南語）教育者・呉秀麗。
宜蘭県：言語（閩南語）研究者・洪惟仁と郷土文学作家・黄春明。
台北市：民間の語学学校で長年にわたって言語（閩南語）教育に携わっている方南強、台湾語文研究会の趙順文、シンガーソングライターの簡上仁（民謡指導）の三人。
彰化県：言語（閩南語）研究者・鄭良偉。
新竹県：言語（客家語）研究者・羅肇錦と『客家風雲』の編集長・陳文和。

(17)「郷土教学系列報導」『中国時報』一九九三年九月二九日～一〇月四日。
(18) 郷土文化教材について、台北市、台中市、花蓮県、台中県の場合は筆者が各県市・政府の教育局を訪問し、その調査結果に基づいて作成した。台南県、台南市の場合は次のものを参照のこと。林瑞栄（一九九八）『国民小学郷土教育的理論与実践』師大書苑、九六―九八頁。教育部教育研究委員会（一九九五）『国民中小学郷土輔助教材大綱専案研究報告』一九頁。
(19) 前掲、林瑞栄（一九九八）九三頁によれば、一九九三年六月に一般人向けの郷土文化教材『台中県地名沿革』が台中県政府文化センターによって出版された。本研究の調査目的の小中学校教材と違う性格を持っているため、表に加えなかった。
(20)「如何発展本土文学与研究台湾歴史」（一九九〇）『台語文摘』五月号、台語文摘雑誌社、三一―三五頁（初出は、『台湾時報』一七頁、一九九〇年四月一四日）。
(21) 陳文和（一九九〇）「范振宗卯勁双語教学」『台語文摘』二月号、台語文摘雑誌社、五一―五二頁。
(22) 宜蘭県の郷土教育は、宜蘭県政府（一九九二）「宜蘭県辧理郷土教材資料冊」、及び黄玉冠（一九九七）「宜蘭県郷土教学発展与実施之探討」楊思偉編『新教育実践』師大書苑、九三―一三〇頁に詳しい。
(23) 宜蘭県本土言語教材編輯委員会編（一九九二）『中小学閩南語教材』全一七冊、宜蘭県政府。
(24) 文化中心（一九九五）「推行本土母語言教学促進族群融和」尤清編『台北県教育改革経験』復文、一九七―二〇〇頁、及び台北県政府制定の「台北県立烏来国民中小学推行泰雅母語教学実験計画」（一九九一年五月一一日）を参照。
(25) 台北県教育局編印（一九九七）『従学校再造到教育活化―台北県教育改革成果専輯』、及び鄧運林「台北県母語教学実施現況調査」中国教育学会『多元文化教育』一九九三年、台湾書店、五二九―五五四頁。
(26)「族群双語教学制度化刻不容緩」（一九九〇）『台語文摘』五月号、台語文摘雑誌社、八一頁（初出は『自立晩報』一九九〇年四月）。
(27) 蔡淵絜（一九九七）「当前台北県市郷土史教材之検討」、郷土史教育学術研討会、一九九七年四月二五～二六日、国立中央図書館台湾分館にて開催。
(28) 寺山末吉（一九九一）「台湾におけるバイリンガル教育の黎明」『特集・日本のバイリンガリズム』vol.20. No.8、七〇―七五頁。

(29)「郷土教学系列報導」『中国時報』一九九三年九月二九日〜一〇月四日。
(30)「郷土教学系列報導」『中国時報』一九九三年九月二九日〜一〇月四日。
(31)鄭英敏（一九九三）「台北市郷土教学活動的問題與展望」台北市教師研習中心『郷土教材教法』、一三七―一五一頁。
(32)宜蘭県と台北県の動きについて本章は松永正義（二〇〇〇）「台湾語運動覚書」『一橋論叢』第一二四巻第三号、一―二〇頁から大きな示唆を受けている。
(33)『教育部公報』第一八六期、二六―二七頁。また、薛暁華（一九九六）『台湾民間教育改革運動』前衛、三八八頁。
(34)教育部編「第三篇　国民教育」『中華民国教育年鑑　第六次（上）』一九九六年、一〇二―一〇五頁。
(35)『立法院公報』八一巻二六期（一九九二年三月二三日会議記録）、五三四頁。
(36)『教育部公報』第二二一期、三五頁、四二頁及び、前掲、薛暁華（一九九六）三八二頁を参照。
(37)周淑卿（二〇〇〇）「中小学郷土教育的問題與展望」『課程与教学』季刊、三巻三期、中華民国課程与教学学会、九一―一〇一頁。
(38)前掲、周淑卿（二〇〇〇）九四頁。
(39)『教育部公報』二二一期、三九―四〇頁。
(40)教育部教育研究委員会編（一九九五）『国民中小学郷土輔助教材大綱専案研究報告』。
(41)教育部教育研究委員会編（一九九五）『国民中小学台湾郷土語言輔助教材大綱専案研究報告』。同書六〇頁に次のことが書かれている。教育部は一九九一年六月公布の「国民小学課程標準」中に「郷土教学活動」の項目を新たに加え、その活動については方言を使用して教育を行えることを明記した。続いて教育部は一九九三年三月に小中学校の児童生徒が選択履修できる郷土言語課程を開設することを宣言し、それによって、各エスニック集団の文化を保存し、多種の言語を学習する能力を育成することにした。一九九三年三月については、本書で指摘した同年三月一六日の郭為藩の表明に対応しているが、一九九一年六月については確認できておらず、本書では取り上げていない。
(42)教育部（一九九三）『国民小学課程標準』。
(43)『立法院公報』八二巻五七期（一九九三年一〇月一三日会議記録）、二一七―二一八頁。
(44)秦葆琦（一九九八）「国民小学社会科新課程与「郷土教学活動」関係的探討」『社会学科教育之趨勢』教育部人文及社会学科教育指導委員会、一―一五頁。
(45)この点について同じ研究調査に携わっていた洪若烈は次のように述べた。「「郷土教学活動課程標準」の制定は二段階に分けて進行した。第一段階では一九九三年七月〜一二月「国民中小学郷土輔助教材大綱」に着手した。第二段階では一九九三年一一月〜一九九四年四月「国民小学郷土教学活動課程標準」を制定した」。実施時期のズレが見られるが、二段階の展開という説明は同様。洪若烈

（一九九五）「郷土教学活動科課程標準的精神与特色」『国民小学新課程標準的精神与特色』台湾省国民学校教師研習会、二三四―二四三頁。

(46) 教育部（一九九七）「国民小学郷土教学活動課程標準」『国民小学課程標準』（改定再版）三三七―三六〇頁。

(47) 前掲論文、松永正義（二〇〇〇）。

第Ⅲ部　郷土科時代の展開（一九九四年―二〇〇〇年）

第四章で述べたように、郷土教育が正規の科目としてカリキュラムに導入されたのは一九九四年の一〇月であった。その時に、小学校の「郷土教学活動」と中学校の「郷土芸術活動」「認識台湾」の計三教科の課程標準が公布され、そして、その「郷土教学活動」の学習内容は、更に「郷土言語」「郷土歴史」「郷土地理」「郷土芸術」「郷土自然」の五分野に分類されていた。

その中で、本書が注目する台湾主体の台湾人アイデンティティの形成という点で、最も重要な役割を果たすことになったのは、「郷土言語」教育と「郷土歴史」教育であった。実際、郷土教育の教科設置以来、今日に至る十数年間、「郷土歴史」と「郷土言語」はアイデンティティの問題に深く関わりながら発展してきた。

教育の台湾本土化に対して、中央政府は積極的ではなかったとはいえ、課程標準には郷土教育の教科設置を通して台湾を中心とする教育内容へ移行するような姿が現れた。そして、アイデンティティの問題として特に重要であったと考えられるのは、それが特別な実践校や先駆的地域に限って実践されたものではなく、台湾全土の小中学校で広く展開されたという点である。中央政府の具体的な施策としては、一九九五年に教育部が通達した「推動国民中小学郷土教育実施要点」を挙げることができる。それは二〇〇一学年度の九年一貫新課程の実施に至るまで最も強力に機能したものであり、中央政府が郷土教育を制度化・組織化しようとしていた証左でもあった。導入された郷土教育は学校現場とその関係者が積極的に推進したが、それだけではなく、中央政府教育部も地方政府に助成金を出したり、教員養成の研修会を開いたりするなどして奨励した。ただし、九年一貫新課程への移行によって、郷土教育の三教科設置が終止符を打たれ、郷土教育の運営に変化が生じた。そこで、本書では以上のような展開を見せた一九九四年から二〇〇一年までを「郷土科時代」と呼び、九年一貫新課程以降と時期を区分する。

郷土科時代に入ると、台湾社会では急速に郷土教育の関連論文が発表され、また言語表記の問題と歴史観をめぐる議論も活発になった。言い換えれば、学校教育の場に関わって、台湾本位の視野を持った歴史叙述、独自の言語観が模索されるようになった時代であった。教師だけでなく、研究者、運動者、民間人、また多くの団体も積極的に加わり、教育内容は多種多様かつ複雑な様相を呈した。

郷土科時代における郷土教育の実績の中で最も大きなものの一つは、郷土教材の開発にあった。大別して郷土文化教材と郷土言語教材に分けられるが、成果としては前者が著しかった。その理由は第五章、第六章で明らかにすることだが、先取りして簡略に述べれば、一つには中央政府の施策との関連であり、また一つには言語の標準化の論争との関連であった。言語教育の側面に現れるヘゲモニーの争いは、歴史・文化などの側面よりも複雑であった。当時、多くの人たちの力が郷土文化教材に注がれたのは、そうした事情を反映するものでもあった。

第Ⅲ部は郷土科時代以降を取り上げ、郷土教育教科設置決定後の展開に焦点をあてて整理し、台湾における郷土教育の実態を明らかにする。とくに、以下に述べる点に留意しながら考察する。第一に、中央政府の行政運営がどのように機能していたか、とくに多様であった各地の教育内容がなんらかの形に収斂する方向が生まれたのか否か、という点である。第二に、郷土文化教材の歴史部分がどのような新しいアイデンティティを提起しつつあったのか、また、第三に「郷土言語」教育の導入によって、台湾語表記問題をめぐるヘゲモニーの争いがどのように現れたか、という点である。

第五章　郷土教育の教科設置と教材編纂の興り

――新しい教材にみる台湾人アイデンティティの提起

一九九〇年代に入ると、台湾では教科設置の形による郷土教育が盛んに提唱された。本章はその郷土教育教科設置決定以後の進行状況の具体相を明らかにし、さらに編纂発行された多様な郷土教材の、とりわけ歴史の部分に目を向けて、その内容を台湾人アイデンティティの提起との関連から分析する。

前章で述べてきたように、郷土教育は、一九八七年に長期にわたる戒厳令が解除された前後から始まった。言論自由化の進行が、抑圧されていた台湾意識を解放し、台湾本土化の郷土教育の潮流を生みだしたと理解できる。それが実を結んだのが一九九四年で、正規の教科として小学校に「郷土教学活動」、中学校に「郷土芸術活動」と「認識台湾」の計三教科が導入され、子供達に台湾の言語、歴史、文化などが教えられることとなった。本書では前二者を「郷土科」と呼び、三者を合わせた場合を「郷土教育教科」と呼ぶことにする。この三教科設置の形態による郷土教育導入が盛んに提唱されたのは、従来の中国に偏っていた教育内容から抜け出す可能性をもつ現実的な方法であったからだと考えられる。歴史的背景を背負っている郷土教育は、「台湾本土」に関する理解を深める一環として、自らのアイデンティティのあり方を確認する動きへと向かい、近い将来には、その上に立つ新たなナショナリティの形成を促すものと見られる。

そのような展開の中で、今後学習内容の台湾化が一層進んでいくことは疑う余地もないが、展開の過程で一つの重要な問題点が浮上した。つまり、郷土教育とは何か、そして郷土とは何かが大きな論点として現れてきたのである。九〇年代の郷土教育は、世界認識の流れを、「郷鎮市区↓県・市↓台湾↓中国↓世界」という同心円的な構造とするもの（当時中央研究院歴史語言研究所所長・杜正勝の提案）として出発したが、その頃から、郷土の概念は論者によって違う意味内容が主張されてきた。当時、政界では、「郷土（台湾に拡張することが可能）↓中華民国↓世界」という中国ナショナル・アイデンティティ及び「郷土↓台湾↓世界（中国を含む）」という台湾ナショナル・アイデンティティの二つが拮抗して存在し、中国との帰属関係をめぐって両者の対峙が見られたのである。

ところが、教育界に現れた郷土の概念はまた異なる論点となった。教育界では極力政治的な対立が避けられ、「中国の郷土としての台湾」でもよいし、「台湾自身の主体性のみ」でもよいという両義的な理解が行われ、郷土と国家の混同のような概念の曖昧さを許容した。しかし、「台湾」という主体を曖昧に設定したことは逆説的に郷土教育教科の設置を促したといえる。政治的争点を避けるそのような理解は、結果的に、郷土教育の多様性を保証することになり、政府による価値観の統制なしに、郷土教育が展開され、多くの人々によって各地で郷土とはなにかが模索される結果となったのである。そこに、筆者は台湾における郷土教育の展開を解明するにあたって、各地の実態に即することの意味を見出している。

以上のような理解を踏まえ、本章では郷土教育を通して、とりわけ郷土教材によって提起されたものを通して、台湾人アイデンティティの探索過程を捉えることを試みる。台湾人自らのアイデンティティのありようが、台湾各地の郷土教材（教科書と補助教材）における「郷土」の理解に現れていると考えられるからである。本章で提示していくように、この郷土教育は九〇年代に様々な議論や対立があったため、ある意味ではヘゲモニーの争いの中で生まれてきたもので、場合によっては妥協の産物だとさえ理解されるものでもあった。それ故、郷土教育の教材内容はあるものは共同的性格を持ち、あるものは分岐的性格を持っているとさしあたり言うことができよう。しかし、そうした多様性があるからこそ教材から台湾におけるアイデンティティのあり方を探ることが可能であると、筆者は考えているのである。各地域の教材にみる台湾人アイデンティティをスケッチできたとしても、勿論、それは必ずしもその著者の、或いはその地域の人々のアイデンティティと一致するとは限らない。しかし、沢山の地域教材から発せられた光が交錯する中で、そこにおのずから浮かび上がる像があり、それこそが台湾人アイデンティティの行方ないし全体像を示唆するのではないかと思われる。

このような問題意識を持ちつつ、本章を以下のように構成する。まず、九〇年代の展開において「郷土」の定義とは何かという問題に注目する。また、行政面での展開に焦点をあてて整理し、台湾における郷土教育教科実施の具体相を明らかにする。さらに、後半で郷土教育のテーマの一つ、歴史認識の部分について、国定の統一使用版教科書として作成された『認識台湾』といくつかの地域の郷土教材を例として取り上げ、それらの持つ台湾に対する見方を検討する。そして、それらを踏まえて郷土教育の中核をなす教材編纂がどのような新しいアイデンティティを提起しつつあるのか、を解明していくことを課題にする。

第一節　一九九四年、郷土教育「課程標準」の公布

まず、郷土教育「課程標準」がどのような教科の構成を提示しているかを見ていきたい。

第四章で触れたように、一九九三年九月、教育部は「郷土教学活動課程標準」を発表せず、それ以外の教科の小学校の「課程標準」を公布した。その後、教育部は一九九四年一〇月に「郷土教学活動課程標準」を公布した(1)。また、

表５－１　台湾の小中学校の教育課程の構造（1993年＆1994年公布の「課程標準」に基づいて作成）

小学校（６年制）教育内容
国語
数学
社会
自然
芸能科目（美術・体育・音楽）
団体活動
輔導活動
郷土教学活動（中高学年のみ）

中学校（中等教育前期／３年制）教育内容	
国文	
英語	
数学	
社会学科	・認識台湾（中１のみ） ・公民と道徳 ・地理 ・歴史
自然科学	・地球科学 ・物理化学 ・生物
健康教育	
家政と生活科学技能	
コンピューター	
芸能科目（美術・体育・音楽）	
ボーイスカウト教育	
郷土芸術活動（中１のみ）	
輔導活動	
団体活動	
選択科目	

同年同月、中学校の「課程標準」[2]も公布したが、それは中学校「認識台湾」「郷土芸術活動」の二教科を含むものであった。

こうして、小学校の「郷土教学活動」（この「課程標準」は一九九六年度から実施。逐年的であるため、小三の「郷土教学活動」の授業は一九九八年度に開始）と中学校の「認識台湾」「郷土芸術活動」（一九九七年度から中一において試行・実施）が正規の教科として小・中学校に導入されることが決まったのである。この「課程標準」の提示した教科の構成は表５―１のとおりであり、その内容はそれぞれ次のようなものであった。

一　小学校「郷土教学活動課程標準」の教科内容

「郷土教学活動課程標準」の総目標は、第一条で「郷土歴史、地理、自然、言語、芸術などについての認識を深めさせる」と明記されている。一方、学年目標としては、中学年の児童達に身近な地域（郷、鎮、市、区）の地名沿革・古跡・文化などを認識させ、また郷土言語が使用できるように勉強させること、そして、高学年の児童達に居住している県や市の歴史・地理環境・エスニック集団の構成と使用言語を認識させることなどが説明されている。小学校の段階では学年によって取り扱う範囲・内容が異なるが、身近な地域とは児童が居住している郷鎮市区及び県・市までとしている。

授業時間は原則的に毎週一校時（四〇分間）である。授業内容の綱要の第一項目には「各学校が実際の状況によって自由に採択（選定）できる」こと、第二項目に「各県・市が郷土教材編纂委員会を組織すべき」であること、及び「各学校も編纂グループを作ることが可能である」ことが明記され、具体的に教材編纂の責任の所在を指定している。

評価の基準については次のように説明している。すなわち、「郷土教学活動」は独立した一教科として位置づけられているが、筆記試験をしないことが原則であり、「活動」という名実に沿って授業を行う、とされている。

二　中学校「認識台湾課程標準」の教科内容

中学校の郷土教育課程は小学校と連続して捉えると、同心円的構造を持っている。小学校の「郷土教学活動」に対応するものは「認識台湾」と「郷土芸術活動」であるが、「認識台湾」の方は、小学校時の郷鎮市区から県・市までの学習を受けて台湾全土を学ぶものとなっている。

「認識台湾」は中学校第一学年に設けられたものであり、改訂前の「地理」、「歴史」、「公民と道徳」の三つの教科を学ぶ前に置かれている。その内訳はまた「社会篇」「歴史篇」「地理篇」の三種類に分けられ、教科目標、配当時間、授業内容も別々に規定されている。内容の取り扱いは、いずれも「台湾を知る」という狙いがあるため、「台湾、澎湖、金門、馬祖」を範囲としている。小学校「郷土教学活動課程標準」に設定された身近な地域からの学習内容の延長だと考えられる。さらに、中学校の「歴史」科と「地理」科と「公民と道徳」科の課程標準によって、二年生では中国のもの、三年生では外国のものを学習内容とすることが規定され、それによって同心円構造が完成している。なお、教材については、国立編訳館によって編纂することも定められ、小学校の「郷土教学活動」の場合と違い、台湾全土で統一された内容が教えられる。

三　中学校「郷土芸術活動課程標準」教科内容

「郷土芸術活動」は県・市レベルを中心にしたもので、「認識台湾」と対照的に各県・市が独自の取り組みをするように設定されている。教科目標は「郷土芸術への認識を増進させ、さらに、郷土文化を理解させる」とされている一方、「教材綱要」には、原住民文化、閩南文化、客家文化のいずれについても祝祭日、冠婚葬祭、一般儀礼、原住民の儀式・祭礼を紹介するとともに、造形芸術（建築、彫刻、絵画、原住民の造形芸術ほかから選択）、表現芸術（民謡、器楽、郷土演戯、伝統舞踏、原住民の表現芸術ほかから選択）を学ぶことができると説明されている。

教材編纂については「地方の実情に合わせた題材や内容を作ること」「地方の地域性と独自性を重視すること、生徒の身近な生活を中心にし、生活化・本土化のものを選ぶこと」と規定しているため、県・市では多くの自主教材を作成することになった。

こうして、小学校の「郷土教学活動」と中学校の「郷土芸術活動」「認識台湾」の三教科が一九九四年「課程標準」の公布によって台湾全体の教育体制の中に位置づけられるようになった。「認識台湾」は台湾全域の学習内容を取り扱うことで、社会科の領域に編入されているが、教育部の施政報告によれば、それも郷土教育の一環だと理解されていた(3)。ただし、このような「課程標準」のカリキュラム構成は台湾人の郷土認識の曖昧性を反映するものでもあった。言い換えれば、台湾は、果たして中国の一部の「郷土」であるのか、それとも主体性を持つ一つのまとまりの「郷土」なのか、という問題が現れてきた。

第二節　「郷土」の位置づけ

最も議論の中心となったのは「課程標準」の規定による同心円理論における「郷土」の位置づけであった。郷土には地域として台湾、澎湖のみならず、金門、馬祖を含む県・市、郷鎮市区を扱うように設定されたが、このような内容を学習するのは小学校三年生から中学校一年生までの児童生徒だけで、中学校二年生に中国史と中国地理を学習させ、そして中学校三年生に世界史と世界地理を学習させるのは従来のままであった。すなわち「郷鎮市区↓県・市↓台湾↓中国↓世界」という同心円的扱いの構造で、これは当時中央研究院歴史語言研究所所長だった杜正勝が提案したものであった。

先行研究の指摘によれば、当時、与党の国民党は「郷土（台湾に拡張することが可能）↓中国↓世界」という構図を描き、それに異議を唱える野党の民進党は「郷土↓台湾↓世界（中国を含む）」の構図を描いた(4)。すなわち、中国意識をどう扱うかということで政党間の対峙が見られたと指摘している。この指摘についてほぼ同意するにしても、留意しておきたいことが二つある。その一つは、前章で指摘したように、国民党の本土派も「中華民国の台湾化」を容認する面があったということである。もう一つは、本章冒頭で既にふれ、また後述もするように、こうした観点は政界に限ってのものであり、教育界で構想した郷土教育論には該当しないことである。筆者は、一九九〇年代台湾の郷土教育の実施にあたって政界と教育界においてそれぞれ異なる論点が展開されていたと観察している。そこで、具体的にどのような視点に基づいて議論されていたのか、を見てゆくことにしたい。

一　台湾の主体性をめぐる政界の議論

郷土教育をめぐる政治面の議論は以下のように二つの側面からうかがえる。最も議論の中心となったのは同心円的扱いの構造であった。すなわち、「台湾」の位置づけが大きな論点として現れていたのである。それらの議論は郷土教育の教科設置以前から始まり、第四章及び本章冒頭においても若干触れたので、ここでは「課程標準」公布後の一九九四年一〇月以降の論点に絞ることにしたい。

第一に「郷土」という言葉に現れた台湾の位置づけの問題があげられる。一九九四年一二月一九日の立法院会議記録[5]に「郷土」の位置づけについての議論が見られる。民進党系立法委員・翁金珠は、「郷土」という言葉は大中華主義の学者によって名付けられたと述べ、その表現を使うと台湾は中国の一部の郷土となり、台湾の主体性が失われてしまうと強調した。それに対して、教育部側は『郷土』という命名は教育部が勝手に決めたものではなく、専門家や学者によって定められたこと、そして、郷土教育課程の中では、台湾の風土民俗、地理環境の学習が導入されることを強調した。教育部の主張した点は、郷土教育の実施によって台湾地域の学習内容が増えていくことであったが、「郷土」をめぐる定義上の諸問題、つまり、カリキュラムにおける台湾の位置づけは曖昧なままとなった。

第二に郷土教育を如何に実践し、台湾の主体性を如何に表出すべきか、が大きな論点となった。この論点は多数の民進党系立法委員によって繰り返し取り上げられただけではなく、学者や研究者も加わっていた。

注目したいのは、一九九四年一二月頃から一九九五年一月にかけて立法院教育委員会での議論である。その間、教育委員会では民進党系立法委員の主導のもとで数回にわたって「バイリンガル教育の全面実施」「小中学校教科書における台湾歴史の位置づけ」「小中学校国語教科書における台湾文学の主体性」「小中学校教科書における台湾地理の位置づけ」などの審議が行われた。

国民党と民進党のいずれもが教科書における台湾的内容の増加の方針を支持していたが、国民党側は、「台湾文化の源流は中国にある」[6]「私は台湾人であるが、中国人、中華民国の国民でもある」[7]と主張をしていた。それは、台湾があくまでも中国の一部に過ぎない、という従来の教科書の郷土観から生まれたものであろう。ただ、当時、国民党系立法委員の出席率が低かったことにも留意しておきたい。すなわち、ごく少数の国民党系立法委員の発言を、国民党全体の意見とみなすことは不適切である。

それに対して、民進党系立法委員の主張は、教科書における台湾文学、台湾的内容の比率を増やすことに止まらず、同心円の中心に位置づけられる台湾を主体としてどう扱うべきかを論じ、その後の展開についての示唆を含むものであった。いずれも台湾の主体性を強調する特徴を備えているという点で高い同質性を示していた。

ここでは、本研究で注目する言語教育と歴史教育とに密接に関わるもの、すなわち「バイリンガル教育の全面実施」と「小中学校教科書における台湾歴史の位置づけ」の部分をあげてみよう。その内容を要約すると次のようになる。

一九九四年一二月一四日の教育委員会(8)

①台湾語研究者の楊青矗、洪惟仁、董忠司は教育委員会に招かれて、バイリンガル教育について知見を発表。

②「認識台湾課程標準」の制定メンバー(三一名)の中に「人文及社会学科教育指導委員会」(民進党系立法委員の解釈では統一派の組織)が推薦したメンバーが一三名も占めていたことを強く批判。

③郷土教育教科の教授時間だけでは不十分で、小中学校の歴史、地理教科書における台湾部分の記述は六割以上にすべきだと提案・可決。

④台湾本位の視点を導入するため、大中国主義者の保守勢力を「認識台湾」の編纂委員から除外することを提案するとともに、編纂委員のリストも立法院に提出し、立法委員の承認を得なければならないと提案・可決。

一九九四年一二月一九日の教育委員会(9)

①台湾史研究者の戴宝村、李筱峰、張炎憲は教育委員会に招かれて、小中学校教科書における台湾史の位置づけについて知見を発表。

②小中学校歴史科課程標準と歴史教科書の編纂・審査委員の選考条件としては台湾史の教養を備えなければならないと提案・可決。

③台湾本位の歴史教育については具体的に先史時代から、原住民、オランダ、スペイン、明鄭成功、日本及び漢民族の台湾移民などを主軸とし、それぞれ合理的な分量でその内容を充実させなければならないと提案・可決。

以上に示されているように、一九九四年一二月、つまり、郷土教育の三教科の「課程標準」が公布された後、台湾語研究者の楊青矗、洪惟仁、董忠司と台湾史研究者の戴宝村、李筱峰、張炎憲は民進党系立法委員に招かれ、立法院の教育委員会に出席した。そして、それぞれバイリンガル教育の問題と小中学校教科書における台湾史の位置づけの問題について委員会で知見を発表した。民進党系立法委員は専門家の力を借りて郷土教育を強化するように誘導しようとしていたのではないかと思われる。但し、注意しなければならないのは、教育委員会で可決されたことが、そのまま立法院の本会議に提案されるわけではなかったということである。それらの決議は教育の台湾本土化の新勢力を支持したように思われるが、教育行政上の拘束力はなかったものと見られる。

バイリンガル教育の全面実施については、「郷土教学活動」との関係で議論され、例えば、週に一校時のみで、郷土言語、歴史、地理、自然、芸術の五分野を子ども達に教えきれるのか、という民進党系立法委員の批判があった。そして、「バイリンガル教育」という用語が「郷土言語教育」を指すことは適切であるか、という国民党系立法委員の批判もあった。郷土言語、バイリンガル教育、国語などの定義については、政党間のイデオロギー論争が行われていたが、全体的に見ると、郷土科設置の可否についての議論は少なかったと見てよいようである。

小中学校教科書における台湾歴史の位置づけについては「認識台湾」の教科書編纂をめぐって民進党系立法委員が内容に影響を与えようとしていた。議論の中心となったのは台湾の主体性の問題であった。前節で触れたように、「認識台湾」の教科書については、国立編訳館によって編纂されることが定められ、「郷土教学活動」「郷土芸術活動」の場合と違って、台湾全土で統一された内容が教えられることになっていたからである。そこで、教科書の歴史認識の問題が注目されたのである。

民進党系立法委員は中学校の新科目「認識台湾課程標準」を制定したメンバーの構成に関して、猛烈な批判の声をあげ、既に掲げた審議記録にあったように、具体的に台湾史の内容を提案しただけではなく、大中華主義の保守勢力を教科書の編纂メンバーから排除しようとしていた(10)。すなわち、編纂メンバーの構成を通して、台湾本位の郷土観を子供達に形成するような方向性を作り出そうとしていたのである。彼らの提案は、単に「郷土」の定義の範疇に止まらず、「認識台湾」の教科内容へも積極的に関与しようとするものであった。確かに提案と決議は前述のようにそのまま立法院の本会議に上がるものではなかったため、法的拘束力があるわけではなかったが、民進党系立法委員が教育の台湾本土化を要求するという意図は明確であり、教育政策や教科書の編纂メンバーの決定に何らかの影響力を持ったのではないかと思われる。

当時の政界においては、中国ナショナル・アイデンティティと台湾ナショナル・アイデンティティの二者は拮抗しており、郷土教育で実施する内容をめぐっても以上のような対立が起こっていた。以上の展開には、郷土教育、殊に「認識台湾」という教科は、単なる郷土理解、生活への接近だけに止まるものではなく、国民形成の面が期待されていたことが現れている。台湾主体の言説は、郷土教育の教科設置の実現と同時に、今度は「認識台湾」の教科内容に焦点を移したのである。

二　教育界に現れた「郷土」の概念

次に、教育学の分野から眺める郷土の概念はどのように提起されていたかを見ていきたい。教育界に現れた郷土の概念は、政界とは視点を異にしていた。郷土科加設について、教育学者の間では欧米或いは日本の諸外国にはその事例が少ないということが議論の中心になっていたが、学界では立場を問わず、「郷土科」「認識台湾」の教科設置に対し、支持するような立場が多かった(11)。後に統一版教科書の『認識台湾』が出版され、その内容と記述をめぐる論争が引き起こされることになるにもかかわらず、最初に教科設置の形によって教育内容を台湾本土化する方針が定められた時には、反対の意見は殆ど出されなかった。先行研究を参考にして整理すると、当時、教育界に現れた郷土の定義は次のようなものであった。

蔡志展(12)(一九九三)：

(1)出生地　(2)本籍地　(3)生活場所　(4)育ちの場所

郷土とは一つに限らず、郷里とも故郷とも国家とも考えられると主張する。郷土愛と国族（ネーション）愛、郷土意識と国家意識、郷土概念と国家概念などの概念は相互に矛盾しないものだと定義する。

黄玉冠(13)(一九九四)：

郷土とは地理空間、生活経験とアイデンティティ感情などの側面を含む。その範囲は時間、空間、個人の主観的考え方の変化によって変わるが、個人の生活経験とアイデンティティ感情との繋がりは郷土概念のカギである。

夏黎明(14)(一九九五)：

(1)伝統的な社会：郷土とは出生地或いは幼年・少年時代に育った場所。

(2)現代社会の郷土観は、居住する現実を強調し、個人の生活実践に基づいて築かれたものである。基本的に、「属地主義」の傾向である。

(3)郷土という概念は過渡性と相対性の両方の空間属性を持っている。境界は明確ではなく、郷土の範囲は目的や必要や操作上の利便性に応じて弾力的に決定できる。

鍾喜亭(15)（一九九五）：

人類が居住・生活している「本郷本土」。文化、生活習慣及び自然景観などを含む。

このように、郷土という概念は出生地、出身、居住地、意味深い場所などとして位置づけられていたが、その実像はなかなか捉えにくい。郷土には複数の解釈が可能であることから、具体的にどのような意図のもとで解釈しているかに応じて、「中国の一部としての台湾」でもよく、「台湾自身の主体性のみ」でもよいという両義的な理解が広がることになったためである。「国家」の概念が避けられていた教育界の「郷土」の定義は政界と対照的で、あくまでも曖昧であり、極力政治的な対立が避けられたのである。

なお、黄政傑ほか編『郷土教育』(16)（一九九五）に収められた多数の論考の中からも同様の傾向がうかがわれる。一九九四年四月から五月にかけて、国立台湾師範大学教育研究センターは「郷土教育」と「地方戯曲と教育」をテーマとして一連の研究会を開催した。同書はその研究会の成果であった。参加者の大多数は師範系の教授や学校教育の関係者であったため、それを通して教育界でどのような考察がなされていたか、を知ることができる。

その全体的傾向として中国大陸全体への接続という郷土の外延的意義に繋がることは構想されていなかった。「『郷土台湾』だけではなく、『郷土中国』の範疇も考慮すべきである」という問題提起もあった(17)が、台湾内部の地域文化をどのように取り上げていくかということが注目され、目指す郷土教育のあり方は生活地域に即して教育を郷土化することだと考えられていた。言い換えれば、その郷土は生活地域という限られた土地であり、同心円的構造の中心に位置するものであったが、拡大された郷土意識としてのネーションはあまり意識されていなかった。『郷土教育』という書に限らず、一九九五年前後、教育学の分野において郷土教育の多様な関連論文が急速に発表されていたが、その殆どは郷土の概念に関心がなく、実施を巡る技術的な問題に関心が集中していたのである(18)。

以上のことから分かるように、郷土教育教科設置が決まった一九九四年には、政界での郷土教育の論点は、中国に包摂(内包)されるかという「中国との帰属関係」、又は中国から離脱するかという「脱中国化」が中心となっていたが、それらは教育界での議論ではなかった。教育界で提唱された郷土教育は、台湾ナショナル・アイデンティティの形成を教授上の目的とするより、むしろ教授上の方法的原理として位置づけ、児童生徒に地域文化に関する知識観念を付与することが目的として主張されたところに特徴があったと捉えられる。

教育界、特に郷土科の現場では、イデオロギー論争を避けるため、郷土と国家の混同のような概念の曖昧さを許容し、台湾を主体化するナショナル・アイデンティティの概念の明確化が避けられていたと考えられる。しかしながら、曖昧性は必ずしも政治的争いを避けようということに発するだけではなく、そのような「郷土」の概念の内包した多義性や曖昧性を教育部が巧みに運用していた面もあったと考えられる。教育部は台湾本土教育にまつわる諸問題を「郷土教育」という概念で括り、また、それに関連する言語・文化の様々な潮流を一括して郷土言語・郷土文化と名付けたが、そのこともそうした運用の例ではないかと思われる。

第三節　一九九五年、郷土教育の具現化

前節で述べたように、「認識台湾」は台湾というナショナル・アイデンティティの追求が大いに期待されていたが、一方で「郷土教学活動」と「郷土芸術活動」の二教科は「郷土」の曖昧性・多義性を暗黙の前提としていた。そのような状態で、郷土教育教科の実施に向かって出発したのである。本節では、「認識台湾」と「郷土科」に分けて、教科書編纂

などの諸準備の推進過程に着目したい。

一 教科書『認識台湾』の編纂過程

中央政府が「認識台湾」の教科書編纂に積極的に取り組むようになったのは、一九九五年になってからのことであった。当時、一九九七年度からの試行・実施に間に合うように、『認識台湾 歴史篇』『認識台湾 社会篇』『認識台湾 地理篇』の三種類の教科書を編纂することが急務とされていた。「国民中学課程標準実施要点」の第二条は、「各教科の教科書、教授用参考資料料書、学生練習帳などの作成は国立編訳館によって「編審委員会」(編審は編纂と審査の意)か「審査委員会」を組織し、また、「課程標準」の各教科の規定に基づいてそれぞれ編纂又は審査する」と規定している。初めて公教育のカリキュラムに導入された「認識台湾」の教科書は国立編訳館が編纂するものと定められていたが、その編纂は、教育がどのくらい台湾化し、そしてどのような台湾化に向かうのかを示すものとしてきわめて重要であった。同時に前例に学ぶことの出来ないものであったため、編纂過程の一つ一つの判断がその時点での教育思潮を反映することになるという意味でも注目に値する。

ここでは、台湾人アイデンティティと深く関わる内容を取り上げた歴史篇と社会篇の編纂過程を見ていこう。

歴史篇の編纂過程について執筆者の一人・呉文星は次のように説明する(19)。一九九五年五月に国立編訳館は学科の専門家一〇人、課程の専門家四人、国民中学教師代表九人の、合計二三人を招聘し、「教科書編審委員会」を立ち上げた。「教科書編審委員会」の主任委員に国立中興大学歴史研究所教授・黄秀政がなり、執筆者には国立中央大学歴史研究所教授・張勝彦と国立台湾師範大学歴史学科教授・呉文星がなった。張と呉は、それぞれ教科書の前半(第一章から第五章)と後半(第六章から第一〇章)を担当することとなった。その後、二人の執筆者と六人の国民中学教師代表とで「編集小組」を組織し、課程標準の教材綱要を若干修訂して、九章一九節二一講と設定されていた構成を一一章二四節二六講と改めた。変更点は近現代史が倍増したことと文化教育内容が増加したことであった。実際に教科書を編纂する際に、「編審委員会」は一二回開催され、できあがった章節に対して綿密な討論がなされ、検討の必要性が認められたものについて修訂を加えた後、一九九六年六月に初稿が完成された。最後に、一九九六年一〇月に地理篇、社会篇の「編集小組」と合同会議が開催された後、若干の修訂を行い、ようやく定稿となった。それが一九九七学年度に主に各師範大学附属中学校で試用された「試用本」となった。

一方、社会篇も一九九五年五月に二三人の「教科書編審委員会」を立ち上げた。同委員会は、中央研究院歴史語言研究所所長・杜正勝が主任委員となり、歴史研究者の彭明輝と林富士が執筆者となり、三人とも『認識台湾　社会篇』を編纂する中心人物となった。編纂過程については、彭の回想[21]によれば、異なった政治的主張を持つメンバーもいたが、おおむね次のような段階を経て執筆を進めていた。まず一九九五年七月に執筆の依頼を受けた。そして、二人の執筆者の専門領域によって五章ずつの役割分担を決め、執筆し始めた。その間、原則として「課程標準」の教材大綱に沿って執筆を進めた。政府側からは内容に関する指導や干渉は全くなかったが、完成までの二一ヶ月の間に、「編集小組」（執筆者も含む八人、歴史篇も同様の組織を持つ）は三〇回程度、二三人の「編審委員会」は一〇回程度の会議を行い、できあがった内容に対して頻繁に討論していた。また、会議において提出された意見を取り入れて修正を行ったが、殆どは用語や表現に限られていたということである。そしてようやく委員全員が受け入れられる内容となり、一九九七年六月に、主任委員・杜正勝によって最終確認され、原稿が完成稿となったが、教科書の発表直前においてもまた編審委員会の合同会議が開催され、委員会全員の同意を求めてからようやく定稿となった。そして、歴史篇と同様に試用版が発行され、各師範大学附属中学校などで試用された。

「認識台湾」の教科書は、地域の郷土教材と異なり、中央政府主導のもとで編纂されたため、中央政府のヘゲモニー行使が十分に機能して生まれたものだと思われる。しかし、以上の編纂過程から分かるように、政府からの内容について政治的な干渉や規制を受けず、編纂者自身の自主性が基本的に与えられたと思われる。完成した内容は執筆担当者一人だけの認識が反映したものではなく、編集小組と編審委員会のメンバーで合意した共通の認識であった。

二　「郷土教学活動」「郷土芸術活動」二教科の推進過程

郷土科教育（「郷土教学活動」と「郷土芸術活動」）の運営について、本格的に政府が上から制度的に推進しようとして通達した規則が、一九九五年「教育部推動国民中小学郷土教育実施要点」(21)であった。「上からの行政運営」ばかりではなく、地方政府、師範学院（現在の教育大学）、小中学校との連携も規定したものであった。組織編成は、地域によって多岐であった九〇年代の前半と違い、その実施要点によってほぼ図5―1のように統一された。

1　中央政府による組織化

「教育部推動国民中小学郷土教育実施要点」は一九九五年に教育部が通達した規則であり、その後、二〇〇一年まで通算七年間、郷土教育の進め方についての指示として、毎年度更新されたものが教育部から各地方政府の教育局に宛てて通達されている。課程標準に対応して郷土教育の具体的な施行方法を規定したものであり、これによって初めて各地方政府の施行方法が、中央政府からの統制下に置かれることになった。

施行方法としてあげられたのは、各県・市（台北市、高雄市、台湾省内一六県・五省轄市、及び福建省の金門県と連江県の合計二五カ所）をそれぞれ一つの単位として、郷土教材編纂（本書では原則として郷土補助教材と郷土科教科書を合わせて郷土教材と呼ぶ）、交流活動（シンポジウムや座談会）、メディア教材の製作（ビデオ、スライド、インターネット、ホームページなど）、資料蒐集とデータベースの作成、教育方法の研究開発、教員研修及び推進グループの設置、の七項目を推進することであった。

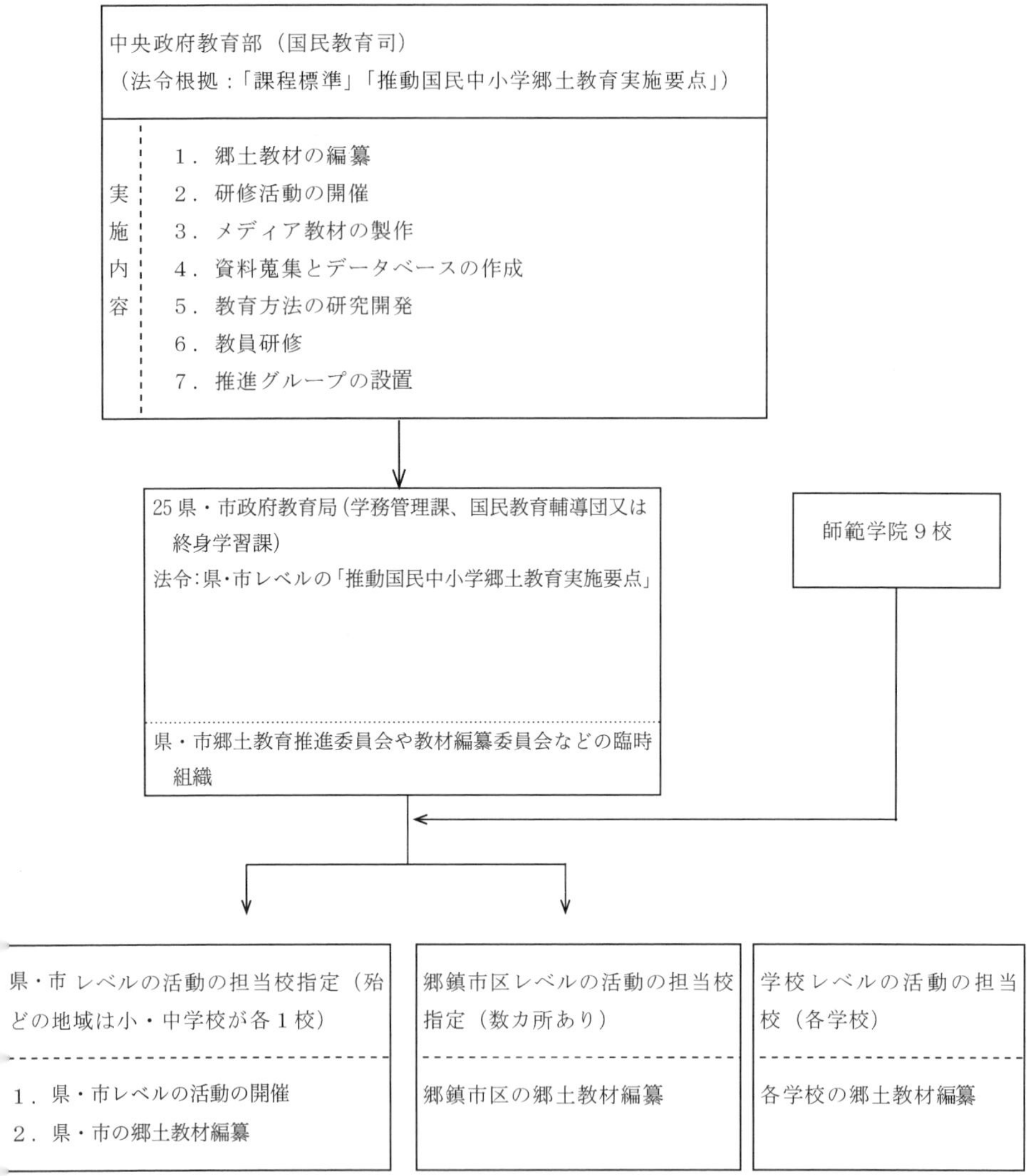

図5－1　郷土教育の組織編成の一般構図

〔台北市、宜蘭県、台北県、台中市、台中県、花蓮県の六地域を調査した結果に基づいて作成〕

言語の部分は言語の共通性があるため、実施要点によって地方政府による分担が次のように定められた。すなわち、言語教材編纂の担当県・市は台北市→閩南語[22]、苗栗県→客家語・サイシャット語、花蓮県→アミ語・カバラン語、屏東県→パイワン語・ルカイ語、南投県→ブヌン語・セイダッカ[23]語、台東県→プユマ語・ヤミ語、嘉義県→ツォウ語、台北県→タイヤル語である。殆どは言語教材編纂の経験を持つ地域が指定された。一方、完成した教材は、他の地域に提供すること、しかし各県・市がすでに編纂したものの継続使用も可能だと規定されていた。

なお、業務分担については教育部、県・市政府、小中学校の三者が連携していくことも明記されている。助成金の付与優先順位は、実施要点では「中長期計画」を立てた県・市政府に優先的に経費を補助すると定められていたが、それ以外に、会議時、教育部の指示により、「教材編纂、教授用教材編纂、教員研修、メディア教材の製作、資料蒐集とデータベースの作成」という順位が決められた[24]。この順位は、課程標準が実施された数年間の郷土教育において、なぜ学校現場の教育活動よりも教材の成果が大きかったのかということの説明になると思われる。

2　地方政府・小中学校・師範学院の連携

各県・市政府は中央政府の教育部の要求を受けて、県・市レベルの「推動国民中小学郷土教育実施要点」[25]のような規定を設け、郷土教育推進委員会、教材編纂委員会など様々な組織を設置して郷土教材を作成した。教材の作成は業務内容の中で中心的な部分となり、地方政府と小中学校と師範学院の連携した活動が進められた。

県・市レベルの教材編纂委員会は、自県・市の郷土教材（高学年向け）を編纂する責任を負った。そのメンバーの選任は共通のルールがあるわけではなかったが、殆どの場合、教育局の国民教育輔導団[26]で郷土科や社会科の「輔導員」を兼任する小中学校の校長（又は教師）が、委員会の招集人（代表編集者）となって編纂委員会のメンバーを集めた。そのため、一般にその校長や教師の勤務学校が教材編纂を担当した。簡便のためここでは「担当校」の表現を使用する。

執筆分担者は、教材編纂の計画を立てた後、編纂委員会のメンバーの間から選ばれ、殆どの場合、多数の現場教師と師範学院の教師達(指導者或いは編纂協力者の立場で参加することが多い)の共同執筆によって編纂された。完成までの間に多数の編纂会議がもたれ、集団的な審議と議論に基づいて原稿の書き直しが行われた。

郷鎮市区レベルの郷土教材編纂(中学年向け)は通常、県・市内数カ所の学校が担当し、県・市レベルの教材編纂委員会の下に位置づけられた。殆どの場合は郷土教材担当校の形で、県・市政府から助成金を得て、自郷鎮市区の教材(中学年向け)を編纂することになった。編纂手順は県・市レベルの教材と大体同様で、内容指導を師範学院の教師に依頼することが多かった。郷鎮市区のような小地域を教科内容としたため教科書の発行点数が圧倒的に多くなった。宜蘭県の場合、同県教育局によれば、一二郷鎮市の三、四年生の教材は学生用と教師用を含め、全部で四八冊あった。

学校レベルの教材編纂に関しては、全く各学校に任せられていた。義務ではないため、県・市政府からの助成金も出されず、必要な経費は学校自身が負担した。それは、学校には郷土教材を編纂する義務がなかったことを意味しているとも言えるが、にもかかわらず、学校史や学校周辺の文化、歴史などを取り扱って郷土教材を編纂する学校も少なくなかった(27)。

教材内容に関して、以上の三レベルのいずれにおいても中央政府と地方政府からの指導や干渉がなく、その執筆内容は全て編纂者の自由であった(28)。ただ、一九九〇年初期の段階において郷土に関する著作物が少なく、また執筆者達の殆どは台湾史を学んだことのない世代であり、そのため、多くの教育関係者が教材作成に際して、専門家から知識を得、或いは自ら史料(日本統治時代の郷土読本も含む)を蒐集し、場合によって、年配者のオーラルヒストリー採集を行うなどのフィールドワーク調査も行ったのである。そのような執筆活動は、従来潜在化していた台湾意識を汲み上げて教材化させることに結びついたと考えられる。

3　一九九八年、教育部の「視察・評価」活動

小中学校の教育を管轄する教育部国民教育司は、一九九八年六月に花蓮県吉安国民小学ではじめて「視察・評価」活動を行った。当時国立台北師範学院の校長だった欧用生をはじめとする一二名が教育部の依頼を受けて視察員となった。既に一九九五年から一九九七年までの三年間助成金を受けていた県・市政府が対象となり、郷土教育の実施状況について評価が行われた。これは教育部が初めて各地の郷土教育に介入したものといえる。

評価項目は、行政運営、教材編纂、教師研修、メディア製作及び郷土教学資源センターの五つで、特に教材編纂の一項目だけに五五％を占める比重が与えられていた(29)。逐年進行のため、それまで編纂されてきた小学校三、四年生向けの教科書が主な審査対象であった(30)。

その評価基準は、プラス指標の「学生向け、郷土化、授業用、活動化」と、マイナス指標の「成人向け、観光用、他の教科化、静態化」の二つに別けられていた(31)。評価結果から判断すると、郷土教材の「総合化、簡潔化、活動化」にプラスの評価を与えていた。具体的にあげれば、よい評価を得たのは①言語、歴史、地理、芸術、自然の五分野を一冊の教材に総合化したもの、②記述を簡潔にしたもの、③教材内容が活動を基盤としたものであった。そのような評価が出されたことによって、一九九八年以降、一部の地域の教材編纂（逐年進行のため、五、六年生向けの郷土教科書が影響を受けた）は、「成人向け又は教師中心主義の教育内容から児童中心主義の教育内容へ」と転換する様子が見られることになった(32)。

この「視察・評価」活動において、本書にとって重要なのは、特定の歴史観を子供達に形成するような方向性がなかったことである。視察団は教授上の方法原理に基づいた理念を強調し、教材の難易度や分量などを評価の中心とした。編纂の主な担い手となった小中学校や師範学院の教師は、この「視察・評価」活動に際して、殊に歴史観を左右されるような指導、規制、干渉或いは評価を全く受けず、その点で全く自由であった。ただ、「総合化」という評価基準が

提示されたため、後に多くの県・市で発行される高学年の教科書が学年ごとに内容をそれぞれ全一冊にまとめたものになるという変化が起こった。つまり、以降の郷土科教科書の編纂形態がほぼ共通化したことは、中央政府に統御された結果とも言えよう。言い換えれば、中央政府によるヘゲモニーの行使は各地の教材編纂組織の編成と教材の形式に対するものに限られ、教材内容には及ばなかったのである。

以上に述べたような展開を経て、郷土教育は行政的枠組みの原形がほぼ出来上がり、また台湾のすべての地域に広がり、郷土科は全国的な教育体制の中に位置づけられるようになった。

第四節　『認識台湾』と郷土教材にみる新しいアイデンティティの提起

一九九〇年代に編纂された『認識台湾』と郷土教材はアイデンティティ創出を指向するものといえるが、その点で注目したいのは、教材の編纂が「如何に過去を認識するか（させるか）」を主題として展開されてきたということである。九〇年代、台湾の郷土教育の業績の中で最も大きなものの一つは『認識台湾』の編纂と郷土教材の開発であったといえよう。ここでは編纂された教材の歴史記述の内容から、台湾人アイデンティティがどのように提起され、収斂しつつあるかを確認することにしたい。まず、郷土教材発行の概要を表5―2のように整理しておく。

一　『認識台湾』の歴史記述と歴史認識論争

台湾の中学校（三年課程）の歴史教育は『認識台湾』が登場するまで、一年と二年の前期で「本国史」、二年後期と三年で「外国史」を教えていた。台湾の歴史は「本国史」との関連で簡単に触れられるだけで、僅かな記述しかなかった。しかし、一九九七年秋からは、一年生で、日本の社会科にあたる歴史、地理、公民の内容を「認識台湾」の名称で括っ

表5－2　郷土教材発行の概要

責任者	発行所	書名、教材の使用方途	取扱い内容	編集者・団体	出版の主要時期	備　考
中央政府教育部	国立編訳館(統一版)	中学1年生「認識台湾」教科書(『認識台湾』歴史篇、地理篇、社会篇の三冊)	台湾、澎湖金門、馬祖	国立編訳館編集・審査	試用版1997年 正式版1998年	生徒用と教師用は別冊となる
各県・市政府教育局	各県・市政府(地域版)	郷土補充教材	県・市の全地域	県・市政府を中心に	1994年以前の出版が多い	県・市政府文化局の編纂したものも多く見られるが、ここでは教育局のもとで編纂された教材を中心に整理した。なお、生徒用と教師用は別冊とされたものが多い。
		中学1年生用「郷土芸術活動」教科書	県・市の全地域の芸術活動を中心に	担当校指定	1995年頃	
		小学校3年生用郷土科教科書	郷鎮市区を範囲として	担当校指定	1998年～1999年	
		小学校4年生用郷土科教科書				
		小学校5年生用郷土科教科書	県・市の全地域	担当校指定	1999年～2001年	
		小学校6年生用郷土科教科書				
各学校	各学校(地域版)	小学校3年生用教科書	学校や学区を範囲として	各学校が独自に編纂(自発的)		学校によって編纂しない場合もある

〔筆者作成〕

て教えることになった。使用される三種類の教科書『認識台湾　歴史篇』『認識台湾　社会篇』『認識台湾　地理篇』(33)において、台湾史は、従来より大幅に増加され、歴史教育は新しい局面を迎えることになった。但し二年生には従来通り「本国史」として中国史が教えられ、三年生には「外国史」が教えられた。『認識台湾』三冊のうち、アイデンティティ形成の問題に直接関わるのは歴史篇と社会篇であった。

『認識台湾　歴史篇』は既に多くの書で指摘されているように、一言でいえば、古代から現在に至るまでの台湾の歴史を台湾本位に描いたものであった(34)。本書で注目している歴史記述については、概略以下のような内容となっていた(35)。【】の中の時代表記が同書で使われている中国語表記である（ただし常用漢字体に改めた）。

【史前時代】（先史時代）旧石器時代晩期から、約四百年前に漢民族が台湾に移住する以前の、「国家に類する政治組織が現れていなかった」時代を指す。当時の台湾の主人公は原住民だったと強調し、台湾は原住民に起点を持つことを明記している。そのことにより、「台湾は古代以来の神聖で不可分の中国領土」と断じてきた大中国史観の否定を認めることができよう。

【国際競争時期】台湾の歴史時代の開幕は一六世紀に入ってからで、その幕開けは漢人だけではなく、日本人、オランダ人、スペイン人によると記述し、四者を同列に位置づける。さらに「当時まだ明の版図ではなかった大員（台湾の旧称）」という記述から、台湾は中国ではなかったという意味も読み取れる。

【鄭氏治台時期】（鄭氏三代のの台湾統治時期）従来、この時代を「明鄭時代」と呼び、そのオランダ人駆逐については「復台（台湾回復）」との言葉で教えられてきた。しかし、同書では鄭成功はむしろ開拓移民であり、オランダ人に代わる外来支配者の一人といった印象を与えている。また、この頃から台湾における漢人社会の基盤が出来たことも指摘されている。

【清領時代前期】【清領時代後期】（清の領有時代）漢人社会がさらに発展拡大した清の前期は、清朝は台湾統治に消極的であったと記述する。後期には、日本の台湾出兵と、清仏戦争の二つの影響で、清は積極的な政策をとることになり、劉銘傳などの高官を相次いで台湾へ派遣し、台湾を当時の中国の最も近代化した省にしたと述べる。前期後期を通じて、清朝もまた歴代外来政権の一つという印象を与えている。

【日本殖民統治時期】従来の教科書で使われていた「日拠時代（日本占領時代）」という呼称から「日本植民統治時期」へと変えられたが、一方で、植民地政府に対する台湾人の「武装抗日は二〇年もの長きに及んだ」と述べ、反植民地統治の主張が強く見られる。ただ、日本統治については、ネガティブな面だけではなく、時間を守る観念、遵法意識、衛生の向上などを肯定的に評価し、「日本語が台湾人の現代知識の吸収に役立ったのも事実」と記述する。また、鉄道、港湾の整備や製糖業の発展、さらには工業化など、日本の植民地政策が台湾の産業インフラや教育インフラなどを推進したことにも多くのページが割かれている。こうした近代化の評価は、抗日戦争の歴史的経験に根ざしている中国民衆の反日感情とは最も相違するポイントになると思われる。

【中華民国在台湾】（台湾における中華民国）一九四七年国民党統治下で起こった本省人弾圧事件である二二八事件について、事件の原因が政府当局側にあったことを明記している。表現は「行政長官公署の施策が妥当を欠いたため」と抽象的で不十分ではあるが、それでもなお当時としては画期的なものであり、今日でも高く評価されている。さらに、従来の歴史教科書では戦後を指して「光復後の台湾」（中国への復帰後の台湾の意）と表現していたが、「台湾における中華民国」と呼称が改められ、中国中心の歴史観から距離を置いている。また、全中国大陸を領有するとの建前とは別に、中華人民共和国の大陸領有という現実を、今や実際にはすでに受け入れられていると強調し、台湾の主体性を求める姿勢が見られる。

以上のように『認識台湾　歴史篇』では、台湾の歴史は先史時代、国際競争時代、鄭氏統治時代、清朝領有時代前期、清朝領有時代後期、日本植民地統治時期、そして「台湾における中華民国」というように時代が区分され、台湾文化の多元性を強調している。

一方、教科書『認識台湾　社会篇』は日本ではあまり注目されていない[36]が、「我々は皆台湾人である」「台湾意識」「台湾魂」などを強調しており、台湾人アイデンティティを明示するという点で歴史篇よりもアイデンティティ形成への志向が明瞭に現れている。同書もまた、前節で述べたように、歴史研究者が執筆者となった教科書で、台湾が四大エスニック集団（四大族群）の文化的共同体でもあり、政治的共同体でもあるという理解が歴史の記述を通して展開されている。具体的にいえば、台湾には曲折に富む歴史体験があって四大エスニック集団を持つ多元文化社会が形成され、また、台湾の文化を構成しているのは、南島系の原住民文化以外に、前近代の漢民族移民、日本統治時期の植民地経験、及び戦後国民党政権が持ち込んだ中華文化などの諸要素であるという認識を示している。

「歴史篇」も「社会篇」も刊行直後から一部の大中華主義的な研究者の反発を呼ぶことになり、「歴史教育を通して脱中国化の目的を達成する」ものと異議が出された。教科書出版当初、マスコミにも大きく報道されていたが、そのほか、王仲孚と王暁波をはじめとする台湾史研究会（一九八七年成立）が、一九九七年九月に『認識台湾　教科書　参考文件』[37]を出版した。『認識台湾』への反発は、殆どこの出版物から知ることができる。その批判は非常に多くの部分に及んでいるが、以下に、アイデンティティに直接関わる部分を紹介する。

(1)年号表記について：従来の教科書は西暦と中国紀元を併用していたが、『認識台湾』は第二次世界大戦を分岐点とし、それ以前については西暦を、それ以降については民国紀元を採用しており、その用いた年号表記が批判された（八九頁）。

(2)時代区分による多元文化の提起について：オランダ、スペイン、日本などの支配下で受けた多元文化の影響を説明する歴史記述に対して、多元文化を強調し、歴史教育を通して「脱中国化」の目的を達する内容だと強い不満を述べた（一〇頁）。

(3)従来の「明鄭時期」を「鄭氏治台時期」（鄭氏三代の台湾統治の略記）という表現に入れ換えたことについて、明代の鄭成功が代表した中国勢力の身分を意図的に隠したのは史実を抹殺することになる、と非難した（九頁）。

(4)日本統治時代の部分は「孫文が三回訪台」「興中会の台湾分会が成立」など中国との関連の事実が全く記述されていないため、「台湾と中国とのつながりを切断した」と批判した（一七七頁）。そして、従来の「日拠時期」を「日本植民統治時期」或いは略して「日治時期」と呼び方を変えたこと[38]は、日本へのプラス評価となり、植民地行為を正当化したと批判した（一四〇頁、一四七―一四八頁）。また、『認識台湾』の親日的記述（例えば、近代化の導入によって台湾にもたらした変遷の記述）は日本の被害を受けた多くのアジアの国々から疎外されると言い（一五四頁、一七〇頁）、「抗日史」こそ台湾と中国の主体性が作れるとも主張した。

(5)戦後史については、「第二次世界大戦後」という時代呼称に抗議し、従来の「光復」という語に訂正しなければならないと強調した（九〇頁）。また、二二八事件は「省籍衝突」（台湾省籍を持つ人と他省の省籍を持つ人の衝突）ではなく、反政府事件だと主張し（五一頁）、戦後史は李登輝の時代に記述が集中しすぎ、李登輝の政治的立場を反映した歴史的評価がなされていると非難した（一三四頁、一五五頁）。

(6)多民族提起への異議[39]：「四大族群」（原住民、閩南人、客家人、外省人）というエスニシティ構成の表現に対して、台湾には九九％の漢民族と原住民の二分法しかないと強調し、また、原住民も漢民族も中華民族の一員と主張した（一五二頁、一八一頁）。

(7)言葉遣いにみる中国人アイデンティティと台湾人アイデンティティとの対峙：「台湾と中国大陸」という表現は

台湾の主権が中国にないという意味になるので、従来の「台湾と大陸」というふうに訂正しなくてはならないと強調した（三三頁）。また、「漢人→中国人」「漢人政権→中国政権」のようにすべての「漢人」の箇所は「中国人」に変えるべきだと強く主張した。「中華民族」「中国人」などの語は教科書内容に全く見られず、その代わりに「我々は皆台湾人である」（社会篇についての批判）というのは不当だと批判し（一三〇頁）、「建設台湾」を強調しているが、「平和統一」が全く記述されていない」ことにも不満を述べた（九〇頁）。

以上のような論点について、批判派はマスメディアを通じて論争をしかけるに至り、事態は政治化の様相を呈した[40]。しかし、政治的圧力による修正は行われなかった。社会篇教科書でヘゲモニーの競い合いに最も関わると思われる「日治時期」（歴史篇と異なる表現）「台湾意識」「我々は皆台湾人である」などの記述は変更されず、使い続けられた。社会篇執筆者・彭明輝によれば、妥協の部分はあったが、それは編審委員会による討議の結果であり、批判派の抗議を受けたことによる修正ではなかったという[41]。また、歴史篇執筆者・呉文星も批判に応じて妥協した部分は少ないと述べ、さらにこの教科書は台湾の国史であり、郷土史ではないと主張している[42]。教材内容をめぐって中国人アイデンティティと台湾人アイデンティティのヘゲモニーを競う論争がなされたが、そのことは『認識台湾』が従来の教科書の中国人アイデンティティを形成しようとする内容と異なる性格をもつものであることの反映であった。

二　郷土補充教材と郷土科教科書における歴史記述の特徴

歴史認識のズレや対立は、各地方の郷土教材の編纂にあたっても、その担い手が直面した問題であった。当時、歴史観の編成替えが行われていたが、歴史認識の差異性は大きく存在していた。それは四大エスニック集団各々の辿ってきた歴史的経験が異なるためであった。例えば、原住民にとっては、この土地はかつて我々のものだったという記憶があり、漢民族が侵入者であった。また、抗日戦争がもたらした歴史的試練の深刻さを体験した外省人の歴史的記憶においては、日中戦争が核心となるが、総人口の八〇％を超える本省人（閩南系と客家系）と原住民においては、割譲当初の武装抗日運動のほか、日本統治による近代化、さらに日本人として第二次世界大戦を戦ったという記憶も持ち続けていた。そして、その違いは地域差となって現れることもある状況であった。

郷土教材編纂の担い手は、『認識台湾』とは異なる主体として各地で教材を作成したが、『認識台湾』と共通した内容が既に提起されていたばかりでなく、また、地域差や執筆者の歴史認識を反映していくつかの異なる歴史観も現れた。郷土教材の場合は論争を生むことはなかったが、それらの教材が描き出した歴史観のあり方は様々で、台湾のアイデンティティ形成の全体像を探る有力な手掛かりとなる。一九九〇年代初期に各地域の間で郷土教材に生じた歴史叙述の差異が後の郷土科教科書においてどのように変容していくかを、いくつかの例から紹介しておきたい。

一九九〇年代初期のものとしては、宜蘭県の中学校郷土教材『蘭陽歴史』、花蓮県の郷土教材『蓮花浄土―我們的家郷　花蓮』及び新竹市の小学校郷土教材『認識我們的家郷　談古説今話竹塹』（歴史篇）があげられる（この時期は後の郷土補充教材を郷土教材と呼んでいた）。

『蘭陽歴史』[43]（一九九三）　同書の採用している時代区分は『認識台湾』とほぼ同様であり、全体的に各時代に「功」の面もあり、「過」の面もあるというふうに時代評価をしている。

歴史の始点は新石器時代の原住民にあったことを強調し、鄭成功時代については、オランダ人を駆逐したが、その勢力が宜蘭に及んでいなかったと述べ、従来の教科書で漢民族至上の立場から強調されていた、明清朝時代しかなかったかのような唯一性は見られない。日本植民地時代については抗日運動を取り上げる一方で、次のような評価も見られる。

「日本統治初期、様々な側面から植民地政府が台湾を永久に占領すると決心した様子が見られる。例えば、宜蘭国語伝習所の設立によって台湾人に日本語を教え、お互いのコミュニケーションを促進した。病院を建てたが、それは宜蘭で最初の病院であった。監獄や法院の設立によって厳しい刑罰制度を用いて台湾人の遵法精神を養った。」(四八頁)

一方、一九四七年国民党統治下で起こった本省人弾圧事件である二二八事件に関しては、政府の処置が妥当でなかったために勃発した出来事であると淡々と述べ、あまり事件の深層に触れていない。戦後については従来どおり「光復後」(中国への復帰の意)の語を用いているが、それは僅かに一、二カ所だけである。

『蓮花浄土—我們的家郷　花蓮』(44)(一九九三)　同書が歴史を描いたのは「第二章　花蓮的開発」(花蓮の開発)という部分である。時代区分はオランダ人、スペイン人、明の鄭成功の勢力のいずれも花蓮に及ばなかったため、「洪荒時期」(先史時代)、「清朝時期」、「日拠時代」、「光復以後」のように分けられている。「日拠」「光復」などの用語と年号表現は旧来のまま残っていたが、先史時代に居住していたアミ族、タイヤル族、ブヌン族、平埔族の紹介は伝説を物語風に記述したことが目立ち、諸族の習俗も含めて正味九ページにも及ぶ分量(他の時代は二ページ。比較は修訂版のページ数で行った)で記述されている。先住の原住民が花蓮の開発史の中で重要な位置づけとして記述されているのが特徴の一つである。

「清朝時期」の内容は、その時代に始まる漢民族の移民が如何なる歴史を経てきたかが記述の中心となっている。また、後半は沈葆楨、劉銘傳の建設により、台湾における花蓮の重要性が段々現れてきたとも述べている。

「日拠時代」についての歴史評価は初期の武力鎮圧を紹介する一方、工業建設、鉄道敷設、道路施工、花蓮港庁の設置、花蓮港竣工等の業績を高く評価している。

戦後については、初期の民選県知事の誕生を紹介しながら、地方自治制度が完成したと述べ、また国民党政府が教育制度の整備、空港、鉄道の建設などに力を注いだことによって僻地のイメージがなくなったと記述されている。

総合的にみると、各時代のいずれも、「功」を称揚し、「罪」に触れないというのが特徴である。また、エスニシティ集団の構成は四大エスニック集団（族群）よりも細分化されていて、現在の花蓮県の多民族構成の実態を反映しているように思われる。

『認識我們的家郷　談古説今話竹塹　歴史篇』(45)（一九九四）　同書は孫への昔話という形で各時代の様子を物語風に記述するなどの工夫がなされ、『蘭陽歴史』のように「客観的」にその時代の事業だけを記述しているのとは対照的である。

平埔族の一族であるタオカス人が新竹に先住していたような時代から始まっていることは、他県・市の教材とほぼ一致しているが、清朝時代の漢民族移民の説明では、現在、新竹市にある中国大陸密入国者の収容所から話を始めていることが印象的である。つまり、「三百年前の我々の祖先も清朝政府の反対を無視し、台湾に密入国してきており、今は同じ歴史が再現されていますね。」（二二頁）といかにも大陸と縁を切るのは無理だという印象を与えている。また、日本統治時代について全編批判的、否定的で、例えば次のように述べている。

「日本人が教育制度を作りました。また、衛生面、防疫、戸籍管理を重視し、阿片を取り締まって、不良習俗をも改善した。そのことは台湾に貢献があるというかもしれません。しかし、それはすべて台湾を永久に占領するつもりだったからです。

別に台湾人民の生活を改善するためではありませんでした。」「この目的は実現できなくてよかった。八年の抗日戦争で我々が勝ったのですからね。」(五六頁)

こうした叙述は『蘭陽歴史』と全く対照的な表現である。また、戦後の国民党政府については全体的に肯定的な評価となっているというのも特徴的である。

以上のように、九〇年代初期、中国に偏りがちな歴史観に止まる新竹市の例もあったが、三つの郷土教材における台湾主体の歴史観の提起は『認識台湾』に先行しており、台湾人アイデンティティの一体性を追求する道を切り拓いていた。郷土教材の内容は、歴史認識の再編が中央政府よりも地方政府の方で早く始まったことを明瞭に示している。それは台湾人アイデンティティの形成が、中央政府の政策による主導ではなかったということを示すものとして極めて重要である。

次に、一九九六年以降の代表的なものとして台北市の郷土教学補充教材『故郷台北』(歴史篇)を取り上げたい。

『故郷台北』(46)(一九九六)　同書の歴史叙述は新石器時代の大坌坑文化、圓山文化による「史前時期」を起点として始まる。原住民のケタガラン人が台北盆地を開拓し、明清時代の漢族移住によってケタガラン人の漢民族化が続いたという記述は、『認識台湾』と同様に、文化の多元性を語っているという印象を受ける。日本植民地時代については、日本人の六氏先生が遭難した芝山巌事件を抗日として取り上げる一方、近代化の推進も強調する。

戦後、国民党政権の台湾移転については、官員汚職や軍紀腐敗などの原因で二二八事件を誘発したことが六頁にもわたって詳述され、小学校の教材として初めて取り上げたことで、発行当時非常に注目された。ただ、「台湾光復」、「祖国中国」などの表現が散見される点は従来の歴史教科書と同様である。

郷土科の実施にそって、一九九九年から二〇〇一年にかけて刊行された小学校高学年の郷土教材は、前述の郷土補充教材（副読本）と同じように、県・市を範囲とする教材であったが、この時期には「郷土科教科書」と位置づけられている。宜蘭県『咱個家郷・宜蘭』、台北県『郷土教学活動』、新竹市『郷土教学活動科』、台南市『愛我府城』、台北市『台北好光景』(47)、花蓮県『青清好家郷・花蓮』(48)を比較したところ、「郷土教学課程標準」に規定されている言語、歴史、地理、芸術、自然の五分野を、一冊の教科書の中に収める傾向がほぼ定着していた。分冊編集とならなかったのは、前述のように一九九八年の教育部の「視察・評価」活動の影響と見られる。それゆえ、歴史以外に地名沿革、習慣、文化、宗教、芸術、自然など、かなり広範囲の題材を用いて地域文化や生活を総合的に叙述する側面が強く見られ、その点はどの教科書も一致している。そのことは、結果的にその居住している地域の文化的な郷土意識の明瞭化につながっているとも言えよう。

一方、本書で注目している歴史記述については、上記六書に共通する以下のような特徴が見られる。

(1)考古学を起点にする歴史叙述、原住民を起点にする台湾史：考古学の成果などを取り入れ、台湾における先史時代（地域によって旧石器時代又は新石器時代）を登場させ、そして、台湾に先住している原住民諸族を詳述している。

(2)中華文化との包含関係：明、清朝統治の正統性を強調する傾向がなくなり、各時代を同列に扱う。多文化社会形成の認識は大体一致している。中国文化は排除するものではなく、ある時代の台湾を形成する一要素として働いているものだと捉えている。

(3)外来政権と時代区分：先史時代、原住民時代、オランダ、スペイン時代、明鄭成功時代、清朝時代、日本統治時代、光復以後（戦後）という区分が、各地域の教科書の共通の時代区分になっている。ただし、明朝、オランダ人、スペイン人の勢力が及んでいなかった地域では、教科書にその時代についての叙述がない。この時代区分は各時代を同列化しており、中国による統治の正統性が否定されたことを反映しているといえよう。また、日本統治時代については「日拠時期」の代わりに「日治時期」の表現が増加していて、『認識台湾　歴史篇』の「日本植民統治時期」とはまた異なったものとなっているが、『認識台湾　社会篇』と同様である。

(4)日本植民地時代の扱い：評価という点では地域ごとにニュアンスの違いも見られるが、最も日本統治を非難する新竹市の教材でも、かつてのものほど極端な記述がなくなり、プラス評価の面も少し提起されている。反植民統治を強調する一方、日中戦争に根ざしている中国の反日感情との相違、すなわち日本統治による近代化などを叙述することは共通の特徴である。

(5)「自身の表現」について：「(われわれは)中国人である」という記述が所々見られる新竹市の教材は例外として、多くの教材には「中国人」「中華民族」などの表現がなくなっている。

(6)エスニシティ構成の取り扱い：四大エスニック集団(原住民、閩南人、客家人、外省人)という認識が共通して存在している。但し、台北県では、「原住民文化」、「閩南文化」、「客家文化」及び「その他」の四項目に区分し、「その他」はさらに「中国北方文化」と「外国人文化」に分けている。

一九九〇年代の郷土教育の教材内容は、以上述べてきたように、歴史認識と郷土意識の点で、台湾全土に一致するものを形成するに至った。歴史認識では台湾本位の歴史叙述が定着し、日本に対する評価については初期にあった極端な反日史観がなくなり、客観的評価に収斂して差異がなくなりつつある。郷土意識もまた、台湾を中心とした同心円的認識が定着しただけでなく、「学区→郷鎮市区→県・市→台湾(中華文化が含まれる)→世界(中国を含む)」という構図が定着しつつある。一九九〇年代初めの郷土教材に現れた台湾本位の歴史観が『認識台湾』で強化され、それがまた郷土教科書の内容にはね返ったのである。

第五節　考　察

本章では台湾の郷土教育が一九九四年以降、中央政府の行政運営によって組織化・制度化されていたことに注目し、そして教科書『認識台湾』及び各地の郷土教材の自主的な編纂過程を通して台湾独自のアイデンティティが提起されてきたことを論証してきた。これまで論じてきたことを踏まえて次のようにまとめたい。

第一に、歴史観及び郷土意識の形成が、中央政府レベルと地方レベルの展開の相互作用によって形成されたものであったということである。郷土教育教科設置は地方政府の活動を受けて形成されてきたが、一九九四年から、郷土教育は学校教育の中に正式に取り入れられただけではなく、教材の編纂、行政運営の組織編成なども充分に提示されるようになった。その結果、殆どの地域は類似性の高い行政的仕組みを設け、同心円理論に基づく授業用の教科書編纂に全力を注ぐことになった。その運営において、郷土教育の行政運営と郷土教材の編纂形態の二点に限れば、中央政府の統制が支配的になったといえる。しかし、教材内容についてはヘゲモニーを行使するのは中央政府でもなく、地方政府の教育局でもなく、編纂執筆に携わった小中学校の現場教師と師範学院の教師、さらに民間人であった。それゆえ、郷土教材に現れた歴史観と郷土意識は、中央政府と地方政府の支配的イデオロギーに統御されるのではなく、個々の回路を経由して働く相互作用のなかで生み出された。各地での組織編成は若干の共通化ができたにも関わらず、地域の自主性が許容されているため、教科書内容にそれぞれの個性が強く現れたのである。

それに対して、『認識台湾』は中央政府のもとで編纂されたものであるため、上からの政治レベルのナショナリズムが込められているように見えるが、政府から内容に関して干渉や規制を受けていなかったことは重要な特徴であろう。また、その歴史観は既に一部の地域の郷土文化教材が提起したものであり、むしろ民間レベルを後追いしたものといわざるをえない。『認識台湾』は日本で新しい歴史観として広く紹介されているが、実際には一九九〇年代初期、郷土教材の編纂を通して教育界に導入されたものであり、『認識台湾』の発行により、それが郷土教育における主流となったのである。『認識台湾』の登場は逆にいえば、各地で手探りで追求されていた台湾意識を集約したものといえるだろう。また、台湾主体という一つの原理で歴史観を統合し、収斂していく役割を果たしたものでもあるといえよう。

まとめとして第二にあげたいことは、歴史観及び郷土意識の形成が、新しいアイデンティティの構築へと向かうものだということである。台湾主体の歴史観は郷土教材が台湾史を主題化する過程で提起され、『認識台湾　歴史篇』『認識台湾　社会篇』によって集約され、その後に編纂された郷土教科書によって確実なものとなった。従来、台湾で教えられていた中国史と鮮明に対立する歴史観が教育の場で明確に位置を占めることになったのである。例えば、日本について述べるなら、歴史的記憶はプラス評価の側面、とくに近代化を提起するということであった。日本植民地時代の歴史的体験は、中国と異なる台湾社会の独自性・特殊性を主張する論拠として後世へ伝えられるべきこととされたのである。そのほか、「台湾における先史時代の登場」「原住民に起点を持つこと」「明清朝も含む各時代の同列的扱い」「二二八事件を取りあげることによる国民党政権の相対化」などの項目も、中国大陸と異なる台湾独自の歩みを決定する要素として明確に示された。そのような脈絡を経ながら生み出されてきた台湾史の叙述が、郷土教育の一環として台湾全土で独自の形で再構築されつつあるのが現在の台湾の状況であると捉えられる。そのような独自の歴史の形成は、新たなナショナリティの形成を促すと見られ、郷土教育は国民形成としての機能を果たしていると言えよう。

一方、この郷土教育は一体性を追求しながらも、四大エスニック集団の調和と郷土地域文化の強調といった形をとっている。小中学校の郷土科は中学校の教科「認識台湾」の演ずる役割と共通する部分があるが、また異なる性格も持っている。それは児童が居住している地域の文化・生活に力点が置かれていること、つまり郷土意識の形成の側面が強調されているということである。これまで考察してきたように、各地域の郷土教材は、台湾を主体とするナショナル・

アイデンティティの明確化を避けたままで、単に台湾の地域社会の文化、歴史などを材料にして編纂が進められた。それは「国民」や「国家」を論じること自体がエスニック集団の対立につながりかねないとして忌避されてきた結果であろう。しかしながら、各教材には国民育成の視点や自覚は表面上採られていないにも関わらず、郷土教育の展開には多様な地域文化とエスニック文化からなる多元性を持った台湾アイデンティティが新たに構築されつつあることが現れていると筆者は判断している。そのような「多」で構成される全体としての台湾の強調は、単一の中華アイデンティティとは異なる台湾のありようを明瞭に意識させるものとなっている。小地域（家庭、学校、居住地）を中心とする郷土科教育は、「台湾の中に郷土がある」という台湾の主体性を強調することとなり、教科「認識台湾」とアイデンティティ形成の両輪ともいうべき相補的な関係にあったといえる。また、「国史＝台湾史」「郷土史＝地域史」という構図をよく反映したものともいえる。

注

（1）教育部（一九九三）『国民小学課程標準』一九九七年改訂再版、三三七—三六〇頁。
（2）教育部（一九九五）『国民中学課程標準』。
（3）教育部（一九九九）『教育改革的理想与実践』五一—六四頁を参照した。
（4）周淑卿、林瑞栄は当時与党の国民党は前者の構図を、野党の民進党は後者の構図を描いたと指摘した。周淑卿（一九九六）「我国国民中小学課程自由化政策趨向之研究」台湾師範大学教育研究所博士論文。林瑞栄（一九九八）『国民小学郷土教育的理論與実践』師大書苑、五二頁。
（5）『立法院公報』八三巻八三期（一九九四年一二月一九日会議記録）、七七—七八頁。
（6）『立法院公報』八四巻五期（一九九五年一月四日会議記録）、四一三頁。
（7）国民党系立法委員洪冬桂の「私は澎湖で生まれ育った台湾人です。しかし、中華民国憲法が改正されていない現在、私は中国人であり、中華民国の国民です。」という発言が『立法院公報』第八四巻七期（一九九五年一月九日会議記録）、六八頁に記録されている。
（8）『立法院公報』八三巻八二期（一九九四年一二月一四日会議記録）、五四九—五七五頁。

(9)『立法院公報』八三巻八三期(一九九四年一二月一九日会議記録)、六七―九一頁。
(10)この点については『立法院公報』第八四巻第五期、四一一頁を参照。
(11)王暁波ほか(一九九七)『認識台湾教科書参考文件』台湾史研究会、五頁。
(12)蔡志展(一九九三)「郷土資料與郷土教材之商榷」『国教輔導』第三二巻第四期、九―一三頁。
(13)黄玉冠(一九九四)『郷土教材発展与実施之分析研究―以宜蘭県為例』国立台湾師範大学教育研究所修士論文、一七頁。
(14)夏黎明(一九九五)「郷土的範囲、内容與教育意涵」黄政傑・李隆盛編『郷土教育』漢文書店、三―九頁。
(15)鍾喜亭(一九九五)「郷土教材的設計」黄政傑・李隆盛編『郷土教育』漢文書店、二七―三五頁。
(16)黄政傑・李隆盛編(一九九五)『郷土教育』漢文書店。
(17)梅広(一九九五)「郷土語文的範囲、内容与教育意涵」黄政傑・李隆盛編『郷土教育』漢文書店、八七―九二頁。
(18)師範系の郷土教育学位論文を概観してみたが、その殆どは教育方法の視点から論じていたものである。代表的なものとしては林瑞栄(一九九八)『国民小学郷土教育的理論与実践』師大書苑があげられる。
(19)歴史篇については次の文献を参照した。呉文星(二〇〇二)「台湾の国民中学『認識台湾　歴史篇』を執筆して―その編纂から使用まで」『歴史評論』校倉書房、一二月号、一四―二七頁。里井洋一・山口剛史(一九九八)「『認識台湾』関連文献目録1」『琉球大学教育学部紀要』第五三集、一―三〇頁。
(20)社会篇については執筆者の彭明輝(現在、国立政治大学歴史学科教授)へのインタビューによるものである(二〇〇六年一〇月)。
(21)教育部(一九九五)「教育部推動国民中小学郷土教育実施要点」台(84)国〇〇一四八七号函。
(22)行政機構の簡略化した一九九九年以前、閩南語教材編纂の担当は台湾省政府であった。
(23)南投県霧社に居住しているタイヤル族は自らをセイダッカ族と呼んでいる。柳本通彦(一九九九)「解説に代えて」下山操子著／柳本通彦編訳『故国はるか―台湾霧社に残された日本人』草風館、二七八頁。
(24)林瑞栄(一九九八)『国民小学郷土教育的理論与実践』師大書苑、七三頁。
(25)この点に関しては、二〇〇〇年から二〇〇一年にかけて筆者の調査結果によるものであるが、詳細は以下の関連法令をも参照した。「台北市推動国民中小学郷土教育実施計画」「台北県郷土教育及母語教学発展計画」「宜蘭県推動国民中小学郷土教育実施計画」「台中県推動国民中小学郷土教育実施計画」「台中市推動国民中小学郷土教育実施計画」「花蓮県国民小学推展郷土教学実施計画」「花蓮県国民中学推展郷土芸術活動実施計画」など。
(26)汪知亭(一九七八)『台湾教育史料新編』台湾商務印書館、二七五頁によると、一九五八年に成立した台湾省国民教育輔導団は台湾全省の各県(市)を巡回し、教育相談の役割を果たしていた。県(市)レベルの国民教育輔導団も県(市)内で同じ役割を果たしている。

その組織編制は地域によって異なり、教育局の中に独立部門として設置される場合もあるが、教育局の学務管理課に属す場合もある。いずれも各教科担当の「輔導員」が置かれ、現場の教師が兼任している。
(27) 台北県蘆洲国民小学郷土文化教材編集委員会(一九九八)『蘆洲故郷情』はその一例である。
(28) 各地方の郷土教育推進者(花蓮県稲香国小・校長の張裕明氏、台中市何厝国民小学・学務主任の黄慶声氏、台中市恵文国民小学・輔導主任の関淑尤氏、台中県宜欣国民小学・校長の魏水明氏、台北市北投国民小学・校長の胡應銘氏、台北県教育局の趙家誌氏、宜蘭県教育局の李素珍氏。肩書は二〇〇一年調査当時のもの)へのインタビューによる。
(29) 教育部国民教育司(一九九九)「教育部補助各県市国民中小学郷土教学実施計画 八四～八六学年度執行成果訪視報告」八頁。
(30) 当時は台中県、台北市、台北県、台東県、台南市、台南県、苗栗県、花蓮県、宜蘭県、高雄市、高雄県(画数順)の一一地域が入賞となった。
(31) 前掲、教育部国民教育司(一九九九)七七頁。
(32) 筆者が郷土教材の編纂者へインタビューしたところでは、入賞されていない地域がその影響を大きく受けていた。
(33) 国立編訳館編『認識台湾 歴史篇』『認識台湾 社会篇』『認識台湾 地理篇』一九九七年試用版、一九九八年正式版。
(34) 例えば、平松茂雄ほか(一九九九)「日本統治時代を問いなおす教科書『認識台湾』―注目される李登輝政権の歴史観」『東亜』二月号、霞山会、六六―八〇頁。最も早い時期にその内容を紹介したものとして所澤潤・広瀬順皓(一九九七)〔対談〕「日本史の中の〈台湾〉を考える」『本』二四八号(三月)、講談社、五〇―五七頁。また一九九七年六月一〇日には『産経新聞』に「中学校教科書 台湾本位に転換」の記事が七段にわたって掲載されている。
(35) 国立編訳館編/蔡易達・永山英樹訳(二〇〇〇)『台湾を知る』雄山閣出版、i～viii頁を参照した。なお歴史篇は別に次の訳本がある。『国民中学における歴史教科書全1巻 台湾を知ろう』台湾研究所(発行年月日、翻訳者名の記載なし)。
(36) 社会篇は、次の訳本が出されている。国立編訳館編/松金公正校閲(二〇〇三)『認識台湾(社会篇)』財団法人交流協会。
(37) 王暁波ほか(一九九七)『認識台湾教科書参考文件』台湾史研究会。批判にはそのほか、陳昱立(一九九九)「認識台湾歴史篇評議」『《認識台湾》教科書評析』人間出版社などがある。
(38) 正確にいえば、「歴史篇」は「日本殖民統治時期」という表現を、社会篇は「日治時期」という表現を用いている。
(39) (6)と(7)の二項目は『認識台湾 社会篇』への批判であった。
(40) その論争の経緯については山崎直也(二〇〇二)「台湾における教育改革と教育本土化」『国際教育』第八号、日本国際教育学会、一二―四五頁に書かれているが、筆者の確認と異なる部分がかなりあり、本書では同論文には依拠していない。
(41) 執筆者の彭明輝へのインタビューによる(二〇〇六年一〇月)。
(42) 『日刊・台湾通信』一九九七年九月二五日、第八六三五号、『認識台湾 歴史篇』の執筆者・呉文星への取材記事を参照した。

(43)　宜蘭県国民中学郷土教材歴史篇編集委員会編（一九九三）『蘭陽歴史』国民中学郷土教材歴史篇、宜蘭県政府。
(44)　張裕明ほか（一九九三）『蓮花浄土—我們的家郷　花蓮』花蓮県政府。但し、ここでは二〇〇〇年発行の修訂版を用いた。同書の「編者的話」には修訂箇所について数学を現在のものに改め、「動々脳」という部分を各単元に加えたと書かれている。他の部分の大きな修正はないと判断した。
(45)　朝山国民小学編ほか（一九九四）『認識我們的家郷　談古説今話竹塹　歴史篇』国民小学郷土教材歴史篇、新竹市政府。
(46)　胡應銘ほか（一九九六）『故郷台北』国民小学郷土教材歴史篇、台北市政府。
(47)　台北市（二〇〇〇）『台北好光景』は他の地域と違い、この時期になっても郷土教材を教科書と位置づけず、「補充教材」としている。また冊数も他の地域が五年生用と六年生用を分けているのに対して、高学年用の一冊のみを出版している。
(48)　分析対象とした郷土科教科書は以下の通り。宜蘭県『咱個家郷・宜蘭』（五年生用、一九九九）（六年生用、一九九九）、台北県『郷土教学活動』（五年生用、二〇〇〇）（六年生用、二〇〇一）、新竹市『郷土教学活動科』（五年生用、二〇〇〇）（六年生用、二〇〇一）、台南市『愛我府城』（五年生用、二〇〇〇）（六年生用、二〇〇一）、台北市『台北好光景』（二〇〇〇）、花蓮県『青清好家郷・花蓮』（五年生用、二〇〇〇）（六年生用、二〇〇〇）。

第六章　郷土言語教育推進の困難性

――発音記号の論争に隠された文字観の対立

本章では一九九〇年代初めから広がり始めた郷土言語教育が直面した問題を示す。郷土言語は、郷土史、郷土文化とともに教えることが目指されたが、進展はかなり遅れている。本章ではその理由を具体的な言語問題に分け入って述べる。

一九九〇年代後半、「郷土教学活動」という教科のもとで郷土言語教育（閩南語、客家語、原住民諸語などの台湾諸語教育。第七章参照）を推進することは困難な課題に直面していた。言語教育の困難性をもたらしたのは、台湾語推進者間の「望ましい台湾語」の理念の分岐に由来すると考えられる。一般の台湾人には台湾の言語で書く習慣がなかったことから、その書記言語の体系的な表記法は確立されていない。従って、教師もまた発音記号や文字を用いて十分な知識で郷土言語を教えきれるのかという問題に直面したのである。

すでに言及したように、「郷土教学活動」の教育内容は郷土歴史、郷土言語、郷土地理、郷土自然、郷土芸術の五分野に及んでいた。しかし、授業時間は毎週一校時（四〇分間）のみであった。授業時間の不十分さとも関連しているが、教育現場では郷土言語教育を行わず、郷土教科書を用いて郷土文化を教えるケースが多かった(1)。郷土教育はすでに台湾全土で実施され始めていたが、言語の標準化に関わる様々な問題点が未解決のままだったからである。

発音記号（音声字母）と文字化（正書法）の規範について大きな論争が存在している。そのため、言語教育推進者が提唱している発音システムと文字体系が不統一で、そのことが教師や学習者を悩ませる。教師や学習者は、発音システムと文字体系の不統一に対処できず、郷土言語教育が停滞したと思われる。

論争は、特にマジョリティを占める閩南語に集中している。その文字表記は、現在、漢字によるものとローマ字によるもの、及び両者の混用の三種類（以下では便宜上、順に漢字文、ローマ字文、漢羅文と表記する）が提案されている。統一された発音記号も存在せず、教育現場では、表記法としてＴＬＰＡ《トルパ》、通用拼音《ピンイン》、教会ローマ字などが提唱されている。九〇年代に入り、各地で小学校に台湾語教育が導入され始めたことをきっかけとして、発音記号という局所に議論が集中することになった。以来、ＴＬＰＡ、通用拼音、教会ローマ字などの発音記号システムの間で覇が競われている状態にある。しかし、問題は発音表記の技術的な問題に止まらず、書記言語体系のあり方に関する考え方の違いも潜在的に存在すると考えられる。言語教育の決着において決定的に重要なのは書記言語の形成と成熟であろう。九〇年以降の展開は、本章で明らかにすることを先取りして簡略に述べれば、書記言語としてＴＬＰＡ論者は漢字を志向し、通用拼音論者は漢羅文を志向し、教会ローマ字論者はローマ字を志向しており、発音記号の支持立場によって書記言語も分かれる状況となっている。

論争の内容は、殆ど台湾語推進者や言語学者の提起したものに集中しており、中央政府と地方政府の郷土教育の行方を大きく左右するものと考えられる。各台湾語推進団体は、単に言語そのものの議論を提起するばかりではなく、教育政策に対してさまざまなインパクトを与える因子としても機能していると捉え直すことができる。

本章で言語論争を取り上げるのは、一つには、その論争が郷土言語教育政策の実施にかなり大きな影響を与えていることがある。しかし、いま一つとしては、「国語」に対抗しうる台湾の言語を確立し、それを教育を通して普及したいというアイデンティティの形成の思潮があるということである。すなわち、中国史を台湾史に切り換えようとしたのと同様に、マジョリティの台湾（閩南）語を、中央政府が戦後台湾に持ち込んだ「国語」と同等以上の地位に引き上げたいという思潮である。

そうした台湾語運動の推進団体は、言語の国家における位置づけと国民教育政策をめぐって、相互に政治的対立を繰り返し、政府と民間と教育現場の間に、微妙な政治的駆け引きをもたらすこととともなっている。言語・教育政策をめぐる主張の衝突が、単に中国人アイデンティティと台湾人アイデンティティの間に生じただけではなく、台湾人アイデンティティ論者の間でも競い合い、展開されている。言い換えれば、問題として焦点化されたのは、①中国人アイデンティティ対台湾人アイデンティティという「国民純化」の図式だけではなく、②台湾内部の諸言語間（エスニック集団間の競い合い）のイデオロギーの対立の図式、及び③台湾諸言語推進者の主張する「望ましい台湾語」（目指す書記言語のあり方と発音記号の形態）の相互間の対立の図式であろう。各推進団体は、台湾人アイデンティティとそのための言語の重要性を認める点では共通しており、国民教育政策そのものの必要性も認めているが、なお相互対立が起こっている。

「郷土言語」は郷土科時代には、「郷土教学活動」という教科の枠の中で「郷土歴史」と同時に進行し、また相互に関連していたため、両者を切り離して扱うことはできなかったと思われる。但し、発音記号と書記言語をめぐって、多くの推進者や推進団体が積極的に参与・介入してきたことから、一九八〇年代以降、言語の側面に現れるヘゲモニーの争いは歴史・文化などの側面よりも複雑な様相を呈している。

このような問題意識から、筆者は「郷土言語」の問題を第五章に収めず、本章で論ずることにした。本章では、議論の大多数が集中しており、またマジョリティでもある閩南語を例に取り上げ、郷土言語教育の動向を左右するその言語論争がどのような方向に進んでいくのかを考察する。言語規範化の追求過程における論争の特徴と問題点を考察するのが本章の課題であるが、言語教育による台湾人アイデンティティ模索の過程とその問題点にも言及したい。なお、第三章でも述べたように、参考文献の引用との関係で、本章の中で「台湾語」という時は、原則としてマジョリティの閩南語を指す。

第一節　台湾語(閩南語)の特徴

台湾の閩南語については様々な研究が発表されてきたため、詳述しないが、本節ではその言語特徴について略述しておきたい(2)。

閩南語は百越の土着言語と北方漢語が混淆して形成された漢語方言だという説が有力である。言語面では多くの字に、文言音(文を読む時の文語音、字音)と白話音(話し言葉の口語音)の二種類の発音があり、「文白異読」と称される現象が見られる。一般に、文言音は文語(すなわち漢文)を読むときの字の発音であり、白話音は口頭語における発音である。閩南語はこのように文言音と白話音の二つの層から成り立ち、互いに重なり合っている。古来台湾では、文章は文言で書き、その文言音は漢文の読みと同音であり、表記法にあまり問題がない。しかし、生活語の白話音で書く習慣はなかったため、白話文の体系的な表記法は確立されていない。「有音無字」といって何が正しい漢字か確認されていない語が今日でも二割位あると言われている。そのような「有音無字」の言葉は基本的、日常的な語彙が殆どを占めるのである。

戦前、白話音で書かれ、比較的に多くの人の目に触れたものに、漢字で書かれた「歌仔冊」(3)とローマ字で書かれた聖書(4)がある。「歌仔冊」の漢字表記はきわめて乱雑であるが、漢字使用の一つの伝統を形成している。聖書のローマ字の方は、一九世紀にキリスト教の宣教師によって考案された教会ローマ字で、独自の文字体系が確立しており、書記言語として使用するときは白話字と呼ばれる。そのほか、日本統治時期、台湾総督府の学務部も漢字表記と仮名の発音記号に取り組んで、『台日大辞典』(5)を編纂した。

発音の面で、台湾閩南語はなかに漳州音と泉州音の訛りがあるように、若干発音上の差異が見られる。台湾には、明末以後、主に福建省東南部漳州と泉州の人々が移民してきた歴史がある。閩南語の話し手が台湾に移住した当初は、閩南語内部の諸方言の話し手の台湾における住み分けそのものが、単純に台湾内部の下位方言を形成していた。しかし、世代の交替、住民の移住、さらにテレビの普及などの影響で、下位方言の混淆現象が起こり、様相が複雑になってきた。最近は、「不漳不泉」と言われるように、漳州音のなかにも泉州音的特徴が混じっているし、逆に泉州音のなかにも漳州音的要素が入っている。

閩南語のもう一つ主な特色は、声調の連声による転調現象が著しいことである。声調は全部で八声になるが、第六声は伝統的に欠番になっている。二つ以上の音節が連続したときには、声調変化の現象が起きる。基本的に最終音節は固有の声調（本調）を保持し、前接する音節は、一定の規則に従って交替調型をとる。ここでは教会ローマ字の表記法を用いて、一例を取り上げてみる。例えば、火車（hé-chhia）(6)、火車站（hé-chhia-chām）は変化前後の声調を数字で示すと、火車（he2-chhial → he1-chhia1）、火車站（he2-chhial-cham7 → he1-chhia7-cham7）のようになる。

台湾で話されている閩南語は中国福建省の南部の言語が台湾に移植されたものであるから、閩南語の一変種であることは確かである。しかし、福建の閩南語とは異なる言語的特色があることも事実である。閩南語は五〇年間の日本統治時代を経ており、またおよそ四〇年続いた国民党専政体制の間、公の場から追放されていた。語彙の面では多くの中国語と日本語の単語が取り入れられて、現に台湾の閩南語に不可欠の単語となっており、福建の閩南語と異なる独自の言語形成をしてきたといえる。そのため、この言語は、また論争のなかで「福佬話」「河洛話」「holo 話」「鶴佬話」「台湾閩南語」などと呼ばれ、呼称をめぐっても様々な議論がある。

但し、一般の台湾社会では、国語の中国語を除けば、閩南語は台湾を代表する最も優勢な言語である。「台湾の言葉」という意味から、台湾意識の高まりとも相まって、一般の台湾人には「台湾話」「台語」という通称が最も愛用されている。

第二節　言語論争の端緒——鄭良偉と洪惟仁の論戦に注目する

言語論争の嚆矢は一九八〇年代末に遡らねばならない。第三章で述べたように、台湾語運動における鄭良偉の「教会ローマ字の漢羅文志向」と、洪惟仁の「本字考証[7]の漢字志向」という二つの方向性は、書記言語の生成をめぐる文字規範化運動という形をとって八〇年代末期に現れた先駆的主張であった。その後、九〇年代に入り、各地で小学校に台湾語教育が導入され始めたことをきっかけとして、発音記号という局所に議論が集中することになった。以来、TLPA、通用拼音、教会ローマ字などの発音記号システムの間で覇が競われている状態にある。しかし、九〇年代以降の展開は、純粋に発音記号の問題として理解すべきものではなく、それらが同時に鄭良偉、洪惟仁の対立する二つの考え方を軸として発展し、発音記号の支持立場によって組織的な形で分かれる状況となったのである。本節では、今日の文字規範化の議論につながる論点を確認し、それらの議論が、郷土言語教育推進の困難性に関わることを確認するための基盤としたい。

台湾語の復興を目指す主張は、八〇年代後半に文字の規範化への動きが現れることで、新たな段階に入った。なかでも、文字体系を問題にした鄭良偉と洪惟仁の論争は、その後今日に至るまで一〇年以上に及ぶ文字規範化論争の主要な対立点を示していた。八〇年代には、台湾語をめぐる議論の中で、文字観を表明した人物はこの二人に限るものではなかった[8]が、両者は今日、運動の対立する二つのグループの中心人物となっており、その主張は二つの相異なる立場の先駆けと位置づけられる。

鄭良偉は漢羅文の提唱者・運動者として代表的な言語学者であり、七〇年代から国内外の台湾語の推進、研究、実践などにおいて様々な試みをしてきた。米国ハワイ大学教授などを経て、現在、台湾の国立交通大学教授である鄭は、本職以外、最近まで数年間、教育部国語推行委員会主任委員（二〇〇二年一二月〜二〇〇三年一二月、及び二〇〇四年三月〜二〇〇五年三月）を務めており、政策面での影響力を持った人物である。鄭の漢羅文の主張は、一九八四年に発表された「談台語裏的訓用字」[9]（台湾語の中の訓用字を語る）に見て取れる。不明字の本字研究に対して否定的な見方を取るが、それは古書から本字のルーツを探って本字が見つかったとしても普及しにくいからであり、「本字が明確な語を漢字に、本字が不明確な語をローマ字にする」として、「漢羅文」という漢字と教会ローマ字混じり文の方略を説明している。

何をローマ字で書くかについては、一九八八年に書かれた「漢羅合用文説明」[10]に、できるだけローマ字で書くべき単語として次の八項目が挙っている。①漢字が不明確な語、②漢字が規範化されていない語、③中国語と客家語と共通しない語、④漢字が煩雑であるか見慣れない語、⑤漢字が借音（同音異義）の原則によって出来ている語、⑥一字に対して多音多義で誤解の起きやすい語、⑦一つの単語の中で片側がローマ字のとき（例えば、gin-仔）全体をローマ字書きにする、及び⑧外国の人名・地名の音訳語。それに対して、漢字表記で書くべきものは、①本字、②俗字、③中国語と客家語と共通する漢字、及び④画数の少ない漢字、の四項目である。

漢字採択の原則については一九八四年に書かれた「常用虚詞在台語漢字裏的重要性」[11]（台湾語漢字における常用虚詞の重要性）で次の二つにまとめられている。

「一・なるべく本字を採択するが、通用性の高いものがある場合、または、二つの語で同一の本字がある（混乱になりやすい）

場合は例外とする。」

「二、本字が不明確な場合、或いは一貫性（連続性、通時性）のない場合は仮借、訓用、類似音の方法で適当な漢字の中から選ぶ。しかし、通用性の高い漢字を採択するべきである。混乱を起こしやすい漢字は望ましくない。新しい漢字の創造も避けるべきである。」

通用性の高い漢字とは一般民間で使われている俗字のことで、本字よりも俗字の大衆性・社会性を優先に考慮する必要があると主張している。そして、新字の創造を望んでおらず、既有漢字に新しい読み方や意義を付加するような方向性をとっていることが明らかである。

一方、洪惟仁も鄭良偉と同様に台湾語運動の活動家、実践者であり、そしてやはり研究者である。元智大学中国語文学科教授などを経て、現在、国立台中教育大学台湾語文学科教授であるほか、台湾語文学会第六期会長（二〇〇一年～二〇〇四年）、第七期会長（二〇〇四年～二〇〇六年）、及び教育部国語推行委員会委員（二〇〇五年三月から現在に至る）なども務めており、台湾語研究の分野で活躍している。

洪は、七〇年代には、朝鮮のハングルに倣ってオリジナルな「諺文式文字」を考案した。文字表記の場合は漢字と「諺文式文字」の併用を主張していた。当時の洪は、「諺文式文字」が漢字との融合性を持ち、その交ぜ書きが横書きでも縦書きでも可能な点をすぐれた点としていたが、「諺文式文字」の社会的受容度が低いため、ついに発表せずに終わった(12)。漢字採択については古典から本字を探す「漢字志向」の立場である。一九八八年に発表した『台湾礼俗語典』(13)によれば、漢字採択の原則として次の六点があげられている。

「一、旧来の俗字を尊重」(14)

「二、不適の俗字を使用せず、本字を使うべきこと」（同音同義）

「三．本字がない場合、準本字」（類音同義）
「四．準本字もない場合、同源字」（類音類義）
「五．同源字もない場合、同音字」（同音異義）
「六．同音字もない場合、訓用字」（異音同義）

すなわち、既有漢字を使用し、なるべく新しい字を創造しないという基本の下に定めた原則である。洪は、実際、本字研究に力を傾け、音韻学、語源学の理論を用いて本字のルーツを探り続けるが、洪の予想によれば、現在二割位あるといわれる不明字が最終的に僅か五％だけ残るという(15)。

鄭と洪の以上のような考えの違いは、鄭の論文を網羅した『走向標準化的台湾話文』が一九八九年に出版された際に論争の形で明確になった。洪は、八月一日から四日にかけて、『自立晩報』に「台語文字化个理論建設者—評介鄭著〈走向標準化的台湾話文〉」という論評を掲載し、鄭良偉が一〇月一日から九日にかけて「漢羅話文的美麗新世界—適合科学民主社会的台湾話文—」で答えると、さらに洪は一二月二一日から二五日にかけて「民主科学的台語文研究—再向鄭良偉教授請教」で再度批判した。

両者は、台湾語の発展のためには、現在の話し言葉こそ台湾語の本体であると認識し、そして文字規範化が必要であると考える点で共通していたが、以下の点で違っていた。

その第一点は「有音無字」の不明字の部分をローマ字で書くか否かであった。鄭はローマ字で、洪は本字考証と「諺文式文字」でという方針を採っている。鄭は教会ローマ字を擁護し、「百年以上歴史のある教会ローマ字は一種の社会資源であり、そしてそのローマ字学習の速さ・易しさを無視してはいけない」という見解を示し、不明字に無理をして漢字をあてるより、教会ローマ字で代用すればよいと主張している。それに対して、洪は、発音記号をローマ字化することには異論がなかったが、不明字のローマ字化には徹底的に反対した。当時の洪は、ローマ字の併用は見た目

表6－1　鄭良偉と洪惟仁との文字観の相違

	文字主張の立場	本字の場合の漢字採択	不明字の場合	表記の例（中国語訳：有一個人要給你這本書）
鄭	漢羅文の大衆性・効率性 教会ローマ字の歴史性	本字より俗字が優先	教会ローマ字志向	有一個人 beh 予你這本冊
洪	漢字の史的系統性	原則は本字、旧来の俗字も考慮	本字考証、借音字の傾向	有一个儂卜予汝職本冊

注：表記の例は筆者による。　〔筆者作成〕

がアンバランスで、また、教会ローマ字には文字を機械で使用する上（主に声調記号を指す）での入力の困難さなどがあり、記号としての面からの非合理性を指摘している。

第二の相違点としては漢字採択の傾向があげられる。鄭も、洪もほぼ七五％の台湾語は本字が確定されているとしているが、漢字採択の考慮順位も漢字使用の比重も異なっている。

鄭は、社会性・大衆性・利便性を主張し、本字より俗字を優先に考慮している。鄭は「台湾語の価値は古音が残っていることだけでなく、現代社会のコミュニケーションを深めることにある」と述べ、「古典による本字研究は語源学や音韻学への貢献だと認められるが、現代の台湾語の書記言語には役割が果たされていない。同じ本字研究者でも一致した結果が得られない場合が沢山ある。そこに本字考証の信頼性が疑われる」とする。俗字を優先するため、鄭の漢羅文中の漢字の部分は現代中国語（台湾の国語を指す、以下同）からの借義字が頻繁に現れるという傾向が見られる。

洪は、鄭と違って古典文献による本字研究に重点を置き、「正しい台湾語」を理想とした本字考証を追求するが、字音でもって対応する傾向がある。すなわち、その漢字採択には、旧来の俗字、本字、借音字（同音類義や同音異義）が多く、一般の俗字を避ける傾向が見られる。そのため、いわゆる特殊漢字（現代中国語に見慣れない漢字）も比較的多くなる。

洪には本字考証の漢字志向が明確に現れている。表音文字としてのローマ字に徹底的に反対しただけではなく、漢字とローマ字の交ぜ書きも受け入れなかったが、漢字のみで台湾語を表記し難いことも認めている。しかし、自身が考案した「諺文式文字」の社会的受容度が低いため、漢字のみで表記していこうとする姿勢が現れた。鄭と洪の文字観の差異を表6―1のように整理しておきたい。

表6―1の表記の例のように、当時の両者の文字規範に関する見解の違いは、「個」と「个」、「人」と「儂」、「beh」と「卜」、「你」と「汝」、「這」と「職」などの文字表記に現れる。その違いは、台湾語詩集を編集する際にも現れ、鄭が編集した『林宗源台語詩集』[16]（一九八八）と、洪が編集した『稚鶏若啼―黄勁連台語歌詩選』（一九九二）[17]とに具体的な違いを見ることができる。論争を契機として、鄭良偉の「効率性・大衆性の漢羅文志向」、「歴史性の教会ローマ字志向」と洪惟仁の「本字考証の漢字志向」とはそれぞれの利点を主張しながら対立を深めていくことになった。

第三節　発音記号をめぐる対立の顕在化と書記言語問題の潜在化

鄭と洪の一九八〇年代末のこの台湾語論争は、現代言語の「大衆性」と漢学伝統の「歴史性」との違いに論点が置かれていたと概括できる。九〇年代以降もこの議論を軸として展開され続けたが、発音記号のレベルをめぐる対立が顕在化した。それは、九〇年代になって、台湾語教育が学校教育の中で実施されるようになったためであった。台湾語教育は一九九〇年代初期に一部の学校で始められ、また、一九九四年以降の郷土科時代でも学校教育に導入されているが、第七章で述べるように、二〇〇一年新教育課程の導入により、台湾全土で毎週一校時の「郷土言語」[18]の授業が設けられるようになったのである。

言語教育のためには特に発音記号の整備が必要となり、九〇年代以降、学習手段としての発音記号の規範が強く望

表6－2　発音記号と声調記号の相違（閩南語の例）[20]

	子音																
教会ローマ字	p	ph	m	b	t	th	n	l	ch	chh	s	j	k	kh	g	ng	h
TLPA	p	ph	m	b	t	th	n	l	c	ch	s	j	k	kh	g	ng	h
通用拼音	b	p	m	bh	d	t	n	l	z	c	s	r	g	k	gh	ng	h

	単母音								介音		鼻音化母音				鼻音を伴う母音			入声			
教会ローマ字	a	e	i	u	o	o·	m	ng	i	o	a^{n}	e^{n}	i^{n}	o^{n}	im	in	eng	ip	it	ek	ih
TLPA	a	e	i	u	o	oo	m	ng	i	u	ann	enn	inn	onn	im	in	ing	ip	it	ik	ih
通用拼音	a	e	i	u	or	o	m	ng	i	u	a^{n}	e^{n}	i^{n}	o^{n}	im	in	ing	ip	it	ik	ih

声調符号表記	第1声	第2声	第3声	第4声	第5声	第6声	第7声	第8声
教会ローマ字	a	á	à	ah	â		ā	a̍h
TLPA	a^{1}	a^{2}	a^{3}	ah^{4}	a^{5}		a^{7}	ah^{8}
通用拼音	a	à	a̠	a̠h	ă		ā	ah

注：台湾閩南語の第2声と第6声の区別は鹿港あたりにまだ残されているが、ほかの地域には殆ど区別がつかないようになっている。

まれるようになった。母語運動を推進した団体が自らの提案を主張した結果、いくつもの発音の表記法が林立し、長期にわたって対立することとなった。

現在、学校教育の中で有力な発音記号の表記法としては方音符号と三種類のローマ字があげられる。方音符号（第七章図7―6参照）は一九四六年に朱兆祥が考案したもので、中国語教育の注音符号をそのまま流用し、台湾語のみの発音のための符号を加えたものである(19)。三種類のローマ字とは、二〇〇一年成立の台湾羅馬字協会が支持する教会ローマ字、一九九一年成立の台湾語文学会が支持する台湾語言音標（ＴＬＰＡ）、及び二〇〇一年成立の全球台湾語通用語言協会が支持する通用拼音《ピンイン》である。その発音記号と声調記号の相違は表6―2のように整理でき(20)、「我」という語の発音記号を例とすれば、次のような相違が見られる。

góa（教会ローマ字）　gua²（TLPA）　ghùa（通用拼音）

こうして、九〇年代以降の動きの中にローマ字の発音記号をめぐる問題が顕在化する一方で、逆に書記言語の問題はあまり議論されないような雰囲気が生まれてきた。しかし、前節で注目した鄭と洪は、こうした発音記号の規範過程にも深く関わっていた。そのことは、両者の文字観がそれらの発音記号の組織の性格を規定していったことをも意味する。従って、書記言語の形成の問題は本来、発音記号の問題と別の次元で論じなければならないものであるが、台湾語に関しては発音記号の組織の対立や議論を追うことで明らかになる。

発音記号の問題については松永(21)によって、詳しく追跡されているが、ここでは書記言語をめぐる争点を抽出して考察することを試みたい。三つのローマ字の発音記号を支持するそれぞれの団体ができ、その対立点は表6―3のように整理できる。以下、順に争点について説明する。なお方音符号については支持者は論争に加わらなかった。

表6－3　発音記号の支持立場による台湾語書記言語の対立点

	台湾語文学会（1991/8成立）／TLPA論者	全球台湾語通用語言協会（2001/2成立）／通用拼音論者	台湾羅馬字協会（2001/8成立）／教会ローマ字論者
本字の場合	原則は本字で、旧来の俗字も考慮	論者によって異なるが、教科書の場合は、本字より俗字が優先。	本字より俗字が優先
「有音無字」の不明字	本字考証志向（見付からない時、借音字、借義字、俗字、造字の考慮は学者によって異なる）	ローマ字志向（論者の間に表記の一致性が見られない）	教会ローマ字志向（表記の一致性が見られる）
現時点、実践者による書記言語の諸相	・漢字文 ・漢羅文（本字志向＋TLPA、ローマ字の部分が括弧付き）	・漢羅文（現代中国語借義字志向＋通用拼音）	・ローマ字文（白話字） ・漢羅文（現代中国語借義字志向＋教会ローマ字）
将来の方向性	全部漢字表記	漢羅文表記	全部ローマ字化
文字観の立場	・漢字の史的系統性	・漢羅文の大衆性・効率性	・教会ローマ字の歴史性 ・漢羅文の大衆性・効率性

〔筆者作成〕

一　洪惟仁とTLPA論者の漢字志向

ＴＬＰＡ式の発音表記法は、一九九二年五月三一日に台湾語文学会によって発表された。「台湾語文学会」は、一九九一年八月一七日、洪惟仁、董忠司、張裕宏の三人の発起人によって創設されたもので(22)、台湾語推進の運動を行うとともに、発音記号の改良も目指す組織である。台湾語文学会は、いくつかの発音記号の表記法を検討し、教会ローマ字を、社会性、文献の歴史性、符号の普遍性を備えたものとして高く評価したが、最終的にいくつかの修正を加える必要があると結論し、「台湾語言音標」（Taiwan Language Phonetic Alphabet、略称はＴＬＰＡ《トルパ》）を考案した。中央政府教育部が一九九八年一月九日、ＴＬＰＡの表記法を推薦するような通達(23)を出したこともあり、現在、多くの台湾語教科書はＴＬＰＡを導入している。

ＴＬＰＡ論者の考えや研究態度には次のような

傾向が見られる。①語源学や音韻学を用いて本字研究へ全力を傾注する。②ローマ字は文字ではなく、その音を表記する補助手段にすぎないと考える。③漢字の表意機能を肯定的に評価する。④台湾語に古層の漢語の語彙と音が沢山残存している点を肯定的に評価する。⑤漢字を廃止すれば、他の漢語方言との繋がりがなくなると考える[24]。TLPA式の教科書がいずれも例外なく漢字のみの表記を採用しているのは、そのうちの②③⑤の特徴の反映と考えられる。TLPA論者は、TLPA式の発音記号を教科書内容として導入することを推進しただけでなく、漢字表記を中心に考える論点も提示したといえる。

TLPA論者は不明字の本字を探し当てようとしているが、そのため漢字表記の矛盾が現れている。不明字の解決には同音の字を使用するか、同義の字を充てるか、それとも新たな字を創造するか、それ以外に方法はない。本字の字源探求にあたっては、同音かつ同義であること、つまり互いに同じ語源に由来する同系漢字であることを前提条件とするが、現実は台湾語学研究の先駆者王育徳が指摘したように、正確な字源は求め難く、いわゆる俗字が使用されている例が見られる[25]。TLPA論者の間でも、字音を優先的に考慮する者[26]と、字義を優先的に考慮する者[27]とで分かれている。その結果、同じ本字考証派の研究者の書いた文章でも近似の内容が異なった漢字となって現れることが起こるのである。

このような漢字表記の矛盾を反映して、TLPA論者は過渡的段階の便宜的方法として漢羅文の使用を許容している。すなわち「初期段階において、完全な漢字で書記することは要求されない。ローマ字表記に馴染む場合、まず漢羅文で文章を書いてみることを勧める。」[28]、あるいは「適当な漢字がない場合、仮にローマ字で表記することは、全部漢字文へ移行する過渡期にやむを得ない方法である。」[29]といった主張が見られる。しかし最終的に漢字表記に到達しようとしていることは明らかである。

台湾語文学会は本字研究・漢字中心という立場が濃厚に現れている。それは会員に知識人が多く、長い伝統のある漢字を廃止することに強く反対したためであった。台湾語文字の伝統が、古の台湾語と現在の台湾語に連続性を与えるための重要手段と見なされているのである。ＴＬＰＡ論者の多くが中国語学科出身の研究者であることとも関係しているのかも知れない。

二　通用拼音論者の漢羅文志向の出現

通用拼音《ピンイン》は、中国語、母語、英語をローマ字という一つの発音表記システムで学習できるようにすることを目指して、中央研究院の研究員（当時）・余伯泉を中心として考案されたものである。一九九〇年代半ば、台湾で小学校教育に英語と母語を導入するための計画と準備が積極的に検討されていたことが背景にあった。発音記号の詳細が公開されたのは九八年四月であったが、二〇〇一年二月「全球台湾語通用語言協会」の結成により、通用拼音の推進が組織的に行われることとなった。

通用拼音論者は漢羅文志向である。「台湾語学習は伝統の台湾文化を理解するのに必要で、生徒にとって如何に学習しやすいかを配慮するのが原則である。」[30]と主張されている。漢字とローマ字の併用へ進んだ背景にはその原則があった。八〇年代の鄭良偉の「効率性・大衆性の漢羅文」の主張と共通しているが、しかし、発音記号の面で教会ローマ字を支持しない点が大きな相違となった。

通用拼音の発音記号に対しては次のような批判も現れている。すなわち、中華人民共和国の漢語拼音《ピンイン》の焼き直しにすぎず、濁音のある台湾語の表記には不向きである。また、明示された声調変化（転調表記付き）を直接音読させる学習法は非合理的で、台湾語の学習には不適切である[31]。そのような批判があるため、学習法の研究が盛んで[32]、ことに発音記号の学習法の研究論文が数多く発表されているが、文字表記に関心を示す研究、論調などは比較的少なく、あまり文字論戦に関わらない印象がある。

漢羅文の主張は、長年台湾語運動を支持する運動者・学者の許極燉[33]と江永進[34]によって一貫してなされてきた主張・実践とある程度のつながりを持っている。但し、ローマ字表記にバラツキが見られる。許極燉は「一．漢字制限」「二．字体の簡易化」を提案するほか、漢字採択については優先順位の説明なしに「同音同義の本字」「簡易化の漢字」「慣用の俗字」（旧来の俗字）」「造字」の五項目を挙げており[35]、原則は本字だが、俗字を多く採択するような方向性が見られる。江永進は、本字研究を否定し、漢羅文が持つ機能として様々なメリットをあげているが、実際に書かれた文章には現代中国語の同義字が多く採択されている。両者は同様に漢羅文表記を主張しているが、ローマ字表記の部分には完全な一致性が見られず、また余伯泉の考案したものとも若干異なっている。

漢羅文志向は教科書内容にも現れた。教科書制度が自由になった現在、台湾閩南語教科書を出している民間出版社は九社以上にのぼっているが、その中で少なくとも明台、仁林、開拓、翰林[36]の四社は通用拼音を導入している。書記言語に関しては、各社とも高学年以降の教科書に漢羅文を導入し、なるべく中国語と共通する漢字を用いて、特殊な漢字を避けることを原則とする趣旨が明記されている。そこには漢羅文志向が明確に現れ、そして漢字の部分は現代中国語借義字志向の方向性も明らかとなっている。

現時点では、文字使用に関する論考が多くないため、通用拼音論者の全体の帰趨は断言できないが、現代中国語借義字志向の漢羅文表記を中心に考える傾向が現れていると言えるだろう。

三　鄭良偉と台湾羅馬字協会の教会ローマ字志向

教会ローマ字は一九世紀、キリスト教の宣教師によって考案されたものである。一八八五年から一九六九年まで台南で発行されていた『台湾府城教会報』（後に『台湾教会公報』と改名。一九七〇年以降、政府の弾圧により中国語で発行することとなった[37]）をはじめ、新旧約聖書、賛美歌など教会出版物で使用されてきたばかりでなく、一般にもある程度の普及が見られ、何種類かの字典も出版されている。教会ローマ字や白話字などの呼び方は従来からあるものだが、二〇〇一年に「台湾羅馬字協会」[38]が発足して以来、「台湾羅馬字」と称することを主張し始めている。その運動目標を掲げた「章程」の一部に「本会が称するローマ字は伝統的に長老教会の白話字聖書に書かれている文字である」と定められているように、教会ローマ字の歴史性を支持し、さらにその音標文字化を推進する目的で組織的に結成されたと考えられる。従来の発音記号のような印象をもたれていた教会ローマ字は台湾羅馬字協会の結成により、文字のローマ字化の方向に大きく推進されるようになった。

教会ローマ字派は、教会ローマ字を発音記号にとどめず、それを書記言語化する文字体系の構築（文字使用の場合に白話字という）をしようとしている[39]。その点で、台湾語文学会がＴＬＰＡ式のローマ字を発音記号としてのみ扱っているのと根本的に異なる。教科書の面では、教会ローマ字を採用するものは少ないが、一般人向けの教材、文学作品や雑誌などの出版物は多く、台湾語運動を支える出版物のなかでは教会ローマ字が比較的に優勢である。

教会ローマ字論者から見た文字のローマ字化の主張の根拠は、百年以上の歴史と伝統、文献の検索・閲覧に役立つ利便性、ローマ字学習の効率性、すぐれた文学作品の存在、インターネット上などでの情報化の整備などである[40]。

それに対して、教会ローマ字を台湾語の書記言語とすることに反対する動きもかなりあり、すでに述べたＴＬＰＡや通用拼音もそれらのひとつであった。反対される原因は、①ローマ字表記の符号が機械で処理できないこと、②教会ローマ字は教会内部のものという観念があること、③漢字崇拝の中華意識から脱却できないこと、また④国語の漢字を習得してしまった人々が同系の言語をわざわざローマ字で読み書きする煩雑さに耐えられないということ、などである[41]。以上のうち、①は科学技術の進歩とともに立脚点を失ってしまった。②と③は観念的な問題で、直ちに対応できる性格のものではなかったが、④は対応可能な問題で、その対策として打ち出されたのは鄭良偉の漢羅文表記であった。楊允言の指摘によれば、「一九七〇年までローマ字で書かれていた『台湾教会公報』の読み手は殆ど教会の信者であった。九〇年代以降の出版物の読み手は主に社会の一般民衆であるため、漢羅文が主流となった。それは教会ローマ字の大衆化である。」[42]という。現在、台湾羅馬字協会発行の月刊紙『台文通訊』『台文罔報』[43]も、鄭良偉が提唱した漢羅文を用い、台湾語文を普及しつつある。このような展開には、八〇年代の鄭良偉の「大衆性・効率性の漢羅文志向」と「歴史性の教会ローマ字志向」の二つの主張が引き継がれていることは明らかである。

しかし、教会ローマ字派から現れた漢羅文は、台湾羅馬字協会にとっては、あくまでも、過渡期の表記手段にすぎないものである。そのことは近年、次のように説明されている。その第一に、『台文通訊』誌上の漢羅文表記は移行期のみの手段で、全部をローマ字化する正書法を確立していくことこそ最終的な目標である[44]。第二に、協会は将来、漢字が十分に対応できなくなる時、ローマ字の比重が増え、やがて漢字は僅かになるか、消失する[45]ということを狙っている。第三に、協会の対内的な文章の殆どはローマ字表記のみで、漢字をあまり使わない。現在、台湾羅馬字協会には、TLPAの漢羅文とは逆に、むしろ全面ローマ字化の方向へ進展していくような流れが見られる。

なお、教会ローマ字派の漢字反対論の重要な要因の一つが、漢字に内在する中国的な性質への異議、また中国文明からの離脱の意志である。現段階では漢字を全廃しようとはしていないが、漢字文化圏から離脱した「成功」例として、ベトナム、日本、韓国などの事例が語られることもある[46]。それらの主張においては、教会ローマ字が歴史的発展の相のもとに普及していくべき文字だと特徴づけられるだけでなく、台湾語、とりわけ台湾語の文字が将来独立国家となった時の台湾のシンボルとしても位置づけられている。

第四節　考　察

本章では、一九八〇年代からの台湾語文字規範化運動の展開過程における鄭良偉と洪惟仁の論争、及び九〇年代になってから展開された書記言語形成の諸相を概観してきた。これまでの検討を踏まえ、郷土言語教育の動向を左右する台湾語文字規範化運動の動きを次の四点にまとめたい。

第一に、一九八〇年代末期、台湾語をめぐる争点として焦点化されたのは、書記言語規範の問題であり、それとともに鄭良偉と洪惟仁の間の対立の図式が鮮明となった。両者は、現在の話し言葉こそ台湾語の本体であると認識する点で共通し、そこには共通する「言文一致」の要求の萌芽さえ見られる。しかし、鄭の文字観は比較的に現代中国語と共通する漢字を借用するというもので、その上に立った教会ローマ字の表音文字の導入が続けられてきたのに対して、洪は、主に本字と借音字を使用して、書記言語を確立しようとする実践を続けてきた。鄭の漢羅文は大衆性・社会性が漢字採択の重点に置かれているのに対し、洪の漢字文は過去の漢字の音韻体系を中心に考える立場に立つ。そこでは漢字の使用に史的な観点を入れないようにしようとする立場と史的系統性を中心に考える立場が対立している。言換えれば、簡易化により大衆化を目指す漢羅文志向の言語観と古典伝統に基づく漢字志向の強い言語観の対峙が明瞭になったのである。

第二に、一九九〇年代に入り、郷土言語教育が小学校現場で具体的に展開され始めたことにより、台湾語規範化運動は発音記号をめぐる対立へと転換した。八〇年代の鄭と洪の文字規範への追求過程を視点に入れずに考えようとすれば、九〇年以降の展開は純粋に発音記号の問題のように見えるであろう。だが、書記言語の規範の争点が引継がれているという実態をふまえると、問題は発音表記の技術的な問題に止まらず、書記言語の目指すあり方の違いが潜在的に存在していると解釈すべきであろう。書記言語として、TLPA論者は漢字を志向し、通用拼音論者は漢羅文を志向し、台湾羅馬字協会は教会ローマ字を志向し、志向の潜在的な対立構造が明らかとなった。三者の文字観は、それぞれ八〇年代の洪の「本字考証の漢字志向」の考えと鄭の「大衆性・効率性の漢羅文志向」「歴史性の教会ローマ字」の考えを反映し、その延長上にあるが、九〇年代は発音表記の立場によって組織的な形で分かれる状況となったのである。

第三に、少なくとも現時点では、三者とも漢羅文については何らの異議も唱えていない。終始、漢羅文の主張を一貫しているのは通用拼音論者の許極燉、江永進などである。そのほか、提唱者の鄭をはじめ、一部の教会ローマ字論者の間で実践に移され、出版物が沢山出されるようになってきた。また、漢字志向のＴＬＰＡ論者も初段階で漢羅文による台湾語表記の実践をすすめる論点を提示した。それらのことから、漢羅文体は現段階の台湾語書き言葉の発展にとって有力な書記システムであることが窺える。しかし、目指している書記言語の形態の違いから、次のような違いが見られる。ＴＬＰＡ論者は漢字のみによる表記を完成するまでの便宜的手段として漢羅文を位置づけ、通用拼音論者は最終的に完成した正書法は漢羅文としており、そして教会ローマ字論者は、台湾語と歴史性のある教会ローマ字の普及までの便宜的手段として漢羅文を位置づけている。すなわち、ＴＬＰＡ論者及び教会ローマ字論者のいずれも漢羅文の機能については共通・折衷の土台に立脚しながらも、むしろ全部漢字表記へ移行するか、全部ローマ字表記へ移行するか、という対峙する二つの志向が見られる。いずれにとっても漢羅文はそれぞれの支持者拡大をはかる一つの手段であると考えられる。

第四に、文字表記をめぐる対立、論争は、教科書の編集に大きな示唆を与えたと考えられる。教科書内容がこのまま定着していくとはとても思えないが、現時点では、発音記号の支持立場による書記言語の相違が教科書内容にも反映されている。論争の今後の展開は、郷土言語教育の動向を大きく左右するものと考えられる。各台湾語推進団体は、単に言語そのものの議論を提起するばかりではなく、言語教育の内容に対してさまざまなインパクトを与える因子としても機能していると捉えられる。

以上、一九九〇年代以降の展開がこのように多様であることは、書記言語を形成してゆこうとする方向性の中での揺らぎであるということ、しかもなお、八〇年代の論争を引きずっているということを示している。しかし、その反面、三者はいずれも正規の書記言語になる可能性をもっているのである。本章で明らかにしてきた現在の台湾語書記言語形成の諸相は、国民国家形成過程における「言語の独立」への展開が再現される一段階と見ることもできるのではないか。台湾語書記言語をめぐる対立は、これからも続くであろうが、それらが競い合う中で相互に補完し合うことが台湾語の自立にとっては必要なのではないかと思われる。

ただこうした状況は学校現場に様々な対応を求めるものであったことも確かである。二〇〇一年に九年一貫新課程の郷土言語教育が導入された際には、本章で述べてきた論争が未解決のまま、学校現場に下りてゆくことになった。その具体相は第七章で取り上げる。

注

(1)　二〇〇〇年八月に筆者は台中市政府教育局から教育現場の状況を伺った。発音記号と文字体系が定まらない段階では、読み書きの言語教育が難しい。そのため、「郷土教学活動」の教材を用いて、台湾語を交じえて授業を行うことによって郷土教育を実践しているという説明を受けた。

(2)　台湾閩南語に関して様々な研究があり、本章では、主に以下のものを参考した。王育徳(二〇〇〇)『台湾話講座』前衛。王育徳(二〇〇二)『台湾語研究巻』前衛。篠原正巳(一九九九)『日本人と台湾語』海風書店。樋口靖(一九九二)『台湾語会話』[第一版]東方書店。

(3)　台湾民衆の間に昔から行われている通俗的文学として、「歌仔」という一種の唄いものがある。それを文字に書き留めて薄い冊子にして出版したものを「歌仔冊」と呼ぶ。

(4)　キリスト教の宣教師によって考案され、すでに百年以上の長きにわたって、「教会ローマ字」(発音表記の場合)あるいは「白話字」(文字使用の場合)と呼ばれるものである。

(5)　台湾総督府『台日大辞典』(上巻)昭和六年刊行、『台日大辞典』(下巻)昭和七年刊行。

(6)　hôe という漳州音の訛りもあるが、hé の場合は泉州音である。

(7)　台湾における台湾語研究の分野では、古典から語のルーツとなる漢字を調べ考えることを「本字考証」という。

(8)　そのほか、林継雄はローマ字表記の「新文書法」を提唱し、一九九〇年に成功大学で戦後初めて台湾語を大学講義で教え、世間の注目を集めた。新文書法については林継雄『台語現代文』(一九九〇)、『台語教学法』(一九九〇)大夏出版を参照。また、漢羅文を主張した許極燉も活躍している。彼の文字化方向は『台湾話流浪記』(一九八八)が詳しい。同書は二〇〇一年に金安出版社によって再発行。

(9) 鄭良偉(一九八四)「談台語裏的訓用字」『台湾風物』第三四巻四期、台湾風物雑誌社、五三―七二頁。

(10) 鄭良偉(一九八八)「漢羅文合用文説明」林宗源詩作・鄭良偉編著『林宗源台語詩集』自立晩報、三五頁。

(11) 「常用虚詞在台語漢字裏的重要性」はのちに鄭良偉(一九八九)『走向標準化的台湾話文』自立晩報、三七五―四三〇頁に収められている。

(12) このことについては、二〇〇四年八月の洪惟仁へのインタビューによる。

(13) 洪惟仁(一九八六)「一部可以閲読的台湾文化語典」『台湾礼俗語典』自立晩報、一一―四五頁。同様のことがそのほか、洪惟仁(一九九二)『台語文学与台語文字』前衛にも書かれている。

(14) 前掲、洪惟仁(一九八六)によれば、洪は台湾社会で古くから使われる俗字を尊重するという。鄭のいう俗字と異なるため、本章では「旧来の俗字」と表記する。

(15) 洪惟仁(一九九〇)「台語教育的文字問題」『台語文摘』一〇月号、台語文摘雑誌社、一五一―一五六頁。

(16) 前掲、鄭良偉(一九八八)七―五八頁を参照。

(17) 黄勁連著・洪惟仁編(一九九一)『稚鶏若啼―黄勁連台語歌詩選』台笠を参照。とくに八―二五頁の洪惟仁の「序文」を参照。

(18) 教育部(二〇〇三)『国民中小学九年一貫課程綱要　語文学習領域本国語文(閩南語)』によれば、台湾語教育は中国語の国語と並んで「本国語文」という教科編制の位置づけとなっているが、学校最前線や教育行政の場では郷土科時代から生まれてきた「郷土言語」という呼び方の使用率が高い。拙論(二〇〇四)「探索台湾社会中「郷土語言」之定位及可能性―以台北市郷土語言教育推動過程為例―」『国民教育』第四四巻六期、国立台北師範学院国民教育社、三二―四一頁に詳しい。

(19) 注音符号の台湾語表記法は、殆どの小学校台湾語教科書の巻頭或いは巻末に掲載されている。

(20) 郷土言語教科書『台湾閩南語　教師手冊』(二〇〇三、康軒出版)『閩南語 教学指引』(二〇〇三、南一出版)などに基づいて作成した。なお、TLPAと教会ローマ字の表記法の差異一覧は、村上嘉英(一九八五)『CDエクスプレス台湾語』白水社、二〇〇二年版の巻末にも掲載されている。

(21) 松永正義(二〇〇三)「台湾語の表記問題」『一橋論叢』第一三〇巻第三号、二九一―三〇二頁。

(22) 洪惟仁(一九九二)「台湾語文学会成立経過」『台語文摘』一月号、台語文摘雑誌社。但し、洪惟仁へのインタビュー(二〇〇四年八月二五日)によれば、発起人の張裕宏はその後、教会ローマ字の支持立場に、また、当時創設に関わった江永進も通用拼音の支持立場にかわった。

(23) 教育部国語推行委員会（一九九九）『郷土語言標音符号手冊』台（87）語字第87000577号函。
(24) 施炳華（二〇〇三）「談台語漢字的用法与病症」『台語文字化学術研討会論文集』高雄市政府教育局、五九―九一頁。
(25) 王育徳（一九八五）「台湾語の記述的研究はどこまで進んだか」『明治大学教養論集』一八四号、人文科学、明治大学教養論集刊行会、二六一―三五九頁。
(26) 例えば、洪惟仁、姚栄松。姚栄松（一九九〇）「閩南語書面語的漢字規範」『教学与研究』第一二期、七七―九四頁によれば、姚の漢字採択の順位は本字、俗字、借音字となる。
(27) 例えば、董忠司、林慶勲。董忠司（二〇〇一）『福爾摩沙的烙印―台湾閩南語概要（上）』文建会、一二九―一三九頁及び林慶勲（二〇〇一）『台湾閩南語概論』心理、二〇三―二一〇頁を参照。
(28) 姚栄松（二〇〇三）「漢字在母語教学上的脚色」前掲『台語文字化学術研討会論文集』八三―九八頁。
(29) 施炳華（二〇〇一）『行入台語文学的花園』金安、二二六頁。
(30) 二〇〇四年七月七日、台北県中湖国小趙家誌校長へのインタビューによる。
(31) 李勤岸ほか（二〇〇三）『通用毋通用』台湾海翁台語文教育協会。
(32) 次の論文は一例である。余伯泉・朱阿莉・趙家誌・高培倫（二〇〇三）「論台湾語直接教学法：三階段一転換」『本土教育研討会論文集』二〇〇三年一一月、台北市立師範学院主催。
(33) 「日本台湾語通用語言協会」会長の許極燉が主張する発音記号は通用拼音との類似性が高い。
(34) 江永進による台音式入力法は通用拼音と同じであると強調されたが、類似性の高いものとしか考えられない。江永進（二〇〇一）「台語文字形式」『台語文学概論』、前衛、五二〇頁に詳しい。
(35) 許極燉（一九九二）「漢字表記台語的歴史考察」『台語文字化的方向』自立晩報、一六四―一七〇頁。
(36) 翰林出版社の台湾語教科書には『台語』（ＴＬＰＡ版）と『台語通用直接版』の二種がある。
(37) 張裕宏（二〇〇一）「白話字的歴史」『白話字基本論』文鶴、一五頁。
(38) **http://203.64.42.21/TG/TLH/index.htm** による。
(39) 白話字に関しては、文字主張の例として董芳苑（二〇〇四）「羅馬字的歴史定位」『台湾文献』第五五巻第二期、国史館台湾文献館があげられる。文字啓蒙に肯定的な評価を主張したことについては呂興昌（一九九四）「白話字中的台湾文学資料」『第一届台湾本土文化学術研討会論文集』国立台湾師範大学。
(40) 蒋為文（二〇〇一）「白話字、囝仔人 teh 用 ê 文字?」『台湾風物』第五一第四期、一五―五二頁。張学謙（二〇〇四）「白話字 kap 台語文的現代化」国立成功大学台湾文学系編『台湾羅馬字国際研討会論文集』。

(41) 反対される原因の②③④については前掲、樋口靖（一九九二）四三頁を参照。
(42) 楊允言（二〇〇三）「台湾語羅馬拼音符号 ê 競争」前掲『台語文字化学術研討会論文集』一五七頁。
(43) 同紙の文字表記の主張については http://www.bongpo.com.tw/BPSBG_20050301.doc による。
(44) 蘇正玄（二〇〇五）「台文通訊 e 歴史～海外台文運動 e 一個例（一九九九年九月以後 e 部分）」張炎憲ほか編『自覚与認同―一九五〇～一九九〇年海外台湾人運動専輯』財団法人呉三連台湾史料基金会／台湾史料中心、六一三―六一九頁。
(45) 張復聚・張学謙・楊允言・劉杰岳（二〇〇三）「未来台語文字的写法 kap 方向」前掲『台語文字化学術研討会論文集』九三頁。
(46) この点については蒋為文（二〇〇五）「漢字文化圏 ê 脱漢運動」『語言、認同与去殖民』国立成功大学、二一―二四頁。

第Ⅳ部　九年一貫課程による郷土教育の新しい展開（二〇〇一年以降）

郷土教育は、二〇〇一年から新たな展開を見せている。それは同年からの新教育課程の導入によって、一九九三年と一九九四年に改訂された「国民小学課程標準」「国民中学課程標準」から九年一貫制の新しい「国民中小学九年一貫課程綱要」への移行が始まったからである。

「課程綱要」では、郷土教育の具体案として二点を説明している。一つは、郷土教育は各学習領域の内容を郷土化して実施するということである。もう一つは閩南語、客家語、原住民諸語が、「国語」(中国語)と並んで、「本国語文」の「学習領域」に位置づけられ、生徒達は国語(中国語)のほかに閩南語、客家語、原住民諸語等の中から一つを選んで必修科目として履修するということである。なお、従来の「教科」は「学習領域」という名称に改められた。

九年一貫新課程の実施に伴い、郷土言語教育とその教科書の編纂が盛況となり、郷土文化教材の編纂の盛況にとって代わった。また、台湾史、台湾地理の導入も進み、社会科教育の内容はますます郷土化していくと特徴づけることができる。新課程は郷土言語を選択必修化し、全教科の郷土化を理念としているため、二〇〇一年は郷土教育にとって大きな区切りの年になった。

新課程に移行した台湾では郷土科の三教科はなくなったが、郷土教育がなくなったわけではなく、台湾の郷土教育は新たな局面へ展開しつつあるというべきであろう。第Ⅳ部では、郷土言語が必修となっている現在の台湾を取り上げる一方、社会学習領域の教育内容を通して教育の郷土化をも検証していきたい。

第七章　郷土言語教育の必修化と地域の実施例

――台北市の例からみた郷土言語教育の実態

二〇〇一年から、九年一貫新課程が実施され、台湾の諸言語（閩南語、客家語、原住民諸語など）は国語と共に「本国語文」の「学習領域」に導入され、小学生の選択必修教科の一つとなった。それによって、台湾諸語教育が義務教育において法的な基盤を持つようになった。本章ではそのような基盤を持つということが大規模な動きを生み出したことを示すことにしたい。

台湾の諸言語は、一九九〇年以降、教育課程の改訂や導入により「方言」から、「母語」「本土言語」「郷土言語」などの名称へ、そして今や「本国語文」へと変容してきた。「母語」や「本土言語」や「郷土言語」のいずれも、閩南語、客家語、原住民諸語を指すものである。本国語文という位置づけは、台湾の国際的孤立が、台湾人に自己の立場を不安に感じさせ、それが言語の役割を強調する形でアイデンティティの形成を促した結果だと捉えることが可能である。そして、よりその過程にふみ込んで観察するならば、そのような国際環境が台湾人であるという独自のアイデンティティを希求する心をかき立て、台湾の言語を「本国語文」へと地位を向上させてきたと思われる。

この台湾の言語復興運動は、アンダーソンが『想像の共同体』の中で、「国民が最初から血ではなく言語によってはらまれたこと」[1]というように、無限の可能性を孕んでいるように思える。台湾諸語教育の中でもとくにマジョリティを占める閩南語が注目されている。例えば、馬華（マレー華文）文学者黄錦樹は、次のように指摘する。「これは台湾閩南語を使用する族群（エスニック・グループ）の文化運動にとどまらず、将来、国民（台湾国）が自ら『国語』を創成するための可能性を孕んでいる。ゆえにこれは典型的な民族国家の国語計画、つまり『文学の国語』及び『国語の文学』を以って国民を想像するものである。」[2]また、松永正義[3]がいうように、そうした展開は、一九世紀から二〇世紀にかけての国民国家形成と不可分であった「言語の独立」というテーマを想起させられる状況である。

現在、台湾を本土とする台湾主体の価値観が国民統合を促し、台湾諸語教育の実施もその一翼を担っていると見て取れる。しかし、言語教育内容の実態は、多様かつ複雑な様相を呈している。言語教育のための発音記号と文字化（正書法）の規範に関して、第六章で述べたように、言語運動推進者の間に大きな論争が存在しているのである。一連の論争は、九〇年代当時、軌道に乗り始めた郷土言語教育に、困難と挫折とをもたらした。郷土科時代において、郷土言語教育の不振・停滞の状況は、文字化、発音記号の問題に起因したものであった。

しかし、二〇〇一年以降、郷土言語教育をめぐる状況は一変している。義務教育における選択必修化が逆に、文字の標準化と発音記号の規範化を促進することになったのである。台湾諸語教育が台湾全土で実践されることにより、その問題は、すでに言語学者や専門家だけの問題ではなく、政府や数多くの教師が教育の最前線に立って直面し、回避できない問題となったからである。郷土教育の焦点は、郷土文化教材の編纂から郷土言語教育の実施に移ったといってよい状況にある。

なお、本章以降も「郷土言語」という表現を用いるが、それは教育現場で今なお「郷土言語」という名称の使用が殆どだからである。政府公文書・刊行物においても「郷土言語」という語の使用率が高い。すでに言及してきたように、台湾史教育と台湾諸語教育は最初から相互に独立した一教科ではなく、両方とも郷土教育教科の登場により、台湾全土での実践が可能になったものであった。その過程で、教育行政用語として生まれてきた「郷土言語」という概念は、教育現場で広く受け入れられ、台湾諸語教育が「本国語文」という枠組みに入ったにもかかわらず、今なお、依然として「郷土言語」と呼ばれ、今では台湾本土の諸言語を指す慣用語となるに至っている。そして台湾諸語教育も今なお郷土教育の一環として位置づけられており、郷土科時代の経験や行政なども引き継がれている。

そこで、本章で焦点としたいのは、教育現場が現在進行中の一連の言語論争に対して、実際にどのように呼応しているか、中央政府の行政運営がどのように機能していくのか、そして各地の郷土言語教育の内容がどの方向に向かっていくのか、ということである。その点を本書のテーマに即して、筆者は、その焦点を次のように言い直して本章の論を進めたい。すなわち、教育現場での郷土教育は、今日の台湾人が抱える自己矛盾（言語観、文字観など）の問題に対して、どのように対応しているのか、そして結果として今日の台湾人アイデンティティ形成にどのような機能を果たしているのか。本章ではその点に焦点を当てながら、郷土言語教育の実施に関わる中央政府と地方政府と学校現場との三者の関連性を把握することを試みる。

第一節　九年一貫新課程における郷土言語教育

一　九年一貫新課程の基本的特徴

九年一貫新課程の提示した教科の構成は表7―1のとおりである。一年から九年までは教育課程上は一括して「国民中小学」とされ、従来の教科別のカリキュラムではなく、表7―1のように、七つの「学習領域」が設けられている。この導入によって、一九九三年と一九九四年に改訂された「国民小学課程標準」「国民中学課程標準」は終止符を打つこととなった。

「国民中小学九年一貫課程綱要」は、まず二〇〇〇年に「国民中小学九年一貫課程暫行綱要」という暫定的な綱要として公布され、その後、一部の修正などを経て、二〇〇三年に正式のものが公布された（本書ではそれぞれ「暫行綱要」「課程綱要」と略記する。厳密に区別しない場合は「暫行／課程綱要」又は「綱要」と表記する）。

九年一貫新課程は二〇〇一学年度から逐年的に実施していくのではなかった。「暫行綱要」の実施対象は二〇〇一学年度は一年生のみ、二〇〇二学年度には一、二、四、七年生の四学年、二〇〇三学年度には一、二、三、四、五、七、八年生の七学年であった。最後に二〇〇四学年度から全九学年実施と予定されたが、「課程綱要」への移行が始まった。「課程綱要」の実施対象は二〇〇四学年度に一、四、七年生の三学年、二〇〇五学年度に一、二、四、五、七、八年生の六学年、二〇〇六学年度に全学年であった。

教材編纂については、多くの出版社が一つの「暫行／課程綱要」に基づいて教科書を編纂し、また、審査機関の審査を受け、様々な形態の教科書を発行している。その制度は「一綱多本」と呼ばれている。教科書の内容は検定制度によって一定の水準が保たれている。教科書の検定方法については事前の検定と事後の評価の二種類があり、教育部がその基準を定め、検定担当機関は国立編訳館とされている。従来、全国統一の教科書を編纂してきた国立編訳館は、二〇〇〇年から教育部の依頼を受けて教科書審査の役割を受け持つようになった。

教科書の採択や作成の権限については学校にも与えられている。すなわち、「各学校が校内の課程評価、教科書審査などを担当する課程発展委員会を組織すること」とし、「地域性或いは児童・生徒のニーズによって、各学校が独自の教材を編纂することは自由」と規定している(4)。従来と比べ、教科書の編纂や採択については極めて自由な革新的な方針が取られている。殊に校内の課程発展委員会の設置は、教師に教科書の採択権や作成権が大きく付与されていることと連動したもので、重要な役割を果たしている。

本書が注目する小学校一年生から中学校三年生までの教科書編纂は、政府機関が行うだけでなく、民間にも開放さ

表７−１　九年一貫新課程のカリキュラム

<table>
<tr><th>学年
学習領域</th><th>1</th><th>2</th><th>3</th><th>4</th><th>5</th><th>6</th><th>7</th><th>8</th><th>9</th></tr>
<tr><td rowspan="2">語　文</td><td colspan="9">本国語文　（１）国語文（中国語）
（２）郷土言語（閩南語、客家語、原住民諸語、或いは地域の使用言語、一年生から一つを選んで必修。七年生からは自由選択で強制しない）</td></tr>
<tr><td colspan="2"></td><td colspan="7">英語（三年生から）</td></tr>
<tr><td>健康と体育</td><td colspan="9">健康と体育</td></tr>
<tr><td>社　会</td><td colspan="2" rowspan="3">生　活</td><td colspan="7">社会</td></tr>
<tr><td>芸術と人文</td><td colspan="7">芸術と人文</td></tr>
<tr><td>自然と生活科学技術</td><td colspan="7">自然と生活科学技術</td></tr>
<tr><td>数　学</td><td colspan="9">数学</td></tr>
<tr><td>綜合活動</td><td colspan="9">綜合活動</td></tr>
</table>

〔教育部（2003）『国民中小学九年一貫課程綱要　語文学習領域』11 頁に基づいて作成〕
〔 英語に関しては教育部（2006）台国（二）字第 0950030031C 号令修正を参照〕
（網掛け部分）は筆者が付け加えた説明である。

れており、また学校が独自に編纂する教材も使用できる。それによって教科書は民間出版社や教師達の編纂活動と密接な関連を持つようになり、またその多様性も生まれた。数多くの教科書の中から学校単位で採用が決まるところが多いが、中には、同じ小学校でも学年によって違う出版社の教科書が使われていることもある。

「暫行／課程綱要」では、郷土教育に関して二つのことが明瞭に示されている[5]。一つは九年一貫新課程の基本理念の中に、「郷土意識」と「国際意識」の育成を挙げていることである。そしてそれらの意識の内容として、郷土愛、愛国心、世界観が含まれていなければならない（文化と自然を含める）としている。また社会学習領域の主要内容にも郷土教育が挙げられている。すなわち郷土科を設けず、郷土教育の内容を国語、算数などの教科に対立させていないのである。換言すれば、郷土教育は郷土科を特設せず、あくまでも各学習領域の郷土化の方向で実践するとしている。もう一つは閩南語、客家語、原住民諸語が国語（中国語）と並んで「本国語文」の領域に入れられ、そして児童達が「国語」のほかにそれらのうちの一つを選んで必修するとされていることである。そのような二つの点は、台湾諸語教育を推進するばかりでなく、郷土教育を学校教育全般の郷土化によって推進し、児童生徒達に郷土意識を涵養することが図られていることを明瞭に示している。郷土教育はそのような新しい時代を迎えることになったのである。二〇〇一年は様々な意味で教育改革の転換期になっており、郷土教育にとっても大きな区切りの年になった。

二　選択必修教科としての「郷土言語」

ここでは、この「暫行／課程綱要」が「語文学習領域」についてどのような理念や方向を提示しているかを確認しておきたい。「語文学習領域」には国語、閩南語、客家語、原住民諸語、英語に分けてそれぞれの基本理念が説明されているが、「課程綱要」では「語文学習領域」という言語教育全体の基本理念が次のように掲げられている。

「多元的視野を広げ、国際思潮に直面するため、語文学習領域は本国語文、郷土言語、英語の学習を包む。本国語文は学習の基本なので、児童生徒に段階的に、聞くこと、話すこと、読むこと、作文、発音記号の運用、識字、書くことという基本能力を育成する。郷土言語は日常的なコミュニケーションを重んじているため、聞くことと話すことを中心とし、読むことと書くことを従にする。英語は小学校の段階では聞くことと話すことを中心とし、中学校の段階では、聞くこと、話すこと、読むこと、書くことのいずれも重視する。」(6)

この説明によれば、国語(中国語)は唯一の「本国語文」であり、郷土言語は「本国語文」の位置づけではないように読み取れる。そして、郷土言語の学習目標も中国語普及の現状をありのままにみとめ、聞くことと話すことのみ設定されているという印象を受ける。

しかし、「語文学習領域」の全体の構成を見ると、「本国語文」という枠組みは、本国語文（閩南語）、本国語文（客家語）、本国語文（原住民語）の四つの部分から構成されている。言い換えれば、本章が注目する郷土言語教育の内容は、閩南語、客家語、原住民諸語を含み、基本的に「本国語文」の一環として提示されている。「本国語文」という用語は、各エスニック集団の言語を「国語」と同列に位置づけさせようとしたものと思われるが、「郷土言語」と述べたり「本国語文」と述べたりしており、用語の不統一が見られる。「暫行／課程綱要」に示されている最も重要な点の一つが、「郷土言語」から「本国語文」への位置づけの転換だが、そこに一抹の「曖昧さ」が含まれていると思われる。しかし、郷土言語が中国語との対立を生じていないのはその曖昧さが理由ではないかとも考えられる。

さらに、各郷土言語の基本理念又は課程目標には、いずれも多元的エスニック文化を認識させることがあげられており、異なるエスニック集団の文化の理解に繋がるような内容である。ただ、「課程綱要」で言語別の基本理念で比較してみると、原住民語の場合は、「「国語」とエスニック集団言語とを併用する習慣を育成する」と説明されている。客家語は「聴く力、話す力を育成し、読む力、書く力、作文する力へ発展させる」とするとともに「客家語と国語を併用する習慣を育成する」と説明されている。それに対して、閩南語は「一．聴く力、二．話す力、三．読む力、四．書く力、五．作文する力を育成する」とされている。かなり理想的とはいえ、「読める」、「書ける」ということが、レベルを高めるのに何よりも大切なことがよく示されている。その学習目標の違いには、原住民諸語が、次いで客家語が言語として存亡の危機に瀕しているということがあろう。

しかし、閩南語についても「読める」「書ける」ことに大きな問題があることも事実である。郷土言語は独立した一教育課程として位置づけられているが、閩南語であっても筆記試験をしないことが原則である。それは、前章で説明したように、言語の標準化にあたって文字表記や発音記号をめぐる様々な問題点が存在しているからである。すなわち漢字志向、漢羅文志向、ローマ字志向があり、またTLPA、通用拼音、教会ローマ字などの発音システムの間で覇が競われている状態にある。

閩南語における表記のそのような状況から考えて、発音記号の学習と書記言語の形態が「暫行／課程綱要」でどのように規定されているかということは注目すべき点である。既述したように、「国民中小学九年一貫課程綱要」は、まず暫定的に使用する「暫行綱要」(二〇〇〇)を公布し、続いて正式版として「課程綱要」(二〇〇三)を公布した。「課程綱要」は実質的にはそれほど大きな改訂ではないが、「暫行綱要」で議論のあった部分が改訂された。発音記号に関する学習目標の改訂もその中の一つであった。

最も大きな変更は、「聞く」「話す」などのレベルから「発音記号を教える」という方針へ転向した点であった。ただ、発音記号の学習段階に関して、それぞれの言語は違う方針を取った。原住民語の場合は主として第二段階の四年生から教える設定となっているが、第一段階(一年生から三年生)から実際の状況に応じて行うとされ、ただそうであっても一年次は必ずしも教えなくてよいと明記されている。閩南語と客家語についての場合は「原則として第一段階の三年生から教えるが、児童のレベルと授業の進捗具合によって早めに実施することもできる」と明記されている(7)。なお、客家語の方は、発音記号の表記法は各地方の教育当局の決定に従うとも説明されている(8)。そして、本書で、これまでに述べてきた発音記号の問題から見て重要だと判断できることは、どの文字表記と発音記号システムを使用していくか、ということが規定されていないことである。つまり、言語の標準化にあたっての問題は相変わらず解決されていないのである。綱要では「読める」「書ける」ことを促す点では大きな限界があることは認めねばならない。

第二節　郷土言語教育の具現化

一　台湾全土の実態―閩南語、客家語、原住民諸語、福州語の推進

九年一貫制新課程の導入により、郷土言語教育がどのように展開し始めたかを見ていくことにしよう。「暫行綱要」も「課程綱要」も、実施内容について「小一から小六までの児童は閩南語、客家語、原住民語の三種の郷土言語の中から一つを選んで履修しなければならない。中学生の場合は生徒の希望により自由に履修できる」[9]としている。

その規定によって閩南語、客家語、原住民諸語の教育が学校に導入された。図7―1は閩南語の教科書、図7―2は客家語の教科書、図7―3は原住民語の教科書である。閩南語はすでに第六章第一節で触れたように、「台語」「閩南語」「鶴佬話」などの名称があり、表紙にそれが現れている。郷土言語が必修化されたことで、このような教科書が続々と発行されるようになった。

二〇〇二年に教育部が発表した調査結果はその実施状況を知る有力な手掛かりであると思われる。教育部は二〇〇一学年度において台湾全土小学校一年生の実施状況について調査を行い、調査結果は『国民中小学郷土語言教学推動情形』にまとめられた。

二〇〇一学年度、九年一貫課程の実施対象は小学校一年生のみであった。調査はその実態を把握したものである。実施校数を表7―2に掲げる。閩南語と客家語の実施はそれぞれ二〇九八校、五三二校に達しており、そして総人口の二％にすぎない原住民族の言語教育の実施もかなり高い割合を占めており、二六四校に及んでいた。資料ではルカイ語の部分が重複しているが、誤植か修正ミスのいずれかと思われる。

表7―2の統計によれば、台湾本島と金門県の実施状況は「課程綱要」の規定に沿って閩南語、客家語、原住民諸語が推進されているが、連江県ではいずれも教えられていない。福建省連江県(馬祖は通称)の郷土言語は福州語になっており、それは表7―2の統計には反映されていない。馬祖の郷土言語教育は連江県教育局と県立中正国民中小学によって推進され、「連江県推動郷土語教育実施計画」もたてられている。馬祖では一般民間出版の教材を使用せず、独

図７－１　閩南語の教科書

左上から右へ康軒文教事業発行、台湾文芸発行、左下から右へ明台教育発行、仁林文化発行。閩南語には「台語」「閩南語」「台湾鶴佬話」など様々な呼び方がある。

図7－2　客家語の教科書

康軒文教事業発行、2004年9月2版。この教科書の2種類のローマ字表記は2つの下位方言を表したもの。巻末には別に国語注音符号による発音表記も掲載されている。

図７－３　原住民の教科書

宜蘭県政府発行のタイヤル語教科書２冊、及び政治大学原住民族言語教育文化研究センター編のサイシャット語と海岸アミ語の教科書。

表7－2　2001学年度小学校一年生「郷土言語」実施状況について

県・市	郷土言語課程種類															
	閩南語の実施校数	客家語の実施校数	原住民語の実施校数													
			総数	アミ語	ヤミ語	ブヌン語	ルカイ語	ツォウ語	サイシャット語	セイダッカ語	カバラン語	タイヤル語	ルカイ語	プユマ語	パイワン語	その他	
																言語	校数
台北市	148	12	2	1										1			
高雄市	86	5	2														
宜蘭県	63	3	11	2								11					
台北県	202	51	21	16								4			1		
桃園県	125	111	18	2		1						15					
新竹県	26	64	16						1			15					
苗栗県	45	72	8		1				2			5					
台中県	134	45	7									7					
彰化県	172	0	0														
南投県	112	13	29			15				7		5					2
雲林県	154	1	0														
嘉義県	130	0	7					7									
台南県	172	0	0														
高雄県	90	44	10			8							2				
屏東県	95	56	21				1								20		
台東県	61	4	64	24	4	14	2							5	15		
花蓮県	50	36	46	22		8				16							
澎湖県	41	0	0														
基隆市	41	2	1	1													
新竹市	14	12	1									1					
台中市	57	0	0														
嘉義市	17	1	0														
台南市	43	0	0														
金門県	20	0	0														
連江県	0	0	0														
合計	2098	532	264	68	5	46	3	7	3	23	0	63	2	6	36		2

注:「その他」という部分は、原資料に従ったが、「言語」と「校数」を分けた意図が不明である。
またルカイ語が2箇所に現れるが、何の誤りか不明である。

出典：教育部（2002）『国民中小学郷土語言教学推動情形』附録三

自の郷土言語教材として福州語教材[10]を発行している。

福州語は福建省北部の言語であり、閩北語とも呼ばれる。同じ福建省の閩南語話者と殆ど通じない。教科書（図7—4）は文字使用は全部漢字となっているが、発音記号として国際音標システムと注音式が併記の形で振り付けられている。教員研修などについては台湾本島のシステムと同様に動いているが、教師が中国大陸へ研修にいくこともある。そうした展開に対して、教育部側視察員は「郷土言語は福州語という認識に止まらず、ほかのエスニック集団の文化にも多元的に広げていくべきだ」[11]と曖昧にコメントしているが、地域文化の独自性を守ろうとする馬祖の動きに対して中央政府からの干渉は見られない。この例は現行の九年一貫制課程が地域の自由裁量をかなり認めていることを示すものでもある。

福州語教育の実施は明らかに連江県の独創だが、教育部は「暫行綱要」の作成段階ですでにこのことを想定していたと見られる。「暫行綱要」と「課程綱要」のいずれにも「学校は、地域の特性及び学校の資源により、閩南語、客家語、原住民語以外の郷土言語の授業を開講し、児童生徒に履修させることができる」[12]と明記されているからである。

二　郷土言語教育の行政—「教育部推動国民中小学郷土教育実施要点」の改訂と「教育部推動国民中小学郷土言語教学訪視計画」

郷土教育が中央政府の直接の教育統制のもとに置かれるようになったのは、第五章で述べたように一九九五年の「教育部推動国民中小学郷土教育実施要点」の通達によってであった。それに応じて、各県・市政府も県・市レベルの「推動国民中小学郷土教育実施要点」のような計画を立てた。各地方政府は郷土教育推進委員会、教材編纂委員会など様々な組織を設け、役割の中心となった郷土教材を作成した。

九年一貫新課程の公布をうけて、二〇〇一年に「教育部推動国民中小学郷土教育実施要点」[13]も大きく改訂された。改訂による最も大きな変化は二つあった。すなわち、「郷土言語を聴くこと、話すこと、読むこと、書くことの基本

図7－4　福州語の教科書

連江県政府発行、2004 年 1 月。発音表記には「国際音標」と「国語注音」の 2 種類が採用されている。

能力を育成し、郷土言語を有効に使用させる」という部分と「郷土文学作品の読解能力を高めることによって、郷土文化の精髄を認識させる」という部分との二点の導入である。かなり目標を高くおいたものであるとはいえ、郷土言語の基本能力の重視と郷土文学作品の読解は郷土教育の実践において新たに強調されることになったのである。

郷土言語の部分では、九年一貫新課程の導入に対応するための改訂の意味が大きいと思われる。二〇〇一学年度は、郷土言語教育が中心的活動になると同時に、実施内容として各県・市をそれぞれ一つの単位として次の六項目の推進があげられた。すなわち、「一．教材の編纂、二．研修活動（シンポジウム、座談会、授業参観、講習会など）、三．メディア教材の製作、四．データベースの整理とホームページの作成、五．研究活動（学者や専門家との交流）、六．教師養成」。それらの六項目は、それ以前の郷土科時代の流れを受け継いだものである。二〇〇二学年度以降も、その実施内容の年度更新が行われているが、その後の変化はほんの一部に過ぎない。郷土言語教育の行政運営には大きな変化が見られず、ほぼ郷土科時代の推進モデルに追従している。

なお、「実施要点」によれば、役割分担については教育部、県・市政府、小中学校の三者が提携していくと明記されている。助成金の付与に関しては、県・市政府が自らの地域の計画書を作ってそれに基づいて教育部に助成金を申請するとされている。助成金のほか、奨励金も教育部から出されている。実施要点に定められたもので、教育部は定期的に或いは不定期的に現地訪問・視察し、各地域の郷土言語教育の実施内容について評価を行い、評価の高い地域に奨励金を与えて表彰することとしている。

教育部は、その「実施要点」の規定に対応して、二〇〇四年から「訪問・視察」活動(14)を始め、（二年ごとに一回）各県・市を一つの単位としての評価を行っている。審査の対象は県・市政府教育局、学校、教師の三者で、学校と教師（現職教師と支援人員）の部分の評価対象は、県・市政府によって推薦された学校や教師である。推薦数は、管下の学校数によって異なるが、一校から三校まで又は一人から三人まで（現職教師と支援人員が別々）である。

表７－３　郷土言語の開講学級数（2002 ― 2005 学年度）

言語＼学年度	2002 学年度開講学級数	2003 学年度開講学級数	2004 学年度開講学級数	2005 学年度開講学級数
閩南語	30, 363	48, 036	57, 335	63, 652
客家語	4, 014	7, 659	8, 806	7, 995
原住民諸語	1, 179	1, 790	2, 513	3, 202

〔教育部電子報 220 期（2006 年 8 月 24 日）、教育部国民教育司の調査報告に基づいて筆者作成〕

この「訪問・視察」活動による評価は、行政措置から研修内容、教材、教師の水準まで幅広く取り上げている。評価の基準は、行政面では行政運営の組織、教師の採用などに、教材内容の面では主に実用性などの教育効果に、そして教師の面では郷土言語を推進するための熱意や積極性、児童の学習動機を引き出すか否かなどに重点が置かれている。評価の仕組みからみると、教育部の郷土言語教育の推進の方法には、行政の組織運営の効率性の向上と児童本位主義による教育効果の向上との二つがある。そのように中央政府と地方政府の連動した教育行政は、上意下達ではなく、学校と地方政府の主体的な活動を、中央が評価することによって進めるという仕組みとなっている。

三　民間人支援教師の登用と教師養成

教師の充当は、新しい科目の創設にあたっては避けることのできない問題である。二〇〇四学年度には全学年で郷土言語教育が開始されることから、授業の開講数の増加は急速で、専門教師の供給は年々増加しているにしても、その数は明らかに不足していた。郷土言語授業開講数の詳細は表７―３のとおりであった。

教育部は教師不足の問題に対応するため、民間人を閩南語と客家語と原住民諸語の「郷土教学支援人員」に登用することにした[15]。登用のための資格認定試験が、教育部によって初めて公的に行われたのは、二〇〇二年のことであった。その年、県・市政府は推薦或いは試験などの方法で一次試験を行い、教育部は筆記試験と口頭試問による二次試験を行った。そして、合格者は更に教育部の三六時間の講習を受けて修了すると、郷土言語の支援教師とい

表7－4　郷土言語教育教師の概況（2005学年度）

言語＼教員	民間人支援教師	研修を受けた現職教師	研修を受けた代理教師	その他（研修を受けていない）
閩南語	33%	44%	4%	19%
客家語	54%	22%	2%	22%
原住民諸語	91%	5%	1%	3%

〔教育部電子報220期（2006年8月24日）、教育部国民教育司の調査報告に基づいて筆者作成〕

う資格を取得することができた。原住民語[16]についてもやはり支援教師の資格が設けられたが、それは一年早く実施され、二〇〇一年以降、県・市政府の推薦を受けた者が、行政院原住民委員会の試験の合格後、同じく三六時間の講習を受けることで資格取得できることになった。つまり、郷土言語の能力を持つ民間人が郷土言語の支援教師になるには、県・市レベルでの試験、教育部または原住民委員会による試験、そして三六時間の講習の三段階を経ることが必要となった。二〇〇二年当時、郷土言語支援教師の資格を取得した民間人は、閩南語と客家語の両方の合計で三四二三人に上った[17]。

ただし、近い将来には中小学校の現職教師が郷土言語を教えることが想定されており、資格認定の有効期間は六年とされている。現職教師の研修としては地方政府教育局の「輔導団」[18]が定期的に行う講習会が設けられ、多くの地域では初級（三六時間）と上級（三六時間）の二段階の講習会となっている。現職教師はそのような初級レベルの講習を受けた後、郷土言語を教える資格が得られる。

二〇〇五学年度に郷土言語教育を担っている教師の内訳は表7－4のとおりであった。表7－4には民間人支援教師、研修を受けた現職教師、研修を受けた代理教師、研修を受けていない教師が言語別に整理されている[19]。とくに注目されるのは、全く研修を受けていない郷土言語教師が少なくない点である。しかし、教師の資格取得については、最近、新たに教授法や言語学などの試験による認証制度を導入した台中市などの地域[20]が現れている。そして、教育部も二〇〇六年一二月に「提升国民中小学郷土語言師資専業素養改進措施」[21]を公布し、現職教師の郷土言語認証制度を導入しようとしている。小学校での郷土言語導入にあたり、どのように教師を養成するかは、大きな課題となっている。実際、現職教師の殆どが流暢に台湾語が話せるとしても、オーラルの授業しかできず、発音記号や文字を用いて十分な知識で郷土言語を教えきれるのかということが大きな問題となった。現時点では、十分な研修を受けていなくても、また一定の郷土言語能力の証明がなくても、現職小学校教師が郷土言語を教えているといったケースもあるが、郷土言語教師の認定の条件は次第に厳しくなりつつある傾向が見られる。郷土言語教育の導入が課題であった一九九〇年代と比べ、二〇〇〇年以降は郷土言語教育の内実の向上が課題となっていると特徴づけられるだろう。

第三節　教科書の多様性

郷土言語教科書の多様性は、他の学習領域（教科）とは異なる際立った特徴である。その多様性を把握するために本節では、二〇〇三年に国立編訳館によって行われた「郷土言語教材の評価」を取り上げる[22]。この「評価」（台湾では評鑑という）は台湾全土の教科書実態を把握するためのものであり、教育部がこの評価の計画を決定したのは二〇〇三年五月で、国立編訳館が作業に着手したのは、同年九月であり、結果は『国民中小学郷土語文　教科書評鑑　総報告書』にまとめられた。

第一節で述べたように、台湾では、現在教科書検定方法には事前の検定と事後の評価の二種類があるが、郷土言語教材は、後者の「評鑑制度」と呼ばれる評価方法が適用されている。事後の評価とは使用開始前に審査を受けるのではなく、使用開始後に実態を見ながら評価を行うというものである。事後の評価の導入は郷土言語の授業が実際にどのようなものになるか想定できなかったということだけではなく、発音システムと文字の規範化の未定に原因があると思われる。報告書では「評鑑制度」導入の理由として次の四点が強調されている。（一）検定は期間が長いので、九年

表7－5　民間出版の郷土言語教科書

民間出版の閩南語教材	民間出版の客語教材	原住民教材
＊康軒文教事業―『閩南語』 ＊南一書局―『閩南語』 ＊金安（真平）―『台語読本』 ＊安可―『台湾話読本』 育成―『台湾閩南語』 ＊翰林―『台語』 ＊翰林―『台語通用直接版』 ＊仁林文化―『福佬台語』 ＊台湾文芸―『台語―台湾鶴佬話』 ＊明台教育―『福台話』 ＊開拓―『国小台語』	＊康軒文教事業―『客家語』 ＊南一書局―『客家語』 ＊翰林―『客語』 ＊仁林文化―『客家語』 ＊中原週刊社―『客家語読本』 育成―『客語』	なし

〔教育部（2004）『国民中小学郷土語文教科書評鑑　総報告書』に基づいて筆者作成〕

一貫課程の実施に間に合わない。（二）言語の差異性があるため、検定基準の制定が難しい。（三）公平性を求めるため地方政府の編纂した郷土言語教材も審査を受ける必要がある。（四）原住民語教材を編纂しようとする民間出版社が殆どないという現状で検定制度が導入されるなら、民間出版社の原住民語教材の編纂意欲をさらに削ぐこととなる(23)。

「評価」の実施期間はおよそ半年とされた。「閩南語教科書評鑑小組」「客家語教科書評鑑小組」「原住民語教科書評鑑小組」のように言語別に小グループが設けられ、審査員は大学の教授、小学校の現職教師などで構成された。評価の項目は次の七項であった。一．製本（印刷、挿絵、紙質、字体のデザイン）、二．「課程綱要」の「能力指標」の実現、三．教材内容（実用性、文学性、日常性、台湾性、面白さ）、四．教科書内容の構成（難易度の配当、漢字の分かり易さ）、五．語彙、単語の使用（口語的語彙や発音記号の一貫性など）、六．教育実施（教授策略の提供、言語の学習動機など）、七．補充教材の添付の有無。

報告書によれば、二〇〇三学年度に台湾全土で出版されていた小学校郷土言語教科書は地方政府出版と民間出版の二種類に大別され、表7―5と表7―6のようであった。民間出版社のものだけで一〇種類を越えているが、表7―5のように、マイノリティの原住民語には民間業者の出版物が見られない。なお、調査の際に、郷土言語教育の教材として評

表7－6　地方政府（25県・市）出版の郷土言語教科書の詳細

出　版	閩南語教材	客家語教材	原住民語教材	その他
台北市政府	台北市郷土語言参考教材一常用生活百句［１冊］			
台北県政府	台北県郷土語言補充教材（閩南語）（淡水、鶯歌）［淡水１冊、鶯歌１冊］	台北県郷土語言補充教材（客家語）（淡水、鶯歌）［淡水１冊、鶯歌１冊］	＊泰雅語［４冊、教師手冊３冊］（タイヤル語） ＊阿美族母語教材［２冊、教師手冊２冊］（アミ語） ＊布農族母語教材［４冊］（ブヌン語）	
桃園県政府	＊河洛語読本［１冊］ ＊閩南語読本［１冊］	＊客家語読本［２冊］	＊泰雅族語［２冊］（タイヤル語） ＊阿美族語［２冊］（アミ語）	
新竹県政府				
新竹市政府	＊閩南語教材 ［８冊、教師手冊四冊］	＊客家語教材［１０冊、教師手冊５冊、補充教材２冊］		
苗栗県政府		＊客家語［５冊、教師手冊４冊］		
台中県政府		大埔音客家語［１冊］大埔音客家語読本［１冊］	＊泰雅爾之語［３冊］（タイヤル語）	
台中市政府	補充教材：大墩个囡仔歌［１冊］			
南投県政府				
彰化県政府	彰化県国民小学郷土語言教材［１２冊］			
雲林県政府	螺陽風情（東南国中）［一冊］	＊紹安客語読本—恋恋紹安［１冊］		
嘉義県政府	国民小学一年級、二年級郷土語言教材［２冊］		鄒語教材［１冊］	
嘉義市政府	閩南語補充教材－河洛語俗諺、台湾俗語做伙学［２冊］			
台南県政府	＊南瀛台語冊［２冊］			
台南市政府	郷土語言補充教材（河洛語）［３冊、教師用手冊３冊］			
高雄県政府	＊高雄県郷土語言閩南語［４冊、教師手冊４冊］	＊高雄県郷土語言客家語［４冊、教師手冊４冊］	高雄県郷土語言布農族語 ＊魯凱族語［多納語１冊、茂林語１冊、萬山語１冊、教師手冊１冊］（ブヌン語、ルカイ語）	
高雄市政府	榕仔園［１冊］＊咱故郷泥土味［４冊、教師手冊４冊］	＊細人仔学客語［４冊、教師手冊４冊、補充教材２冊］	原住民語［１冊］	
屏東県政府			＊屏東県母語教材—魯凱語［３冊、教師手冊３冊］（ルカイ語）	
台東県政府				
花蓮県政府			＊阿美語（アミ語）［２冊］	
宜蘭県政府	閩南語教学手冊［教師手冊６冊］	宜蘭県客家語教学手冊［３冊］	＊国民小学語言教材－泰雅語言学習手冊（タイヤル語）［３冊］	
基隆市政府				
澎湖県政府	＊澎湖県郷土語言閩南語教材［４冊、教師手冊４冊］			
金門県政府	＊金門県郷土語言教材［６冊、教師手冊４冊］			
連江県政府				福州語［８冊］

出典：本表は、教育部（2004）『国民中小学郷土語文教科書評鑑　総報告書』pp. 7-87 に掲載された表「国民小学郷土語文教科書出版現況一覧表（製表日期：民国 92 年８月）」及び pp. 11-15「国民小学郷土語文教科書評鑑版本一覧表（製表日期：民国 92 年 10 月）」に基づいている。ただし、後者に掲げられた教科書の中には前者に掲げられていないものもあり、いくつか矛盾がある。ここでは、片方の表に掲げられている教科書はすべて掲げ、また原則として両表の冊数の多い方を選んだ。ある程度の実態を表しているが、実際を正確に反映したものとはいえない。

価対象となったのは、＊が付いているものであった。報告書によれば、それらは①「課程綱要」に基づいて編纂され、しかも学校でも使用されているもの、或いは②「課程綱要」に基づいての編纂ではないが、現時点学校で使用されているものである[24]。つまり、評価の対象とは学校で使用されているということであった。台中市の『大墩个囡仔歌』、雲林県の『螺陽風情』などの郷土文化教材は評価の対象外であった。それは文化的な内容ではなく、言語教育としての性質を備えたものではないと見なされたからであった。評価の対象となったのは全体で、閩南語が一八種類で八〇冊、客家語教科書が一一種類で五二冊、原住民語が一〇種類で二八冊であった。

　教育部の依頼によるこの国立編訳館の「評価」は、郷土言語教育導入初期の二〇〇三学年度の郷土言語教材の多様性を示すもので、報告書には多様な教科書についての評価結果とその説明が羅列されているが、本書の関心にそって次のように整理すると、閩南語教科書についてはより実態が明瞭になるであろう。すでに第六章で言及したように、閩南語の場合、表記の提案としては漢字志向のＴＬＰＡ派、ローマ字志向の教会ローマ字派（過渡期の段階では漢羅文志向）、及び漢羅文志向の通用拼音派の

表７－７　民間出版の郷土言語（閩南語）教科書（2003学年度）

出版社名	教材名	発音記号の使用	文字表記の傾向
康軒文教事業	閩南語	TLPA、方音符号	漢字
金安（真平）	台語読本	TLPA、方音符号	漢字
南一書局	閩南語	TLPA、方音符号	漢字
安可	台湾話読本（TLPA版、教会ローマ字版、通用拼音版の三種）	TLPA、方音符号、教会ローマ字、通用拼音	漢字
育成	台湾閩南語	TLPA、方音符号	漢字
翰林	台語	TLPA、方音符号	漢字
	台語（通用直接版）	通用拼音	漢羅文
仁林文化	福佬台語	通用拼音	漢羅文
台湾文芸	台語—台湾鶴佬話	独創の注音式	漢字
明台教育	福台話	通用拼音	漢羅文
開拓	国小台語	通用拼音	漢羅文

〔筆者作成〕

三形態があるわけだが、発音を表すための発音記号は文字表記よりもさらに多様で、三種類のローマ字のほかに第六章第三節で触れたように方音符号を導入したものが加わる。方音符号とは台湾の国語の発音記号である注音字母に、閩南語用の特殊的な発音記号を加えた符号体系である。二〇〇三学年度の台湾閩南語教科書は三つの文字表記と発音システムの区分で捉えてみると、表7—7のように整理できるのである。

同表からもわかるとおり教会ローマ字を使用する教科書はあまり見られないが、筆者の調査によれば、二〇〇四学年度には安可出版の『台湾話読本』に「TLPA版」「教会ローマ字版」「通用拼音」の三種があり、康軒文教事業出版の『閩南語』には「TLPA」「教会ローマ字」「通用拼音」「方音符号」の四種併記が附録に付けられている[25]。ここでは教師用書中の対照表を例として図7—6に掲げる。四種の発音記号併記の方式は現状に対応しようとしたものである。このような四種併記の例は康軒文教事業出版の教科書に見られたばかりでなく、ほかの出版社の教師用書にも多く見られた。

郷土言語教科書には以上のような多様性が存在していたのである。中央政府教育部に文字表記と発音記号を規範化しようという積極的な姿勢が見られないことが、このような多様性の存在を許容させているが、この評価活動もそうした教科書の多様性をある方向に向けようとするものではなく、それは一九九〇年代の郷土教材の「視察・評価」と同様であった。すなわち、この「評鑑制度」の実施において、中央政府教育部から特定の立場を押しつけるようなこと、つまり特定の言語観（発音記号と文字表記に対する立場）を押しつけて教科書の出版や編纂に影響を与えるような方向性がなかったのである。それは急速な規範化を避け、「漸進主義」が取られていることの表れといえるが、ただ、評価項目に、郷土言語教科書の内容について「現代化」「生活化」「実用性」「趣味性」「文学性」という五つを掌握できる内容を選択しているか、という項目が加わっていたことには留意しておきたい。中でも文学性の追求は、言語を技術的なものという枠におさめず、文化的な背景をもつものであるという言語教育に固有の価値と関わっている。その多様な言

図7－5　漢羅文表記の例

『福佬台語　第9冊』(2003)仁林文化の表記例

語教科書が今後そうした文化的側面も含めてどのように展開していくかに、台湾のアイデンティティ形成のプロセスを読み取れる可能性が期待される。

第四節　台北市の実践例

郷土言語教育は、全国的な議題に関して中央政府教育部が統一的に管轄している点を除いて、全て県・市政府を主体として進められている。本章では、郷土言語が小学校教育の必修となったことが如何に大きな変動を引き起こしているかを描くことを目指しているが、その点は郷土言語の教師養成と研修に明瞭に見て取ることができる。本節では台北市政府と教育現場での実践に注目し、小学校の郷土言語教育の推進過程を考察したい。

一　郷土言語教育の理念と実施概況

すでに述べてきたように、九年一貫教育の導入後、従来の「郷土教学活動」などの郷土教育教科は廃止され、代わって台湾諸言語が「本国語文」の学習領域に組み込まれたほか、他の学習領域も郷土化が進められたが、「郷土言語」という言葉はそのまま継続使用された。

台北市政府の場合は「母語を正式に郷土言語という名称に統一する」と明文化した。また、郷土言語の理念と目標を次のように定めている。

「台北市民が異なる郷土言語の学習によって、互いに尊重し合い、エスニック集団間の融和を進め、郷土文化の永続的な伝承を目指す。」

「台北市の言語政策では国語(中国語)を主軸とし、さらに郷土言語と英語を並列する。」(26)

つまり「一主軸、二並軌」が、言語教育推進における台北市の理念とされたのである。

「台北市二〇〇三学年度郷土語言教学実施情況調査表」によれば、二〇〇三学年度に台北市内で郷土言語教育を実施した学校の校数は表7—8の通りであった。小学校では実施率が一〇〇%に達しているが、中学校では郷土言語が選択科目と

標音與對譯

	課文標音	國語對譯
教会ローマ字	khiā tī a chiu tang lâm pêng	
TLPA	khia^{7} ti^{7} a^{1} ciu^{1} tang^{1} lam^{5} ping^{5}	
	徛 佇 亞 洲 東 南 爿，	位在亞洲的東南邊，
方音符号	ㄎㄧㄚ^{7} ㄉㄧ^{7} ㄚ^{1} ㄗㄧㄨ^{1} ㄉㄤ^{1} ㄌㄚㄇ^{5} ㄅㄧㄥ^{5}	
通用拼音	kia̲ di̲ ā ziu dāng lām bĭng	
教会ローマ字	sì kho͘ liàn tn̂g choân hái éng	
TLPA	si^{3} khoo^{1} lian^{3} tng^{2} cuan^{5} hai^{2} ing^{2}	
	四 箍 輾 轉 全 海 湧，	四周圍繞著海洋，
方音符号	ㄙㄧ^{3} ㄎㄛ^{1} ㄌㄧㄢ^{3} ㄉㆭ^{2} ㄗㄨㄢ^{5} ㄏㄞ^{2} ㄧㄥ^{2}	
通用拼音	sì kō liàn dǹg zūan hai ìng	
教会ローマ字	khoàⁿ khi^{0} lai^{0} chhin chhiūⁿ han chî hêng	
TLPA	khuann^{3} khi^{0} lai^{0} chin^{1} chiunn^{7} han^{1} ci^{5} hing^{5}	
	看 起 來 親 像 番 薯 形，	看起來就像番薯的樣子，
方音符号	ㄎㄨㄚ°^{3} ㄎㄧ^{0} ㄌㄞ^{0} ㄘㄧㄣ^{1} ㄘㄧㄨ°^{7} ㄏㄢ^{1} ㄗㄧ^{5} ㄏㄧㄥ^{5}	
通用拼音	ku̲aⁿ ki^{0} lai^{0} cīn ciu̲ⁿ hān zī hĭng	

図7—6 閩南語の四種の発音記号併記の例

『閩南語 教師用書』(2004)、康軒文教事業、50頁

表7－8　台北市における郷土言語教育の実施校（2003 学年度）

	閩南語のみ	客家語のみ	原住民語のみ	閩・客語同時開講	閩・原語同時開講	原・客語同時開講	閩・客・原三種の同時開講	福州語のみ	合計（学生数）
小学校	27 校	0 校	0 校	62 校	0	0	61 校	0	150校（170157 人）
中学校	44 校	3 校	1 校	11 校	0	0	2 校	0	61校（21325 人）

出典：台北市政府教育局（2003a）『教育部訪視台北市国民中小学郷土語言教学資料』p. 73

表7－9　郷土言語教育推進委員会の組織編制（四年計劃）

郷土言語教育推進委員会	1．行政企画組 ―福徳国小	・実施計画の制定、業務会議の定期開催、短信（ニュース）の制作
	2．研習進修組 ―古亭国小	・教師供給源の調査、支援教師の養成、現職教師の研修、郷土言語教師の交流活動、原住民委員會の教員養成への協力。別に民権、幸安、国語実験、士林、福徳、胡適、日新、永楽の８国民小学が協力校となる。
	3．課程教学組 ―胡適国小	・実施要点の制定、授業参観、シンポジウムの開催。別に古亭、東新、明湖、太平、福徳、永楽、大同、東湖の８国民小学が協力校となる。
	4．諮詢輔導組 ―東新国小	・閩南語、客家語、原住民語の教育資源を整える、教育の訪問指導助言、ホームページサイトの設置
	各言語の推進校は以下の通り：閩南語教学組－福徳国小、客家語教学組－胡適国小、原住民語教学組－東新国小	

「台北市国民小学推動郷土語言教学実施計画」2003 年 6 月 25 日第 9223 次局務会議通過及び『台北市教育局国民小学郷土語言教学現況簡報資料』2004 年 1 月 5 日に基づいて筆者作成。

表7－10　台北市小学校における郷土言語の担当教師の構成

	36 時間以上の研修を受け、合格した郷土言語の現職教師数			36 時間研修を受けていないが、郷土言語を担当する現職教師数			36 時間研修を受けていないが、郷土言語を担当する代理教師数			民間人による郷土言語支援教師人数		
郷土言語別	閩	客	原	閩	客	原	閩	客	原	閩	客	原
2002 學年度	424	75	14	061	303	207	30	11	7	196	121	50
2003 學年度	1115	155	3	3172	594	137	99	28	10	344	197	86

出典：『台北市国民小学郷土語言教学現況簡報資料』（2004 年 1 月 5 日）p. 38

図7－7　教室に貼られた閩南語の字母

（台北市北投国民小学、2004年2月25日撮影）

なっているため、履修者の人数は必然的に低くなっている。

台北市では、児童生徒が自分（或いは保護者）の希望により閩南語、客家語、原住民語の三つの中から一つを選択して学習することができるが、その中では閩南語が主流で、同学年度は市内一五〇校の小学校すべてが閩南語のクラスを開設していた。客家語のクラスを開設した小学校は一二三校、原住民語は六一校であった。

二　行政措置

台北市は行政措置として、市内を東区、西区、南区及び北区の四つに区分し、郷土言語教学資源センターを各一校設置した（東区は民権国民小学、西区は国語実験国民小学、南区は幸安国民小学、そして北区は士林国民小学）。また、それらとは別に東新国民小学には原住民民族教育資源センターを設置した。いずれも、それ以前の郷土科時代の実績をふまえたものである[27]。

二〇〇三学年当時の台北市では、国民教育輔導団の言語領域の中に郷土言語を担当する部門はなかったが、教育局には別途に「郷土語言教学推動委員会」（郷土言語教育推進委員会）が設置されていた。同委員会の業務配分は表7―9の示すように、四つのグループに分けられてそれぞれ担当する学校が指定され、また言語別に「教学組」も設けられていた。例えば、「閩南語教学組」は福徳国民小学が、「客家語教学組」は胡適国民小学が、「原住民語教学組」は東新国民小学がそれぞれ担当していた。そのような規模な郷土言語教育の組織は従来なかったものであった。

同学年度には、七〇％の小学校は「台北市国民中小学推動郷土語言教学実施計画」（台北市小中学校における郷土言語教育推進の実施計画）に従って学校別に実施計画を立て、それによって校内の郷土言語教育を推進していた(28)。また、三六％の小学校が「郷土語言教学推動委員会」を設立し、各学校の郷土言語教育の推進活動を担当していた。台北市における地方レベルと学校レベルの動きは教育部の郷土言語教育実施要点に連動したものであった。

三　講習会による教師養成

台北市は二〇〇一学年度に独自の教師養成を始めた。二〇〇三学年度の時点では講習会は、初級と上級に分けて定期的に行なわれ、但し、それは閩南語と客家語の教師養成に限られていた。原住民語の部分は県・市に跨って提携し、台北市の場合は国立政治大学原住民族研究センターが指導していた。表7―10は、二〇〇三学年の台北市内国民小学における郷土言語教育担当教師が受けた研修時数などを示したものである。表7―10から次のことを読み取ることができる。第一に、三六時間の講習を受けていない教師の人数がかなり多い。第二に、先に紹介した民間人の支援教師は台北市の郷土言語教師の中でも高い比重を占めている。

以上のことからも分かることだが、郷土言語教師の供給は需要に追いつかず、専門的技能を持つ教師は明らかに不足していた。二〇〇三学年度には小学校の六年生のみ旧課程、二〇〇四学年度には全学年が新課程に移行し、郷土言語教育の開講数は急速に増加していた。しかも、民間人支援教師の資格認定の有効期間は六年とされ、最終的には現職教師が郷土言語を教える方向が目指されている。それらは教育部の全国的な政策だが、その状況に対応して台北市では研修を受けてから資格を持つようになった現役教師も増えており、二〇〇三学年度は閩南語一九三〇人、客家語六一〇人、原住民語二一七人がそれぞれ資格を得た。

台北市の講習会は台北市内の教師の通う距離を考慮して、「九大群組」のように小地域に分けて推進された。いずれの組も講師と課程は共通で、内容は郷土言語の起源、俚諺、詩の吟唱などを含み、すべて実際の授業で使用可能なものとなっている。筆者も二〇〇四年に台北市教育局が主催する講習会に参加した経験を持つ(29)が、研修は基本的に、授業をするにあたり最低限身につけなくてはならない発音記号の目安をつけ、実践的な言語教育指導法の基本を教師に知ってもらうことを目的としていた。その中で、発音記号の練習が占めた時間は九時間であった。三六時間という短い期間で教師たちに一体どれだけの実質的な助けを与えることができるのかという疑問は残った。三六時間の全課程に参加した筆者の観察によれば、実際的な言語教育の練習は確かに足りなかったものの、講習を通じて台湾の言語を再認識することができ、その象徴的意義は実質的意義より大きかった。象徴的意義とは、一〇数種類の郷土言語の台湾社会における言語的地位を向上させたことであった。

文字表記と発音記号について、講習会では通用拼音《ピンイン》を使用する傾向が見られたが、どの発音記号を採用するかは、講師の説明によれば個人の好み次第だということであった。それは市政府がこの方面でとくに規定していないことの反映であった。しかし、授業担当の講師は、通用拼音が中国語にも閩南語にも客家語にも適用可能なことに言及し、その利便性を強調した。従って、講習会ではほとんど「通用拼音」が使用され、「教会ローマ字」「ＴＬＰＡ表音方式」及び「方音符号」は付加的な説明にとどまっていた。

本書の関心からその様子を見ると、発音記号と文字使用の普及は、各地域の講習会の担当講師の支持する立場に十分に関わるものだった。郷土言語教育の経験を全く持たない教師達は、中国語の枠組み（第六章第三節の二参照）の下で発音記号を学習することを好む傾向にあるように思われる。それは、二〇〇三学年度の時点では台北の多くの教師から通用拼音が学びやすく教えやすいと判断されていたことを示している。

総じて見れば、二〇〇三学年度の時点の郷土言語教育は必ずしも実質なレベルに達していた訳ではなく、郷土言語の持つ価値を再認識する象徴的意義の方が大きかったと思われる。しかし、その一方でやはり、それまでの「話す」「歌う」などのオーラルのレベルから、発音システムの学習のレベルへと向上が見られ、実質的な面での向上も進んでいた。

四　教育現場の実態

九年一貫教育課程の導入に伴い、授業用の郷土文化教材の大量編纂はすでに行なわれなくなっていたが、郷土言語教材に関しては、二〇〇一年七月に台北市政府教育局によって『生活百句―閩南語篇』『常用生活百句―客家語』『常用生活百句―原住民阿美族語』(30)の三冊が出版された。台北市が三冊を出版した理由は、台北市の児童の郷土言語水準が台湾の他の地域に比べてかなり低いという現実に対応したものであった(31)。台北市は、教育部の公布した「暫行／課程綱要」の内容と、その「能力指標」の要求水準が高すぎるという現場教師からの意見を取り入れ、改めて自ら「能力指標」を制定したほどであった(32)。

そのような状況に対応して、台北市は「台北市各級学校（含幼稚園）暨社教機構推動郷土語言教学実施方案」（台北市各レベルの学校（幼稚園を含む）および社会教育機関における郷土言語教育推進の実施計画）(33)を定めた。そこには次のような要求水準が示されている。

幼稚園レベル：簡単な郷土言語を聴き取り、話すことができる。

図7－8－1　台北市北投国民小学教師林憲彰氏の授業

漢字を主にして指導するところに氏の授業の特徴がある。(2004年2月25日撮影)

図7－8－2　台中市樹義国民小学教師陳麗娟氏の閩南語の授業

(2004年2月25日撮影)

表7—11　台北市小学校における郷土言語教師研修課程の発音記号の使用

	TLPA	教会ローマ字	通用拼音	方音符号	通用、方音符号併用	方音符号、教会ローマ字併用	発音記号使用の合計	発音記号未使用数
閩南語	7校	3校	10校	4校	0校	2校	26校	78校
客家語	0校	0校	6校	9校	4校	0校	19校	28校
原住民語	0校	5校	0校	0校	0校	0校	5校	0校

出典：『台北市国民小学郷土語言教学現況簡報資料』(2004年1月5日)

小学校レベル：百句ほどの実用的な郷土言語を聴き取り、話すことができ、また他のエスニック集団の言語の簡単な挨拶が理解できる。

中学校レベル：自分の郷土言語及び他のエスニック集団の言語のいずれも、百句以上の実用語を聴き取り、話すことができる。

高校レベル：自分の郷土言語を自由に操ることができ、また、他のエスニック集団の言語の簡単な生活用語も理解できる。更に、サークルや地域社会の郷土言語活動に参加する。

これらから明らかなとおり、台北市における現時点での郷土言語は、言語教育の一部分に過ぎず、他の学習領域(教科)を教えるにあたっての媒体言語になることはできない。また、「台北市郷土語言教学実施要点草案」[34]も定められたが、二〇〇三学年度のものには次のことが示されていた。すなわち、「スピーキングに関しては、正しく発音できる、話が通じる、聴き取りができることを原則とする」とし、文字は「本字及び慣用の俗字を使うことを原則とする」とし、また発音記号については「児童生徒が読み方が分かるようになることを目標とする」としている。

それに対して実際の教育状況は、筆者が実際に参観したいくつかのケースの範囲では、ほとんどの教師が黒板に漢字を書いていたものの、漢字を覚えることを生徒に要求しておらず、また発音記号については大部分が教えておらず、もっぱら聴き取ることと話すことの能力向上に力点が置かれているという印象を受けた。ただ図7—7のように教室

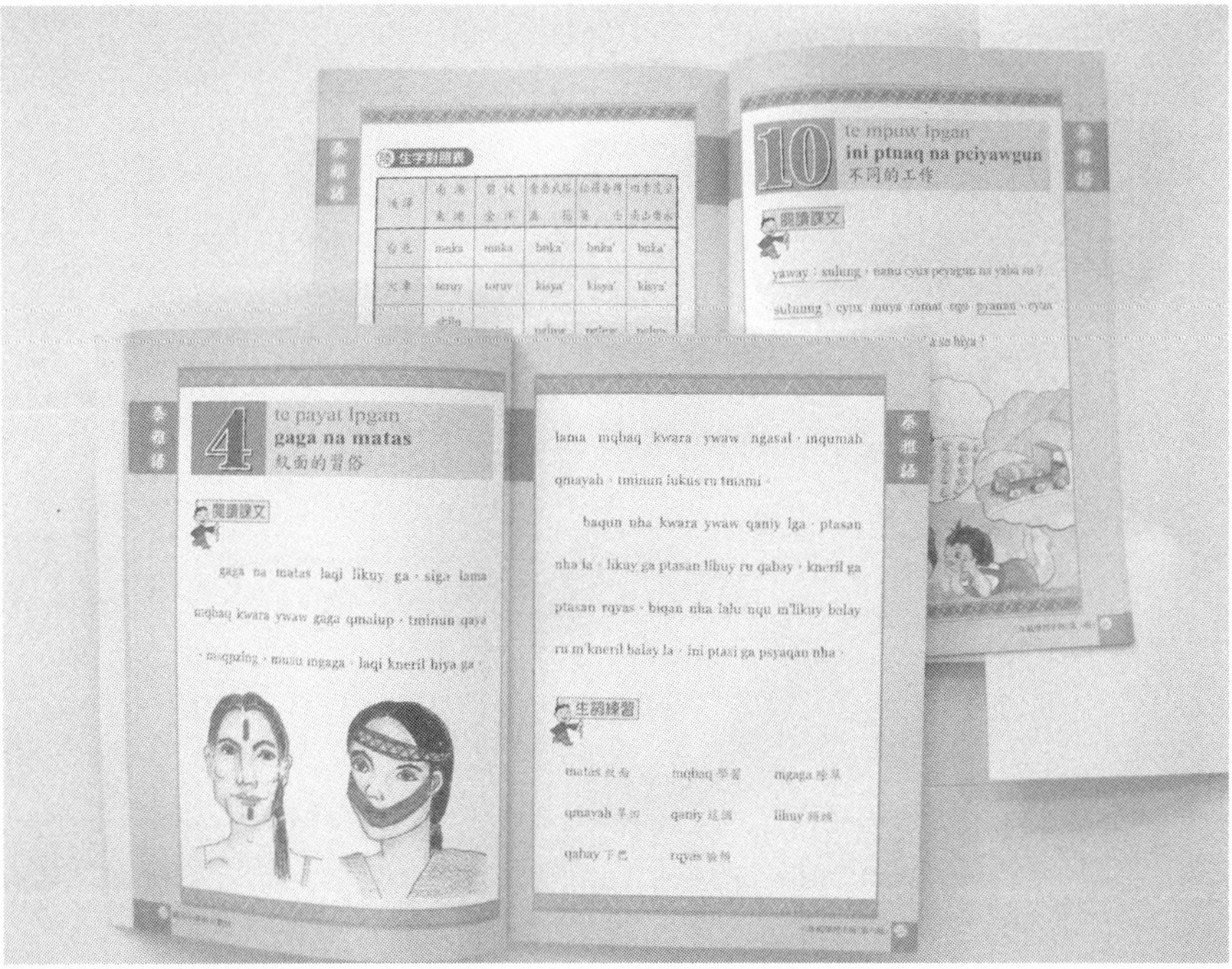

図7－9－1　原住民語の教科書の内容（1）

宜蘭県政府発行のタイヤル語教科書の内容。

図7－9－2　原住民語の教科書の内容（2）

上がサイシャット語の教科書、下が海岸アミ語の教科書。いずれも政治大学原住民族言語教育文化研究センター編。

に閩南語の字母表を貼っている学校は多い。図7―8―1は閩南語の授業の側だが、ローマ字を使用せずもっぱら漢字を使用していた。図7―8―2は台北市ではなく台中市の例だが、教師が授業で小学校二年生に対して発音記号で発音の説明をしているところである。

台北市全体の状況は表7―11からある程度読み取ることができる。同表は台北市各国民小学教師研修のための講習会で使用する発音記号をいずれにしたかを調べたものである(35)。同表には、国民小学の教師研修講習会には郷土言語の発音記号の学習を導入しているところがかなり見られる。閩南語教育では使用可能な発音システムが複数あるが、通用拼音を導入する割合が高い。同表の数値だけでは未来の動向を予想することができないが、二〇〇三学年度に筆者が参加した教師講習の内容も合わせて考慮すると、将来台北市においては通用拼音を採用する学校の数が増える傾向にあると予測される。

一方、同表によれば原住民語ではすべて教会ローマ字が採用されており、客家語では通用拼音を採用する傾向が高かった。それは、二〇〇三年二月二七日教育部が公告した「台湾客語通用表音方案」、二〇〇三年四月一六日に教育部が南島語(オーストロネシア語)の発音システムの統合について開催した会議などが、発音システムに規範や拘束を与えた効果だったと考えられる(36)。しかし、原住諸民語も現在、ローマ字の表記法がそれぞれ複数あり、その一例を図7―9―1、図7―9―2に掲げる。

なお、台北市では、文字表記の問題については使用されている漢字の不統一も問題となっている。二〇〇三年に作成された「台北市の小学校における郷土言語の現状報告」(37)では「郷土言語の文字にはほとんどが漢字か、自己流に創作した文字が使用されているため、児童の学習に良くない」という指摘が閩南語と客家語について現れているのである。そのために、台北市は「郷土言語の文字は、本字及び慣用の俗字(いわゆる議論のない漢字)を使うべきである」(38)と説明している。但し、議論のある部分はどうするべきなのか、つまり自作の漢字を使うのか、或いはローマ字を使うべきか、という問題についての対応は見られない。

第五節　考察

台湾（閩南）語文字規範化運動の動向を中心に論じていた第六章に対し、本章では郷土言語が「暫行／課程綱要」に位置づけられた後、中央政府、地方政府、教育現場でどのような取り組みがなされたかを追跡し、現時点の台湾社会における郷土言語教育の輪郭を描き出した。

台湾諸語教育が九年一貫教育の「本国語文」の一角に提示されたことは、各エスニック集団の言語を「国語」と並行の関係に位置づけさせようとしたものと見られるが、現時点で「郷土言語」という概念は教育現場で広く受け入れられている。しかし、法的な位置づけが得られたといっても十全な準備がなされた訳ではない。むしろ、観念が先行して郷土科時代の形に代わって、郷土言語が「本国語文」の一環とされたのであった。それは、行政組織の編制や教師養成のパイプラインを急速に発達させ、台湾諸言語の言語的地位を大幅に上昇させ、「郷土言語」という概念も教育現場に定着させたといってよい。しかし、必然的な結果として、言語の標準化の問題をめぐる対立、論争が教育者と学習者を困らせることになった。本章ではとくに、次の二点に注目しておきたい。

第一に、言語観や言語意識のヘゲモニーを行使する主体は中央政府ではなく、地方政府でもなく、知識人の活動の中にあるということである。客家語と原住民諸語のある程度の明確化に比べ、マジョリティの閩南語は未だに国民的合意が現れていない。しかし、それは書記言語の規範過程に必ず現れる差異の存在が引き起こす過渡的な状態と理解できるものである。そしてまた、衝突や競争があって初めて、郷土言語はさらに独立性の高い言語に向かって洗練されるということも留意しておかねばならない。政府側がかなり傍観的、曖昧な態度をとっていることによって言語の規範化は、学校の最前線で数多くの民間人支援教師と現職教師が直面する問題となっているが、急速な規範化を避け、「漸進主義」が取られていることは、言語としての洗練の機会を知識人へ提供しているともいえるのである。

第二に注目するのは、中国語も視野に入れて台湾社会内部の諸言語が多元的に発展しつつあるということである。台北市の例を見ると、「母語の正式名称を郷土言語と統一する」との明文化は、「国語」或いは「共通語」としての中国語の現状をあるがままにしている一方、郷土言語を母語としないエスニック集団に郷土言語の文化を受け入れさせる一つの手段ともなっている。それは、エスニック文化の多元性を提示し、異なるエスニック文化の理解に繋がるような内容である。台湾諸語教育の内容を構築する過程において、中国語へゲモニーとの対立現象を生じさせないように、いわば一種の「棲み分け」が志向されているともいえよう。

本章の最後に、郷土言語教育が広く台湾社会に受け入れられている、という現状が意味することに触れておきたい。現時点で、郷土言語教育が子供に対して実際どのような影響を与えているのか、その実質的な効果を検証することは難しい。しかし、教師、学界、民間の多くの知識人の参加が、台湾語の言語的地位を徐々に向上させていることは確かであり、エスニック文化の中核ともいえる郷土言語は学校教育をとおして、その永続的な継承を確固たるものにしようとしている。しかも、郷土言語教育は制度的基盤を得たばかりで、むしろこれから大きく発展するものと思われ、今はまだ手探りで新たな行き先を模索している状態にあるといえよう。言語教育の向かう方向は、社会内部のエスニック集団の多様性をふまえ、言語の多元性をふまえたあるがままの台湾を本来の姿として維持し、かつ強化することであるように筆者には思われる。言語教育の現在の展開には、国民的合意をふまえた、いわば多元的統合とでもいえそうな動きが現れている。

附記　教育部は二〇〇六年一〇月に「台湾閩南語羅馬字拼音方案」を発表したが、同方案は特定の方式を強く打ち出したものではなく、国際音標記号やＴＬＰＡや教会ローマ字の特徴を折衷したものと見受けられる。その影響力は今のところ定かでない。折衷型のものであるため、影響力を持ちえないと思われるが、その点の判断は今後に委ねたい。

注

（1）ベネディクト・アンダーソン著／白石さや・白石隆訳（一九九七）『増補　想像の共同体』日本語訳、ＮＴＴ出版、二三九頁。

（2）黄錦樹（二〇〇三）「幽霊的文字―新中文方案、白話文、方言土語与国族想像」重建想像的共同体―国家、族群、叙述国際研討会（二〇〇三年一二月二〇、二一日に開催）。

（3）松永正義（二〇〇〇）「台湾語運動覚書」『一橋論叢』第一二四巻第三号、一―二〇頁。

（4）教育部（二〇〇三）『国民中小学九年一貫課程綱要　語文学習領域』一五頁。

（5）前掲、教育部（二〇〇三）。

（6）前掲、教育部（二〇〇三）、一九頁。

（7）閩南語については前掲、教育部（二〇〇三）、八八―八九頁を参照した。客家語については同綱要の九一頁。原住民語については同綱要の一一六頁。

（8）前掲、教育部（二〇〇三）、九一頁。

（9）前掲、教育部（二〇〇三）、一五頁。

（10）連江県の郷土言語教材『福州語』は連江県政府によって学生用と教師用の二種類が発行され、全一二冊となっている。筆者が入手できたのは第一～六冊（一年生用上下、二年生用上下、三年生用上下）の学生用と教師用のものである。王建華など『福州語』連江県政府。学生用の一部は出版年が掲載されていないが、確認ができたのは次のとおりである。一年生の学生用教師用の上下とも二〇〇二年、二年生の教師用（上）二〇〇二年、教師用（下）二〇〇三年、三年生教師用（上）二〇〇三年、三年生教師用（下）二〇〇四年。入手にあたって国立台北師範学院翁麗芳教授の協力を得た。

（11）二〇〇四年七月に台北県中湖国民小学趙家誌氏にインタビューした時に得られた情報である。当時、趙家誌氏は教育部の訪問・視察活動のメンバーとして携わっていた。

（12）教育部（二〇〇一）『国民中学九年一貫課程　暫行綱要』一五頁と、前掲、教育部（二〇〇三）一五頁。

(13) 教育部（二〇〇三）「教育部補助各県市推動国民中小学郷土教育要点」（台国字第0920004279号函）教育部から各地方政府宛の通達。二〇〇五年度の「教育部推動国民中小学郷土教育実施要点」は教育部電子報第七五期（二〇〇四年一〇月二二日）掲載。

(14) 教育部「教育部推動国民中小学郷土語言教学訪視計画」（実施期間は二〇〇四年一月から二〇〇五年一月）。

(15) 郷土言語民間人支援教師・廖淑鳳（台中県）へのインタビューによる。また、前掲、教育部（二〇〇二）をも参照。

(16) 原住民語教師の認定は、行政院原住民族委員会の主導の下、国立政治大学に委託して行われる。認定作業については、陳誼誠（rata・mayaw）（二〇〇六）「台湾原住民言語の能力認定とその振興」台湾原住民研究シンポジウム実行委員会編集『台湾原住民研究・日本と台湾における回顧と展望』、風響社、五五―七二頁に詳しい。

(17) 前掲、教育部（二〇〇二）、四頁。

(18) 現職教師の研修の一端を担う機能を持つもので、台湾には輔導団と呼ばれる教師グループがある。これは言語の領域だけではなく、どの学習領域にもあるものなのだが、数人の教師が推薦方式で選ばれ、定期的に集まって、様々な研究を行ったり、研修・ワークショップを企画・運営したりする。

(19) 前掲、教育部電子報二二〇期（二〇〇六年八月二四日）を参照。

(20) 台中市信義国民小学教師・陳麗娟（二〇〇六年一一月にインタビュー）によれば、台中市では現職教員が郷土言語教師になるために、試験による認証制度が導入されている。

(21) 教育部（二〇〇六）「提升国民中小学郷土語言師資専業素養改進措施」二〇〇六年一二月一一日台国（二）字第0950174016C号令発布。

(22) 教育部（二〇〇四）『国民中小学郷土語文　教科書評鑑　総報告書』七―九頁。

(23) 前掲、教育部（二〇〇四）、二頁。

(24) 前掲、教育部（二〇〇四）、三頁。

(25) 『閩南語』（二〇〇四）第九冊、康軒出版、五〇頁。

(26) 台北市政府（二〇〇〇）「郷土語言教育白皮書」又は台北市政府教育局（二〇〇三a）『教育部訪視台北市国民中小学郷土語言教学資料』二〇〇三年一一月二七日、一九頁。

(27) 「台北市推動各級学校幼稚園及社教機構推行母語教学実施要点（修訂版）」によれば、一九九六学年度に幸安国小に、一九九九学年度に民権国小、国語実験附属小学、士林国小、中正国中に母語資源センターが設置された。東新国小の場合は、次の経緯がある。一九八八年六月一七日に公布された「原住民族教育法」では、各県（市）が少なくても一つの学校に原住民資源センターを設置しなければならないと規定されている。同年、東新国小に「原住民郷土教学中心及児童美術教学中心」が設立された。その後、一九八九年に「原住民族教育資源中心」に改称。東新国小「教育部委託政治大学社会科学院原住民語言教育文化中心辦理九十二年度原住民地区中小学教育輔導計画」三頁に詳しい。

(28) 前掲、台北市政府教育局（二〇〇三a）、六四頁。

(29) 筆者が参加したのは二〇〇三学年度第四群組三興国小にて行われていた閩南語の初級講習会。その研修内容は台北市教育局（二〇〇三学年）『台北市公私立国民小学九十三年度郷土語言（閩南語）教学研習班―閩南語研習手冊』を参照されたい。

(30) 客家語と原住民語教材の方は、前述した教育部の調査報告（表7―6）で把握されていないものである。

(31) 筆者は澎湖県、台中県のいくつかの小学校で郷土言語の授業参観をした経験がある。台北市の小学生の閩南語のレベルは他地域に比してかなり低いことを実感した。閩南語より客家語と原住民語の水準は更に低い状態にあると推測される。他地域の郷土言語の推進については、国立教育研究院籌備処（二〇〇五）『郷土語言実施与教学』から知ることができる。

(32) 台北市政府教育局（二〇〇三b）『台北市国民小学九十二年度推動郷土語言教学成果彙編』二〇〇三年一二月、一三六―一五二頁。

(33) 前掲、台北市政府教育局（二〇〇三a）、二三―二六頁。

(34) 前掲、台北市政府教育局（二〇〇三a）、三五―三七頁。

(35) 前掲、台北市政府教育局（二〇〇三b）、八頁。

(36) 教育部公告（二〇〇三年二月二七日）台語字第0920021788号。

(37) 前掲、台北市政府教育局（二〇〇三a）、一〇頁。

(38) 前掲、台北市政府教育局（二〇〇三b）、一三四頁。

第八章　九年一貫新課程における社会科歴史教育の登場

――郷土科時代との連続性を問う

本章では、郷土科時代（郷土教育教科が設置されていた時代）に形成された台湾主体の歴史観が九年一貫新課程の下でどのように変容していくのか、という現在進行中の展開を検討する。

第五章では、一九九四年の郷土教育教科設置とその前後の動きを新たなアイデンティティの形成という視角で検討し、歴史観及び郷土意識を形成する役割を果たした台湾の郷土教育には国民形成としての教育の側面があるということにも言及した。そして、台湾の歴史教育における中国史の叙述の枠組みが一九九〇年代の郷土教育教科の設置によって動揺していたことを把握した。当時、教科書『認識台湾　歴史篇』（以下『認識台湾』と略す）が日本で新しい歴史観として広く紹介されたが、実際には九〇年代初期に郷土文化教材の編纂とともに歴史観の転換が徐々に進行しており、『認識台湾』の発行は、郷土教育における多様であった歴史観に一つの定まった方向性を持たせるという影響があったといえる。言い換えれば、学校教育における台湾史の内容が一つの形を持つにいたるには、『認識台湾』だけではなく、各地域の郷土教材の編纂発行使用も重要な役割を果たしてきた。そして、『認識台湾』が発行され、使用されたことで、台湾史教育は新たな発展の相貌を呈し、台湾史研究にもさらなる深化の契機を生み出したのである。

ところが、その一方、九〇年代の郷土科時代は、台湾主体の歴史観が学校教育の中で定着発展しているとは言い難い状況にあった。その主な理由としては、郷土教育の理論と実践が他の教科と関連付けられていないかったこと、そして、その結果、郷土教育の実践が行われても、その成果が他の教科と共有されなかったことがあげられる。

二〇〇一年、九年一貫新課程の導入により、一九九三年と一九九四年に改訂された「国民小学課程標準」と「国民中学課程標準」がなくなり、郷土教育の三教科、すなわち「郷土教学活動」「郷土芸術活動」「認識台湾」も終止符を打たれた。それによって郷土科の特設がなくなり、台湾史教育は社会学習領域全般の郷土化によって推進されることとなった。郷土教育は言語教育以外でも、新たな段階に入ったのである。台湾人アイデンティティと特に関わりの深い歴史認識が、郷土科時代の延長上にある九年一貫新課程の社会学習領域でどのようになっているのか、台湾主体の歴史観が定着発展していくことになるのかが近年の動きとして注目される。なお本章の標題では「社会科歴史教育」という語を使ったが、それは「社会学習領域」が日本の「社会科」にほぼ対応する内容であるため、標題としてはその方が理解しやすいと判断したからである。

第五章で論じてきたように、一九九四年からの郷土科時代は独自の歴史観が模索され、形成され、台湾史再編への転換点であり、再編の最も中心的な点は「中国の外部化」と「日本の内部化」であった(1)。すなわち、「中国」との関わりを排除していこうとし、また日本統治時代についての評価がプラスのほうに傾く傾向が現れた。そのほか、「台湾における先史時代の登場」「原住民に起点を持つこと」「明清朝も含む各時代の同列的扱い」「二二八事件を取り上げることによる国民党政権への相対化」などの項目も、中国大陸と異なる台湾独自の歩みを決定する要素として明確に示された。

注目したいのはその後の動向である。本章では、社会学習領域の郷土化の観点から、二〇〇一学年度以降の歴史教育の動向を検討し、とりわけ、郷土科時代との連続性・一貫性を明らかにする。具体的に次のように論述を進めていきたい。第一に、九年一貫新課程における歴史教育の位置づけ及びカリキュラムの内容を考察する。第二に、台湾史がどのように語られているかについては、社会学習領域の中学校用検定済教科書の具体的な歴史記述を取り上げて検討する。最後に、歴史教育において「台湾主体」という観念が教育課程にどのように位置づけられたかについて取り上げ、郷土科時代との連続性、及び教科書『認識台湾』との相違点や共通点などをも視野に入れつつ、台湾人のすべてが歴史を共有しようとして直面している問題や国史としての台湾史への方向性についても言及する。

第一節　九年一貫課程における社会学習領域の位置づけと関連施策

第七章で述べたことも含めて、まず、歴史教育の展開を把握するために必要な範囲で、九年一貫課程における社会学習領域の位置づけとその関連施策から説明しておきたい。新課程は、まず二〇〇〇年に「国民中小学九年一貫課程暫行綱要」という暫定的な綱要が公布され、その後、一部の改正などを経て、二〇〇三年に正式の「国民中小学九年一貫課程綱要」が公布された[2]（第七章で述べたように、両者に相違がある場合、本書では「暫行綱要」と「課程綱要」とに区別して表記し、両者を厳密に区別しない場合は「暫行／課程綱要」又は「綱要」と表記する）。そして、二〇〇一学年度に、一九九三年と一九九四年に改訂された「国民小学課程標準」「国民中学課程標準」から九年一貫制の新しい課程への移行が始まった。九年一貫新課程では、二〇〇一年から段階的に適用するようになっている。但し、二〇〇一学年から逐年的に実施していくのではなく、「暫行綱要」の実施対象は二〇〇一学年度は一年生のみ、二〇〇二学年度には一、二、四、七年生の四学年、二〇〇三学年度には一、二、三、四、五、七、八年生の七学年で、最後に二〇〇四学年度に全学年実施が予定された。そして「課程綱要」の実施はその予定に重なり、二〇〇四学年度に一、四、七年生の三学年、二〇〇五学年度に一、二、四、五、七、八年生の六学年、そして二〇〇六学年度に全学年が対象となった。「暫行／課程綱要」では、教科を設けず、「学習領域」が設けられているが、社会科に対応する社会学習領域の位置づけと関係施策はそれぞれ以下のようなものであった。

一　社会学習領域の教育課程上の位置づけ

第七章で述べたように、「暫行／課程綱要」では一年から九年までは教育課程上は一括して国民中小学とされ、従来の科目別のカリキュラムではなく、表8－1のように、七つの「学習領域」が設けられている(3)。本章が注目する歴史教育の内容は、「社会学習領域」の一部分として提示されている。その社会学習領域の学習時数が全学習領域の学習時数に占める割合は一〇－一五％とされ(4)、具体的にいえば、毎週三校時程度の授業が行われている。配置されている学年は表8－1のように三年生からである。

この社会学習領域は、歴史教育を独立させておらず、従来の公民、地理、歴史などの内容を総合して一体として学ぶ、いわば合科となっている。社会学習領域の主要な内容は、歴史文化、地理環境、社会制度、道徳規範、政治発展、経済活動、人間関係、公民責任、郷土教育、生活応用、環境愛護・実践の学習とされている。郷土教育が「綱要」に社会学習領域の内容として明記されていることは、郷土科時代の郷土教育の内容の多くが社会学習領域に継承されたことを示している。

表8－1　九年一貫課程のカリキュラム

学習領域＼学年	1	2	3	4	5	6	7	8	9
語文	本国語文								
			三年生から英語教育						
健康と体育	健康と体育								
社会	生　活		社会						
芸術と人文			芸術と人文						
自然と生活科学技術			自然と生活科学技術						
数学	数学								
綜合活動	綜合活動								

〔教育部(2003)『国民中小学九年一貫課程綱要　社会学習領域』11頁に基づいて作成〕
〔英語に関しては教育部(2006)台国(二)字第0950030031C号令修正を参照〕

二　社会教科書の新しい状況

新しい教科書の状況は社会学習領域にも反映している。教科書編纂は民間出版社に開放され、これまで中学校の公民、地理、歴史の三教科は分冊編集だったが、現在、小中学校ともそれらの教科の内容を一つの学習領域にまとめた教科書を使用している。本書では社会学習領域の教科書を社会教科書と呼ぶことにしたい。

また、第七章でも述べたように、九年一貫新課程が始まっている現在の台湾では、教科書の採択権や編纂権は民間出版社、地方政府、及び学校等にも与えられ、「一綱多本」という新制度が導入されている。「一綱多本」とは、多くの出版社等が一つの「綱要」に基づいて何種類もの教科書を出版することをいう。現在、小学校一年生から中学校三年生までの教科書編纂は民間出版社に開放されており、また地域や学校が独自に編纂する教材も使用されている。教科書と

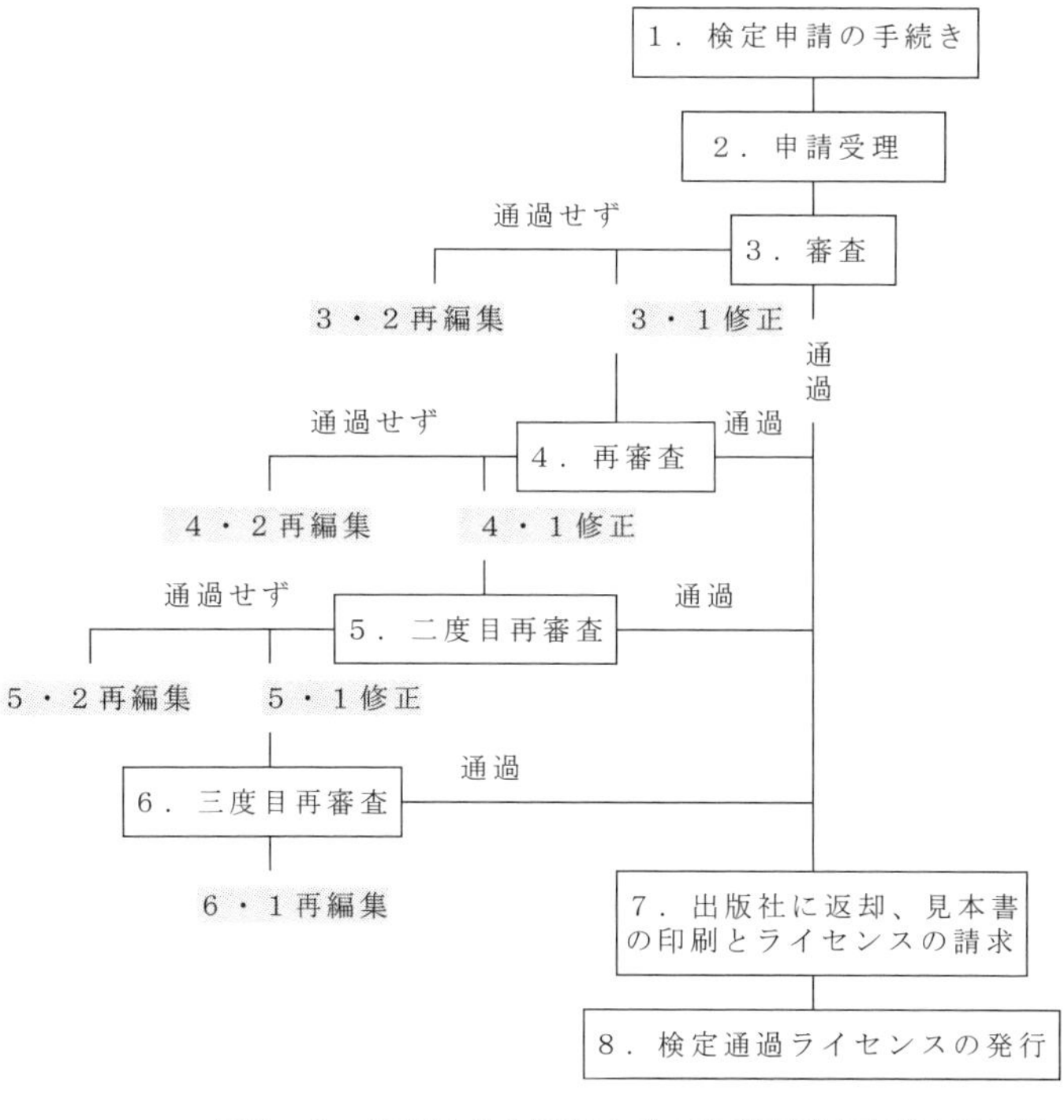

図8－1　国民小学と国民中学の教科図書審査検定流れ図

して出版するには検定審査に通過することが必要で、その検定プロセスは図8―1「国民小学及国民中学教科図書審定作業流程図」（国民小学と国民中学の教科図書審査検定流れ図）[5]に示されている。

新課程が始まった当初、検定済社会科教科書を発行したのは五社（康軒文教事業、南一書局、育成書局、翰林、仁林文化）であったが、二〇〇八年現在は康軒文教事業、南一書局、翰林、仁林文化の四社となっている。中央政府、地方政府や学校が独自に編纂した教材も、国立編訳館による検定の対象となるが、多くは検定を受けずに、社会教科書の補充教材（副読本）として使われている。例えば、郷土科時代に編纂された郷土教材も補充教材として使用されている。なお、第七章で述べたように、郷土言語教科書のみ事後評価を行うシステムが適用されている。

三 「学習能力指標」の設置

各学習領域には「学習能力指標」が設けられている[6]。この「学習能力指標」については、社会学習領域の場合は表8―2のように九つの「主題軸」（テーマ）から構成されている。

本章で注目する歴史教育は、表8―2の九つの主題軸のうちの第二軸の「人と時間」で取り上げられている。この第二軸に掲げられている「学習能力指標」から歴史教育の全体的な方針を窺うことができるが、それについては第二節で具体的に述べることにする。そして、各主題軸には具体的な「能力指標」が列挙され、対応する段階も示されている。

教育課程は学年制による配列ではなく、段階制が採用されている。社会学習領域の場合は一～二年が第一段階、三～四年が第二段階、五～六年が第三段階、七～九年が第四段階とされ、

表8－2　社会学習領域の九つの主題軸

第１軸「人と空間」	第４軸「意味と価値」	第７軸「生産と分配と消費」
第２軸「人と時間」	第５軸「自己と人間関係、集団と自分」	第８軸「科学と技術と社会」
第３軸「進展変化と不変」	第６軸「権力と規則と人権」	第９軸「グローバル関係」

〔出典：教育部（二〇〇三）『国民中小学九年一貫課程綱要　社会学習領域』21 ― 27 頁より〕

九年間で四段階とされている。

第二節　社会学習領域における歴史教育の方針

本節では、能力指標と歴史教育との関連部分のみを抽出し、その歴史教育の方針を確認しておきたい。

一　郷土教育三教科から社会学習領域へ

郷土教育三教科が課程標準に加設されたのは一九九四年であった。第四章で既に言及してきたように、一九九〇年代半ばまでは台湾の学校教育の中で中国史が盛んに教えられていた。一九九六年九月二九日の『自立晩報』によれば、中学校の歴史教科書では中国史の記述が五〇%を占め、台湾史は僅かに四%を占めるにすぎなかった。そのように中国に偏っていた教育内容に台湾の内容を加える動きが起こり、一九九三年と九四年に公布された課程標準で小学校に「郷土教学活動」、中学校に「郷土芸術活動」「認識台湾」の郷土教育三教科が加設されていたのである。そして、その下で編纂された教科書に、台湾についての具体的な記述が大幅に増えた。代表的なものとしては各地域の郷土補充教材、郷土科教科書及び中学校教科書『認識台湾』があげられるが、特に『認識台湾』は、当時の新しい歴史観の傾向を最もよく代表するものであったと理解されている。

ただ、今日から見ると、郷土教育教科が導入されたとはいえ、教育課程の台湾本土化はまだ始まったばかりであったといえよう。三教科のうち、「郷土教学活動」及び「郷土芸術活動」の二教科は、社会科（中国語では「社会科学」）とは別に配置され、社会科の枠内で行われるものは中学校一年の「認識台湾」のみであった。社会科についていえば、当時の「課程標準」によって提示された学習構造は、小学校低学年（家庭、学校）、小学校三年（郷鎮市区、県・市）、小学校四年（台湾)、小学校高学年(中国、世界)、と続く同心円的構造があり、さらに中学校一年(台湾)、中学校二年(中国)、中学校三年(世界)と繰り返す螺旋型カリキュラムであった。

二〇〇〇年に公布された「暫行綱要」は、社会学習領域をやはり同心円的構造で構成していたが、螺旋型ではなかった。教科としての「認識台湾」がなくなったのが大きな特徴であったが、それだけでなく、台湾の学習内容については小学校の段階のみで学び、中国と世界については中学校以降で学ぶことになっていた。すなわち、小三(郷鎮市区)↓小四(県・市)↓高学年(台湾)↓中一(中国)↓中二(中国)↓中三(世界)という学習構造とされたのである。

その学習構造に対して、立場の異なる歴史学者達から様々な見解が示されたが、特に小学校の段階で台湾史が終わってしまうということを否定的に捉える論調が多かった。中一の段階に台湾の学習内容がないということは、郷土科時代以前の学習構造に逆戻りしたことも意味し、また、高校入試のための学力テスト(7)に台湾史に関する試験問題が出題されないことにも繋がるものであった。

しかもまた、当初の検定済社会教科書には「暫行綱要」で規定された内容に従わないものが含まれていたことも議論を惹き起こした。当時、使用率の高かった康軒文教事業と南一書局出版の中一の教科書のいずれも数十頁にわたって(8)台湾史を詳述しており、「暫行綱要」の「能力指標」に準拠して編纂されたとは言い難いもので、教育部の検定の過程や歴史観の視点から非難されたのである。同時にまた、高校入試の学力テストの出題範囲に関わることからも問題化した。台湾史が学力テストに出題されるかどうかは生徒の進路に関わるため、そのことがきわめて重大な問題だと一般にも受け取られたのである(9)。

その後の動向は教材の郷土化という点で注目に値するものであった。台湾史の学習は、その後、中学校一年生の歴史学習へと変更されたのである。出題範囲に関する指摘を教育部は極めて深刻に受け取り、受験者を絶対困らせないと表明していたが、二〇〇二年の時点で、台湾の学習内容を増加する方向へと転換した。その方向性を示したものとしては、まず、「国民中小学九年一貫課程綱要　草案」（二〇〇二年一二月）が挙げられるが、広く周知されたものではなかった。学校現場や教科書編纂に影響を与えた公的文書は、「国民中小学九年一貫課程綱要　社会学習領域」（二〇〇三年一月）と「七～九年級の基本内容」（二〇〇五年八月）の二点である。

二　「暫行綱要」と「課程綱要」の相違

ここでは、歴史教育を取り上げる主題軸「人と時間」の能力指標によって、「暫行綱要」（二〇〇〇）と「課程綱要」（二〇〇三）における、台湾史の比重の変化を確認し、それが教科書の内容に与えた影響も見ることにしたい。原文に忠実にするため、両者の相違を訳文と原文の両方で、表8—3に示す。段階ごとの能力指標の掲げ方の整理記号は、主題軸、段階、番号の順で、例えば、表8—3に掲げられている「2—1—1」とは、九つの主題軸の第二軸「人と時間」の第一段階（低学年）の一番目の能力指標という意味になる。

二〇〇三年に、公布された「課程綱要」は、小学校の高学年だけではなく中学校一年生にもまた台湾の内容を配置するというものであった。表8—3に示されているように、「課程綱要」では中国の部分が減って近現代における台湾の記述が増えている。小学校高学年の台湾史学習については、人物と文化遺産を中心に取り上げて指導する一方、中学校の歴史的分野では、台湾史を広い視野で中国、世界の歴史の流れの中に位置づけて理解することを狙いとしている。そして、教育部は国民中学基本学力テスト（高校入試の学力テストとしても使用）の出題について台湾に関する試験問題が全体の五〇％を占めると発表した(10)。

「課程綱要」への切り替えは少なくとも二つの意義を持つものであった。まず台湾史が中学校教育において再度法的な基盤を持つようになったということがあげられる。小学校、中学校の間には重複する内容を繰り返して教える螺旋構造が見られることになり、しかも、中学校での推進は高校入試の出題と繋がっていくことになるので、台湾史教育

表８－３　「暫行綱要」と「課程綱要」の能力指標の相違（歴史教育を中心に）

	2. 人與時間
小学校低学年	2-1-1 了解住家及學校附近環境的**變遷**（住居と学校近辺の環境の変遷を理解する） (暫)2-1-1 了解住家及學校附近環境的**歴史變遷**（住居と学校近辺の環境の歴史的変遷を理解する） 2-1-2 描述**家庭**定居與遷徙的經過（家庭の定住と移住の経緯を叙述する） (暫)2-1-2 描述**家族**定居與遷徙的經過（家族の定住と移住の経緯を叙述する）
小学校中学年	2-2-1 了解居住城鎮（縣市鄉鎮）的人文環境與經濟活動的歷史變遷（居住している町（県市郷鎮）の人文環境と経済活動の歴史的変遷を理解する） 2-2-2 認識居住城鎮（縣市鄉鎮）的古蹟或考古發掘、並欣賞地方民俗之美（居住している町（県市郷鎮）の古蹟或いは考古の発掘を知るとともに、地方民俗の美しさを鑑賞する）
小学校高学年	2-3-1 **認識今昔臺灣的重要人物與事件**（現在と過去の台湾の重要な人物と事件を知る） (暫) 2-3-1 **探索臺灣社會制度與經濟活動的歷史變遷、並了解其價值觀念的形成**（台湾社会制度と経済活動の歴史的変遷を探るとともに、その価値観の形成を理解する） 2-3-2 **探討台灣文化的淵源、並欣賞其內涵**（台湾文化の淵源を探り、その内実を鑑賞する） (暫)2-3-2 **探討臺灣文化的內涵與淵源**（台湾文化の内実と淵源を探る） 2-3-3 **了解今昔中國、亞洲和世界的主要文化特色**（現在と過去における中国、アジアと世界の主要な文化の特色を理解する） (暫)2-3-3 **了解今昔臺灣與亞洲和世界的互動關係**（現在と過去における台湾とアジア、世界の相互に影響し合う関係を理解する）
中学校（七年生から九年生）	2-4-1 **認識臺灣歷史**（如思想、文化、社會制度、經濟活動與政治興革等）**的發展過程。（本條指標為本階段新增的指標）**（台湾の歴史（例えば、思想、文化、社会制度、経済活動及び政治改革など）の展開過程を知る）（本項目は本段階の新しい指標） 2-4-2 **認識中國歷史（如思想、文化、社會制度、經濟活動與政治興革等）的發展過程、及其與臺灣關係的流變**（中国の歴史（例えば、思想、文化、社会制度、経済活動及び政治改革など）の展開過程、及び台湾との関係の流れと変化を知る） (暫)2-4-1 **認識中國歷史發展過程中的思想、文化、社會制度、經濟活動與政治興革**（中国歴史の展開過程における思想、文化、社会制度、経済活動及び政治改革を知る） 2-4-3 **認識世界歷史（如思想、文化、社會制度、經濟活動與政治興革等）的發展過程**（世界の歴史（例えば、思想、文化、社会制度、経済活動及び政治改革など）の展開過程を知る） (暫)2-4-3 **認識世界歷史發展過程中的思想、文化、社會制度、經濟活動與政治興革**（世界歴史の展開過程における思想、文化、社会制度、経済活動と政治改革を知る） 2-4-4 **了解今昔臺灣、中國、亞洲、世界的互動關係**（現在と過去における台湾、中国、アジア、世界の相互に影響し合う関係を理解する） (暫) 2-4-2 了解今昔中國與亞洲、世界的互動關係（現在と過去における中国とアジア、世界の相互に影響し合う関係を理解する） ~~(暫) 2-4-4 比較人們對歷史的不同說法和不同解釋。（刪除）（歴史叙述と歴史認識に対する人々の様々な論述や違いを比較する。(削除)~~ 2-4-5 **比較人們因時代、處境、角色的不同、所做的歷史解釋的多元性**（時代、境遇、役割によって人々がなす歴史認識の多元性を比較する） (暫)2-4-5 **從演變與革命的觀點、分析歷史的變遷**（変化や革命の視点から、歴史の変遷を分析する） 2-4-6 **了解並描述歷史演變的多重因果關係**（歴史的変化の多重的因果関係を理解し、叙述する） (暫)2-4-6 **從直線前進與循環的觀點、分析歷史的變遷**（直線的前進と循環の視点から、歴史の変遷を分析する）

注：太字は「暫行綱要」と「課程綱要」の相違部分で、（暫）を付けた部分は「暫行綱要」の内容である。
　なお、（　）内の日本語は筆者訳。

が深まってゆくのではないかと思われる[11]。

次に社会教科書の編纂にも大きな影響を与えることになったことがあげられる。歴史の部分への影響について、翰林出版の社会教科書・編集者の周紀藍[12]は次のように四点をあげて説明している。

第一に、新しい能力指標「2—3—2　台湾文化の淵源を探り、その内実を鑑賞する」（小学校高学年）及び「2—4—1　台湾歴史（例えば思想、文化、社会制度、経済活動及び政治改革など）の展開過程を知ること」（中学校）の導入により、台湾史は中学校段階で教える重要な部分になる。そのため、中学校と小学校高学年段階の教科書内容の難易度を弁別する必要がある。

第二に、「暫行綱要」の「2—3—3　現在と過去における台湾とアジア、世界の相互に影響し合う関係を理解する」（小学校高学年）、及び「2—4—2　現在と過去における中国とアジア、世界の相互に影響し合う関係を理解する」（中学校）が、「課程綱要」の「2—4—4　現在と過去における台湾、中国、アジア、世界の相互に影響し合う関係を理解する」（中学校）に置き換えられたため、小学校高学年と中学校の教科書内容の構成を調整しなければならない。

第三に「2—3—2」（小学校高学年）、「2—4—5」（中学校）及び「2—4—6」（中学校）は部分的な加筆、補充、削除なので、若干修正することで済む。つまり教科書内容への影響が僅かである。

第四に「課程綱要」の「2—3—1　現在と過去の台湾の重要な人物と事件を知る」（小学校高学年）の文言の変化により、高学年で教える台湾史の難易度を引き下げる必要がある。「課程綱要」の「2—4—2　中国の歴史（例えば、思想、文化、社会制度、経済活動及び政治改革など）の展開過程、及び台湾との関係の流れと変化を知る」（中学校）の文言の変化については、中国史に関して全面的紹介の必要がなくなったため、例示して記述することに改める。

周の説明に示されているように、「課程綱要」の公布は高学年と中学校の教科書編纂へかなりの影響を与えた。ただ、九年一貫課程綱要が始まって以降、各出版社の教科書内容に数次の改訂が行われているということも留意しておきたい。その改訂は記述内容の修正から構成の変更まで様々である。「課程綱要」に合わせて修正したり、構成を変えたりしたもののほか、ミスを修正したものや市場シェアを拡大するために改訂したものも見られる。従って、各教科書の改訂は単純なものではなく、必ずしも「課程綱要」における変更点に対応したものばかりではないということを記しておかねばならない。

三　「七～九年級の基本内容」の公布(13)

二〇〇五年の八月に社会学習領域の「七～九年級の基本内容」が新たに公布されたが、それによって九年一貫制が導入された際の教育課程のゆらぎの落ち着き先を知ることができる。

この「七～九年級の基本内容」には望ましい一つの編纂例が提示されている。「暫行綱要」には「九年課程計画示例」（第六項附録二）という教材編纂例が掲載されていたが、「課程綱要」にはそれに対応する部分がなく、欠を補う形となったといえる。そのことについて「課程綱要」では「基本内容の追加は各社版の内容の接点を増やす一助になるので、教科書の編纂、授業の実施、学力テストの出題に役立つ」(14)と説明している。この説明からみれば、「七～九年級基本内容」の公布は、これまで検定済社会教科書で取り上げられている内容に、出版社によるバラツキが大きいという問題に対応するためであったと捉えられる。

しかし、実際には台湾史をどのように教科書の中に取り入れるかを例示した、ということに意義があったのではないかと思われる。「七～九年級基本内容」には、社会学習領域の内容配列として、七年級（中一）で台湾史を、八年級（中二）で中国史を、そして九年級（中三）で世界史を勉強させる流れが例示されている。すなわち、「認識台湾」があった時期と同様の同心円的な構造が明瞭となったのである。

七年級の基本内容の「人と時間」という歴史の部分は表8―4のように示されている。表に示したとおり、「七～九年級の基本内容」では、台湾の歴史は「先史時代文化と原住民族」「海上権力競争の時代」「清朝統治下の台湾」「日本統治下の台湾」「戦後の台湾」という流れで構成されている。第五章で述べたように一九九四年の「課程標準」によって編纂された『認識台湾　歴史篇』(15)では「先史時代」「国際競争時期（オランダ、スペイン）」「鄭氏三代の台湾統治時期」「清領時代」「日本殖民統治時期」「台湾における中華民国」というような時代区分がなされていた。あらたに示された台湾史も、中国史との関連でのみの断片的な記述ではなく、教科書『認識台湾　歴史篇』と同様に、台湾の歴史発展について主体的・系統的であることが明らかである。また、各時代の内容の取扱いでも『認識台湾』との間に著しい近似性を示している。すなわち、例示とはいえ、中央政府教育部がどのように台湾史の全体構造を考えているかを明確に示すもので、教科書編纂に大きな影響力を持つものであった。いったん消えかかった『認識台湾』の歴史認識が改めておもてに現れてきたといってもよいであろう。

際立った違いとして挙げられるのは、鄭氏政権を「海上権力競争時代」に位置づけたことであろう。第五章で言及したように、郷土科導入以前の旧課程では、鄭成功は「反清復明」の英雄であり、中国とのつながりで扱われていた。しかし、『認識台湾』の記述ではこの時代を「鄭氏治台時期」と呼び、鄭成功はむしろ開拓移民であり、オランダ人に代わる外来支配者の一人という位置づけであった。「鄭氏治台時期」という時代をなくし、代わりに「海上権力競争時代」に位置づけたということは、より明瞭にオランダ、スペインと同列扱いしたということであり、そのイメージを強化したといえる。

ただ、教科書『認識台湾』の歴史認識が再び現れてきたことは政府がある特定の意図で教育を統制した結果ということではない、という点を指摘しておかなければならない。むしろ、『認識台湾』教科書の系統的な編纂内容が現場教員によって高く評価されていたと捉えるのが妥当なようである。教科書『認識台湾』をめぐって、一九九〇年代の台湾の教育内容を国民形成のための観念注入装置と捉えることは、多くの論考において指摘されている[16]が、にもかか

表8－4　社会学習領域「七年級の基本内容」

人與時間	史前文化與原住民族（先史時代文化と原住民族）	一・史前文化與原住民族（先史時代文化と原住民族） 概述史前文化遺址所呈現的文化特色及台灣「南島民族」的經濟與社會生活（先史時代文化の遺跡に現れた文化の特色及び台湾における「南島民族」の経済と社会生活を略述する）。
	海權競爭的時代（海上權力競爭の時代）	一・海洋時代的來臨與荷西的統治（海洋時代の到来とオランダ、スペインの統治） 海商、「倭寇」、大航海時代重商主義的來臨、荷西統治下的台灣（海上商人、「倭寇」、大航海時代の重商主義の到来、オランダ、スペイン統治下の台湾）。 二・鄭氏的經營（鄭氏の経営） 鄭成功攻取臺灣、漢式政治與文教措施、商農並重下的屯墾（鄭成功の台湾攻略、漢民族式政治と文教施策、商業と農業両方重視の駐屯開墾）。
	清朝統治下的台灣（清朝統治下の台湾）	一・政治發展與變遷（政治発展と変遷） 說明清朝之領臺、治臺政策與行政制度的演變（清朝の領台、治台施策及び行政制度の変遷を説明する）。 二・經濟與社會文化之發展（経済と社会文化の発展） 概述農業與商業發展、社會文化發展、原住民處境的轉變（農業と商業の発展、社会文化の発展、原住民の境遇の変化を略述する）。 三・開港通商與台灣的近代化措施（開港通商と台湾の近代化施策） 說明開港後臺灣的國際貿易，南北重心的轉移、西方文明傳入的影響。清末在臺灣所推動的近代化措施。（開港後台湾の国際貿易、南北地位の逆転、西方文明流入の影響を説明する。清末の台湾における近代化推進）。
	日本統治下的台灣（日本統治下の台湾）	一・殖民統治體系的建立（植民地統治体系の形成） 接管與抗拒、治臺政策的演變、行政制度的演變（總督專制體制、地方行政體系、警察保甲制度）（接収と抵抗、台湾統治政策の変遷、行政制度の変遷（総督専制体制、地方行政体系、警察保甲制度））。 二・政治社會運動（政治社会運動） 說明由武裝抗日轉向非武裝抗爭的時代背景，並介紹政治與社會運動（武装抗日から非武装抗争へと変わった時代背景を説明するとともに、政治社会運動を紹介する）。 三・基礎建設（基礎建設） 說明殖民政府所推動的各種基礎建設（含近代教育制度）與措施，除提升農業生產力，並在統治後期發展工業（植民地政府の推進した各種の基礎建設（近代教育制度を含む）と施策について、農業生産力を高める以外、統治後期の工業発展も説明する）。 四・社會文化的變遷（社会文化の変遷） 說明近代生活方式與新觀念的引進、司法體系的建立及其對人民生活影響（近代生活の方式と新しい観念の導入、司法体系の形成とそれが人民生活に及ぼした影響を説明する）。
	戰後的台灣（戦後の台湾）	一・二二八事件（二二八事件） 略述國民政府的接收，並說明二二八事件發生的原因、經過及影響（国民政府の接収を略述し、二二八事件発生の原因、経緯及びその影響を説明する）。 二・戒嚴體制的建立（戒厳体制の確立） 說明行憲、動員勘亂與戒嚴的實施、中華民國政府的遷台、戒嚴體制對自由及人權的影響（憲法実施、動員勘亂と戒厳の実施、中華民国政府の台湾移転、戒厳体制が自由と人権に及ぼした影響を説明する）。
		三・民主化的歷程（民主化の過程） 說明戰後臺灣地方自治的實施、解嚴前的政治運動、解嚴後的自由化與民主化（戦後の台湾自治の実施、戒厳令解除以前の政治運動、戒厳令解除以後の自由化と民主化を説明する）。 四・工業化社會的形成（工業化社会の形成） 說明工業化社會所造成的各項影響、社會運動與原住民社會的演變（工業化社会がもたらした各種の影響、社会運動及び原住民社会の変化を説明する）。 五・國際關係的演變（国際関係の変化） 說明一九四九年中華人民共和國成立後我國國際地位的演變；概述台灣海峽兩岸關係的演變（一九四九年中華人民共和国成立後の我が国の国際地位の変化を説明し、そして台湾海峡両岸関係の変化を略述する）。

出典：教育部（2005）「七至九年級基本内容」より

注：（　）内の日本語は筆者訳

わらず、『認識台湾』は学校現場からかなり高い支持を広く得ていたのである[17]。二〇〇四年頃、「認識台湾」という科目が既になくなったにもかかわらず、一部の私立学校において継続使用され、それが新聞メディアに報道され、社会の注目をあびたことがあった。「七～九年級の基本内容」が『認識台湾』に近い形の構成となったのは、当時の世論の意向を反映させたということが大きな理由であったと思われるのである。

第三節 検定済社会教科書の特徴―康軒版と南一版の歴史記述を例として

本節では、「課程綱要」と「七～九年級の基本内容」の内容に対して、実際、各出版社がどのように対応してきたか、検定済社会教科書に台湾史教育としての特性がどのように反映されているかを確認することにしたい。

国立編訳館の資料によれば[18]、教科書編纂が民間に開放されている二〇〇六年現在(二〇〇八年まで同じ)、検定済の社会教科書には康軒文教事業、南一書局、翰林、仁林文化(以下では康軒版、南一版、翰林版、仁林版と略記する)の四社が発行したものがある。ここでは康軒版と南一版の教科書を中心に分析することにする。

一 教科書内容の構成

まず、本章が注目する小学校高学年と中学校一年の社会教科書全体の構成[19]は、表8―5のようなものであった。表8―5―1と表8―5―2に示されているように、社会教科書は地理、歴史、公民などを統合、融合した内容で構成されている。それは新課程における社会学習領域の総合性重視の理念の反映で、小学校第三学年から中学校第三学年までの教科書に貫かれたものである。従って、歴史教育の部分は機械的に分離すべきではないと思われるが、康軒版と南一版のいずれでも歴史を主とする単元というふうに工夫されている。「暫行綱要」(表8―5―1)の時期は、康軒版の場合、小学校第五学年上巻の第二単元、中学校第一学年上巻の第二単元は台湾史を主とし、南一版の場合、小学校第六学年上巻の壱、中学校第一学年上巻の主題四が台湾史を主としている。「課程綱要」の時期（表8―5―2）は、康軒版の場合、小学校第五学年の下巻全体、及び中学校第一学年上巻の第二章と下巻の第三章に、南一版の場合、小学校第五学年の下巻全体、及び中学校第一学年の第一冊の主題二、第二冊の主題二に台湾史が置かれている。

両表の内容から、読み取れる特徴として次の三点をあげておきたい。第一に、全体の構成からみると、台湾史の記述の分量には大きな変化が見られる。康軒版と南一版のいずれも、第五学年の下巻は台湾史を主としており、台湾史の記述が明らかに増えた。次に、教科書内容がより明瞭に螺旋的な構造となり、中学生の教科書では小学校で学んだ台湾史をより詳細により深く学ぶことになっている。執筆者が違うという点から見れば、同じ内容のものとは言えないが、歴史認識の点について異なる性格を持つものではないといってよいだろう。最後に、康軒版と南一版のいずれも、中学校一年級の下巻の後半から中国史を記述することが特徴である。このような教材編纂の形式は、「七～九年級の基本内容」と一致していない。小学校高学年の教科書でも台湾史の学習内容が扱われているため、全体の配分を調整した結果ではないかと思われる。

二　歴史記述の特徴

社会教科書がどのように台湾史を取り上げているか、その歴史記述について中学校一年教科書をもとに検討したい。ここでは、その方法として『認識台湾』をめぐる主要な争点に注目する。分析の対象は康軒版と南一版の社会教科書であるが、先述したとおり、いくつかのバージョンが出ているため、ここでは、二〇〇六学年度から使用されたものを取り上げることにする(20)。内容の共通点と相違点は後述することにして、ここでは目次構成を表8―6で示しておく。

表8－5－1　「暫行綱要」による社会教科書全体の構成

	康軒版の構成	南一版の構成
小学校中学年 (第2段階)	三年生:学校、郷鎮市区(詳細省略) 四年生：県、市(詳細省略)	三年生：学校、郷鎮市区(詳細省略) 四年生：県、市(詳細省略)
小学校高学年 (第3段階)	五年生(上)2003年9月初版 　第一単元　自然環境 ◆第二単元　昔を振り返る 　第三単元　水を飲んで水の源を思う 五年生(下)2004年2月初版 　第一単元　団体と生活 　第二単元　経済と生活 　第三単元　憲法と政府 六年生(上)2004年9月初版 　第一単元　生活と文化 　第二単元　都市と農村との関係 　第三単元　物質生活と環境 六年生(下)2005年2月初版 　第一単元　家庭、社会と世界 　第二単元　科学技術と社会 　第三単元　世界は一族	五年生(上)2003年8月初版 　壱　美しいフォルモサー 　弐　人と土地の対話 　参　恋々風俗台湾情 五年生(下)2004年1月初版 　壱　経済と生活 　弐　政治と生活 　参　法治と生活 六年生(上)2004年8月初版 ◆壱　台湾史話 　弐　台湾社会生活の変遷 　参　台湾文化の長い回廊 六年生(下)2005年1月初版 　壱　世界を眺める 　弐　永続発展の地球 　参　台湾の再出発
中学校 (第4段階)	一年生(上)2003年7月初版 　第一単元　台湾の土地と人民 ◆第二単元　昔の台湾 　第三単元　家庭とコミュニティの生活 一年生(下)2004年2月第二版 　第一単元　台湾の産業と地域 　第二単元　近現代の台湾 　第三単元　社会の生活	一年生(第1冊)2002年8月初版 　主題一　生命と成長 　主題二　個人と社会の対話 　主題三　我が故郷の認識 ◆主題四　台湾追想曲 一年生(第2冊)2003年2月初版 　主題五　百年来の巨大な変化 　主題六　台湾風景を描く 　主題七　文化、生活と現代社会
	二年生：中国(詳細省略) 三年生：世界(詳細省略)	二年生：中国(詳細省略) 三年生：世界(詳細省略)

注：◆が付いているのは台湾史を主とする部分である。　〔筆者作成〕

表8－5－2 「課程綱要」による社会教科書全体の構成

	康軒版の構成	南一版の構成
小学校中学年 (第2段階)	三年生:学校、郷鎮市区(詳細省略) 四年生：県、市(詳細省略)	三年生：学校、郷鎮市区(詳細省略) 四年生：県、市(詳細省略)
小学校高学年 (第3段階)	五年生(上)2006年9月初版 第1単元　自然環境 第2単元　都市と農村との関係 第3単元　環境と生活 五年生(下)2007年2月初版 ◆第1単元　台湾早期の発展 ◆第2単元　台湾の近代化 ◆第3単元　台湾における中華民国 六年生(上)2004年9月初版 2007年9月第四版 第1単元　団体と生活 第2単元　憲法と政府 第3単元　経済と生活 六年生(下)2005年2月初版 2007年2月第三版 第1単元　科学技術と社会 第2単元　台湾から世界へ歩んでいく 第3単元　世界は一族	五年生(上)2006年8月初版(乙版) 一　東アジアの中枢の宝島 二　台湾の自然環境 三　豊かな台湾 四　台湾における都市と農村の発展 五　台湾における都市と農村のつながり—交通 六　フォルモサーのありかた 五年生(下)2007年2月初版(乙版) ◆一　昔の台湾を訪れる ◆二　オランダ・スペインと明鄭の統治 ◆三　清領時期の台湾 ◆四　日本統治下の台湾 ◆五　中華民国統治の時期 ◆六　歴史の啓示 六年生(上)2007年5月初版(乙版) 一　経済と生活 二　台湾の経済の発展 三　法治と生活 四　台湾社会の変遷 五　台湾の伝統文化 六　文化の継承と創造 六年生(下)2008年1月初版(乙版) 一　世界の窓を開く 二　経済的グローバリゼーションの挑戦 三　我々は一つの地球しかない 四　愛と配慮の世界 五　台湾の再出発
中学校 (第4段階)	一年生(上)2004年9月初版 2006年9月第三版(乙版) 第一章　台湾の自然環境 ◆第二章　台湾の発展過程(上) 第三章　個人からコミュニティへの発展 一年生(下)2005年1月初版 2007年1月第三版(乙版) 第一章　台湾の人文環境と地域発展 第二章　中国地理入門 ◆第三章　台湾の発展過程(下) 第四章　中国古代文明の発展(上) 第五章　社会の生活	一年生(第1冊)2006年8月修訂版 主題一　我が故郷の認識 ◆主題二　台湾追想曲 主題三　個人の成長と集団生活 一年生(第2冊)2007年1月修訂版 主題一　台湾風景を描く ◆主題二　戦後台湾60年 主題三　華夏帝国の発展(先史時代から西暦577年まで) 主題四　社会の生活と問題
	二年生：中国(詳細省略) 三年生：世界(詳細省略)	二年生：中国(詳細省略) 三年生：世界(詳細省略)

注：◆が付いているのは台湾史を主とする部分である。　〔筆者作成〕

表８－６　「課程綱要」による社会教科書の章節構成

<table>
<tr><th></th><th>康軒版</th><th>南一版</th></tr>
<tr><td rowspan="2">中学校一年</td><td>2006 年 9 月（乙版）
上巻（全巻 149 頁）
第二章　台湾的発展歴程（上）（台湾の発展過程（上））57 ― 105 頁
第 1 節　古早的台湾住民（大昔の台湾住民）
第 2 節　国際競逐的時代（国際競争の時代）
第 3 節　鄭氏時期的経営（鄭氏時期の経営）
第 4 節　清領前期的政治与経済（清領前期の政治と経済）
第 5 節　清領前期的社会与文化（清領前期の社会と文化）
第 6 節　清領後期的積極建設（清領後期の積極的建設）</td><td>2006 年 8 月修訂版
第 1 冊（全巻 150 頁）
主題二　台湾追想曲（台湾追想曲）53 ― 103 頁
単元５　史前台湾与原住民（先史時代の台湾と原住民）
単元６　大航海時代的台湾（大航海時代の台湾）
単元７　唐山過台湾（大陸から台湾へ）
単元８　大船入港（大きな船が来た）
単元９　殖民統治的建立（植民統治の形成）
単元１０殖民統治的強化（植民統治の強化）</td></tr>
<tr><td>2007 年 1 月（乙版）
下巻（全巻 149 頁）
第三章　台湾的発展歴程（下）（台湾の発展過程（下））61 ― 91 頁
第 1 節　日治時期的政治与経済（日治時期の政治と経済）
第 2 節　日治時期的文教与社会（日治時期の文教と社会）
第 3 節　戦後台湾政治的発展（戦後台湾政治の発展）
第 4 節　戦後台湾的経済、社会与教育（戦後台湾の経済と社会と教育）</td><td>2007 年 1 月修訂版
第 2 冊（全巻 153 頁）
主題二　戦後台湾一甲子（戦後台湾 60 年）59 ― 74 頁
単元７　戦後台湾的政治、外交与両岸関係（戦後台湾の政治と外交と両岸関係）
単元８　戦後台湾経済与社会発展（戦後台湾の経済と社会の発展）</td></tr>
</table>

注：目次は原文のほかに、訳文を付けた。原文の漢字は日本語の常用漢字体に改めた。　〔筆者作成〕

注目したいのは、教科書の記述に、近現代の社会、文化、教育などの比重が増え、政治史より社会・教育・文化史に重点が置かれていることである。それは授業時数の減少による分量の圧縮というよりも、例示された「七～九年級の基本内容」が内容面の取扱いや構成にある程度の影響力を与えているためだと思われる。以下、康軒版と南一版における記述を、郷土科時代の『認識台湾　歴史篇』発行当時の主要な争点と比較して挙げておく。

1　台湾史の内容構成と時代区分

両社の教科書とも『認識台湾』と同様で、時代順に沿って記述を進めてゆく。全体的に各時代にプラスの面もあり、マイナスの面もあるというふうに時代評価をしている。

表8―6で示したように、康軒版は全体で、「大昔の台湾住民」「国際競争の時代」「鄭氏時期の経営」「清領前期の政治と経済」「清領後期の社会と文化」「清領後期の積極的建設」「日治時期の政治と経済」「日治時期の文教と社会」、「戦後台湾政治の発展」及び「戦後台湾の経済と社会と教育」といったように一〇節に分ける記述方法がとられたが、その時代区分の流れは各節のはじめに、「先史時期」「オランダ・スペイン時期」「鄭氏時期」「清領時期」「日治時期」「中華民国時期」と簡潔に記されている。

南一版もほぼ同様で、「先史時代の台湾と原住民」「大航海時代の台湾」「大陸から台湾へ」「大きな船が来た」「植民統治の形成」「植民統治の強化」「戦後台湾の政治と外交と両岸関係」及び「戦後台湾の経済と社会の発展」のように時代順に沿って記述を進めていく。その時代区分は各章のはじめだけではなく、附録の「台湾歴史大事年表」にも整理されている。ただ、戦後は含まれておらず、「先史時期」「国際競争時期」「鄭氏の台湾統治時期」「清の領有前期」「清の領有後期」「日本植民統治時期」のように記載されている。

注目すべきは、両社とも「七～九年級の基本内容」に近い時代区分が採用され、『認識台湾』とかなりの共通性が見られるという点である。また、康軒版では、「鄭氏時期」「日治時期」「戦後」（又は「中華民国時期」）などの表現を使用しているところが特徴である。それらは、『認識台湾　歴史篇』の中国語原文で「鄭氏治台時期」「日本殖民統治時期」「中華民国在台湾」とされた部分であった。第五章で述べたように反対論者から「明鄭時期」「日拠時期」「光復後」とすべきだと主張され、『認識台湾』における主要な争点として議論が繰り広げられたが、今回は異議が殆ど出されていない。南一版もほぼ同様だが、南一版では中国語原文で「殖民時期」の用語が現れている。総体的に見ると、台湾の主体性を追求する理念に合致する「鄭氏」「日治時期」「戦後」（又は中華民国時期）などの表現はすでに幅広い支持を獲得している。ただ、「日治時期」という用語は必ずしもまだ定着していないように思われる。

2　年号表記について

年号表記については、表8―7に示されているように、康軒版と南一版は相互に類似性が高く、『認識台湾』ともほぼ同じである。第二次世界大戦終結を分岐点とし、それ以前については西暦、それ以降については民国紀元を採用し、一部に中国の元号表記を括弧に含めて掲げているところが共通している。

3　先史時代と原住民

康軒版と南一版のいずれも、中国東南沿岸部や南洋や東南アジアとの関連性があることを指摘し、旧石器時代晩期の長濱文化、新石器時代の大坌坑文化、金属器時代の十三行文化などを紹介している。また、康軒版と南一版のいずれも、原住民については、原住民諸族がかつて「熟番と生番」「平埔族と高砂族」「平埔族と高山族」などのように、時代によって呼称は違っていても二つのグループに分けられていたことに触れ、現在、統一的に「原住民」と呼ばれるようになったことも記述されている。そして、原住民社会の文化、信仰、社会組織などは具体例で紹介されている。

表8－7　康軒版と南一版における年号表記の相違

	康軒版	南一版
年号表記	鄭氏時期までは西暦のみ、それ以降は中国の各時代の年号と西暦を表記する。例えば、明崇禎○○年（西暦○○年）、清康熙○○年（西暦○○年）、民国○○年（西暦○○年）。日本統治時期は西暦のみとなっている。	鄭氏時期までは西暦のみ。清の領有時期は西暦の後ろに清代の年号を付ける。例えば、1871年（同治十年）。日本統治時期は西暦のみ、1945年以降は民国○○年となっている。

例えば、康軒版ではタイヤル族の「紋面」（顔の刺青）、ブヌン族の「抜歯」、アミ族の「豊年祭」などの習俗を紹介している。康軒版と南一版のいずれも歴史の始まりが原住民であったことを取り上げ、また文化の多元性を提起しようと努めている姿勢が見られる。総じて見れば、考古学の成果を取り入れ、台湾における先史時代を登場させ、そして原住民諸族を詳細に記述している点は『認識台湾』と共通している。

4　国際競争時期（オランダ・スペイン時期）と鄭氏時期の台湾

両社の教科書とも一二世紀頃、商業の拠点である台湾において漢人と日本人の海賊による経済活動が現れたというところから記述が始まっている。南一版はオランダ人と台湾人の混血少女を描いた台湾語歌謡「安平追想曲」（一九五〇年に発表）の歌詞を中学校一年第一冊の主題二の単元六の冒頭に載せている（表8―5―2及び表8―6）。作詞の時期は二〇世紀であるが、南一版はこの歌詞を通して一七世紀のオランダ統治を連想させようとしている。

また、一七世紀に入り、オランダ人、スペイン人の勢力の拡大によって、宣教活動、城の建設及び土地開墾事業などが進められたことは、両社の教科書とも取り上げている。しかし、商業利益を得るための活動であったことに記述のポイントがあるほか、オランダによる厳しい管理や課税政策などの原因で漢民族の抵抗が現れたことに記述の重点が置かれている。

鄭氏時期については、両社の教科書とも鄭成功によって、初めての漢人政権が台湾で確立されたことを述べている。そして、文化教育機関の設立によって漢人の典章制度などが台湾に導入・普及されたことの記述も共通している。この時期を台湾における漢民族文化の始まりと捉える歴史認識を示す記述になっている。

郷土教育教科導入以前の旧課程では、この時代を「明鄭時代」と呼び、そのオランダ駆逐については「復台」（台湾回復）との言葉で教えられてきたが、両社の教科書に描かれた鄭成功は『認識台湾』と同様で、むしろ開拓移民であり、オランダ人に代わる外来の支配者の一人といった位置づけといえる。

5　清の台湾領有時期

清領時期に関する記述も全体的に『認識台湾』と共通する内容が多い。

清の領有前期については、開墾、渡台禁止令、経済、水利施設、社会組織、分類械闘、文化教育活動、宗教信仰などが詳細に紹介されているが、清は台湾統治に消極的であったと記述されている。この清国の消極性について康軒版は次のように述べている。「清国は台湾を鎮定した後、朝廷で台湾を領有するか否かの問題を議論していた。一部の大臣は台湾は未開化の小さな島であり、高い価値を持たず、台湾を放棄して在台漢人を大陸に帰すべきだと主張したが、施琅は、台湾は物産が豊富で、地理上の重要性から見ると台湾を放棄すると、中国東南沿海の安全に影響を及ぼすと提言した。」（上巻、八三頁）

そして、渡台禁止令があったにもかかわらず閩南人、客家人の移民は絶えず、故郷の生活と宗教信仰を台湾に持ち込み、台湾社会の文化を充実させたことも示されている。渡台禁止令について両社の教科書とも、禁止令は独身の男性の渡台を許可したが、家族連れを許さなかったため、当時、台湾に渡ってきた漢人は男性が極端に多かったと述べている。康軒版のほうはとくに、「只有唐山公、而無唐山媽」（男の漢人の先祖だけがいて、女の漢人の先祖はいなかった）という台湾語の俚諺を取り上げて台湾人の先祖が漢人だけではなかったと説明している（上巻、九三頁）。

前期と後期の分岐点については、康軒版と南一版のいずれも牡丹社事件及び清仏戦争におき、それら以降、清朝政府が積極的に台湾を建設しようとしたと記述している。そして、それはその二つの経験をとおして清が台湾の重要性を意識し始めたからだとしている。後期における清による台湾の近代化の開始は具体的に書かれている。つまり、清は積極的な政策をとることになり、沈葆楨、丁日昌、劉銘傳などの官員を派遣して台湾を当時中国の最も近代化した省にしたということをあげている。この点について、例えば、南一版では「劉氏の企画経営の下で、台湾は当時中国の中で最も進歩した地域となった。清は台湾を二〇〇年余り領有していたが、積極的に台湾を建設しようとしたのは僅か二〇年間位で、日清戦争の敗戦により台湾を日本に割譲した。」(第一冊、八六頁)と記述している。

6　日本の統治について

康軒版は『認識台湾』の「日本殖民統治時期」という呼称(中国語)を「日治時期」へと変えている。南一版は「日本殖民統治時期」という呼称のままであるが、本文中では、「殖民地」の用語を避けて、「日治時期」に変えた部分もある。

『認識台湾』と同様に、康軒版と南一版のいずれも、植民地政府に対する台湾人の武装抗日を取り上げてその武力鎮圧の統治体制を批判するなど、反植民地統治の主張が強く見られるが、否定的な面だけではなく、日本の植民地政策が台湾の産業インフラや教育インフラなどを推進したプラス評価の部分も取り上げられている。全体的にいえば、時間を守る習慣、医療・公共衛生制度、司法制度の導入などの項目がプラス評価となり、武力鎮圧の統治体制、社会や学校における差別待遇などがマイナス評価となっている。いくつかの記述例を紹介しておく。まず特筆しておきたいのは、康軒版も南一版も高雄港、日月潭水力発電所、新竹駅、モダンな服装を着ている若者などの写真が何枚も掲載していることである。そうした写真の提示は台湾社会における近代文明の相貌を鮮明に表している。

初等教育について南一版は「総督府が西洋の教育制度を導入した目的は植民政策を貫徹し、差別待遇と隔離政策の原則を採ることにあった。」(第一冊、九七頁)と批判している。高等教育について康軒版は、「台北帝国大学は台湾在住の日本人の進学のために設けられたが、日本学者の研究のため、また、南進政策の研究センターのためでもあった。(略)台湾人は高等教育を受ける機会が得にくかった。」(下巻、七四頁)などのようにマイナス評価が多い印象を受ける。『認識台湾』で述べられた入学率の急増、識字層の拡大など近代学校教育制度についてのプラス面には全く触れず、学校教育における差別の強調に終始していることが特徴的である。

司法制度について、南一版は「総督府は社会秩序を維持するため西洋の司法制度を導入した。刑事と民事の訴訟を審理するため裁判所を設けた。当時の司法制度はおおむね公平正義であったため、台湾民衆は法律を守る概念を持つようになった。」(第一冊、九九頁)と肯定的に評価している。康軒版は「総督府は警察、保甲制度及び戸籍調査の連携を用いて、社会秩序を厳密に管理していた。警察及び法律の厳しい監視の下で台湾人には法律を守る観念が形成された」と厳しいコメントをしながらも、肯定的に評価している。

また、台湾の阿片吸引の風習は一般に後藤新平の漸禁政策の下で改善されたとプラス評価する視点が多く、康軒版も「総督府が漸禁政策をとり、阿片を吸う台湾人が段々少なくなっていった。」(下巻、七五頁)と述べ、肯定的視点を見せている。これもまた現在の教科書と『認識台湾』に共通して見られた特徴である。但し南一版では、「総督府は阿片を禁止しながらも、阿片工場を作って専売政策を採っており、阿片害を根絶しようとしなかった。」(南一版第一冊、九八頁)などのように、むしろ批判的観点から見ている。

そのほかに近代公共衛生制度と医療制度の確立による台湾人口の急増も両社の教科書で共通点に取り上げられているが、総督府が台湾の経済基礎を積極的に推進し、また、鉄道、港などを建設したのは日本本国の経済発展のためであったという記述も共通している。そして、一九二〇年代、民族自決思潮の影響を受けて台湾の知識人による一連の反植民地支配運動(例えば、台湾議会設置請願や台湾文化協会)などの展開も共通に書かれている。

両社の教科書は総じていえばおおむね『認識台湾』の記述を維持しているが、批判の視点が厳しくなっているという印象を受ける。『認識台湾』より批判の視点が多いのは、親日の歴史観の否定から生まれたようでもあり、また、総授業日数の減少などによって記述の分量が大幅に減少しているからのようでもある。

7　戦　後（又は中華民国時期）

時代区分の用語として、第二次世界大戦終戦以降の時期は「光復」ではなく、「戦後」や「中華民国時期」という表現が多用されており、その点は『認識台湾』と共通している。ただ、本文中では「光復」という表現が若干見られる。また、中国に対する呼称も従来の「中共」から「中華人民共和国」という用語へと転換された箇所が増えている。

内容面での『認識台湾』との共通点としては二二八事件の経緯、戒厳体制から民主化社会への過程、両岸関係の変化、経済、社会、教育の推進過程などの記述をあげることができる。康軒版と南一版のいずれも二二八事件を一つの単元にし、二頁にわたって詳述している。一九七〇年代に起こった国連脱退事件、米中国交樹立などの外交危機によって台湾が孤立化したことの記述も共通している。

両教科書が『認識台湾』の内容と違って新たに加えているものには、様々な活動の展開による台湾文化の変遷がある。例えば、南一版には一九八〇年代の客家の人達の「還我母語運動」（母語を返せ運動）、一九九四年の「四一〇教育改造」デモ、東南アジアの外国人労働者と外国籍妻の急増、テレビの客家チャンネルと原住民チャンネルの新設などが取り上げられている。それらの記述には、社会の変化によって、台湾社会に形成されたより多元的な文化が反映されているといえる。

また、中華人民共和国との関係を教えようとする内容が大幅に増えているところにも『認識台湾』との高い類似性が見られる。例えば、南一版には「李登輝が総統になった後、実務的な外交を推進し、中華民国は主権が独立している国家であると強調した。（略）しかし、中華人民共和国は常に我が国の国際会議の参加を阻害している。そのため、台湾は外交を推進することが困難な状況に直面している」(第二冊、六六頁)という記述がある。そして康軒版には「目下、両岸の間には、イデオロギー形態は勿論、政治制度、経済水準、社会文化などの差異も少なくない。将来的には、理性、対等及び互恵の原則の下でしか、両岸の平和、そして双方の利益になる局面を創ることができない」(下巻、八五頁)という記述がある。いずれも『認識台湾』に近い形での表現である。

第四節　考　察

本章では二〇〇一年以降、歴史教育の展開過程と現時点の検定済社会教科書における歴史記述を概観してきた。これまでの検討を踏まえて、次のようにまとめたい。

九年一貫課程の開始により、台湾史教育が社会学習領域の一環として学校教育に導入された。しかし、当初、台湾の学習内容が中学校の段階に置かれておらず、それ故、「暫行綱要」による台湾史教育は、郷土科時代以前の段階に逆戻りした形となった。その後、二〇〇三年に「暫行綱要」が「課程綱要」へと改訂された際に、台湾を中心とする学習内容が小学校高学年だけではなく、中学校一年まで拡大された。その時点から、「県市郷鎮(小学校中学年)→台湾(小学校高学年)→台湾(中一)→中国(中二)→世界(中三)」という学習構図が漸く定着化したといえよう。

そうした過程は、郷土科時代との連続性と一貫性を明確化するものであった。小学校三年生と四年生の段階で生活地域の郷土を学ぶことで、郷土科時代の郷土教材は補充教材(副教材)として継続的に使用されることとなった。また、中一の段階で台湾について難易度の高いものを教えることができ、高校入試にも出題されるという点から、小中学校における台湾史教育の位置づけはさらに充実したものになったということができる。その展開は、教育課程の移行の際の揺れ戻しを危うく乗り切り、郷土教育を学校教育に深く根付かせる過程であったといってよいであろう。将来、それは台湾アイデンティティ確立の上での一つの大きなステップであったといえるかもしれない。

教科書の内容については、本章での検討作業を通して、『認識台湾』の歴史記述が、多くの点で二〇〇四学年度以降の社会学習領域の教科書の内容に継承されたことを把握した。とくに第三節で検討した二種の中学校用の社会教科書においては『認識台湾』との間に一定の近似性が存在している事実を確認することができた。その近似性は台湾人アイデンティティと深く関連する台湾主体の歴史観が一定の方向性を形成してきたことを示している。

但し、日本統治時代についての評価は、やや異なる相貌を呈している。『認識台湾』の見解をほぼ踏襲していた康軒版と南一版の視点は、日本との関係については『認識台湾』と少し距離を置いているように見える。新しい教科書の記述から見ると、中国の抗日戦争に根ざしているかつての反日感情ではないが、『認識台湾』よりも批判の視点が多いのが特徴である。教科書は写真などの掲載を通して、近代化した台湾社会のイメージを提示しているが、その内容からは、台湾社会が近代化されたのは台湾人を同化しようとした統治者側の政策の遂行のためであったという印象を受ける。記述の少量化という現象が叙述上の評価を変質させたとも考えられるが、一方で、日本教育を経験した世代が七〇歳以上になり、多くが社会の一線から退いたことも関わっていよう。日本との関わり方がこれまでとは異なる段階にきているのではないだろうか。

日本統治時期の評価についていえば、社会教科書の視点は、過去のものと『認識台湾』との中間点に位置づけられるものといえる。国民統合の編成過程の中で、何をもって台湾の独自性と看做すかというナショナル・アイデンティティをめぐる問いが、九〇年代からの台湾に鋭く突きつけられたことから生じた揺らぎではないだろうか。「中国的なもの」からの脱出と「台湾的なもの」の確立との間にどのような折り合いをつけるか、が大きな問題であったが、今、日本との関わりの中で自分の位置づけを確認しようとした動きが現れているからである。そこに「日本による近代化形成」という記述をどのように介在させるか、を考えるのが現在の台湾の実践であると捉えられる。

注

(1)「中国の外部化」と「日本の内部化」という捉え方は次の松永正義の論文に倣った。この二つの表現は、松永の論文の中で終戦直後の台湾社会の説明に使われているが、筆者は九〇年代の台湾にも同じ傾向が現れていると観察している。松永正義（二〇〇四）「ふたつの「教科書問題」」恒川邦夫ほか編著『文化アイデンティティの行方』彩流社、二五五―二六三頁。

(2) 教育部（二〇〇〇）『国民中小学九年一貫課程暫行綱要　社会学習領域』及び教育部（二〇〇三）『国民中小学九年一貫課程綱要　社会学習領域』。

(3) 英語学習の変化については、教育部（二〇〇四年五月一三日）台国字第0930061395号令訂正と教育部（二〇〇六年三月一〇日）台国（二）字第0950030031C号令修正に詳しい。

(4) 前掲、教育部（二〇〇三）一三頁。

(5) 教育部（二〇〇〇）「国民小学及国民中学教科図書審定辦法」台参字第89076008号令を参照。同法令は、その後の二〇〇四年、二〇〇六年に条文の増補が行われていた。それぞれは、二〇〇四年四月一二日教育部台参字第0930046130A号令、及び二〇〇六年八月一六日教育部台参字第0950115813C号令修正を参照。なお、教科書検定のプロセスは http://dic.nict.gov.tw/~textbook/dic/regulation/11.htm に掲げられている。

(6) 所澤潤（二〇〇四）「台湾」『道徳・特別活動カリキュラムの改善に関する研究―諸外国の動向（2）―』国立教育政策研究所、七七―一一六頁に詳しい説明がある。

(7) 台湾で「国民中学学生基本学力測験」というが、「基測」と略していう場合も多い。

(8) 康軒文教事業と南一書局の教科書は、それぞれ四九頁、四三頁にわたって台湾史を記述している。以下のものを参照した。『社会（下）』二〇〇三年二月初版、康軒文教事業、四―五三頁。『社会（下）』二〇〇二年一一月初版、南一書局、五―四八頁。

(9) 南一版と康軒版は「課程綱要」の「能力指標」にあてはまらないという指摘に関しては、王仲孚（二〇〇五）『台湾中学歴史教育的大変動』海峡学術出版社、一〇頁を参照した。また、http://www.education.ntu.edu.tw/school/history/news/news20030220-2.htm という中学歴史科教員の研修サイトにも述べられている。歴史観の立場からの前者の指摘に対して、後者は受験者の立場のための指摘であった。

(10)「社会科　本土題目至少考一半」『中国時報』A3頁、二〇〇四年九月一〇日。

(11)「認識台湾」という教科が導入された時点から、台湾史が出題範囲に入っているが、「暫行綱要」が導入されている時期、出題範囲から外されていた。

(12)　周紀藍「九年一貫正式綱要版―翰林社会領域各階段課程与教学設計実務経験分享」『二〇〇四年社会領域課程与教学研討会論文集(上)』二〇〇四年八月一三～一四日に国立台北師範学院（現在、国立台北教育大学）社会科教育学科主催。

(13)　教育部（二〇〇五）「七至九年級基本内容」。「七至九年級基本内容」に関しては http://www.edu.tw/EDU_WEB/EDU_MGT/EJE/EDU5147002/9CC/Social-1.doc にも掲げられている。

(14)　前掲、教育部（二〇〇三）、三六頁。

(15)　国立編訳館『認識台湾　歴史篇』一九九七年（試用版）、一九九八年（正式版）。蔡易達・永山英樹訳（二〇〇〇）『台湾を知る』雄山閣出版の翻訳本も出ている。

(16)　例えば、平松茂雄ほか（一九九九）「日本統治時代を問いなおす教科書『認識台湾』―注目される李登輝政権の歴史観」『東亜』二月号、霞山会、六六―八〇頁。

(17)　「明年基測題庫　半数出自統編本」『中国時報』A8頁、二〇〇四年九月二一日。

(18)　小中学校の教科書審査については前掲、教育部（二〇〇〇）。審査合格の教科書一覧については http://210.71.57.61/Bulletin/PA01.php に掲載されている。

(19)　両社ともどの学年でも毎年修訂版が出ている。

(20)　康軒版は中学校一年生(上)二〇〇六年九月乙版と中学校一年生(下)二〇〇七年一月乙版を用いて分析する。南一版は中学校一年生(第一冊)二〇〇六年八月修訂版と中学校一年生(第二冊)二〇〇七年一月修訂版を用いて分析する。

終章　台湾郷土教育思潮の特徴とその意味すること

台湾の郷土教育思潮には、アイデンティティ形成という一つの主要な方向性があると筆者は捉えている。本書ではその方向性に注目し、郷土教育をめぐって進行した教育の台湾化の過程をたどり、台湾主体の台湾人アイデンティティの形成過程と、その向かう方向を考察してきた。本書では、日本統治時代にまで遡り、以来、台湾において様々な姿を見せた郷土教育の展開をたどってきたが、それは今日の郷土教育が具体化した一九九〇年代以降の展開を理解するためにはその歴史的把握が不可欠だと判断したからであった。本書を締め括るにあたって、第八章までで述べてきた歴史的展開とその考察を改めてアイデンティティ形成の観点から整理し直し、さらに筆者が捉えた台湾人アイデンティティの方向性についても考察したい。まず、各章の概要を改めて第一節と第二節で整理し、その後、第三節で郷土教育思潮の特徴を提示し、第四節でその意味するところを考察する。

第一節　二つの相異なる郷土観からの再吟味

一九九〇年代の台湾の郷土教育の展開には、すでに教育の世界で二つの相異なる郷土観が展開された経験をもっていたことが重要であった。

台湾では郷土教育はすでに日本統治時代に実施された経験があり、戦後、国民党政権の支配下に入った一九四五年以降も郷土教育が提起され、しかし、いずれにおいても「郷土」の空間に日本や中国という、より上位のスケールに接続される回路もまた同時に構築されていた。台湾という「郷土」はあくまでも国に対しての一地方であり、しかも「国土」の周縁に位置づけられていたのである。両者の郷土観には共通する点として、「祖国」へと拡大する同心円的構造、つまり、外延的意義が含まれていた。どちらもアイデンティティ（日本人アイデンティティ又は中国人アイデンティティ）の形成に一定の役割を果たしたものだと考えられる。しかし、日本統治時代の郷土教育と、戦後の中（華民）国化教育時期の郷土教育とには次に述べるように相異なる郷土観が潜んでおり、本書ではこれまでその点について以下のようなことを明らかにしてきた。

日本統治時代の流れは、しばしば九〇年代以降の郷土教育に結びつけられ、郷土教育の先駆であったという理解が提起されてきた。日本統治時代の郷土教育の特徴の一つは、郷土を児童生徒の生活領域として表象することにあった。郷土教育の先駆という理解は、殊に郷土室の設置、郷土調査の実施や郷土読本の編纂の殆どが地域色の濃いものであったことに価値が認められたことにより生まれたものである。とりわけ、郷土読本に現れていた「郷土の認識」と「郷土の近代」の二点の特徴は九〇年代以降の郷土教育の推進過程において再び胎動し、郷土教育の内容モデルとなって台湾人アイデンティティの形成に繋がることになった側面があると考えられる。

勿論、植民地時代の郷土読本に現れていた「郷土の認識」「郷土の近代」の二点は、戦後の抗日戦争が核心となった歴史観や反日感情の叙述と全く対照的であり、本来九〇年代の郷土教材にすんなりと踏襲されにくいものであったと思われる。それが受け入れられたのは一九九〇年頃、郷土教育が実施され始めた際、図書館や学校倉庫の一角に眠っていた郷土読本が相次いで発見されたことに関わっている。第一章第三節と第五節で述べたように、郷土の詳細な叙述と台湾の近代化した様子が、日本統治時代を経験した人からも経験していない人からも驚きをもって迎えられたのである。過去の「郷土の認識」の成果は長年隠蔽されていた「郷土の近代」を再発見させるものであり、九〇年代の台湾人に台湾の真の姿を再認識させることに結びつくものであった。日本統治時代の郷土教育は、郷土愛の教育であるとともに、日本への国家愛の教育であることが意図されていたが、「郷土の認識」「郷土の近代」という特徴が、逆説的に台湾の色彩を抹消せず、今日の台湾人を引きつけたといえる。そして、かつて植民地統治のあり方を正当化する論拠でもあった「郷土の近代」という捉え方は、今日では中国と異なる台湾社会の独自性・特殊性を主張する論拠として提起されているのである。今日の郷土教育の先駆であった日本統治時代の経験は、そうしたことから今では台湾の資産としてさえ認識されるようになっている。なお、一九九〇年代に郷土教材の担い手となった現場教師はそれらの郷土読本を参考にしながらも、日本に関する二つ対照的な歴史観の中で、独自の歴史認識を模索させられた。九〇年代初期の郷土文化教材に示された歴史認識、特に日本についての評価のバラツキが大きいのは、それと関連しているともいえる。

日本統治時代の郷土教育は、ある意味で日本人としてのアイデンティティ形成のためでありながら、同時に台湾人アイデンティティを育む揺籃でもあったという微妙な色彩を今日の台湾では帯びている。日本統治下、虚像の日本人アイデンティティに包摂されながらも、生活領域の郷土に根ざしている「郷土台湾」という意識が同時に醸成され始めたと考えられるからである。日本統治時代の郷土観は、その時代の郷土教育に対して、結果的に今日そのような理解を生み出している。

その一方、中(華民)国化教育時期の郷土教育論は、郷土台湾の地域性・特殊性に触れず、郷土は広大な中国であり、そのことを前提として全教科を郷土化すると主張するものであった。

郷土教育は一九四五年から一九九〇年代までは、正式に教科設置を与えられておらず、「常識」「社会」「自然」の三つの教科などで提起されていた。「課程標準」におけるそれらの郷土の言及は九〇年代に入ってから、条文上のものに過ぎないと指摘されたものであるが、『台湾郷土教育論』(一九五〇)の主張に沿って解釈すれば、郷土科が独立教科として設置されなかったことは、全教科を郷土化(中国化)するということだったと理解できる。しかし、その郷土教育では、台湾という郷土空間は、あくまでも中国の一部であり、心の向かう先は広大な郷土としての中国であり、中国への祖国愛の養成こそ、その郷土教育の狙いであることが主張されていた。郷土教育を通して台湾の人々に祖国のアイデンティティを持たせようとしたことは、一見して日本統治時代の郷土教育と同様にみえるが、その郷土は、台湾人の住む土地の現実に根ざした郷土とは異質のものであった。むしろ、台湾の現実は子ども達に隠されたような状態となり、そのことが九〇年代に入って批判の焦点となり、郷土教育の中断期と位置づけられた。

ただし、九〇年代以降の郷土教育にとって、ある種ねじれた意義があったともいえる。それは、郷土に関する「課程標準」の条文の存在が、郷土教育教科設置を促した一因だったとも言えるからである。つまり、九〇年代郷土科の誕生は決して突然変異的な出来事ではなかった。むしろ、郷土教育の枠内で「郷土中国」から「郷土台湾」への転換がおこったのである。

以上をまとめると、二つの郷土観は台湾人にとって殆ど接触を持たぬ国土へと拡大する郷土の外延的意義が指向されるという内面的な類似性があり、しかし、どこを郷土と考えるかという点で著しい異質性があった。九〇年代の郷土教育は、過去のそうした郷土教育の脱構築の上に成立したと捉えられる。

第二節　台湾主体としての郷土教育の段階的形成

一九九〇年代に入って盛んになった郷土教育は、以上に示された二つの郷土観とは非常に異なる点を持っていた。それは台湾内部の地域社会を郷土として教えるものにとどまらず、台湾全体を主体性を持つものとして取り上げていることで、台湾教育史上重要な位置づけを占めるものとした点であった。

九〇年代の郷土教育が行われる第一の契機は、七〇年代から、運動者と研究者を含んだ知識人による台湾本土化理論模索の活動であり、第二の契機は一九九〇年頃、地方政府が母語教育と郷土文化教材編纂を手段として、中華アイデンティティと結び付いている中央政府へゲモニーの固い壁に挑んだ対立の構図の確立であった。それは外延的意義を持とうとする従来の郷土観との訣別をもたらすものとなった。

そのような九〇年代へと至る展開、そしてその後の展開を、本書では四つの時期に分け、①一九七〇年代を郷土概念の萌芽期、②一九八〇年代を台湾主体意識の形成期かつ郷土教育の醸成期、③一九九〇年代を郷土教育教科の形成期、④二〇〇一年以降を郷土教育の新しい展開期と捉えている。言い換えれば、郷土文学運動から発した台湾語、台湾史及び台湾文化に関する知識人の関心があり、それらがまず地方レベルで学校教育に反映し、さらに中央政府のレベルに持ち上がったと捉えたのである。

1　一九七〇年代の郷土概念の萌芽期

一九七〇年代の台湾社会は、土着理論などが知識人によって提起された一方、郷土文学という言葉が物語るように、台湾を郷土として意識化するようになった時期であった。その際、郷土を題材とするのみならず、台湾語を文学言語として使用するという試みも始まった。ただし、七〇年代に現れたそれらの意識は、本土化過程において生まれたものであったが、台湾ナショナル・アイデンティティとして確立されたとは言い難いものであった。その理由は台湾人意識が中華民族意識に包含されており、必ずしも台湾の主体性を志向しなかったことにある。しかし、当時の知識人による文化理論の生成は、台湾ナショナル・アイデンティティへの架橋を可能にする視点を含むものであった。また、それらに付随して、その基盤となる台湾という郷土の独自性を主張する、ないしは形成しようとする動きも現れた。七〇年代から台湾社会への関心という郷土意識が次第に明確な形で現れ、後に郷土教育の教科設置という動きに結びついていった。

2　一九八〇年代の台湾主体意識の形成期かつ郷土教育の醸成期

一九八〇年代の台湾社会では、台湾意識の高まりの中で、中国との異質性を目指す主張・運動が様々な形で行われていた。例えば、母語文化復興（台湾語意識、台湾語文学、台湾語文字規範化）と歴史認識の再構築（台湾史、日本統治による近代化の提起）などがそれであった。そうした動きは、台湾の知識人による本土化理論の模索の一環であったと理解でき、また、いずれも中国と異なる台湾社会の独自性・特殊性を主張する論拠として提起されたものであった。しかし、それらの主張には、台湾の独自性・特殊性を強調する特徴を備えているという高い同質性を示す一方で、排他性も現れていた。台湾語運動は中国語への抵抗だけではなく、マジョリティの閩南語に力点が置かれ、閩南文化へ傾斜する側面が強調されているように見えたからである。

そのような状況を克服する形で現れたのが「郷土」という語を冠した教育であった。当時、台湾では中国人アイデンティティ及び台湾人アイデンティティの二つが拮抗していたと捉えられるが、同時に台湾内部の各エスニック集団文化の競い合いも存在していた。画一的な中国的教育内容からの離脱だけではなく、新たな教育的課題としてエスニック間の差異性の克服ということが現れることになった。エスニック集団の差異性・多元性は明らかであったが、民間の運動にはまだそのような配慮は十分でなく、当時よく使われた「台湾語教育」という語は台湾における四大エスニック集団の現実に適応したものとはいえなかった。「台湾語教育」という語は非閩南系エスニック集団に受け入れられず、台湾諸言語を「本土言語」と「郷土言語」と称することが提案されたが、結果的に教育現場では「郷土言語」という語が広く用いられることになった。郷土教育は画一的な中国的教育内容からの離脱だけではなく、同時に台湾内部の差異性を包摂する動きの中で醸成されていたと捉えられる。

総じて見れば、八〇年代の前半は、中国の異質性と台湾の主体性を強調する動きが中心であり、八〇年代の後半、言語的・文化的差異に関わるエスニックな境界というものが意識されるようになっていたといえる。

3　一九九〇年代の郷土教育の形成期

一九九〇年代に入り、台湾人の台湾語の主張と台湾本土文化の自覚とは、論壇での議論から、具体的な実施に転じ始めた。そのような変貌は、立法院での教育本土化の議論、また、一部の地方政府での教育本土化の実施を伴うものであった。九〇年代の初期の基本的な姿は郷土文化教材の編纂と母語教育への関心であり、民進党系地方政府は母語教育と郷土文化教材の編纂を強調し、国民党系地方政府は郷土文化教材の編纂を重視した。総じて見れば、地方政府と立法院の両者による教育本土化の展開と議論は、中央政府の教育行政の過程に影響し、その結果、郷土教育はまず教科外の指導活動の形で小中学校教育に取り入れられ、そして独立教科として設置されるに至ったのである。

一九九四年以降、中央政府は上から制度的に郷土教育を創出・確立しようとするようになったが、一九九四年の「郷土教学活動」「郷土芸術活動」「認識台湾」の郷土教育教科設置は七〇年代の郷土文学の流行以来、次第に形成されてきた「台湾語」「台湾的なるもの」といった郷土観を、学校教育にも反映させるものであった。そしてそれに続く中央政府の具体的な施策に、一九九五年の教育部による「教育部推動国民中小学郷土教育実施要点」の通達があった。それは二〇〇一年の九年一貫新課程の実施に至るまで学校現場の郷土教育を最も強力に推進するものとなった。

九〇年代は、学校教育において台湾についての具体的な記述が大幅に増えた時期であった。地域の郷土文化教材、郷土科教科書が多数作られるとともに、従来の教科書と著しく異なる歴史観を持つ中学校教科書『認識台湾』が発行された。

台湾の知識人の追求した教育本土化は、九〇年代の郷土教育教科設置を通して台湾全体レベルでの実現に到達したと言えよう。ただ、発音記号と文字化をめぐる対立は克服されず、一連の言語論争は、当時軌道に乗るかにみえた郷土言語教育に困難と停滞とをもたらした。

4　二〇〇一年以降郷土教育の新しい展開期

二〇〇一年以降の九年一貫新課程は、郷土言語の必修化と全教科の郷土化を基本としており、その実施に伴い、郷土言語教育が郷土科の授業に代わる中心的な課題となった。同時に、台湾史、台湾地理の導入も進み、社会学習領域（社会科）の教育内容の郷土化が進行したと特徴づけることができる。

郷土科時代と異なり、台湾の諸言語を「本国語文」の一環として提示したことは、各エスニック集団の言語を国語と並列に位置づけようとした試みでもあるが、「郷土言語」という概念の方が教育現場で広く受け入れられている。この時期になって、文字化と発音システムに関する論争は、その議論がますます深化し、また拡大したが、郷土言語教育の行政運営は、ほぼそれ以前の郷土科時代の流れを継承したものである。それによって行政組織の編成や教師養成のパイプラインが速やかに機能し、台湾諸言語の言語的地位は大幅に上昇し、「郷土言語」という概念も教育現場で定着するに至った。その一方、社会教科書に描き出された台湾史は旧教科書『認識台湾』との間に著しい近似性があり、台湾人アイデンティティと深く関連する台湾主体の歴史観が、一定の方向性をもって形成されつつあることを示している。

第三節　台湾郷土教育思潮の特徴

郷土教育の創出は、台湾を中華民国という大きさの枠組みから、台湾、澎湖、金門、馬祖しか統治していない現実に即した枠組みに組み替えようとしていることだと言えよう。言い換えれば、非現実的なナショナル・アイデンティティから、現実的なナショナル・アイデンティティへの組み替えである。では、郷土教育はアイデンティティの組み替えにあたってどのように機能してきたのであろうか。そして、台湾人アイデンティティの一体性をどのような形のものとして構築することになるのだろうか。本書で述べてきたことを踏まえて、郷土概念の曖昧さ、歴史観の輪郭、そして郷土言語の位置づけをめぐる諸問題を改めて考えることにしたい。

一　「郷土」という概念の曖昧さ

郷土とは台湾なのか、それとも身近な生活地域なのか、台湾的な教育内容はそのような郷土の曖昧性を暗黙の前提としたことによって、はじめて学校教育の舞台に出ることができ、また内容も充実したものになった。台湾における郷土教育の特異性は、「郷土」という語の曖昧性が、そのように機能したことにあるといってよいだろう。拡大された郷土意識としてのネーションをできるだけ強調しないという点は、現在でも顕著である。

郷土教育は、郷土教育教科設置に向かう一九九〇年代の初めには、同心円理論に基づく世界認識へと拡大していくものとして理解されるようになった。但し、「郷鎮市区↓県・市↓台湾↓中国↓世界」という同心円的な構造とするものとされていたが、郷土の概念は論者によって違う意味内容が主張されていた。当時、政界では、「郷土（台湾に拡張することが可能）↓中華民国↓世界」という中国ナショナル・アイデンティティ、及び「郷土↓台湾↓世界（中国を含む）」

という台湾ナショナル・アイデンティティの二つが拮抗して存在し、中国との帰属関係をめぐって両者が対峙していた。ところが、教育現場に現れた郷土の概念は、その郷土を生活地域という限られた土地として、同心円的構造の中心に位置するものとする一方、拡大された郷土意識としてのネーションをあまり意識の上にのせなかったのである。特に郷土科の場合、教育現場では極力政治的な対立が避けられ、「中国の郷土としての台湾」でもよいし、「台湾自身の主体性のみ」でもよいと両義的な理解が行われ、郷土と国家の混同を来すような概念の曖昧さが許容される状態であった。

しかし、そのように「台湾」という主体を曖昧に設定したことが、逆説的に郷土教育の内容の充実を促した。政治的争点を避けるそのような理解は、結果的に郷土教育の多様性を保証することになったからである。台湾史、台湾諸言語の学習は政府による価値観の統制なしに展開され、郷土とはなにかが模索される結果となったのである。多くの論者は同心円理論の曖昧さに抵抗しながらも、受容しようとする姿勢を示し、拡大された郷土意識としてのネーションを自分なりに解釈するようになり、教育現場では「郷土」と「国土」の定義で立場を異にした人たちが同じく台湾の地域社会に即して郷土教育を推進しているという状況になった。論者の間に一種の「異心同体」とでもいいうる状況が生まれた訳である。

郷土教育三教科の設置は、郷土の定義をめぐる論争を引き起こすことになったにもかかわらず、却って従来の中国に偏っていた教育内容を是正する機能を果たした。

二　「台湾史＝国史」「地域史＝郷土史」という輪郭の形成

台湾の郷土教育には、国民育成の視点や自覚が表面上採られていないにも関わらず、多様な地域文化とエスニック文化が取り込まれる多元的アイデンティティが新たに構築されつつあることがその展開に現れている。郷土教育にはナショナル・アイデンティティを構築する具体的な姿をみることができるといってよいのではないだろうか。

一九九〇年頃から台湾で展開されてきた郷土教育は、一体性を追求しながらも、一方で四大エスニック集団と郷土地域文化の強調といった形で、国家を相対化する方向性も持っていた。しかし、郷土の曖昧性・多義性を暗黙の前提としたままで、導入された郷土教育は、むしろ多元的社会である台湾の統合性を提起するものとなったように思われる。

現在、台湾の文化的主体を構成しているのは、南島系の原住民文化以外に、前近代の漢民族文化、植民地時期の日本による近代化や西洋化を経た文化、及び戦後国民党政権が持ち込んだ民族主義的要素などである。しかし、戦後、中華アイデンティティを形成するため、台湾主体の台湾人アイデンティティの構築につながる恐れのある台湾史と台湾語などがタブーとされてきた。また、その中華アイデンティティの形成を促進するものとして、抗日戦争と中華文化が強調されてきた。ただ、この抗日戦争の体験は台湾における植民地経験（歴史の記憶）を含み込む構造になっておらず、中華アイデンティティの一体性を形成する上でリアリティに欠けていた。それ故、五〇年代から九〇年代はじめまで、台湾では日本による戦前の植民地統治は、歴史教育の上で忘却されるべきものとして扱われてきた。

一九九〇年代の郷土教育は、個々の台湾人の歴史的記憶を一つの台湾史観で括り、またそれに関連する様々なエスニック文化を一括して台湾文化と名付けることができるかという問題に直面した。例えば原住民にとっては、この土地はかつてわれわれのものだったという記憶があり、漢民族は侵入者であり、簒奪者である。また、日本との関係は、抗日戦争がもたらした歴史的試練の深刻さを体験した外省人の歴史的記憶においては、抗日戦争が核心となるが、総人口の八〇％を超える本省人と原住民には、割譲当初の武装抗日運動のほか、日本統治による近代化の記憶、更に日本人として第二次世界大戦を戦ったという記憶がある。歴史的記憶をめぐる四大エスニック集団には大きなギャップがあったのである。

台湾史を主題化しようとする動きは、従来の歴史教育とは異なるもう一つの歴史的脈絡を提起することになった。それは日本についての歴史的記憶を提示すること、とりわけ、プラス評価の側面を提起するということにあった。教科書『認識台湾』と多数の郷土教材は日本植民地時代の歴史的体験を、中国と異なる台湾社会の独自性、特殊性として位置づけ、後世へ伝えようとしたのである。そしてまた、「台湾における先史時代の登場」「原住民に起点を持つこと」「明清朝も含む各時代の同列的扱い」「二二八事件を取り上げることによる国民党政権への相対化」などの事項も台湾独自の視点から台湾独自の歩みを示すものとして明確に示された。中国史と鮮明に対立する歴史観が教育の場に明確に位置を占めることになったのである。

一方、小学校の郷土科（郷土教学活動）は、中学校の教科「認識台湾」の果たした役割と共通する部分があったが、また異なる性格も持っていた。それは児童が居住している地域の文化、生活に力点が置かれたこと、つまり郷土意識の形成の側面が強調されていたということである。各地域の郷土科教科書は、台湾を主体とするナショナル・アイデンティティの明確化を避けたままで、台湾の地域社会の文化、歴史などを材料にして編纂が進められた。それは国民国家を論じること自体がエスニック集団の対立につながりかねないとして忌避されてきた結果であろう。しかし、「多文化主義の台湾」、すなわち「多」で構成される全体としての台湾の強調は、単一の中華アイデンティティとは異なる台湾のありようを明瞭に意識させるものであった。結果として、小地域（家庭、学校、居住地）を中心とする郷土科教育は、「台湾の中に郷土がある」という台湾の主体性を強調することとなり、台湾の主体性を明瞭に打ち出した教科「認識台湾」とアイデンティティ形成の両輪ともいうべき相補的な関係を持つものであったと言える。

台湾全土で独自の形で再構築されつつあった台湾史は独自の歴史観の形成を促すものであった。そのような勢いは、二〇〇一学年度以降九年一貫新課程の検定済社会教科書にも現れている。第八章で指摘したように、新課程の導入により、台湾史、郷土史などの台湾的な教育内容は、社会学習領域（社会科）教育全般の郷土化によって推進されることになり、新たな段階に入った。第八章で明らかにしたとおり、検定済社会教科書に描き出された台湾史が『認識台湾』との間に著しい近似性を示している。現在、台湾人アイデンティティの確立と深く結びつく可能性の高い台湾主体の歴史叙述は、一定の方向性を堅持しているといえる。ただ、本書で明らかにしてきた台湾史観の展開は完成したものではなく、過渡的な段階のものである。例えば、日本統治時代についての歴史記述がやや異なる相貌を呈しつつあり、「日本による近代化の形成」という問題をどのように位置づけるか、を模索しているのが現在の状況である。しかしながら、歴史教育はそのような中にあっても九〇年代郷土科時代の形成期を経て、現在既に「確立期」を迎えているといえるのかもしれない。台湾を優位に置くこの展開は、郷土の曖昧さを超越したものであり、台湾主体のアイデンティティの構築に向かっているといってよい状態を生み出していると捉えられる。

三　郷土言語教育の現時点とその揺らぎ

郷土言語教育は、台湾史教育が醸成期、形成期を経て確立期を迎えているのに対して、今なお形成期の初期にあり、郷土史、郷土文化が中核となった郷土科教育に比べかなり立ち後れている、という状況にある。その理由としては、文字表記など未解決の問題が多いことが挙げられる。

全台湾での郷土言語教育の実施は、台湾諸語教育の議論を単なる願望のレベルから、実施にあたっての客観的条件の検討へと移行させたが、言語教育で問題となったのは、エスニック集団による言語の違いであり、また構想された文字と発音表記の違いであった。そして前者については土地の言語を強調し、各エスニック集団の言語を並列関係に位置づけさせ、「郷土言語」という枠内に納めることで一応の解決を得たものと思われる。ところが、後者の問題は言語の標準化と直接関連するものであるため、その解決は容易ではなく、問題が未解決のまま学校現場にも下りていった。発音記号の整備は、九〇年代以降、学習手段としての規範化が強く望まれるようになったが、結果的にいくつもの発音の表記法が林立し、長期にわたる対立が生まれた。そのような発音記号と文字表記をめぐる対立や論争の展開は、恐らく国民国家形成過程における「言語の独立」への展開の一段階であり、台湾語の自立性を確立する過程で遭遇しなければならない「揺らぎ」であろう。

しかし、言語の標準化をめぐる対立と論争は、単に言語そのものの議論を提起するばかりではなく、現場で実施される授業内容にも様々な影響を与えている。また学校によっては対立と論争を回避するため、言語使用能力を追求するよりも、エスニック文化の多元性を提示する方向へ転換し、授業が異なるエスニック文化の理解につながるような役割を担っている例も見受けられる。第七章で示したように、中央政府の主導のもとで行われる教材の作成や教師育成の講習会などの様々な活動も、発音記号と文字表記の規範化については傍観的にならざるを得ず、積極的に関与できる訳ではない。

現在、発音記号と文字表記の採択については言語教育に携わっている学者、関係者、教師達に任せられているといってよい状況にある。中央政府は、それらを積極的に規範化しようとしておらず、その代わりに、言語教育に関与した知識人が階層ごとに或いは同一階層の領域の中に分散してそれぞれのヘゲモニーを行使する形になっている。そのような行政モデルは第五章で述べた郷土文化教材の編纂活動と高い類似性をもっているが、台湾史、台湾文化が収斂の方向を持ち始めたのに比べ、郷土言語教育の実施内容は未だに定まった方向性を見せていない。教育部が何もしていないわけではなく、二〇〇六年一〇月に教育部は「台湾閩南語羅馬字拼音方案」を公布したが、折衷的内容で、方向性を示したとは言い難い。台湾の郷土言語教育は、国民的合意の達成にはなお遠いというのが現状である。

現在の台湾では、望ましいとする書記言語の形態に差異性が存在していても、その差異を許容しながら閩南語、客家語、原住民諸語、福州語の郷土言語教育が台湾全土で展開されている。ただ、不十分な発音システムと文字体系を基盤としても、なお多くの教師が推進に積極的に取り組んでいる背景には、郷土教育教科実施の経験によって、多元的文化を台湾のありのままの姿として受容し、台湾史認識を多くの部分で共有するようになってきた台湾の主体意識の向上があるように思われる。一九九〇年代のはじめ、郷土言語教育への希求が郷土史や郷土文化の教育を引っ張る形となったが、現在は逆に郷土史や郷土文化の教育の成果が郷土言語教育を引っ張る形となっているように思われる。台湾にとって郷土言語教育は、国民形成の一つの道程であることは疑う余地がないが、現在の方式による郷土言語教育の可能性と限界については、その判断にまだ時間が必要である。現在、郷土言語教育の実施はエスニック文化の追求と言語の自立との微妙なバランスの上に位置し、国民的合意への道を模索していると捉えられる。

第四節 郷土教育の意味するところ

本書の最後に、これまで論じてきたことを踏まえて、国民形成の観点から一九九〇年代に始まった台湾の郷土教育の意味するところを考えてみたい。郷土教育思潮の分析をやや図式化したものとして、「運動(理念)としての郷土教育」と「政策(行政)としての郷土教育」という構図を提示する。

一 運動としての郷土教育と政策としての郷土教育

運動としての郷土教育に顕著な特徴は、台湾ナショナル・アイデンティティへの志向性である。その一方で、政策としての郷土教育はむしろ、文化的多元主義(cultural pluralism)への志向性が強いと思われる。

本書でみてきたとおり、現在の郷土教育は、国家の権力意志が一方的に貫徹される場であった従来の教育とは根本的に異なる姿をもっている。郷土教育の実態は諸階級、集団の力関係が交錯するダイナミズムにおいて形成されるものとなっているのである。具体的にいえば、まず「民間次元や地方政府から中央政府へ」という方向で進み、一九九四年に台湾全体の教育体制の中へ編入された後も、研究者、運動者から現場教師、民間人まで、多くの知識人が積極的に関与してきた。そのため、教育内容の実態は複雑かつ多様な様相を呈しており、その結果として独自の郷土観、歴史観、言語観の構築が模索されつつあるという現象が存在している。

それ故、この郷土教育には、少なくても「運動」と「政策」という二つの側面を持っていると考えられる。運動のレベルは、中国化教育の内容への対抗の文脈で形成されてきたという特徴を持ち、台湾史と台湾語の構想を以て従来の中国化教育を改造して展開しようとした。郷土教育の底流には、郷土からまっすぐに国家へと繋がっていく形があり、台湾ナショナル・アイデンティティの一体性の形成が強く期待されている側面があったと捉えられる。

一方、政策の次元のレベルでも郷土教育は、郷土教育教科の設置の動きに乗って、より様々なものを包摂する大きなものへと変貌してきた。第三章と第四章で触れたように、一九九〇年頃、地方政府の主導で展開された郷土教育は、一九九四年から中央政府の主導で推進されるようになった。その転換点において運動者側の主張を中央政府が受け入れる姿勢を取り、郷土教育政策に反映させようとしたことは重要な点である。そして、郷土教育が台湾内部に抱える多様性を如何に捉えるか、という点が教育行政上の課題となって現れたのである。

郷土教育政策は、各種のエスニック集団の運動や権利要求にこたえる形をとろうとした。それを受けて、台湾史、台湾諸言語教育などの議論も、単なる願望のレベルから、台湾全土での実施実現のための客観的条件を満たす方向へと向かった。

郷土教育は、学校教育の教科として位置づけられると、単にマジョリティにとっての郷土ではなく、マイノリティにとっての郷土を教育に如何に反映させるかという問題にも直面した。例えば、原住民諸族の文化は、当事者のみならず、ほかのすべての台湾人にも普及され、教育され、共有されなければならないものとなったのである。それは、台湾ナショナル・アイデンティティの一体性の追求と矛盾するようにもみえるが、文化的多様性、集団相互の平等という価値を行政レベルで肯定する文化的多元主義の展開と見て取ることができる。すなわち政策として実施を求められたのは、台湾社会の多様性が、教育プロセスのあらゆる側面で受容され、尊重されることでもあった。政策としての郷土教育は各エスニック集団を相対化するもので、それは閩南ショービニズムの弊害を回避するものでもあった。郷土教育とその底流にあるナショナリズムは、台湾の社会状況の変化の過程の中で、その焦点が多元性の認識や理解に移ってきたといえる。そして実際、九〇年代の台湾では、台湾社会の多元的エスニシティが広く認識されるようになり、郷土教育の教育内容も変化して、各エスニシティが相互に密接になったのである。

そのような状況は、文化的多元主義と多文化主義の違いを考えるとより明瞭になるだろう。梶田孝道[1]によれば、両者はほぼ同義語として使用されているが、後者は、各文化間の平等な関係が強調され、圧倒的に強い文化は存在しないというニュアンスが強い。それに対して文化的多元主義の場合には、マジョリティの文化は存在するが、それ以外にも複数の文化が存在し、それによって従来からの支配的な文化が相対化されるというニュアンスが強い。いわばマジョリティの文化の周囲に、多様な文化が散りばめられた形で存在するのである。そのような理解に立てば、台湾のエスニシティの状況は圧倒的に優勢である閩南文化の存在があることから文化的多元主義という考えが、よりよくあてはまる。

しかし、積極的な価値評価がなされることが多い文化的多元主義の主張には、共通の社会的空間の内部における複数の文化の共存を問題にするという点で、新たな実現困難な課題が加わっていることにも留意しておきたい[2]。すなわち、関根政美がいうように、文化間の共通点を見つけることは容易でなく、もちろん妥協も通常は困難なのである。ところが、本書で展開してきた考察を踏まえると、現在の台湾には複数の文化を共存させる何か、つまり複数のエスニック文化を結びつけているもの、あるいはそれらが前提として共有する何かが存在していると考えられる。

その何かとは郷土を共有していること、そして、エスニック集団によって長短の違いはあっても、郷土で展開された歴史を共有していることを多くの人々が意識しているということではないだろうか。これまでみてきたように、台湾の場合、郷土歴史教育は郷土言語教育よりも発展が早かった。そのため多くの論者によるエスニック・アイデンティティの主張は、郷土歴史教育の枠が嵌められる形になり、多くの人々に自己の歴史や文化を「郷土史」「郷土文化」という形にして受け入れることを促すことになったと思われる。そして一九九四年からの郷土科時代には郷土文化教材、郷土科教科書、『認識台湾』などの編纂により、台湾史＝国史、四大エスニック文化＝台湾文化という輪郭が誕生するに至ったのである。それが今の台湾で前提として共有されるものになっているのではないだろうか。

本書では、台湾の郷土教育が多様な台湾を全て包摂しようとする方向であることを述べてきたが、注意しなければならないのは、それはあくまでも台湾という枠内での多様性だということである。すなわち、台湾という土地と結びつく共同体が共有しているものを見出し、明瞭化しようとしているということである。本書で述べてきたように、郷土文化教材は、台湾の多様性を提起しつつ、同時に台湾の人々が共有している郷土地域に根ざした文化や歴史的経験をも学ばせようとする特徴が現れている。現在の郷土教育の展開の様子から見て取れるのは、様々なエスニック集団の文化的・歴史的経験を広く共有することによって、台湾社会がより豊かになろうとしていることである。現在の台湾はそのような結合力のある社会を支持し発展させる「多からなる一つへ」、すなわち多元的統合を目指すという価値を探し当てたという状況にある。

郷土教育の多元性は、台湾社会とその文化を考える上で示唆に富んでいる。郷土教育に関する公的な文書には、文化的多元主義という言葉は使用されていないが、郷土教育には台湾社会にあるエスニック集団の文化と言語の多元性を内包しているという認識が込められている。郷土教育は台湾人に、言語の多様性、ひいては文化の多様性を生き生きとした形で維持する手段を保証する役割を持とうとしていると思われる。

つある状態、すなわち国民国家がまさに生まれようとしている台湾を捉えようとしてきた。

二　新しいアイデンティティの構築

本書は、教育施策との関わりの中で、国民形成の視点から台湾主体の新しい台湾人アイデンティティが形成されつつある状態、すなわち国民国家がまさに生まれようとしている台湾を捉えようとしてきた。

これまでみてきたように、台湾の郷土教育の特徴は、単に複数の力関係が同時に存在することにあるのではなく、それらが共存しながら相互作用を通して新しいものを生み出している点にある。上からの文化の押しつけが一方的にあるのではなく、下からの文化が対抗的に自生的に展開するだけでもない。それぞれが接触し、相互作用することによって新しいアイデンティティが形成されつつあると捉えられるのである。

言い換えれば、台湾の郷土教育は、中央政府の主導によるだけではなく、民主的なもとで自発的同意に基づいて推進されたため、郷土観、歴史観、言語観をめぐる論争の中で、その競い合いそのものが台湾の郷土教育の表現を形作ってきたと捉えられる。その展開は、行政運営の組織に限れば中央政府の管理が支配的になったといえるが、教育内容についてはヘゲモニーを行使する主体は中央政府ではなく、地方政府でもなく、知識人の活動の中にあった。その結果、郷土教育は様々な葛藤や調整を経ながら展開され、郷土教育の実施内容に関する国民全体の合意が形成されつつある。

現在、台湾社会では、郷土意識による共同体という理念や文化的多元主義などの新しい統合原理が模索されている。郷土教育の運動と政策は、その模索の過程において台湾人アイデンティティの多元性を深化させている。異質な存在を許して多元性を求めつつ統合の方向を探る原則は、大きな紛争を生じさせない仕組みの一つであった。台湾の郷土教育は現在、その内部に大きな不整合を抱えながらも国民的合意の形成に役割を果たしている。

向かっている方向は単一の均質的なアイデンティティ形成ではなく、むしろ脱中心的な多元性を持つアイデンティティ形成であると考えられる。しかし、それは否定的に理解されるべきではなく、多様な郷土文化とエスニック文化が取り込まれる新しいアイデンティティの構築につながるものであると評価したい。なぜなら、多元的・多文化的ということ自体が台湾の真の姿であり、台湾に住む人々が共感を持てるものだからである。筆者は、「文化的多元主義の台湾」という試みが、逆説的に台湾への求心力を維持・促進させるのではないかと考えている。そしてまた、それは単一の中華アイデンティティとは異なる存在としての台湾という共感も生み出すのではないだろうか。郷土教育の実施は、台湾の分裂を生み出すのではなく、むしろ強靭な社会統合を生み出すものとして機能していると思われる。

恐らく、郷土教育をめぐるヘゲモニーの競い合いはこれからも続くであろうが、その競い合いそのものが台湾の郷土教育の表現を形作ってきたのであり、これからも作っていくであろう。また、競い合いはむしろ建設的に相互に補完し合う形で進行しているので、筆者は台湾主体の台湾人アイデンティティを揺らぎないものにしていくであろうと見ている。

国民国家の形成の過程にあって、教育にナショナル・アイデンティティをめぐるそのようなダイナミズムが生まれていることはきわめて興味深い。政治の台湾化が教育のダイナミズムを生み、それが政治の台湾化をさらに押し進めるという相乗効果も生まれている。そのような、いわば民主的な自発的同意に基づいて郷土教育が推進されたことが、台湾における多元的な統合性を確立する方向を形成してきたといえる。

注

（1）多文化主義（multi-culturalism）と文化的多元主義（cultural pluralism）の概念については梶田孝道（二〇〇一）「多文化主義」をめぐる論争点」初瀬龍平編『エスニシティと多文化主義』同文館、六七—一〇一頁。

（2）多文化主義の可能性と限界については初瀬龍平編（二〇〇一）『エスニシティと多文化主義』同文館。とくに第三章「国民国家と多文化主義」（関根政美）四一—六六頁と第四章『多文化主義』をめぐる論争点」（梶田孝道）六七—一〇一頁の議論を参照した。

主要参考文献（日本語は五十音順、中国語は画数順（日本語漢字の画数）にした。）

日本語参考文献

一般著書・論文

赤井米吉（一九三二）「郷土愛は国家愛になるか」『郷土教育』第二五号、刀江書院
アルチュセール、ルイ／西川長夫訳（一九七五）『国家とイデオロギー』福村出版
アルチュセール、ルイ／西川長夫ほか訳（二〇〇五）『再生産について―イデオロギーと国家のイデオロギー諸装置』平凡社
アンダーソン、ベネディクト／白石さやほか訳（一九九七）『想像の共同体』ＮＴＴ出版
石川謙ほか（一九五六）『近代日本教育制度史料』第八巻、第九巻、大日本雄弁会講談社
石山脩平（一九三六）『郷土教育』藤井書店
磯田一雄（一九九九）『皇国の姿を追って』皓星社
伊藤純郎（二〇〇八）『増補　郷土教育運動の研究』思文閣
海老原治善監修（一九八九）『郷土、郷土科学、郷土教育』（複製版）名著編纂会
王育徳（一九八五）「台湾語の記述的研究はどこまで進んだか」『明治大学教養論集』一八四号、人文科学、明治大学教養論集刊行会
小川正行（一九三二）『郷土の本質と郷土教育』東洋図書
小田内通敏（一九三二）『郷土教育運動』刀江書院
海後宗臣・飯田晁三・伏見猛弥（一九三二）「我が国に於ける郷土教育の発達」（東京帝国大学教育学研究室教育思潮研究会編）『教育思潮研究』第六巻第一輯、目黒書店
糟谷啓介（一九八七）「言語とヘゲモニー」『一橋論叢』第九八巻第四号、日本評論社
北畠現映（一九三四）「初等国史教育の本質とその使命に就いて（四）―特に公学校の国史教育に就いて」『台湾教育』三八六号、台湾教育会
木畑洋一（一九九四）「世界史の構造と国民国家」歴史学研究会編『国民国家を問う』青木書店
教育思想史学会（二〇〇〇）『教育思想事典』勁草書房
教育史編纂会（一九六四）『明治以降教育制度発達史』第一一巻、第一二巻（初版一九三九）教育資料調査会

郷土教育連盟（一九三〇年一一月〜一九三四年五月）『郷土』（一号〜六号）『郷土科学』（七号〜一七号）『郷土教育』（一八号〜四三号）全四三号、刀江書院
基隆市教育会（一九三七）『郷土読本　我が基隆』
グルッピ、ルチアーノ／大津真作訳（一九七九）『グラムシのヘゲモニー論』合同出版
桑原正雄（一九七六）『郷土教育運動小史』たいまつ社
呉文星（二〇〇二）「台湾の国民中学『認識台湾　歴史篇』を執筆して―その編纂から使用まで」『歴史評論』一二月号、校倉書房
黄英哲（一九九九）『台湾文化再構築一九四五〜一九四七の光と影―魯迅思想受容の行方―』創土社
黄春明／田中弘、福田桂二訳（一九七九）『さよなら・再見』文遊社
洪醒夫ほか／松永正義ほか訳（一九八四）『彩鳳の夢』研文出版
国立編訳館編／蔡易達、永山英樹訳（二〇〇〇）『台湾を知る』雄山閣
梧棲公学校（一九三二）『郷土読本第一輯』
小西重直ほか（一九四〇）『生活教育論・郷土教育論』玉川学園出版部
コノリー、ウィリアム・E／杉田敦ほか訳（一九九八）『アイデンティティ／差異』岩波書店
近藤孝弘（一九九八）『国際歴史教科書対話』中央公論社
酒井直樹（一九九六）『死産される日本語・日本人』新曜社
坂口茂（一九九九）「愛国思想教育の具体的展開（郷土愛教育、教師論）」『近代日本の愛国思想教育　上巻』星雲社
佐々木昭（一九九五）『小学校社会科教育の研究と実践』教育開発研究所
里井洋一・山口剛史（一九九八）「『認識台湾』関連文献目録1」『琉球大学教育学部紀要』第五三集
篠原正巳（一九九九）『日本人と台湾語』海風書店
所澤潤（二〇〇四）「台湾」『道徳・特別活動カリキュラムの改善に関する研究―諸外国の動向（2）―』国立教育政策研究所
所澤潤・広瀬順晧（一九九七）〔対談〕「日本史の中の〈台湾〉を考える」『本』二四八号（三月）、講談社、五〇―五七頁
士林公学校（一九三五）『郷土読本　わが里』
新庄輝夫（一九三四）「本島教育と郷土教育」『台湾教育』第三八一号、台湾教育会
関戸明子（二〇〇三）「戦時中の郷土教育をめぐる制度と実践―群馬県師範学校・女子師範学校の事例を中心に―」「郷土」研究会編『郷土―表象と実践』嵯峨野書院
大甲公学校（一九三二）『郷土の概観』
台中州教育課（一九三五）『台中州教育展望』
台中州教育会（一九三三）『台中州教育年鑑』
台中州教育会（一九三三〜一九三九）『台中州教育』全七巻六九号
台中州教育会（一九三七）『郷土のしらべ』

台南州花園尋常小学校（一九三三）『小学校における国史教授の実際的研究』
台北第一師範学校附属第二国民学校（一九四一）「「郷土の観察」教授細目の作製について」『台湾教育』第四六六号、台湾教育会
大林公学校（一九三三）『庄民読本』
台湾教育会（一九〇一〜）『台湾教育』全四八五号
台湾教育研究会（一九三九）『台湾教育沿革誌』
台湾原住民研究シンポジウム実行委員会編集（二〇〇六）『台湾原住民研究：日本と台湾における回顧と展望』風響社
台湾総督府『台日大辞典』（上巻）一九三一年刊行
台湾総督府『台日大辞典』（下巻）一九三二年刊行
高雄市高雄第二尋常高等小学校（一九三四）『郷土史』
高久清吉（一九八四）『ヘルバルトとその時代』玉川大学出版部
竹下豊次（一九三三）「装飾的偏智の教育を排し、日本精神の上に」『台中州教育』昭和八年創刊号、台中州教育会
田中節雄（一九九六）『近代公教育―装置と主体』社会評論社
谷口和也（一九九八）『昭和初期社会認識教育の史的展開』風間書房
谷口龍子（二〇〇五）「台湾における「郷土言語」教育とその問題―『国民中小学校九年一貫課程』（二〇〇一）を中心に」『ＩＣＵ比較文化』第三七号
張崑山（一九三三）「郷土的取扱いの地理学習」『台湾教育』第三七三号、台湾教育会
陳正醍（一九八一）「台湾における郷土文学論戦（一九七七〜一九七八年）」『台湾近現代史研究』第三号、台湾近現代史研究会
陳正醍（一九八四）「台湾における「中国意識」と「台湾意識」―最近の文学・思想界での論争を中心に」『中国研究月報』九月号（総四三九号）社団法人中国研究所
寺山末吉（一九九一）「台湾におけるバイリンガル教育の黎明」『特集・日本のバイリンガリズム』vol.20,No.8
遠山和気雄（一九八一）「訪台に思う"報恩感謝"」『台湾への架け橋』蓬莱会関西支部
外池智（二〇〇四）『昭和初期における郷土教育の施策と実践に関する研究』ＮＳＫ出版
豊原公学校（一九三一）『豊原郷土誌』
中谷猛等編（二〇〇三）『ナショナル・アイデンティティの現在』晃洋書房
西尾直治（一九四二）「郷土の観察考」『台湾教育』第四八〇号、台湾教育会
西川長夫（一九九四）「一八世紀―フランス」歴史学研究会編『国民国家を問う』青木書店
『日刊・台湾通信』一九九七年九月二五日、第八六三五号
日本順益台湾原住民研究会編（一九九八）『台湾原住民研究への招待』風響社
野邊敬蔵（一九四二）「「郷土の観察」に就いて」『台湾教育』第四八一号、台湾教育会
初瀬龍平編（二〇〇一）『エスニシティと多文化主義』同文館

東岸克好（一九七〇）『ペスタロッチの直観教育思想の研究』建帛社
樋口靖（一九九二）『台湾語会話』［第一版］東方書店
兵庫県姫路師範学校（一九三二）『郷土研究指導の原理と方法』
平松茂雄ほか（一九九九）「日本統治時代を問いなおす教科書『認識台湾』―注目される李登輝政権の歴史観」『東亜』二月号、霞山会
広島高等師範学校附属国民学校国史・地理研究部編纂（一九四二）『全国における「郷土の観察」の実際』目黒書店
深見武男（一九三四）「郷土学習　水道の研究記録」『台湾教育』第三七九号、台湾教育会
深見武男（一九三四）「郷土学習『塵芥・不潔物の行方調査』―その実際」『台湾教育』第三八五号、台湾教育会
伏見猛弥（一九三二）「郷土教育理論」『郷土教育に関する調査』東京帝国大学文学部教育学研究室、四〇―六三頁
藤原善文（一九三一）「郷土教育小言」『帝国教育』第五八三号、帝国教育会
ボードマン、J・H著／乙訓稔訳（二〇〇四）『フレーベルとペスタロッチ』東信堂
ホブズボウム、E、レンジャー、T編／前川啓治ほか訳（一九九二）『創られた伝統』紀伊国屋書店
ホール、スチュアートほか編／宇波彰監訳（二〇〇一）『カルチュラル・アイデンティティの諸問題―誰がアイデンティティを必要とするのか？』大村書店
松金公正（一九九八）「新教科『認識台湾』導入がもたらすもの―台湾における「国民」意識の形成」『アジ研ワールド・トレンド』No.39
松田博・鈴木富久（一九九五）『グラムシ思想のポリフォニー』法律文化社
松永正義（一九八五）「台湾新文学運動史研究の新しい段階―林瑞明〈頼和与台湾新文学運動〉」『国立成功大学歴史学科歴史学報』一二号
松永正義（二〇〇〇）「台湾語運動覚書」『一橋論叢』第一二四巻第三号、日本評論社
松永正義／丸川哲史（聞き手）（二〇〇一）「台湾から見た中国ナショナリズム」『現代思想』三月号、第二九巻第四号、青土社
松永正義（二〇〇四）「ふたつの「教科書問題」」恒川邦夫ほか編著『文化アイデンティティの行方』彩流社
松永正義（二〇〇六）『台湾文学のおもしろさ』研文出版
松永正義（二〇〇八）『台湾を考えるむずかしさ』研文出版
三浦唯宣（一九三二）「地理教育上の諸問題と本島初等教育上の地理科に就いて」『台湾教育』第三六四号、台湾教育会
三浦信孝・糟谷啓介編（二〇〇〇）『言語帝国主義とは何か』藤原書店
文部省（一九四二）『郷土の観察』教師用、東京書籍（翻刻印刷）
柳本通彦（一九九九）「解説に代えて」下山操子著／柳本通彦編訳『故国はるか―台湾霧社に残された日本人』草風館
山崎直也（二〇〇二）「台湾における教育改革と教育本土化」『国際教育』第八号、日本国際教育学会
山本呑海（一九三四）「郷土教育再吟味」『台湾教育』第三七八号、台湾教育会
米増勲（一九四二）「君が代少年」『台湾教育』第四八〇号、台湾教育会
『羅東郷土資料』（一九九四）復刻本、林本源中華文化教育基金会出版
林玉茹ほか（二〇〇四）『台湾史研究入門』日本語訳、古汲書院

若林正丈（二〇〇一）『台湾　変容し躊躇するアイデンティティ』筑摩書房
若林正丈（二〇〇五）「台湾の近現代と二つの「国語」」村田雄二郎編『漢字圏の近代』東京大学出版会
渡部政盛（一九三二）「郷土教育批判」『帝国教育』第五八三号、帝国教育会
Wei-penn Chang／小木弘文訳（一九九五）「台湾の近代化と日本」西川長夫編『幕末・明治期の国民国家形成と文化変容』新曜社

中国語（台湾語も含む）参考文献（出版地が表示されていないものは、台湾で出版されたものである。）

一般著書・論文

◆四画

文化中心（一九九五）「推行本土母語言教学促進族群融和」尤清編『台北県教育改革経験』復文
王氷（一九八八）「台湾話的語言社会学研究―黄宣範教授演講記録」『台湾文芸』第一一四期、台湾文芸雑誌社
王仲孚（二〇〇五）『台湾中学歴史教育的大変動』海峡学術出版社
王宏志（一九五五）『怎様実施郷土教育』復興書局
王育徳（二〇〇〇）『台湾話講座』前衛
王建華ほか（二〇〇二～二〇〇四）『福州語』連江県政府
王晴佳（二〇〇二）『台湾史学五〇年（1950 ― 2000）』麦田出版
王暁波ほか（一九九七）『認識台湾教科書参考文件』台湾史研究会
王禎和（一九九三）『嫁粧一牛車』洪範書店
王灝（一九八五）「不只是郷音―試論向陽的方言詩」李瑞騰編（一九八九）『中華現代文学大系・評論巻二』九歌

◆五画

台北市（二〇〇四）『台北市公私立国民小学九十三年度郷土語言（閩南語）教学研習班―閩南語研習手冊』
台北市政府（二〇〇〇）「郷土語言教育白皮書」
台北市政府（二〇〇〇）『台北好光景』
台北市政府教育局（一九九五）『中等学校教育法令彙編』
台北市政府教育局（一九九六）『国民小学教育法令彙編』

台北市政府教育局（二〇〇三）『教育部訪視台北市国民中小学郷土語言教学資料』
台北市政府教育局（二〇〇三）『台北市国民小学九十二年度推動郷土語言教学成果彙編』
台北市教師研習中心編（一九九三）『郷土教材教法』
台北県政府『郷土教学活動』（五年生用、二〇〇〇）（六年生用、二〇〇一）
台北県政府（一九九一）「台北県立烏来国民中小学推行泰雅母語教学実験計画」
台北県教育局（一九九七）『従学校再造到教育活化―台北県教育改革成果専輯』
『立法院公報』七八巻八一期（一九八九年四月二〇日会議記録）
『立法院公報』七九巻六九期（一九九〇年三月二一日会議記録）
『立法院公報』七九巻八一期（一九九〇年四月一八日会議記録）
『立法院公報』八〇巻二六期（一九九〇年一〇月二七日会議記録）
『立法院公報』八〇巻三三期（一九九〇年一一月七日会議記録）
『立法院公報』八〇巻七三期（一九九〇年一二月二二日会議記録）
『立法院公報』八〇巻九〇期（一九九一年一一月四日会議記録）
『立法院公報』八〇巻九三期（一九九一年一一月一三日会議記録）
『立法院公報』八一巻一〇期（一九九一年三月二一日会議記録）
『立法院公報』八一巻二六期下巻（一九九二年三月二三日会議記録）
『立法院公報』八二巻一二期（一九九三年三月三日会議記録）
『立法院公報』八二巻一四期（一九九三年三月八日会議記録）
『立法院公報』八二巻二四期下巻（一九九三年四月一二日会議記録）
『立法院公報』八二巻五七期（一九九三年一〇月一三日会議記録）
『立法院公報』八二巻六三期（一九九三年一一月三日会議記録）
『立法院公報』八三巻二四期（一九九四年三月二八日会議記録）
『立法院公報』八三巻六五期（一九九四年一〇月五日会議記録）
『立法院公報』八三巻六七期（一九九四年一〇月一二日会議記録）
『立法院公報』八三巻八二期（一九九四年一二月一四日会議記録）
『立法院公報』八三巻八三期（一九九四年一二月一九日会議記録）
『立法院公報』八四巻五期（一九九五年一月四日会議記録）
『立法院公報』八四巻七期（一九九五年一月九日会議記録）
石計生（一九九三）『意識形態與台湾教科書』前衛
台南市政府『愛我府城』（五年生用、二〇〇〇）（六年生用、二〇〇一）

台南県政府（一九七八）『台南郷土教材』
司埼（一九七五）『九年国民教育』台湾商務印書館
『台語文摘』月刊（一九八九年八月創刊、一九九五年九月停刊）台語文摘雑誌社

◆六画

「如何発展本土文学与研究台湾歴史」（『台湾時報』二七頁、一九九〇年四月一四日）
江永進（二〇〇一）『台語文学概論』前衛

◆七画

呉文星（一九九七）「日治時期台湾郷土教育之議論」郷土史教育学術研討会、一九九七年四月二五日〜二六日、国立中央図書館台湾分館にて開催
杜正勝（一九九八）『台湾心台湾魂』河畔
「社会科　本土題目至少考一半」（『中国時報』A三頁、二〇〇四年九月一〇日）
呉志堯（一九四八）『小学郷土教学』上海・商務印書館
呉秀麗ほか（一九九三）『咱的故郷台北県』台北県政府
汪知亭（一九七八）『台湾教育史料新編』台湾商務印書館
李道明（二〇〇一）「驀然回首―台湾電影一百年」『歴史月刊』一五八期、歴史月刊雑誌
李喬「寛広的語言大道」（『自立晩報』一九九一年九月二九日）
李筱峰（一九八四）「近三十年来台湾地区大学歴史研究所中有関台湾史研究成果之分析」『台湾風物』第三四巻第二期、台湾風物雑誌社
何福田ほか（二〇〇五）『郷土語言実施与教学』国立教育研究院籌備処
花蓮県（二〇〇〇）『青清好家郷・花蓮』（五年生用、六年生用）
宋澤萊（一九八九）「何必悲観？評廖文的台語文学観」『新文化』第六期七月号、新文化雑誌
宋澤萊（一九九八）『台語小説精選巻』前衛

◆八画

国立編訳館編『認識台湾　歴史篇』『認識台湾　社会篇』『認識台湾　地理篇』一九九七年試用版、一九九八年正式版
林央敏「不可扭曲台語文学運動、駁正廖咸浩先生」『民衆日報』（一九八九年七月一日）
林央敏（一九九六）『台語文学運動史論』前衛
林良（一九九〇）「閩南語在当代文学作品中的出現方式及対北方方言的若干影響」『台語文摘』六月号、台語文摘雑誌社
林波海（一九八四）「国語与台語」『前進世界』第二期

林宗源詩作／鄭良偉編著（一九八八）『林宗源台語詩集』自立晩報

周紀藍「九年一貫正式綱要版―翰林社会領域各階段課程与教学設計実務経験分享」『二〇〇四年社会領域課程与教学研討会論文集（上）』二〇〇四年八月一三〜一四日に国立台北師範学院（現在、国立台北教育大学）社会科教育学科主催

林進輝編（一九八三）『台湾語言問題論集』台湾文芸雑誌社

林清池訳／李英茂監修（一九九九）『羅東郷土資料』（中国語訳）宜蘭県立文化中心

周淑卿（一九九六）「我国国民中小学課程自由化政策趨向之研究」台湾師範大学教育研究所博士論文

周淑卿（二〇〇〇）「中小学郷土教育的問題與展望」『課程與教学』季刊、三巻三期、中華民国課程与教学学会

林継雄（一九九〇）『台語現代文』大夏出版

林継雄（一九九〇）『台語教学法』大夏出版

林瑞栄（一九九八）『国民小学郷土教育的理論与実践』師大書苑

林瑞栄（二〇〇〇）「国小郷土教材的評鑑與設計」『課程與教学』季刊、三巻三期、中華民国課程與教学学会

林瑞栄（二〇〇〇）「我国郷土教育課程発展之分析」『新世紀教育的理論与実践』麗文

東新国小（発行年不詳）「教育部委託政治大学社会科学院原住民語言教育文化中心辦理九十二年度原住民地区中小学教育輔導計画」

林錦賢（一九八八）「為斯土斯民个語言敆文化講一句話―兼論陳瑞玉个両篇文章」『台湾文芸』第一一三期、台湾文芸雑誌社

宜蘭県政府（一九九二）「宜蘭県辦理郷土教材資料冊」

宜蘭県本土言語教材編輯委員会編（一九九二）『中小学閩南語教材』全一七冊、宜蘭県政府

宜蘭県国民中学郷土教材歴史篇編集委員会編（一九九三）『蘭陽歴史』国民中学郷土教材歴史篇、宜蘭県政府

宜蘭県政府（一九九九）『咱個家郷・宜蘭』（五年生用、六年生用）

「明年基測題庫　半数出自統編本」（『中国時報』A八頁、二〇〇四年九月二一日）

◆九画

洪伯温（一九九六）「郷土教材与教学」『台湾郷土教材及教学実務』龍文

洪若烈（一九九五）「郷土教学活動科課程標準的精神与特色」『国民小学新課程標準的精神与特色』台湾省国民学校教師研習会

姚栄松（一九八九）「当代台湾小説中的方言詞彙―兼談閩南語的書面語」一九八九年全美華文教師学会主催

施炳華（二〇〇一）『行入台語文学的花園』金安

洪惟仁（一九八四）「『台湾話』和『台北国語』」『夏潮論壇』五月号、夏潮論壇

洪惟仁（一九八四）「論台湾話的保存価値」『夏潮論壇』三月号、夏潮論壇

洪惟仁（一九八六）『台湾礼俗語典』自立晩報

洪惟仁（一九九〇）「本土語言教育面面観」『台語文摘』七月号、台語文摘雑誌社

洪惟仁（一九九二）『台湾語言危機』前衛

洪惟仁（一九九二）『台語文学与台語文字』前衛
荘雪霏・陳集編著（一九五五）『台南県郷土教材』台湾省教育庁
姜琦（一九五〇）『台湾郷土教育論』台湾省政府教育庁
胡應銘ほか（一九九六）『故郷台北』国民小学郷土教材歴史篇、台北市政府

◆一〇画

秦葆琦（一九九八）「国民小学社会科新課程与「郷土教学活動」関係的探討」『社会学科教育之趨勢』教育部人文及社会学科教育指導委員会

◆一一画

「郷土教学系列報導」（『中国時報』一九九三年九月二九日～一〇月四日）
陳文和（一九九〇）「范振宗卯勁双語教学」『台語文摘』二月号、台語文摘雑誌社
陳孔立（一九九〇）『清代台湾移民社会研究』廈門大学出版
黄玉冠（一九九四）『郷土教材発展与実施之分析研究―以宜蘭県為例』国立台湾師範大学教育研究所修士論文
「推行本土語言教育游錫堃有伴」『台語文摘』一九九〇年五月号、台語文摘雑誌社
陳其南（一九八七）『台湾的伝統中国社会』允晨
教育部（一九四八）改定「小学課程標準」
教育部（一九五二）改訂「国民学校課程標準」
教育部（一九六二）改訂「国民学校課程標準」
教育部（一九六二）改定「中学課程標準」
教育部（一九六八）「国民小学暫行課程標準」
教育部（一九六八）「国民中学暫行課程標準」
教育部（一九七二）「国民中学課程標準」
教育部（一九七五）「国民小学課程標準」
教育部（一九八三）「国民中学課程標準」
教育部（一九九三）「国民小学課程標準」（一九九七年改訂再版）
教育部（一九九四）「国民中学課程標準」
教育部（一九九五）「教育部推動国民中小学郷土教育実施要点」台（八四）国〇〇一四八七号函
教育部（一九九九）『教育改革的理想与実践』
教育部（二〇〇〇）「国民小学及国民中学教科図書審定辦法」台参字第八九〇七六〇〇八号令制定発布
教育部（二〇〇〇）『国民中小学九年一貫課程暫行綱要』

教育部(二〇〇二)『国民中小学郷土語言教学推動情形』

教育部(二〇〇三)『国民中小学九年一貫課程綱要　語文学習領域』(二〇〇三年一月一五日、台国字第〇九二〇〇六〇二六号発布)

教育部(二〇〇三)『国民中小学九年一貫課程綱要　社会学習領域』(二〇〇三年一月一五日、台国字第〇九二〇〇六〇二六号発布)

教育部(二〇〇三年二月二七日)「台湾客語通用拼音方案」台語字第〇九二〇〇二一七八八号公告

教育部(二〇〇四)『国民中小学郷土語文　教科書評鑑　総報告書』

教育部(二〇〇四年四月一二日)「国民小学及国民中学教科図書審定辦法」台参字第〇九三〇〇四六一三〇A号令修正

教育部(二〇〇四年五月一三日)「国民中小学九年一貫課程綱要　語文学習領域(英語)」台国字第〇九三〇〇六一三九五号令制定

教育部(二〇〇五年八月八日)「社会学習領域七至九年級基本内容」台国(二)字第〇九四〇一〇一八四二C号令修正

教育部(二〇〇六年三月一〇日)「国民中小学九年一貫課程綱要　語文学習領域(英語)」台国(二)字第〇九五〇〇三〇〇三一C号令修正

教育部(二〇〇六年八月一六日)「国民小学及国民中学教科図書審定辦法」、台参字第〇九五〇一一五八一三C号令修正

教育部(二〇〇六年一二月一一日)「提升国民中小学郷土語言師資専業素養改進措施」台国(二)字第〇九五〇一七四〇一六C号令発布

教育部国民教育司(一九九九)「教育部補助各県市国民中小学郷土教学実施計画　八四〜八六学年度執行成果訪視報告」

教育部教育年鑑編纂委員会(一九八四)『中華民国教育年鑑　第五次』正中書局

教育部教育年鑑編纂委員会(一九九六)『中華民国教育年鑑　第六次』教育部

教育部教育研究委員会(一九九五)『国民中小学郷土輔助教材大綱専案研究報告』

教育部教育研究委員会(一九九五)『国民中小学台湾郷土語言輔助教材大綱専案研究報告』

教育部電子報第七五期(二〇〇四年一〇月二二日)

教育部電子報二二〇期(二〇〇六年八月二四日)

陳昱立(一九九九)「認識台湾歴史篇評議」『《認識台湾》教科書評析』人間出版社

黄宣範(一九九五)『語言、社会与族群意識』文鶴

黄政傑・李隆盛編(一九九五)『郷土教育』漢文書店

黄勁連著／洪惟仁編(一九九一)『稚鶏若啼—黄勁連台語歌詩選』台笠

張建成(一九九七)「政治与教育之間：論台湾地区的郷土教育」郷土史教育学術研討会、一九九七年四月二五日〜二六日、国立中央図書館台湾分館にて開催

張素玢編／陳弼毅訳(二〇〇三)『北斗郷土調査』(復刻本／中国語訳)彰化県文化局

張隆志(一九九八)「劉銘傳、後藤新平与台湾近代化論争：関於十九世紀台湾歴史転型期研究的再思考」『中華民国史専題論文集第四回討論会』国史館

張裕宏(一九八八)「文字規範—搶救台湾本土語言文化的首要工作」『台湾文芸』第一一三期、台湾文芸雑誌社

張裕明ほか(一九九三)『蓮花浄土—我們的家郷　花蓮』花蓮県政府

許極燉(一九九二)『台語文字化的方向』自立晩報

許極燉(二〇〇一)『台湾話流浪記』金安

陳瑞玉（一九八八）「対双語教育的管見」『台湾文芸』第一一一期、台湾文芸雑誌社
陳瑞玉（一九八八）「不得不再談双語文教育及台語文字化」『台湾文芸』第一一二期、台湾文芸雑誌社
「族群双語教学制度化刻不容緩」『台語文摘』一九九〇年五月号、台語文摘雑誌社
黄錦樹（二〇〇三）「幽霊的文字―新中文方案、白話文、方言土語与国族想像」重建想像的共同体―国家、族群、叙述国際研討会（二〇〇三年一二月二〇、二一日開催）

◆一二画
朝山国民小学編（一九九四）『認識我們的家郷　談古説今話竹塹』国民小学郷土教材歴史篇、新竹市政府
葉石濤（一九七九）『台湾郷土作家論集』遠景
葉石濤（一九九七）『台湾文学入門』春暉出版
彭明輝（二〇〇一）『台湾史学的中国纏結』麦田出版
董倫岳（文責）（二〇〇〇）『梧棲古文書史料専輯』台中県梧棲鎮公所
萬華国中編（一九八三）『艋舺地区郷土教材研究専輯』
彭瑞金「請勿点燃語言炸弾」（『自立晩報』一九九一年一〇月七日）
彭瑞金「語・文・文学」（『自立晩報』一九九一年一〇月二七日）

◆一三画
新竹市『郷土教学活動科』（五年生用、二〇〇〇）（六年生用、二〇〇一）
楊思偉編（一九九七）『新教育実践―開放教育、郷土教育、田園教学之分析』師大書苑
詹茜如（一九九三）「日拠時期台湾的郷土教育運動」国立台湾師範大学歴史研究所修士論文
蒋為文（二〇〇五）『語言、認同与去植民』国立成功大学
楊碧川（一九九六）『後藤新平―台湾現代化的奠基者』一橋

◆一四画
蔡志展（一九九三）「郷土資料與郷土教材之商権」『国教輔導』第二九四期
廖咸浩「需要更多養分的革命―「台語文学」運動的盲点与囿限」（『自立晩報』一九八九年六月一六日）
廖健銓（一九九六）「談郷土教育」『郷土教育』台北市政府教育局編印
蔡淵絜（一九九七）「当前台北県市郷土史教材之検討」郷土史教育学術研討会、一九九七年四月二五日～二六日、国立中央図書館台湾分館にて開催

◆一五画
蘇正玄（二〇〇五）「台文通訊e歴史〜海外台文運動e一個例（一九九九年九月以後e部分）」張炎憲ほか編『自覚与認同―一九五〇〜一九九〇年海外台湾人運動専輯』財団法人呉三連台湾史料基金会／台湾史料中心、六一三―六一九頁
鄭良偉（一九八四）「談台語裏的訓用字」『台湾風物』第三四巻第四期、台湾風物雑誌社
鄭良偉（一九八八）「双語教育及台語文字化（上）」『台湾文芸』第一一〇期、台湾文芸雑誌社
鄭良偉（一九八八）「双語教育及台語文字化（下）」『台湾文芸』第一一一期、台湾文芸雑誌社
鄭良偉「更廣闊的文学空間」（『自立晩報』一九八九年七月一四〜一六日）
鄭良偉（一九八九）『走向標準化的台湾話文』自立晩報
滕春興ほか（一九八七）『我愛台北―文物史蹟彙編』中華文化復興運動推行委員会台北市分会・台北市政府教育局
劉振倫「台湾母語及郷土教材教学之文化意識分析―以宜蘭県為例―」一九九四年、東呉大学社会学研究所修士論文
鄭欽仁（一九八三）「台湾史研究与歴史意識之検討」『台湾文芸』九月号、台湾文芸雑誌社
鄧運林（一九九三）「台北県母語教学実施現況調査」中国教育学会編『多元文化教育』台湾書店

◆一六画
薛暁華（一九九六）『台湾民間教育改革運動』前衛

◆一八画
聶仲元（一九四八）『小学時事教学与郷土教学』上海：中華書局
藍順徳（二〇〇六）『教科書政策与制度』五南

◆一九画
羅肇錦（一九八九）「客家之怒―本刊対今年選挙的三大訴求」『台語文摘』一九八九年一一月号、台語文摘雑誌社

◆台湾語教科書について本書は以下のものを参照した。
『台語読本』金安文教（真平）
『台語』翰林
『閩南語』南一書局
『閩南語』康軒文教事業
『福佬台語』仁林文化

『国小台語』開拓
『福台語』明台教育
『台語通用直接版』翰林
『台湾話読本』安可
『台語—台湾鶴佬話』台湾文芸
『台湾閩南語』育成

◆社会教科書について本書は以下のものを参照した。

『社会』(小五上)(二〇〇三年九月初版)康軒文教事業
『社会』(小五上)(二〇〇六年九月初版)康軒文教事業
『社会』(小五下)(二〇〇四年二月初版)康軒文教事業
『社会』(小五下)(二〇〇七年二月初版)康軒文教事業
『社会』(小六上)(二〇〇四年九月初版)康軒文教事業
『社会』(小六上)(二〇〇四年九月初版、二〇〇七年九月第四版)康軒文教事業
『社会』(小六下)(二〇〇五年二月初版)康軒文教事業
『社会』(小六下)(二〇〇五年二月初版、二〇〇七年二月第三版)康軒文教事業
『社会』(中一上)(二〇〇三年七月初版)康軒文教事業
『社会』(中一上)(二〇〇四年九月初版、二〇〇六年九月第三版、乙版)康軒文教事業
『社会』(中一下)(二〇〇四年二月初版)康軒文教事業
『社会』(中一下)(二〇〇五年一月初版、二〇〇七年一月第三版、乙版)康軒文教事業
『社会』(小五上)(二〇〇三年八月初版)南一書局
『社会』(小五上)(二〇〇六年八月初版、乙版)南一書局
『社会』(小五下)(二〇〇四年一月初版)南一書局
『社会』(小五下)(二〇〇七年二月初版、乙版)南一書局
『社会』(小六上)(二〇〇四年八月初版)南一書局
『社会』(小六上)(二〇〇七年五月初版、乙版)南一書局
『社会』(小六下)(二〇〇五年一月初版)南一書局
『社会』(小六下)(二〇〇八年一月初版、乙版)南一書局
『社会』(中一上)(二〇〇二年八月初版)南一書局
『社会』(中一上)(二〇〇六年八月修訂版)南一書局

『社会』(中一下)(二〇〇三年二月初版)南一書局
『社会』(中一下)(二〇〇七年一月修訂版)南一書局

あとがき

一九九〇年に広島大学大学院へ留学する道を選んだわたしは、帰国後の一九九五年に台湾総督府文書を所蔵する文書館—台湾省文献委員会（現在の国史館台湾文献館）に勤務し始めた。ただ、わずか一年半だけで、結婚が理由で仕事をやめて日本に渡航した。以来、東京に住み続け、二〇〇八年現在に至って十数年日本で暮らしている。こうしたわたしは、日本との様々な出会いがあり、そこで「郷土」についてますます考えさせられるようになった。

地域清掃、ラジオ体操の会、盆踊り、お神輿は殆どの日本人にとって経験したことのある活動である。それらは身近な生活体験であり、国民のそれぞれの地域で非常に生き生きとして存続している。小中学生の夏期休暇中に全国の自治会や町内会が開催する早朝ラジオ体操の会が印象的である。ラジオ体操は一九二八年に遡ることができ、一九五三年から「夏季巡回ラジオ体操　みんなの体操会」となり、日本全国に公開生中継されるが、今年度、わたしの住んでいる地域のラジオ体操の会でも、雨が降ってもみなが定刻通り自発的に公園に集まってきた。子供達は出席カードを持参して大人達と一緒に、番組開始前に町内の公園や広場に集まり、ラジカセなどから流れる音楽に合わせて体操を行う。わたしは、外国人のような傍観者の立場で見たり、メンバーの一員として参加したりして、興味津々であった。こうやって生活体験を広く共有することによって、一つの思い出が形をなし、日本人としての集合的記憶になるのではないだろうかと、わたしは観察している。そこには、人々が実際に生活している「郷土」の教育があり、「郷土」としての絆が結び出されているという印象を受けている。

ひるがえってわたしのことを考えると、わたしのような、かつて『梅花』『英烈千秋』などの抗日愛国映画を散々見せられた戦後世代の台湾人は、受験のために中国語、中国史、中国地理をよく勉強していたが、台湾についての学習はあまりにも少なかった。勿論、地域的にイベントが行われていたという記憶もない。台湾は「反攻大陸」ための「跳板」(ステップ)だけで、永久に住み続ける「郷土」ではなかった。「郷土不在」「台湾不在」の学校教育の結果として、わたしもまた「台湾を知らない台湾人」として育成されたのである。正確な郷土認識や理解ができず、わたしには、台湾に根のない観念的な台湾人アイデンティティのみがあったように思う。

台湾の郷土教育に強く関心を持ったのは、台湾省文献委員会勤務時代の一九九五年頃のことである。丁度、台湾の郷土教育が小中学校教育に取り入れられ、子供達に台湾の言語、歴史、文化などが教えられるようになった時期であった。また、台湾史、台湾語教育はどうするか、がしきりに話題となった時期でもあった。当時、日本統治時代の史料が相次いで発見されて、日本との関わりが歴史認識の問題になり、一方で台湾語教育の発音表記などの問題も議論され始めた。郷土を知らなかったわたしはその時代の流れの中で、日本との関わり、台湾の歴史、台湾の主体性などについて多くのことを学んだ。

二〇〇〇年四月、わたしは一橋大学大学院言語社会研究科修士課程に入学した。そこで、わたしは研究テーマとして国民形成の観点から台湾の郷土教育の意味することを考え始めた。ただ、それをあまりに単純化して考えると、郷土教育の本質を見失うのではないかと思い、政府機関、教育現場によく足を運んで、実態調査をしていた。現場の推進者の熱意を感じ取ったが、進行している郷土教育の全体像はなかなか見えず、その上それぞれ主張の相違に出会い、困惑を感じさせられたこともあった。当時のわたしにとって台湾の郷土教育とは、研究すればするほど分からなくなるものであった。また郷土教育の可能性についても半信半疑のところはあった。

今日、郷土教育の展開の果実として、台湾人は、失われて久しい郷土を再発見しようとしているように思われる。かつて蔑むものと教えられてきた台湾伝来の習慣、伝統、言語、文化などは、郷土教育の導入によって再評価されるようになった。郷土教育を通して、「郷土としての台湾」の確立が見えてきはじめているとわたしは思う。今、葛藤や調整を経ながら展開された郷土教育は、多元的社会である台湾の、本来の豊かさを提起していると感じられるからである。ここでいう「郷土」とは、郷土と国土とに二重化しているのであって、両者は対立するものではなく、むしろ一体となったものである。そのような本質を備えた郷土教育によって、豊潤性、具体性を備えた国民が形成できる、という考え方に、わたしは賛同しているのである。『「郷土」としての台湾』という書名には、そのような複雑な思いを込めている。

郷土教育への関心には、このようなことから生まれていた一貫した問題意識が背景にあったように思われる。勿論、台湾の郷土教育については、まだ考えるべきことが多く残されている。本書をまとめることで、わたしの郷土教育研究は一区切りを迎えるが、むしろこれを端緒として研究を深めたいと、気持ちを新たにしている。

学位論文として提出した当時、一部分はすでに発表済みであり、また審査終了と前後して一部分を論文として発表した。以下の通りであるが、本書全体のテーマとは異なる部分もある関係で、内容的には必ずしも一致したものではない。

第一章　日本統治時代台湾の郷土教育の再考（「『郷土』と『国土』の二重性―日本統治時期台湾の郷土教育における郷土観の展開」二〇〇八年三月二三日～二五日、台湾史青年学者国際研討会（政治大学台湾史研究所・東京大学大学院総合文化研究科・一橋大学大学院言語社会研究科共催）配布論文）

第五章　郷土教育の教科設置と教材編集の興り（「一九九〇年代台湾の郷土教育の成立とその展開―台湾人アイデンティティ再構築過程の一断面」（二〇〇三）『東洋文化研究』（第五号）学習院大学東洋文化研究所、九一―一一九頁）

第六章　郷土言語教育推進の困難性（「現代台湾語文字規範化運動の展開―書記言語形成の諸相」（二〇〇五）『一橋論叢』

第一三四巻第三号、一五五―一七五頁）
第七章　郷土言語教育の必修化と地域の実施例（「探索台灣社會中「鄉土語言」之定位及可能性―以台北市鄉土語言教育推動過程為例」（二〇〇四）『国民教育』第四四巻第六期、国立台北師範学院国民教育社、三二―四一頁）及び（林初梅・所澤潤（二〇〇七）「多言語社会台湾の言語教育―小学校郷土言語教育の現況」『英語教育および第二外国語教育の早期開始に関する日韓比較研究』平成一七～一八年度科学研究費補助金基盤研究（C）〔課題番号17530608〕研究成果報告書（研究代表者　志賀幹郎）（編）一五九―一九四頁〔林分担執筆部分：一六九―一八七頁〕

本書ではフィールドワークという研究方法を重視したため、調査にあたって多くの方々から協力をいただいた。衷心から感謝の意を表したい。特に、国立台湾師範大学・教授の呉文星氏、国立政治大学・教授の彭明輝氏、国立屏東師範学院・教授の鍾喜亭氏、国立台南師範学院・教授の林瑞栄氏、同教授の黄世祝氏、国立交通大学・教授の鄭良偉氏、国立台中師範学院・教授の洪惟仁氏、国史舘台湾文献舘・研究員の陳文添氏、台北市北投国民小学・校長の胡應銘氏、花蓮県稲香国民小学・校長の張裕明氏、台北県中湖国民小学・校長の趙家誌氏、台中市樹義／信義国民小学・教師の陳麗娟氏、台中市恵文国民小学・輔導主任の関淑尤氏、台中市何厝国民小学・学務主任の黄慶聲氏、台中県宜欣国民小学・校長の魏水明氏、宜蘭県教育局の李素珍氏、台北市福徳国民小学・教師の蔡綉珍氏、台北市大同国民小学・校長の陳清義氏、台北市修徳国民小学・訓導主任の陳世修氏、台北市永吉国民小学・教師の葉庭宇氏、台北市東新国民小学・校長の宋徳発氏、プユマ語教師の王寶美氏、アミ語教師の林光妹氏、宜蘭県武塔国民小学・校長の林鴻樟氏とタイヤル語教師の江明清（牧師）、台中県公館国民小学・校長の李順涼氏、教務主任の張素蓉氏、澎湖県東衞国民小学・校長の陳邦泓氏の労を煩わせた（肩書は訪問当時のもの）。またここには挙げきれない多くの方々からも助力を頂いた。

なお、これまでご指導をいただいた先生方にもお礼を申し上げたい。わたしの広島大学大学院留学時代から、ずっと温かく見守ってくださった指導教授の松田文子先生（現在、福山大学人間文化学部長、人間文化学部心理学科教授）をはじめ、一橋大学大学院で論文の指導の労を執って頂いた指導教授の松永正義先生（一橋大学大学院言語社会研究科教授）と副指導教授の安田敏朗先生（一橋大学大学院言語社会研究科准教授）と岩月純一先生（東京大学大学院総合文化研究科・教養学部准教授）に感謝の意を表したい。また修士学位論文の審査にあたって下さったイ・ヨンスク先生（一橋大学大学院言語社会研究科教授）にもご指導いただいた。また教授ゼミの出席者をはじめとする一橋大学大学院時代からの多くの友人達にも感謝を述べておきたい。ゼミでの議論から、論文執筆にあたって多くの有益な示唆を得たにだけでなく、日本語の表現についても大変多くを学ばせていただいた。枚挙にいとまがないが、本書の校正にあたって、とくに国立台北教育大学副教授の何義麟氏、元東京都公立小学校教員の白尾幸子氏、桜美林大学非常勤講師の多田恵氏、一橋大学大学院言語社会研究科博士課程の呉世宗氏、上野倫代氏、佐藤賢氏、蔡承維氏各位に大変お世話になった。

なお、出版事情の厳しいなか、本書の出版を引き受けてくださった東信堂社長下田勝司氏に、また出版の紹介の労をとって下さった名古屋大学大学院教育学研究科准教授の近藤孝弘氏に感謝の意を表したい。出版の機会を得られたことで、本書はこれからの台湾研究の発展に資する大きな可能性が拓かれたと感じている。

諸先生、学友諸氏のほかに、わたしを支えてくれたのは、家族である。研究者としては遅いスタートを切ったわたしは、義母の多大の助けによって子育て、家庭生活と学究生活を両立させてきた。こうして自分の研究を世に問う機会を得ることができたのはそのお蔭である。そして、夫・所澤潤にも感謝している。遅い年齢での大学院入学、本書の完成、そして国立台湾師範大学への赴任と、大きな節目ごとに励まされた。いずれも彼の応援がなければ出来なかったことである。私的なことであるとはいえ、支えてくれた家族に対する感謝の念も記しておきたい。

ただ、私の様々な形で支援してくれた父は、わたしの博士論文の完成直前の二〇〇六年一二月に亡くなり、戦前、台中師範学校を卒業した日本時代の教育の生き証人であった祖父もその二年後の二〇〇八年の八月に他界した。『「郷土」としての台湾』の刊行を間に合わせることができず、刊行に至った今、改めて人生の無常を感じている。

本書は、二〇〇七年九月に一橋大学から博士（学術）の学位を得た学位論文「台湾郷土教育思潮におけるアイデンティティ形成―郷土観・歴史観・言語観の模索―」（二〇〇七年二月に一橋大学大学院言語社会研究科に提出）に修正を加えたものである。刊行にあたっては、日本学術振興会二〇〇八（平成二〇）年度科学研究費補助金研究成果公開促進費の交付を受けた。

書名の『「郷土」としての台湾』は、学術図書らしからぬ書名かもしれないが、副指導教授の安田敏朗先生からご助言をいただいて決めることができた。本研究をまとめてきたわたしの特別な思いを言い当てているとわたしは感じたのである。

【な行】

【は行】

【ま行】

【や行】

【ら行】

【さ行】

【た行】

【事項索引】

台湾の事項も、日本語読みで50音順に配列した。

【人名索引】

台湾の人名も、日本語読みで50音順に配列した。

■著者紹介

林　初梅（Lin Chu-Mei）

台湾生まれ。

東呉大学外国語学部日本語学科卒業。1994年に広島大学大学院教育学研究科博士課程前期修了。2007年に一橋大学大学院言語社会研究科博士課程修了。博士（学術）。台湾省文献委員会（現在は国史館台湾文献館）研究員、日本社会事業大学・東京外国語大学・聖心女子大学などの非常勤講師を経て、2008年より台湾師範大学台湾文化及語言文学研究所（Graduate Institute of Taiwan Culture, Languages and Literature, NTNU）助理教授。

専門は社会言語学。

「郷土」としての台湾―郷土教育の展開にみるアイデンティティの変容―

2009年2月15日　初版　第1刷発行　〔検印省略〕

＊定価はカバーに表示してあります

著者©林初梅　発行者　下田勝司　印刷・製本　中央精版印刷

東京都文京区向丘1-20-6　郵便振替 00110-6-37828

〒113-0023　TEL 03-3818-5521(代)　FAX 03-3818-5514

E-Mail tk203444@fsinet.or.jp

発行所　株式会社 東信堂

Published by TOSHINDO PUBLISHING CO.,LTD.

1-20-6,Mukougaoka, Bunkyo-ku, Tokyo, 113-0023, Japan

ISBN978-4-88713-887-2　C3037

東信堂

大学再生への具体像　潮木守一　二五〇〇円
フンボルト理念の終焉？——現代大学の新次元　潮木守一　二五〇〇円
いくさの響きを聞きながら——横須賀そしてベルリン　潮木守一　二五〇〇円
国立大学・法人化の行方——自立と格差のはざまで　天野郁夫　三六〇〇円
大学のイノベーション——経営学と企業改革から学んだこと　坂本和一　二六〇〇円
30年後を展望する中規模大学——マネジメント・学習支援・連携　市川太一　二五〇〇円
大学行政論Ⅰ　川本八郎・伊藤昇　編　二三〇〇円
大学行政論Ⅱ　川本八郎・近森節子　編　二三〇〇円
もうひとつの教養教育——職員による教育プログラムの開発　近森節子編著　二三〇〇円
政策立案の「技法」——職員による大学行政政策論集　伊藤昇編著　二五〇〇円
大学の管理運営改革——日本の行方と諸外国の動向　江原武一・杉本均　編著　三六〇〇円
教員養成学の誕生——弘前大学教育学部の挑戦　遠藤孝夫・福島裕敏　編著　三二〇〇円
改めて「大学制度とは何か」を問う　舘昭　一〇〇〇円
原点に立ち返っての大学改革　舘昭　一〇〇〇円
戦後日本産業界の大学教育要求——経済団体の教育言説と現代の教養論　飯吉弘子著　五四〇〇円
現代アメリカのコミュニティ・カレッジ——その実像と変革の軌跡　宇佐見忠雄　二三八一円
アメリカ連邦政府による大学生経済支援政策　犬塚典子　三八〇〇円
戦後オーストラリアの高等教育改革研究　杉本和弘　五八〇〇円
大学教育とジェンダー——ジェンダーはアメリカの大学をどう変革したか　ホーン川嶋瑤子　三六〇〇円
アメリカの女性大学：危機の構造　坂本辰朗　二四〇〇円

〔講座「21世紀の大学・高等教育を考える」〕
大学改革の現在〔第1巻〕　有本章・山本眞一　編著　三二〇〇円
大学評価の展開〔第2巻〕　山野井敦徳・清水一彦　編著　三二〇〇円
学士課程教育の改革〔第3巻〕　絹川正吉・舘昭　編著　三二〇〇円
大学院の改革〔第4巻〕　江原武一・馬越徹　編著　三二〇〇円

〒113-0023　東京都文京区向丘1-20-6　TEL 03-3818-5521　FAX03-3818-5514　振替 00110-6-37828
Email tk203444@fsinet.or.jp　URL:http://www.toshindo-pub.com/

※定価：表示価格（本体）＋税